目次

海と帝国

中国の歴史9

海と帝国

明清時代

上田 信

講談社学術文庫

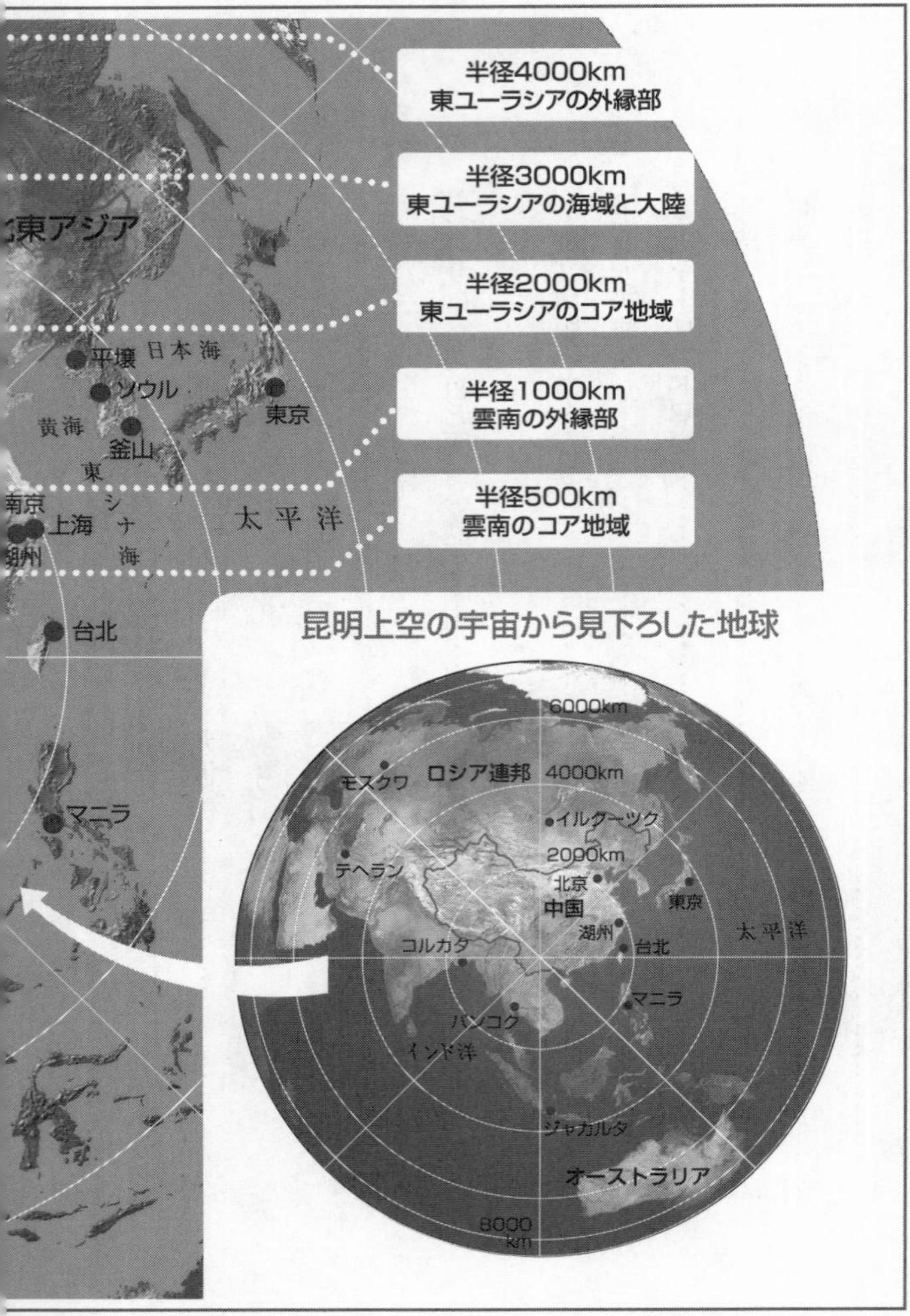

半径4000km
東ユーラシアの外縁部
半径3000km
東ユーラシアの海域と大陸
半径2000km
東ユーラシアのコア地域
半径1000km
雲南の外縁部
半径500km
雲南のコア地域
東アジア
平壌
日本海
ソウル
東京
黄海
釜山
東シナ海
南京
上海
太平洋
台北
マニラ
昆明上空の宇宙から見下ろした地球
6000km
4000km
2000km
8000km
ロシア連邦
モスクワ
イルクーツク
テヘラン
北京
中国
東京
湖州
台北
太平洋
コルカタ
マニラ
バンコク
インド洋
ジャカルタ
オーストラリア

中国の昆明を中心とした東ユーラシア
4000km
ノボシビルスク
ロシア連邦
3000km
イルクーツク
アルマトイ
ウルムチ
モンゴル高原
タシケント
2000km
砂漠
オアシス地帯
北京
カブール
西寧
中国
チベット高原
1000km
西安
カラチ
成都
武漢
500km
ニューデリー
ダッカ
コルカタ
インド
東南アジア
チェンナイ
インド洋
1000km
バンコク
ホーチミン
クアラルンプール
2000km
シンガポール
昆明
3000km
※麗江からの帰路についた
台湾の媽祖に筆者が出会った場所
ジャカルタ
4000km

地図・図版作成
さくら工芸社
日本工房
ジェイ・マップ
図版提供
瀧本弘之

中国の歴史 9

海と帝国

明清時代

はじめに　大海に囲まれた二つの帝国

海の女神「媽祖」

二〇〇三年三月、雲南《うんなん》での調査を終えて帰路についた私は、昆明《こんめい》（雲南省）の飛行場で、衆目を集める一行と行き会った。待合室の椅子に鎮座していたのは、媽祖《まそ》。中国人に広く信仰されている海の女神である。神像の肩には「湄洲《びしゅう》媽祖《まそ》庇佑《ひゆう》平安《へいあん》」と記された布がかけられていた。神に従う二四名の集団のなかから、代表者と思われる人を探し出して話しかけた。

海の女神「媽祖」　「媽祖」の神像を奉じて、台湾東岸の港町花蓮からやって来た一行。筆者撮影2003年

この神像は台湾《たいわん》東岸の港町花蓮《かれん》から来た。女神が信者に里帰りしたいと告げたので福建《ふっけん》の湄洲《びしゅう》という小島を訪ね、そのあとに女神のたっての希望で雲南の観光地として名高い麗江《れいこう》を遊覧してきた。これからマカオ経由で台湾に戻るのだという。

台湾の女神が雲南の観光地を訪ねる、そのような話を聞いた私の脳裏に、五〇〇年におよぶ中国の歴史が閃光のように浮かび上がった。

媽祖とは誰か、なぜその廟が台湾東岸にあるのか、そしてなぜ麗江が観光地として知られるようになったのか。それらの点を結び合わせるためには、歴史を語らなければならない。

女神が訪ねた湄洲とは、中国の東南に位置する福建省莆田《ほでん》市の沖合に浮かぶ南北に細長い小島である。紺碧の東シナ海に浮かぶこの島は、世界各地に住む中国系の人々にとって、一度は訪れたい土地の一つである。この島は、媽祖生誕の地であるからだ（以下は主に李献璋『媽祖信仰の研究』泰山文物社、一九七九年による）。

伝承によれば、女神は宋《そう》代の建隆《けんりゅう》元年（九六〇）にこの島の林《りん》という家の娘として生まれ、未来を予知し数々の海難を救ったとされる。その死後、夜の海に浮かぶ木材が光を放つようになった。人々が奇異に思っていると、夢に媽祖が現れ、館を建てるように命じた。このお告げにしたがって、媽祖を祀《まつ》る最初の廟が建てられた。これが媽祖祖廟と呼ばれるもので、台湾花蓮の媽祖が詣でたいと告げた場所である。

媽祖はもともと、福建の一地方で海を相手に生活していた人々が信仰していた地方神に過ぎなかった。この神を海の女神の地位に押し上げたのは、歴代の帝国であった。

宣和《せんわ》五年（一一二三）に宋朝は朝鮮の高麗《こうらい》に使節を送った。使節を乗せた船団は、東シナ海の港町である定海《ていかい》を旧暦の五月に出帆し、翌年の八月に定海に帰着した。この船団が海難に遭ったとき、霊異を現して救ったのが媽祖であるとされる。なぜ媽祖だったのか。その理由は、船団の乗組員の多くが、媽祖を信仰する福建の船乗りであったところに求められる。船団が無事に帰着したとき、媽祖に対して王朝は、「順済《じゅんさい》」という廟額を賜った。これが王朝に媽祖が認められた最初である。

宋朝は異民族の金《きん》朝に圧迫され、海に活路を見いだそうとした。海の平安を祈念して、宋朝は媽祖に対して異例の厚遇を施した。次々に名誉ある名称が下賜され、「霊恵《れいけい》・昭応《しょうおう》・崇《すう》福《ふく》・善利《ぜんり》夫人」となり、紹興《しょうこう》四年（一一三四）にはついに「霊恵妃《れいけいひ》」となった。夫人から妃に格上げされたことで、媽祖は地方神から全国レベルの女神となった。

続く元《げん》朝は、江南の物資を首都の大都《だいと》に運ぶために、海路を利用した。元朝の命運を握ったのも、海だったのである。元朝も媽祖を特別な神として認め、至元《しげん》一八年（一二八一）に「護国明著天妃《ごこくめいちょてんぴ》」の号を与えた（『元史』世祖本紀には至元一五年に加号したとあるが、これは誤りと考えられる）。天の妃という地位を得た媽祖は、天に匹敵する大きさを擁する海を司《つかさど》る女神となり、帝国を守護する神となったのである。宋代から元代にかけて、媽祖を祀る廟は中国の沿海地域の各所に設けられた。

媽祖に対する信仰が中国の領域内に止まらず、東南アジアや琉球・日本へと広がりを見せるのが、本書が扱う明《みん》代である。とくに鄭和《ていわ》の艦隊が遠くインド洋沿岸に向けて航海したとき、媽祖はその艦隊を陰に陽に常に保護したと信じられ、媽祖への信仰は艦隊の来訪地に広がった。

清《しん》代には、台湾を版図に取り込むプロセスのなか

湄洲媽祖祖廟　福建省莆田市の沖合の小島、湄洲は媽祖生誕の島。媽祖を祀るためこの地に最初に建てられた媽祖祖廟は、中国人なら一度は訪れたい聖廟だという。筆者撮影2006年

で、媽祖は清朝の艦船を守護した功績により、康熙《こうき》二三年（一六八四）に「天妃」からさらに一等格上げされ、「天后《てんこう》」となった（ただしこの加封が公表されるのはかなり後のことであった）。つまり天の配偶神の一柱という位置づけから、皇后に匹敵する第一等の女神となったのである。

海を渡った中国人は、航海の安全を祈念して媽祖を信仰し、世界各地に大小さまざまな媽祖を祀る廟を建てた。日本・マレーシア・タイ・インドネシアなどのアジア諸国はもちろん、アメリカのサンフランシスコなどにも媽祖廟がある。その数は四〇〇〇とも五〇〇〇ともいわれる。毎年旧暦の三月二三日の媽祖の生誕日と九月九日の昇天日ともなると、世界各地から多くの信者が湄洲に集まり、香を焚き平安を祈願する。

海の歴史

媽祖にまつわる歴史ほど、海と帝国との関係を如実に語るものはない。そしてこの女神をめぐる歴史をひもとくためには、これまでの中国通史の枠を越えなければならない。

現在の歴史学には、大局的に見て二つの潮流がある。ひとつは、フェルナン＝ブローデルの地中海の研究に起点をもつ「海の歴史」である。これまで陸で生起した王朝や国家の歴史を軸にして論じられていた歴史学に、異なる視点があることを教え、海を人の活動を阻むものとしてではなく、人の活躍の舞台でもあったことを示してくれた。「海の歴史」は、東南アジア史でいち早く受け入れられ、日本史においても東シナ海や日本海などをめぐる海域世界の研究が展開されている。

もうひとつの潮流は、イマニュエル＝ウォーラーステインの「近代世界システム」論である。ウォーラーステインはブローデルの影響を受けつつ、二〇世紀なかばまで主流であった唯物史観や近代化論を乗り越えようとした。

世界のなかには、政治や経済のうえで優位に立つ国と劣勢に立たされる国がある。この差違を二〇世紀の歴史学は、進んだ国と遅れた国という枠組みで説明しようとした。たとえば植民地化された地域は、植民地宗主国よりも歴史的に遅れていると見なされたのである。アジア・アフリカの地域は、西ヨーロッパや北アメリカなどの国々に比べ幼稚な段階に止まっていると考えられていたのである。

こうした歴史観を変えるきっかけを作ったのが、主にアフリカやラテンアメリカのマルクス主義経済学者である。彼らは次のように語る。近代に遅れていると見なされた地域は、開発から取り残されて発展しなかったのではない。西ヨーロッパを中心とする資本主義が確立する過程で、低開発化されたという。つまり本来あった社会のかたちを、資本主義に対応するかたちに変化させられてきたと見るのである。

時間軸のなかに位置づけられていた地域格差は、同時代的な関係のなかに位置づけられるようになった。ウォーラーステインは、時間軸から空間軸への視点の転換を手がかりに、世界史を組み替えようとした。その成果が、近代世界システム論である。

ブローデルとウォーラーステインによって代表される二大潮流を踏まえつつ、本書は中国史と呼ばれてきた叙述のスタイルを見直してみようとする意図を持って書かれている。本書が「海」をタイトルに掲げる理由は、「海の歴史」研究の成果を取り込むためである。そして、叙述の範囲を一四世紀から一九世紀までと設定した理由は、「近代世界システム」論がほぼ同じ時期を扱っているところにある。

帝国と海との関係に着目することで、海を通じて中国と結ばれていた日本や東南アジア、そしてヨーロッパとの同時代性に常に意識を向け、ユーラシアの歴史を共進的なものとして描くことが可能となるであろう。そして五〇〇年という長期にわたる時代を対象とすることで、中国が欧米中心の世界システムによって変容させられる世界帝国に過ぎなかったのか否かを、明らかにすることができるであろう。

帝国の歴史

本書が扱う五〇〇年という期間を日本の歴史に当てはめてみると、足利義満《あしかがよしみつ》の時代からアメリカのペリー率いる艦隊が来航する直前の時期ということになる。ヨーロッパの歴史に引き当ててみると、フランスとイングランドとのあいだで百年戦争が繰り広げられていた時代から、フランスでルイ・ナポレオンが登場する時期に相当する。この中世から近世をまたいで近代にいたる激変する時代を、一冊で叙述してみようというのである。

本書が扱う五〇〇年という時間に王朝の名を冠するならば、明《みん》・清《しん》時代ということになる。

明朝は乞食僧から身を起こした朱元璋《しゅげんしょう》によって、一三六八年に創建される。中国歴代王朝の創始者のなかでも、朱はもっとも社会の底辺から這い上がって頂点を極めた人物であったと言ってもよい。この王朝は一六四四年に、農民が多く加わった反乱軍によって滅ぼされる。創建から滅亡まで、その期間は二〇〇年をゆうに超える。

清朝は北東アジアに住む民族が建てた王朝である。王朝の始祖であるヌルハチが明朝から独立して「金《きん》」と国号を定めたのが一六一六年（一二―一三世紀の金朝と区別して「後金《こうきん》」と呼ばれる）、その子ホンタイジが「大清《だいしん》」と国号をあらためたのが一六三六年、そして明朝に替わって北京《ペキン》に首都を移したのが一六四四年、ヌルハチからラスト・エンペラー溥儀《ふぎ》まで一二代、一九一一年の辛亥《しんがい》革命によって滅びるまで三〇〇年に近い歴史を有する。

明朝は「めい」ではなく「ミン」、清朝は「せい」ではなく「シン」と呼び慣わされている。これは現在の漢文の読み方が確立した江戸時代の知識人が、書籍を通してではなく、直接に中国の人々から口頭で、この両王朝の情報を得ていたということを教えてくれる。

ところでなぜ、「明」であり「清」であるのだろうか。中国を統一した歴代王朝の名を秦《しん》から順番に数え上げ、それぞれの名の由来を確かめてみると、元《げん》・明・清の三代が異質であることがはっきりする。

いわゆる中華帝国をうち立てた秦は、周《しゅう》の王朝から封じられた国の名をもって帝国の名とした。漢はその創建者である劉邦《りゅうほう》が、楚《そ》王の項羽《こうう》から封じられた国の名である。こうして宋代までは、王朝の創建者が前の王朝から与えられた爵位をもって、国号としてきた。つまり王朝の名は自称ではなく、他称である。これが中国的な伝統であったということになる。

自らに先立つ王朝から与えられた名を用いることで、支配の正当性が前朝から引き継がれると考えられていた。古代に確立した一つの政治的な約束事であったと見ることができる。

王朝の名が、周代に固まった国や地域の名称に由来することも、注目に値する。宋朝までの歴代王朝は、周代に意識されていた中華の範囲を超えようとはしなかったとも言えるであろう。

これに対して、モンゴル帝国の盟主であったフビライは、この中国的な伝統にとらわれず、自称として「大元《だいげん》」を名乗った。元が漢族ではなくモンゴル族の政権であるとすれば、これは当然だと見なすこともできるかもしれない。問題は次の明朝である。朱元璋は元末の混乱のなかから頭角を現し始めたころ、白蓮教教主が与えた「呉《ご》」という国号を名乗っていた時期がある。中国の伝統に従うならば、その帝国は呉朝となっていたかもしれない。しかし、朱元璋が採用した国号は、自称としての「大明《だいみん》」であった。続く「大清《だいしん》」も自称であった。

明と清という言葉が選ばれた理由は、歴史の謎とされる。その名称は、地名や民族名といった固有名詞ではなく、抽象的な理念を含む。この点は、フビライが選び取った「元」という言葉と同じである。王朝の名称から見ると、明・清時代は秦から宋まで続いた中華帝国の枠組みには収まらない。つまり明朝と清朝とは、モンゴル帝国が拓《ひら》いた新しい地平の上に成立した王朝であったのである。

あえて挑発的な物言いをするならば、明朝と清朝とは中華帝国ではない。中華帝国を中心にして成り立っていた東アジアという枠組みをもってしても、もはや明・清時代を正しく捉えることはできない。

恣意的な明朝

伝統的な中華帝国ではない点では、明朝と清朝とは共通しているものの、その面《おも》もちはかなり異なる。

　明朝の帝国の形を実感できる場所が、その最初の首都であった南京《ナンキン》の郊外、東に二三キロメートルのところにある。陽山碑材《ようざんひざい》と呼ばれる明代の石切り場である。三代目の皇帝である朱棣《しゅてい》（成祖《せいそ》・永楽帝《えいらくてい》）がその父の朱元璋（太祖《たいそ》・洪武帝《こうぶてい》）の業績を称《たた》えるために、その墓の前に建てる碑を切り出すことを、永楽三年（一四〇五）に命じた。その石碑は完成されず、山中に放置された。

　山から切り出されようとした石材は、台座と本体、頭部の三つに分かれている。台座の高さは一七メートル、幅二九・五メートル、奥行き一二メートル、重量は一万六二五〇トン。本体は横に寝たままではあるが、高さ五一メートル、幅一四・二メートル、奥行き四・五メートル、重量八七九九トン。頭部は高さ一〇メートル、幅二二メートル、奥行き一〇・三メートル、重量六一一八トン。おそらくあまりの巨大さのために、その場から運び出すことができなかったのであろう。

陽山碑材　朱元璋を称える石碑となるはずの石材が、巨大すぎて未完のまま南京郊外にある明代の石切り場に残されている。筆者撮影1984年

　もし、石碑が完成されていたならば、その高さは七八メートル、二〇階建てのビルに匹敵する。私が南京大学に留学していたとき、大学が企画した史跡見学として現場を訪ねる機会があった。石材の上に

登ったときに、めまいを覚えた。それは、大きさのためだけではない。
これほど大きな石材を、本当に運び出すつもりであったのか、どれほど多くの人々が、碑材の切り出しに駆り出されたのか、この時代を生きた人々は、しばしば近代的な合理性ではとうてい説明することのできない帝国の命令に、翻弄されていたのではあるまいか。明代も時代が下るにつれ、国力の低下に従うように、巨大さは失われていく。しかし、その最後に至るまで、私たち近代人の常識では測ることのできない影をまとっている。

マルクスが提唱した発展段階論にしたがって、数千年にわたる中国史を区分しようという論争がなされていたころ、一人の研究者が明代までは古代であると言い切った。唐と宋のあいだに時代の画期を認め、宋代で中世は終わる、いや宋代から中世が始まるなどと他の多くの研究者が議論をしていたなかにあって、明代までは古代だというその主張は、注目はされたものの受け入れられることはなかった。

しかし、明朝の帝国が行った大運河の改修、鄭和《ていわ》の南海遠征、万里の長城の修築、北京郊外の明十三陵《みんじゅうさんりょう》などの業績を見てみると、それらは確かに古代的である。近代の枠からはみ出してしまう巨大さがある。中国史のなかに感覚的にこれと似たものを探してみると、秦が築いた万里の長城、隋《ずい》が掘った大運河などが思い当たる。古代から中世・近世を経て現代へと進むという直線的な時間の意識から自由になったとき、中国にまれに現れるこの古代的なものの系譜をたどることができる。

明代の遺物や業績の多くは、皇帝の恣意《しい》が生みだしたものである。皇帝や高官のあいだには、国家プロジェクトを始める理由があったのかもしれない。しかし、大多数の人民には、いつ、どこで、どのように、こうしたプロジェクトに駆り出されるのか、予測がつかなかった。つまり、明日の自分を予測しながら日々の生活を組み立てていくことが難しかった、ということになる。

自制的な清朝

清代はこの点で、明代とは対照的である。清代の支配が安定した一八世紀には帝国の恣意はほとんど感じられない。宦官《かんがん》も宮廷の外での活動が、厳しく抑制された。これは少数の満洲族が多数の漢族を支配する必要から、皇帝が人民に対する恣意の発動を自制していたという側面もあるであろう。また、数千人の官僚で、帝国の数億人の人口を支配するという、きわめて効率的な行政システムを維持する必要性から説明できるかもしれない。

もっとも大きな契機として挙げられることは、古代から存続していた賦役《ふえき》が原則的になくなったということである。つまり国家に労働を提供する負担が、清代に土地税のなかに組み込まれたのである。土地は計量することができ、その土地に課せられた

乾隆帝　近代的な清代を代表する皇帝。カスティリオーネ作

税額は計算することができる。人民は明日を予測しながら、今日という日を合理的に明日の自分のために組み立てることができるようになったのである。

西欧ではほぼ同じ時代に、市民が王権を契約にもとづいて制約することで、国家の恣意を制御しようとしていた。中国では異なる経路を通って、同じような状況が生まれようとしていた。清朝の皇帝は、自らの恣意を自制することで、温情あふれる支配者の役回りを得た。つまり暴力の行使をともなう権力を、権威のオブラートで包むことに成功したのである。

恣意は法にもとづいて制御されているわけではないので、人民は直接に向かい合う役人から、さまざまな不正な要求を受けてはいた。しかし、賄賂や中間搾取にはいつしか相場が生まれる。すると人民は搾取される部分を予測し、それを始めから織り込んで経済的あるいは社会的な活動を営むことができるようになる。清朝の最盛期には、上層の大地主や富商から下層の貧農や労働者にいたるまで、人民は実に闊達《かったつ》に生きている。社会には、近代的な活気が満ちていた。

古代的な明代から近代的な清代への跳躍は、なぜ可能だったのであろうか。中国の内的な発展として明代から清代への変化を理解しようとすると、私たちは混乱することになる。しかし、東ユーラシアというより大きなシステムの一要素として、海に向かい合う中国を見ることで、はじめてこの五〇〇年のダイナミズムを描き出すことができるのではないか。これが本書の目論見である。

本書は従来の中国史とは、かなり異なる。その枠組みを示すために次の第一章を費やしたのであるが、明清史にはじめて触れる読者は、おそらくなぜそのような議論をするのか分からず、難解であるとの印象を持たれるかもしれない。そうした読者は、次章のポイントは「交易という視点で歴史を語る」である、その点だけを記憶に留め、第二章から読み始め、最後に第一章に戻っていただければ幸いである。

内陸の雲南省の昆明に現れた海の女神。本書を読み終えたとき、その歴史的な背景もまた明らかにされることであろう。

第一章　出来事の時空間

海と交易

海と人類

人類のさまざまな営為のなかで、海を渡るという行為ほど人間的なものはない。陸上生物としてこの地球に現れた私たちは、強い意志と深い知恵を持つことで、はじめて海を渡ることができるからである。そしてこの意志と知恵とは、ヒトという生物の特徴だといえる。

ヒトはそもそも、なぜ海を渡ろうとするのであろうか。人類の黎明期には、海の彼方に新天地を求めて乗り出す人々がいた。この記憶は海の彼岸に理想の天地があるという信仰を生みだし、宗教的な熱情に突き動かされて海に出る人も少なくなかった。そして、もっとも多くの人々を航海へと駆り立てた動機は、交易である。海と帝国の歴史を語る前に、まず交易という行為について基本的な考え方を示しておこう。

この地球では多様な生態環境に応じて、多様な文化が育《はぐく》まれ、多様な物産が生み出されてきた。それぞれの地域では手に入らない物産を互いに補い合うために、古くから広大な空間を越えて物資のやり取りが盛んに行われてきた。

ヒト以外の野生動物は、自分が生息している環境のなかで必要なものをまかなっている。

動物が出した排泄物やその死体は、その生態環境のまとまりのなかで、他の動物の餌になったり微生物が分解したりする。物質はその生態環境のなかで循環している。動物は、このまとまりのある生態環境から抜け出すことができない。ただヒトだけが、まったく異なる地域から物資を運び込んで消費することができる。この生態環境のまとまりを越えた物資のやり取りを、本書では「交易」と呼ぶことにしたい。

今日のように大規模な交易が始まる前、ヒトは基本的に自分の生活する生態環境のなかで生きていた。それぞれの生態環境に応じて、個性的な文化を生み出していった。自分たちが住んでいる土地には存在しなかったり、需要に比べて希少であったりするもの、それはその文化のなかで宝物と見なされる。宝物を持っている人は、持っていない人から羨望《せんぼう》の目で見られ、場合によっては尊敬されることもあった。宝物は権威の象徴ともなったのである。経済学ではこの宝物を「富」とか「財」などと呼ぶが、何が富や財になるかは、きわめて文化的な要因で決まる。

その土地の生態環境の外側にある宝物には、二つの来歴がある。一つは、特殊な技能を持つ人々が大地から掘り出す宝石や金・銀などの希少な鉱物である。もう一つは、香木や香辛料、絹織物や陶磁器のように、特定の生産地でしか作られず、遠くから運ばれてきた特産物である。宝物になりうる物資は、その希少性とともに特定の産地、特定の技術によって生み出されるという条件を満たしている必要がある。

海を渡ってきた物産は、航海の技術を持った人々によって、はるかな遠隔地から運ばれてきたものであった。宝物となる資格を十分に具えていると言えよう。古くから一回の航海で巨万の富を築き上げたという商人の伝説が、世界各地で語り継がれているのも、そのためである。

交易の類型

こうした宝物を異なる文化のなかでやり取りすることは、実はきわめて困難なことであった。たとえば熱帯の島嶼《とうしょ》で産する香木を、温帯の農耕地域で作られる絹と交換しようとした場合、どうなるであろうか。私たちは香木一本の値段を示し、その値段に見合う量の絹を求めればよいと考えるかもしれない。しかし、香木と絹というまったく性格が異なる物産を統一の価格で評価するということは、実は本書が扱う時代に確立してきた方法である。価格で物産の価値を計り、示すという方法がなかったそれ以前の時代には、いったいどのようにしていたのであろうか。

もっとも単純な方法は、武力で相手を襲い、めぼしいものを奪い取る掠奪である。海賊が沿海地域を襲い、物産と人とを持ち去ることも、交易の一類型と考えることができる。古来、遊牧の民が農耕地域に対して物資を掠奪し、生産技術をもった人を連れ去ることが、しばしば見られた。これもまた生態環境のまとまりを越えて物資が移動しているのであるから、本書の定義によれば交易に含めることができる。

互酬《ごしゆう》と呼ばれる交易の方法もあった。異なる生態環境に育まれた文化に属する人が、互いに納得できる量で折り合いをつけて交換しあうという方法で、沈黙交易がその代表的な慣習と言えるであろう。古くはヘロドトスがその著書『歴史《れきし》』のなかで、リビア人の国で行われた沈黙交易の様子を伝えており、中国の古代にも「鬼市《きし》」として同様の慣習があったことが知られている。

つまり、異なる生態環境の接点に当たる特定の空間に、片方の文化に属する人が交換したい物資を置いて立ち去ると、他方の文化に属する人が現れて、置き去りにされている物資に見合う量の交換物を置いて立ち去るというものである。

しかし、掠奪や互酬という方法では、大量の物資を安定的に手に入れることは困難である。掠奪できる場所に、求める物資が欲しいだけあるとは、限らない。互酬で交換される物産の量は、最小限の需要に制約される。つまり他方が差し出した物産に興味を持ってくれなければ、交易は成立しないのである。

掠奪や互酬よりも進んだ方法が、貢納《こうのう》である。軍事的武力や社会的権威を背景に、相手を承伏させて定期的に決まった物産を届けさせる。貢納が制度化されたものが、集中―再分配と呼ばれる方法である。これは、政治的な権力が支配圏から物資を徴税などの方法で調達して集中し、それを権力者の裁量で必要とするところに再分配するというものである。

貢納と集中―再分配という二つの方法のもとでは、政治的な権力が交易を制度化している。交易は、政治的な力関係の変動に敏感に反応せざるを得ない。

これに対して交易が、それに参画する多数の当事者の行為に依存しているシステムが、市場と呼ばれるものである。そこでは、多様なモノが不特定多数の当事者によって競争原理にもとづいてやり取りされている。この競争が機能するための条件は、交易に必要な情報が公開されているという事である。

その情報のなかには、将来に関する事柄も含まれている。交易のために送り出した船が、嵐のために沈没するかもしれない。しかし、その不測の事態に対して海上保険などの制度があれば、その被害の大きさをリスクとして予測することが可能である。交易活動を賭けとして行うのではなく、リスクを予測しながら行うことができる。

本書で扱う五〇〇年のあいだ、ユーラシアでは貢納と集中―再分配のメカニズムが生起しては瓦解《がかい》し、ときには掠奪という方法が横行することもあった。そして、この五〇〇年のあいだにユーラシアで芽生えた市場というシステムのなかに、中国も組み込まれていくことになる。なお本書では、各種の制度について、人為的に構築されたことを強調したいときにメカニズム、自律的に生成したことを強調したいときにはシステムと呼ぶことにする。

中華文明の拡大過程

中国の王朝の歴史を古代からたどってくると、それは交易をめぐるメカニズムの変遷の過程であることが明らかとなる。広範な地域からさまざまな物産を集め、それを支配下の各所に再分配しなければ、王朝は維持できない。すなわち王朝は、貢納と集中―再分配の交易メカニズムの上に成立する支配体制であった。この交易メカニズムは、東アジアという空間的な枠組みのなかで、自己拡大していく。そのパターンは、次のように要約することができる。

王朝は、その支配領域の外部から貢納などの方法によって物産を手に入れ、直接支配する領域からは徴税などの方法によって物産を集め、それを軍隊や官僚などの機構を介して、再分配する。その支配領域の外部は、こうした王朝の影響を受け、交易メカニズムに深く関与

時代区分

	東アジア・ステージ			ユーラシア・ステージ
	第1サイクル	第2サイクル	第3サイクル	
合	周	後漢	唐後期	
散	春秋	三国／晋	五代	元／明／清
離	戦国	南北朝	北宋／南宋	
集	秦／前漢	隋／唐前期	元 →	
	前11世紀—後1世紀	後1世紀—8世紀なかば	8世紀—13世紀	13世紀—19世紀なかば

合散離集のモデル図　筆者が考える中国王朝の興亡モデル

しようとする動きが現れ、王朝に対して働きかけを行う。新しい文化との交流は、王朝の交易メカニズムの安定性を突き崩し、王朝そのものがゆらぎはじめる。そのゆらぎがある水準を超えると、王朝の統治体制は瓦解し、その混乱のなかから新しい、そしてより広範な地域との交易を包摂するメカニズムが生まれる。この新しい交易メカニズムに依拠して、新しい王朝が誕生する。

このプロセスは長期にわたるものであるため、同時代を生きる人々には、事態がどこに向かっているものなのか、見きわめることが難しい。新たな交易メカニズムのプランが現れては流血とともに消え、複数の可能性のあいだで抗争が繰り広げられる。試行錯誤の連続のなかから、しだいに新しい一つのメカニズムが確立する。苦しみのなかから新たに生み出された交易メカニズムもまた、やがてその周囲の文化との交流のなかでゆらぎはじめる。

中国の歴史をこのようなサイクルとして考えると、そのサイクルは次のようなステップに分けることができる。一つの交易メカニズムが安定しているステップを「合」、しだいにゆらぎはじめ、メカニズムにほころびが目立つようになったステップを「散」、新しいメカニズムの可能性がいくつか生まれ、それぞれのメカニズムの担い手が反目しあい、抗争が展開されるステップを「離」、そして、最後に生き残った一つのプランが残りの全体を統合するステップを「集」と呼ぶ。四字熟語の「離合集散」を組み替えたものに過ぎず、拙著『森と緑の中国史』（岩波書店、一九九九年）で初めて提唱した考え方であるが、その後にこのパターンで中国史を読み替えてみると、多くの事象を説明できることが明らかとなった。

　中原と呼ばれる黄河中流域で成立した周朝の全盛期を「合」とすると、この王朝は交易への参入を求める周辺民族の圧迫を受けて動揺し、春秋時代に「散」のステップに移行する。戦国時代になると、西からは秦《しん》、北からは趙《ちょう》、南からは楚《そ》が勃興《ぼっこう》し、それぞれ周囲の文化を吸収しながら、新しい交易メカニズムを模索する。このステップを「離」と呼ぶことができる。最終的に秦の始皇帝が新しいメカニズムを確立し、他の勢力を圧倒して「集」のステップを実現する。周代から前漢までの約一一〇〇年におよぶ変転を、合散離集の第一サイクルとすることができる。

　周代の交易メカニズムは、周王が諸侯を各地に封建し、諸侯は周朝に対して貢納するという緩やかな体制であった。

　このメカニズムを支えたものが、礼という文化的な約束事である。これに対して、秦代に成立し、前漢の武帝の時代に確立した交易メカニズムでは、郡県に編成された直轄地からの徴税、塩などの専売という集中―再分配が帝国の支柱となった。

　第二サイクルは、後漢《ごかん》から三国《さんごく》時代、魏晋南北朝《ぎしんなんぼく》を経て、隋《ずい》が再び新しい交易メカニズムを確立するまで。この紀元後一世紀から八世紀なかばにいたる八〇〇年ほどのあいだに、支配領域の人民には直接に耕地を支給し、租庸調に分類される徴税を行う税制が確立する。領域外の諸国に対しては、その国王の支配権を承認する冊封《さくほう》と呼ばれる儀礼的な手続きを行い、周辺諸国からは朝貢《ちょうこう》を受け入れる仕組みが展開され、交易が積極的に展開された。

第三サイクルは、唐王朝が安禄山《あんろくざん》などの離反によってゆらぎはじめた時期を画期とする。藩鎮の分立、五代十国の「散」の時期を経て、北では遼《りょう》や金《きん》が、南では宋《そう》・南宋《なんそう》が、それぞれ新しい交易メカニズムを構築しようと対立する「離」の時期を含む。宋朝および南宋は、積極的に海に乗りだし、これまで以上に交易の範囲を広げた。金などの王朝は、中央ユーラシアとの交易関係を深めた。

しかし、この第三サイクルは完結することなく、中国をめぐる情勢は激変する。モンゴル帝国がユーラシア全域におよぶ交易メカニズムを構築し、中国はその一部に組み入れられたのである。これ以降の中国史を理解するためには、東アジアという空間的な枠組みでは不十分である。本書ではしばしば、東ユーラシアという見慣れない用語を使い、より広い空間のなかで中国の歴史を見ようと試みた。

東ユーラシアという空間

東ユーラシアの海

東ユーラシアという用語は本書を執筆するなかで、必要に迫られて造った言葉である。範囲としては、日本海・渤海《ぼっかい》・黄海《こうかい》・東シナ海・南シナ海の五つの海、およびこれらの海に接する陸地や島嶼から構成される空間である。

世界地理の用語で言うならば、シベリアの東部を含む北東アジア、チベット高原・モンゴル高原・東トルキスタンを含む中央アジア、日本・朝鮮を含む東アジア、そして東南アジアとインドの一部を合わせたものが、この東ユーラシアということになる。この東ユーラシアが、本書の舞台である。

五つの海は、それぞれ個性的な面《おも》もちを有している。海を渡ろうとするものにとって、もっとも気がかりなことは、風波の高さであろう。波高が四メートルを超えると、船舶の航行に深刻な影響を与える。中国の沿岸における波の高さを一九九〇年代の平均値で見ると、波高が四メートルを超える日数は、渤海で二六日、黄海で九五日、東シナ海で一二三日、そのうち台湾海峡では九〇日、南シナ海で一六九日になる（現在の中国は日本海に面していないために、日本海は比較できる数値を持たない）。海の荒れ様が異なることは、この日数からも察することができよう。

渤海と黄海とは、山東《さんとう》半島と遼東《りようとう》半島とが南北から迫る渤海海峡で外洋と区切られる。渤海が湖のように静かな海であるのに対して、黄海はしばしば荒れる。しかし、いったん風が収まると、黄海もまた波のない穏やかな海に戻る。なお本書が対象とする時代、中国の大河である黄河は、山東半島の南を流れて、黄海に注ぎ込んでいた。現在のように渤海湾に注ぐようになるのは、一八五五年に流れが変わってから以降のことである。

黄海と東シナ海とは隣接する海域ではあるが、対照的な面もちを示す。中国・山東から韓国・仁川に黄海を航行したとき、その海はどこまで沖に出てもミルクを溶かし込んだコーヒ

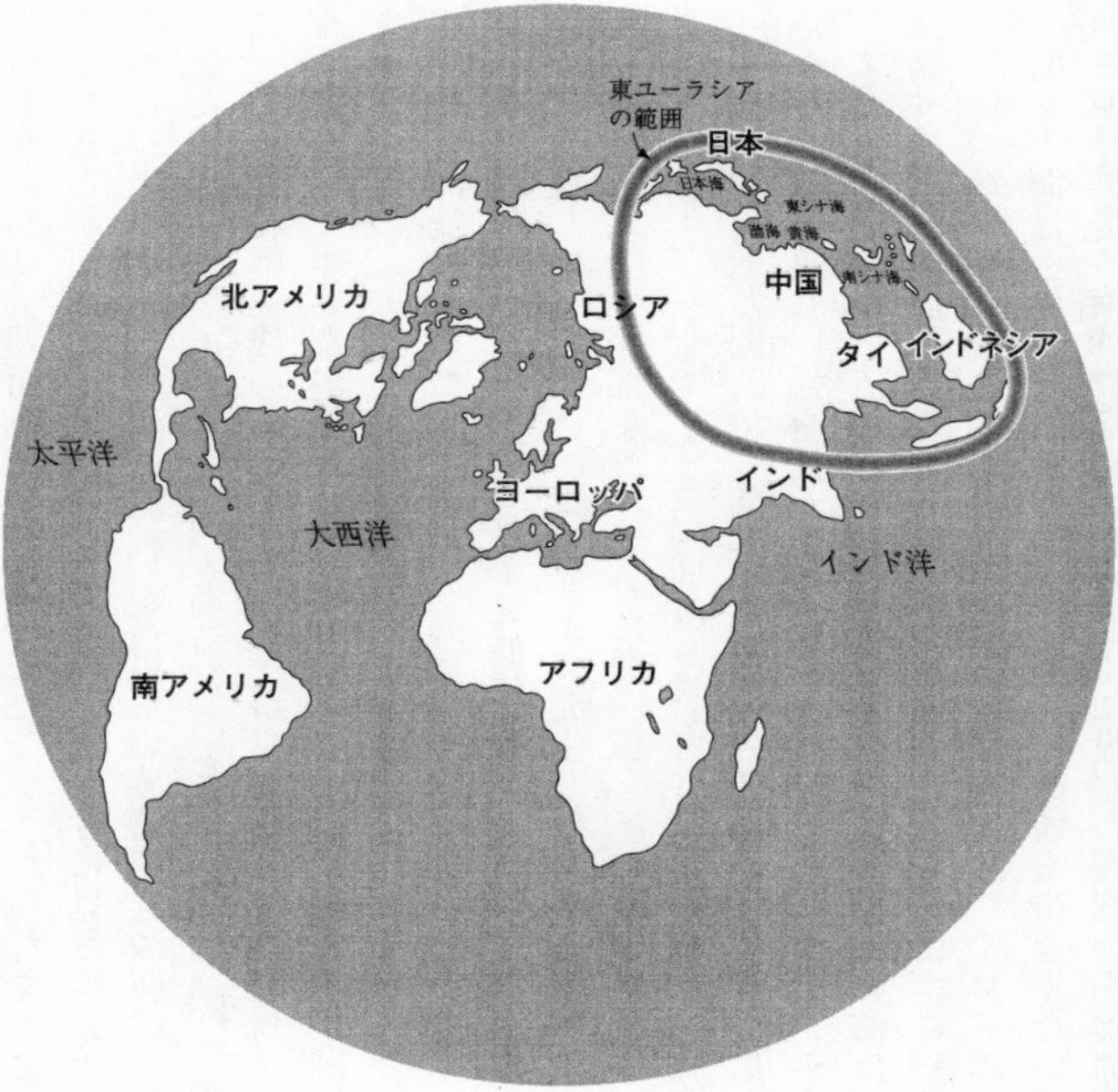

東ユーラシアの地図　本書でいう東ユーラシアの範囲

ーのように濁り、湖面のように波が立たなかった。たまたまその季節に気候が安定していたこともあるが、以前、日本から中国へ渡るときに見た東シナ海の面もちとはまったく異なっていた。東シナ海には潮が流れ、常に荒い波濤が立つ海域がある。

また黄海には、中国の大河である黄河と長江とが大陸の奥から大量の泥を流しこむために、中国側では遠浅の海底が続き良港が少ない。これに対する朝鮮半島側には島の多い海岸線が連なり、小さな港が多い。一方、東シナ海に面した中国側の沿海地方は、複雑な海岸線を示し、寧波《ねいは》（宋代の明州《めいしゅう》）や泉州《せんしゅう》、潮州《ちょうしゅう》や広州《こうしゅう》など歴史に名を留める名港が多い。

気候と海流においても、二つの海は対照的な様相を見せている。黄海は中国大陸と朝鮮半島に挟まれており、風の動きは季節的に変動しながらも、安定している。他方、東シナ海は太平洋に接続しているため、太平洋上で発生した台風などの大型の低気圧が通過するルートとなり、また大陸の北部を渡ってきた偏西風とインド洋から中国大陸の低地部を吹き上がってきたモンスーンとがぶつかる局面もしばしば見られ、不規則な突風が吹き荒れることとなる。

東シナ海を取り囲んで、朝鮮半島南部の多島海、日本列島の九州と琉球諸島、そして台湾島が連なる。美しい弧を描く多くの島々に縁取られた東シナ海の外に、太平洋が広がる。そして台湾海峡の南に広がる海が、南シナ海である。この海は西にインドシナ半島と接し、東はフィリピン群島とボルネオ島が連なる。この海を西南に針路を取れば、マレー半島とスマトラ島、ジャワ島のあいだの二つの海峡を越えて、インド洋に出ることができる。

南シナ海は台風が発生する海でもあり、難所も少なくない。とくに現在、中国領となっている西沙群島や南沙群島には、水面下に没した海底の山地の周囲に珊瑚礁が発達している。

そのせいで、かつてこの海を航行する多くの船舶が座礁した。海洋考古学の調査により、多くの沈没船が発見されている。沈没船の周囲の浅い海底には、無数の陶器が散乱しており、その大半が中国の物産を満載した交易船であったことが明らかとなっている。

海と船舶

汽船が登場する前、航海は風任せであった。自然は東ユーラシアの海に、恵みを与えた。季節風である。しかし、季節風を知るだけでは、海を渡ることはできない。船を造り、航海する技術が必要となる。船はそれぞれの海の特質に応じて、発達した。

東ユーラシアで吹く平均的な風の流れを見ると、冬一月には中央ユーラシアに発する偏西風が、日本海・黄海・東シナ海を覆う。この風は日本に大量の雪をもたらす。黄海では北西風となり、ときに荒れることがある。南シナ海の南部では、逆に北東風が優勢となり、フィリピンからヴェトナムの方向に流れる風が強くなる。二つの方向の異なる風が接する台湾海峡の周辺では、風は渦を巻き、複雑な動きを示す。

春五月、日本海・黄海・東シナ海では安定した南西風が海を渡り、南シナ海でも南西風が優勢となる。この傾向は夏にかけて強まり、七月ともなると、南シナ海の全域で南西風、東シナ海では南風が吹く。華中《かちゅう》から朝鮮半島や日本に向かうには、絶好の風である。媽祖信仰が広がる契機となった宋から高麗《こうらい》に向かう船団は、まさにこの季節風を利用して、旧暦五月（太陽暦の六月—七月）に中国の港を出帆している。

秋一〇月、偏西風が強まり、東ユーラシアの大陸部を巻き込むように風が吹き始める。日本海では、西風が優勢となり、渤海・黄海では北風が吹きつのり、東シナ海・南シナ海では東風が強くなる。高麗からの使節が中国に帰着するのは、こうした風の変化を利用したものである。

日本海では秋から春にかけて東ユーラシアの大陸部から吹き出した風が、日本に向けて流れ、夏の東風も日本列島にさえぎられている。歴史的に見て日本海を横断する航路が、他の四つの海に比べて発達しなかった理由の一つを、ここに見ることができる。夏に一時的に南東風が強くなるときに、かろうじて日本から大陸へと渡ることができるに過ぎないからである。

これに対して、黄海・東シナ海・南シナ海では、季節に応じて風向きが反対になる。この変化に乗り遅れず港を出れば、東ユーラシアの沿海を、どちらの方向にも航行することができる。基本的には春に中国の南部を出港した船舶は、風に乗って華北にいたる。そして秋になると逆に、華北から華中・華南《かなん》に向けて航行する船舶の姿を見ることができた。大陸と日本列島とのあいだでは、春から夏にかけて日本を目指す船が航行し、秋になると日本から華中・華南に向けて船が動いた。

中国から東南アジアのマラッカ海峡を目指す場合には、秋のうちに華南の港町に寄港し、冬に北からの季節風が強まったときに、一気に南下する。そして春から夏のあいだに、東南アジアから中国に向かって航海した。

東ユーラシアの海は、古くから交易に用いられた。なかでも黄海の海上交易の歴史は、古代にさかのぼることができる。

紀元前五世紀の范蠡《はんれい》にまつわるエピソードがある。春秋戦国時代の当時、華中では長江下流域デルタを押さえた呉《ご》と、天然の良港を擁する浙江《せっこう》省東部を拠点とする越《えつ》とが対立していた。呉と越とは、華中・華南の物産を中原と呼ばれた華北へと運ぶことで繁栄したものと考えられる。呉が内陸河川を通じて交易を進めたのに対して、越は海上輸送を行った。交易の主導権をどちらが握るか、これが臥薪嘗胆《がしんしょうたん》や呉越同舟《ごえつどうしゅう》などの故事を残した呉越の争いの本質であったと考えられる。

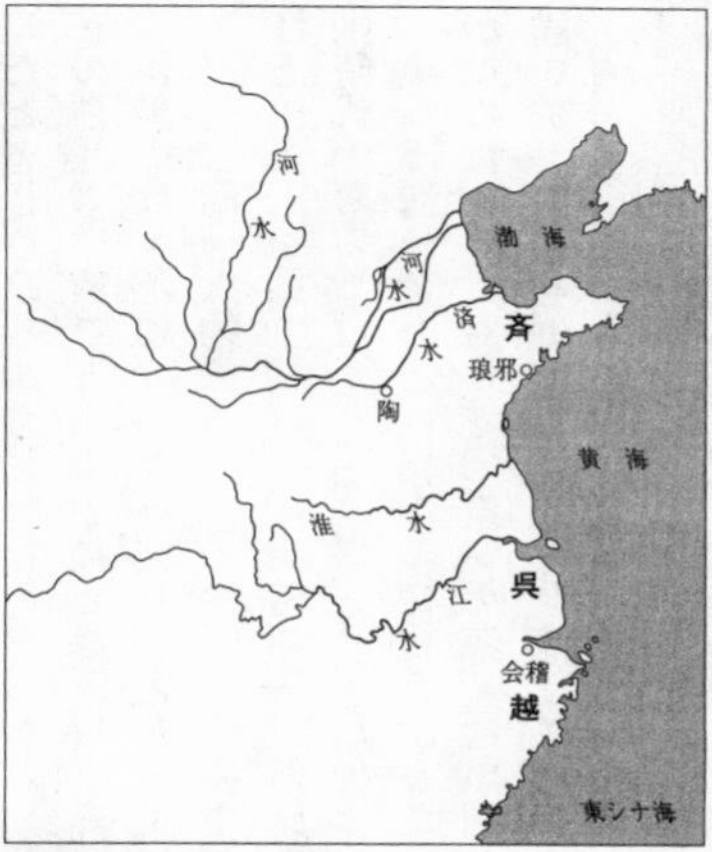

春秋時代の海上交易

越王勾践《こうせん》の顧問となって、この海上交易を差配した人物が、范蠡であった。彼は越が呉を滅ぼすことに成功すると、「狡兎《こうと》死して走狗《そうく》烹《に》らる」という有名な捨てぜりふを残して、海路で山東半島に向かっている。姓名を鴟夷子皮《しいしひ》と変えて海辺を開拓し、数十万の財を蓄えた。さらに交易の中心であった陶《とう》（山東省定陶県）に赴いて交易に従い、再び巨万の富を築いた。これは司馬遷《しばせん》の『史記《しき》』が伝える物語である。陸から見ると華中から華北へ遠くに逃げたものだと感じられるかもしれない。しかし、黄海という海を挟んで見ると、彼のいた会稽《かいけい》（現在の浙江省紹興《しょうこう》）と山東半島とは、目と鼻の先なのである。

司馬遷は「范蠡は三たび徙《うつ》り、名を天下に成《な》す」とその人生を総括している。范蠡と鴟夷子皮とが同一人物であったのか、疑問視されてはいる。しかし、彼の足取りをたどって、浙江と山東とを線で結ぶと、当時の海上航路を含む壮大な交易ルートが見えてくる。越国が戦国時代の有力勢力として登場できた背景に、黄海を経由した交易の存在を忘れてはならない。

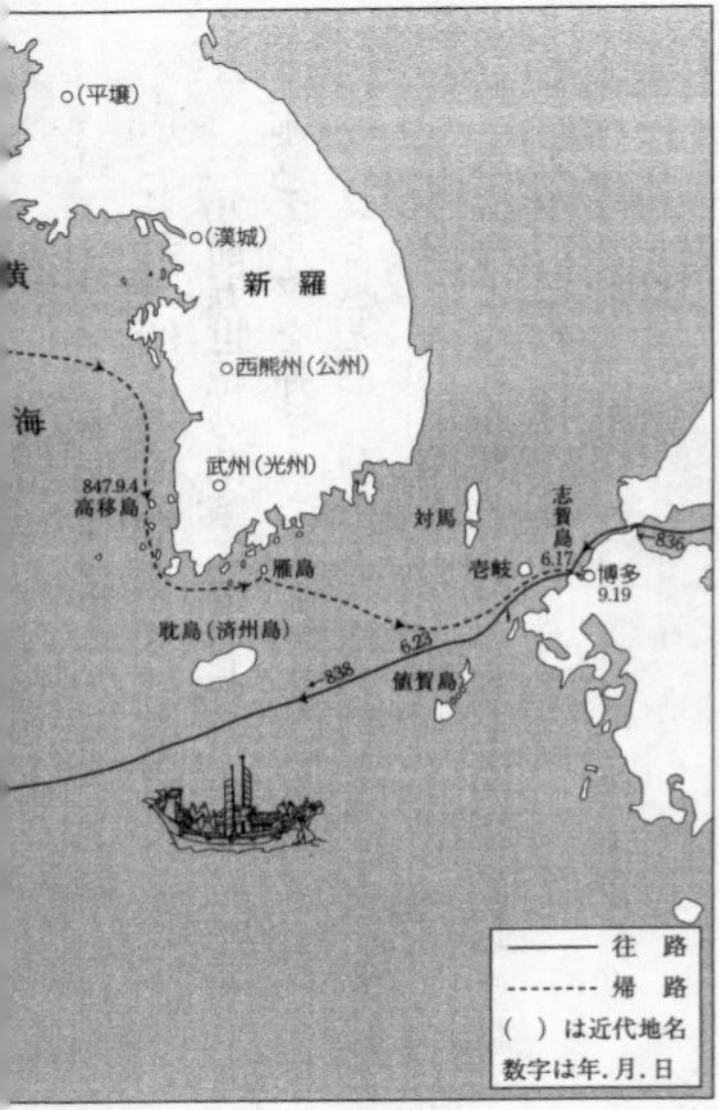

東シナ海は黄海とは異なる様相を示した。海流を見ると黄海では、季節的な循環型の海流が見られるのに対して、東シナ海では黒潮とそれから派生する大小の海流がめぐっており、舵を失った船を遥か外洋に押し流すことにもなったのである。多くの船が難破し、再び陸に戻ることはできなかった。黄海と東シナ海という二つの海の相違を、歴史のうえで如実に示しているものが、九世紀なかばに遣唐使《けんとうし》船《せん》に乗って東シナ海を渡ろうとした円仁《えんにん》の足跡であろう。

七世紀の前半から後半にかけて遣隋使《けんずいし》・遣唐使を乗せた船は、九州から朝鮮半島に進み、半島沿いに北上して黄海の中央部に進み、

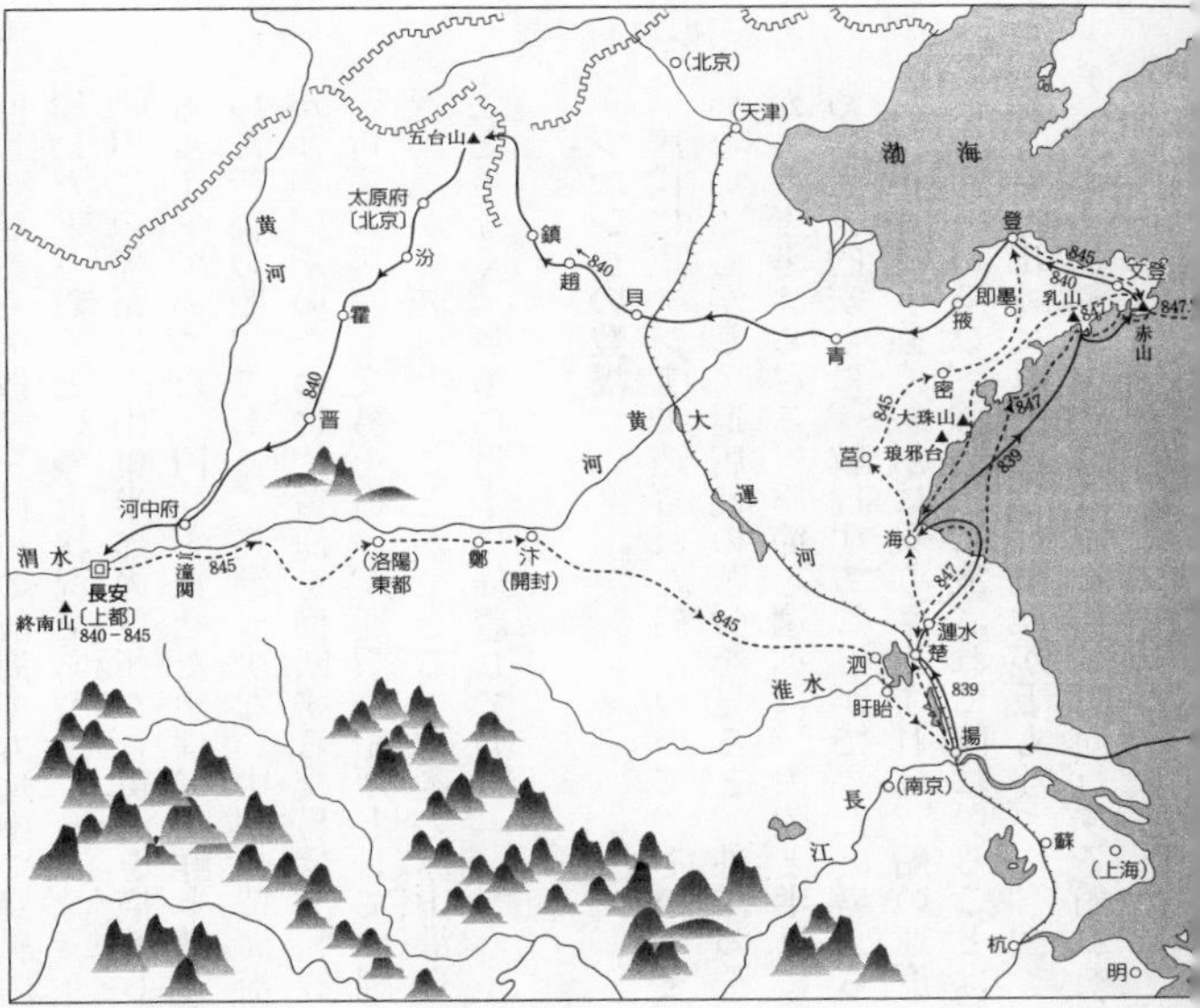

円仁の旅程地図

山東半島に渡るというルートを採った。これに対して八世紀になると、朝鮮半島を統一した新羅《しらぎ》と日本とのあいだの関係が良好ではなかったため、使節は九州の五島列島から東シナ海を西に直航して中国の江南《こうなん》地域へと向かうルートを採らざるを得なかった。

このルート変更の結果、遭難あるいは漂流する使節船の比率が高くなる。確実に使節を運ぶために、船舶の数が七世紀の二隻を標準とする編成から、八世紀には四隻を標準とした編成へと変化する。当時の造船技術と航海術の水準では、東シナ海を横断することは賭けであったといえよう。円仁を乗せた船団も第一回は失敗し、四隻のうち三隻が難破する。第二回目の航海も失敗、三回目の航海でも途中で暴風雨に遭って漂流し始め、ようやく中国の沿岸にたどり着くといった状況であった。

円仁の帰路は、山東半島の登州《とうしゅう》から黄海を横断し、朝鮮半島の西岸を南下して日本にいたるルートであった。円仁を乗せた船は、朝鮮半島と中国とのあいだの交易ルートを運航していた新羅の船舶である。良港が少ない中国の黄海沿岸に比べ、朝鮮半島には黄海に面した港が多い。そのために、黄海を横断する交易は、朝鮮の船舶が優勢であった。

新羅人が海上交易を担い、通訳や船頭として活躍していたことは、円仁の『入唐求法巡礼行記《にっとうぐほうじゅんれいこうき》』から読みとることができる。中国の赤山《せきざん》港を出港した円仁は、帰路は海難に遭遇することもなく、無事に日本に帰着している。

ジャンクの登場

唐代に東アジアで造られた船について、その姿を再現する手がかりは、ほとんど残されていない。しかし、遣唐使の苦労を見ると、外洋の荒波に抗する構造は、あまり発達していなかったと考えられる。季節を選べば、大陸と半島に囲まれた黄海は、波も穏やかであったために比較的安全に、航行することができたと考えられる。しかし、太平洋につながる東シナ海は季節風も強く、風に乗りさえすれば、船の速度は上がるものの、いったん荒れると波は船をもてあそび、強い潮に流されて陸に戻ることは難しい。こうした東シナ海に構造が弱い船で乗り出すには、非常に危険がともなった。

東シナ海や南シナ海などを安全に航行する船舶を持たない中国人は、遠洋航海には積極的に取り組まなかった。当時、主に海洋を航行していた船舶は、ペルシアの商人が乗り組んだダウ船である。釘を使わず、木材を縫い合わせるようにして造られたこの縫合船《ほうごう》は、柔構造をもっているために、外海の荒波に強かった。インド洋と南シナ海を越えて、ダウ船は中国にやってきたのである。

ところが、唐末に起きた黄巣《こうそう》の反乱軍は、八七九年にペルシア商人の東ユーラシアにおける拠点であった広州を襲い、一二万人とも二〇万人ともいわれる多数の外国人を殺害した。その結果、ダウ船は東アジアから引き上げ、東南アジアに拠点を移した。この空白を埋めるように登場したのが、船体が隔壁によって仕切られたジャンクである。宋代になるとジャンクは急速に発展し、東ユーラシアの海の主役となる。

元代に中国を訪れたとされるマルコ＝ポーロは、ジャンクについて次のように述べる。

　大型船になると、がんじょうな板をしっかりと継ぎ合わせて十三の水槽、つまり十三の艙房《そうぼう》が船体の内に作られているから、万が一にも船が岩礁に衝突したり、あるいは飢えた海豚《いるか》の一撃をくらって船体の一部が破損したとかいう事故にあって……思いがけない裂孔が船腹に生じた際などには、この裂孔から流れこむ海水が、いつも空のままにしてあるこれら艙房に注ぎこむ仕組みにしてあるのである。この場合、水夫たちは裂孔の所在をただちに確かめるや、その艙房にある物品を残らず隣房に移して海水の注入する艙房を空にするのである。艙房間の仕切りはとてもがんじょうにぴったりとできているので、海水も一艙房を浸すだけで決して次々と浸水するようなことはない。こういった応急の措置を施し

た上で、おもむろに裂孔を塞ぎ、積み荷をもとの場所に戻すのである。（愛宕松男訳注『東方見聞録2』平凡社）

『中国の科学と文明』第一一巻「航海技術」のなかでジョセフ＝ニーダムは「中国のジャンクを世界の他のあらゆる伝統的な船から区別する基本的な特徴は、防水横隔壁のシステムにあることを認識すべきである」（坂本賢三ほか訳、思索社、一九八一年）と述べている。西洋の造船技術において、この中国の実用的で安全な工夫がとり入れられたのは、一八世紀になってからのことであった。

元代に海上交易が活発になると、ジャンクは東ユーラシアのそれぞれの海に適した形へと分化を遂げ、発達する。その代表的なものは、黄海を航行した沙船《させん》、東シナ海に適応した福船《ふくせん》、そして南シナ海を航行した広船《こうせん》の三つである。

沙船はジャンクの隔壁を持つという本質を保ちつつ、遠浅の海岸が続く黄海に適応するために、船体を扁平にした船舶である。そのため、浅瀬に乗り上げても、横倒しになることがない。貨物を積載するスペースを確保するために、船首と船尾を方形にした。その形から方艄《ほうしょう》とも呼ばれる。甲板が海面に近いために、甲板は樽のようにカーブを描いており、波を被ってもすぐに排水できるように工夫されている。

福船は主に福建《ふっけん》で建造されたために、その名が付いた。東シナ海の深い海を安定して航行するために喫水が深く、船首は波を切るように鋭く尖り、船尾は方形を成して高々と海面からそそり立つ。船尾には鮮やかな模様が描かれることが多いので、花屁股《かひこ》（色が鮮やかな

順風満帆で快走するジャンク

遣唐使船の復元模型　神戸市立博物館蔵

尻）というあだ名を有する。岩礁を避けて狭い航路を進むときに、福船はその性能を発揮する。

広船は広東《カントン》で造られた船舶で、その特色は全体が細長く、横に張り出した肋骨が頑丈に造られ、隔壁と一体となっている所にある。南シナ海は東シナ海よりも波が荒く、突然に横波を食らっても船体が破損しないように、こうした構造をもつようになったのである。広船は、遠洋を何日間も続けて航海することができた。

東ユーラシアの大地

東ユーラシアには、実に多様な生態環境が展開している。この多様性も、海がもたらしたものである。

モンスーンが大量の水分をインド洋で抱え、ヒマラヤ山脈を回り込んで東シナ海と丘陵と平野とが交差する華南と華中とに大量の雨を降らす。他方、中央ユーラシアの乾燥した大地を吹き抜けてきた偏西風は、西北から華北平野に吹き抜ける。モンスーンと偏西風とは、秦嶺《しんれい》山脈と淮河《わいが》とを結ぶ秦嶺—淮河線と呼ばれる境界線でぶつかり合い、大陸を湿潤な華中・華南と乾燥した華北という二つの地域に区分する。秦嶺—淮河線より南では、水田耕作に依拠し、北ではアワや小麦などの畑作が中心となる。

宋代以降に江南の開発が進み、華中の農業生産性が上がると、この地域を政権の基盤としなければ帝国が成り立たなくなるようになる。豊かな農業生産は、手工業が発達できる余地を生みだした。もともと華北で生まれた養蚕と絹織物も、杭州や湖州などの長江下流域デルタと太湖の湖畔を開拓した水田地帯に入ると、農家の副業といった制約を離れる。水田を取り囲む土手の上には、クワが植えられ、クワの葉がカイコを養い、大量の生糸が生産された。都市では高度な技術に支えられて精緻な絹織物が織られるようになったのである。これらの絹織物は、世界で受け入れられる宝物であった。

中央ユーラシアの生態環境は、南北の地勢断面図を作ると把握しやすい。ヒマラヤ山脈がインド洋からの水分の供給を阻んでいる。植物に必要な水分は、もっぱら北極海から供給される。北から見て行くと、北極圏の凍てついた大地の南には、針葉樹のあいだに落葉広葉樹が混じる大森林地帯タイガが広がる。この森には柔らかく保温性の高い毛皮をもった野生動物が生息している。なかでもクロテンの毛皮は希少で、遊牧の民のあいだでは王族・貴族が独占し、ヨーロッパでは「走るダイヤ」とも呼ばれ、宝物と見なされた。

森林地帯の南は高原となり、草原が広がりヒツジやヤギなどの牧畜が行われてきた。この地では持久力のあるウマが育てられ、軍事力を支える物産として農耕地域の権力者によって求められた。草原の南には、天山山脈がそびえている。山脈を越えて南に下ると水分は少なくなり、砂漠が広がるようになる。天山山脈やチベット高原などに降り積もった雪は、夏には溶けだして斜面を下り、地下水となる。そして山地のふもとの所々で地表に噴き出す。この湧き水にたよって農耕が行われ、オアシス都市が作られた。オアシス都市をたどって、ユーラシア大陸の東西を結ぶ交通路が生まれた。

ユーラシア大陸の東と西とを、比べてみると、大陸の東部のアジアに比べて、西部のヨーロッパは生態環境が単純で、物産の種類も乏しい。この差は氷河期にヨーロッパのほとんどが氷河に覆われ、多くの動植物が絶滅したのに対し、アジアでは地続きであった南方に、一時的に避難することができたためである。クワを必要とする絹織物、雲南の高原などに原木がある茶など、歴史を彩る世界商品が主にアジアで生み出され、東から西へと向かった理由は、こうした生態環境の多様性の差に求められるであろう。

ユーラシア・ステージへの跳躍

南北分立システム

秦嶺—淮河線の南に位置する華中では降水量が多く、湿潤温暖な生態環境に支えられて多様な物産を産出した。長江流域では水田稲作が発達し、中国の穀倉となっていた。江南の用水路を守る土手にはクワが栽培されて養蚕業が展開し、質の高い生糸が生産された。山間地域では茶が栽培された。秦嶺—淮河線以北の華北には穀物や生糸・織物、さらに茶葉などに対する需要がある。絹織物などは、中央ユーラシアにも買い手がいた。

しかし、華中が必要とする華北の物産は、ほとんど無きに等しい。華北には華中の物産と引き替えに華中に移出する物産はなく、交易はきわめて偏ったものになる。もし商業活動に自由放任（レッセ・フェール）をもって臨むならば、交易は停滞してしまう。華中の物産を買うだけの購買力を、華北が獲得できないためである。華中も華北という市場を持てずに、その経済成長に限界が生じる。華北にも物産が流入せず、経済的水準は低いままに停滞するであろう。中国は獲得した経済成長の可能性を、おそらくほとんど発揮することもできず、一〇世紀には停滞したものと想像される。

華北は華中の物産に対する購買力を、どのようにして生み出せばよいのか。一つの回答は、秦嶺—淮河線をはさんで異なる二つの政権を持続させるというものであった。遼・金の両朝と宋・南宋という形の分立状況が、およそ二七〇年という長期にわたって持続した背景には、システム的に生態環境を区分する境界線の南北で、二つの帝国が並存する形が安定していたことがあったと考えられる。

一〇〇四年に遼朝と宋朝とのあいだに結ばれた澶淵《せんえん》の盟は、形の上では宋を兄、遼を弟としてはいるものの、実質的には、華中を支配した宋朝が毎年絹二〇万匹、銀一〇万両を、華北を支配した遼朝に贈るという内容を持っていた。政治的には宋朝にとって屈辱的に見える条約である。しかし、経済的に見ると遼朝は宋朝から手に入れた銀を用いて華中の物産を購入しており、宋朝の経済的基盤となっていた華中の発展を、間接的にではあれ促進したことになる。

遼朝の地歩を引き継いだ金朝も、この分立したシステムを破壊しようとはしなかった。一一二六年に発生した靖康《せいこう》の変という歴史に名高い金と宋との抗争でも、勝利した金の軍隊は華中に逃れた宋室を追うことなく、引き返している。秦嶺―淮河線を境界とする分立というかたちは、南宋の成立によっていっそう鮮明になったと見ることもできよう。それぞれの政権は、互いに反発しながらも新しい交易の仕組みを模索した。中華文明の自己拡大プロセスにおける、最後の「離」のステップであった。

現在の中国の地図を見慣れている私たちは、ユーラシア大陸東部が一つの政権に統一されているかたちが中国の本来あるべき姿であると、ときどき思い込まされてしまう。しかし、軍事的に優位に立つ華北の政権と経済的に発展を遂げようとしている華中の政権が、政治的にバランスを取りながら並び立つという支配のかたちは、実は安定したシステムであった。安定していなければ、澶淵の盟から臨安《りんあん》（現在の杭州《こうしゅう》）が元朝に接収されるまでの二七二年もの長期にわたって、このシステムが持続することはなかったであろう。

分立システムの終焉

南北分立システムの特徴は、貢納という交易のメカニズムが内包されているところにある。つまり、豊かな生産力を有する地域を支配する政権が、物資の供給を求める政権に対して貢納することで、交易が円滑に行われるのである。

南北分立システムが打破されるのは、ユーラシア内陸部からモンゴル帝国というまったく新しい世界的視野をもつ政権が登場したときであった。モンゴル帝国の基礎を築いたテムジンは、遊牧民の社会組織と軍事組織とを結びつけ、新しい国のかたちを創り出す。テムジンはその新しい組織によって、モンゴル高原のライバルを倒した。

モンゴル高原の西南、乾燥した砂漠地帯には、オアシスがまるで首飾りのように点在している。北の高原や南のヒマラヤ山脈から夏になると大量の雪解けの水が砂漠に流れ込み、砂漠の縁にあたるところで泉として噴き出す。またこうした水を地下にトンネルを掘って流す。この水を利用して農業が行われ、都市が生まれ、都市を結んで交易ルートが連なっていった。

モンゴル帝国が拡大して砂漠のオアシス都市を支配下に収めるようになると、オアシスを結んでユーラシア大陸の東と西との交易を行っていたウイグル人が、モンゴル帝国に協力するようになった。帝国は経済や情報などの面で、商人たちがもっていた商業活動のネットワークとノウハウを活用した。商人たちは、モンゴル帝国が中央ユーラシアの統一的な政権となることによって、その領域内で安全に交易を行うことが可能となったので、モンゴルの支配を受け入れた。

モンゴル帝国が中国を射程に収めたとき、すでに南北分立システムを乗り越えようとしていたことは明確である。帝国第四代皇帝のモンケがフビライに雲南攻略を命じたとき、秦嶺―淮河線を挟んだ南北分立のシステムを破棄し、ユーラシア全域を包括するまったく新しいシステムが構想されていたと考えることができる。雲南攻略は、南宋を滅ぼすための布石の一つである。モンケの急死によりこの構想の実現はフビライに委ねられた。

フビライは、元朝をモンゴル帝国から分立させるという、おそらくモンケが予想していなかったかたちで、新しいシステムを構築した。フビライは南宋を攻略し、滅ぼして中国を支配下に収める過程で、華南を拠点に海の交易を営んでいたムスリム商人と接点を持つようになる。また南宋が抱えていた艦船や造船の拠点を引き継いだ。高原で生まれたモンゴル帝国は、このときに海に乗り出すこととなったのである。

元朝は、ウイグル商人やムスリム商人が運営していた銀を価値の基準とする経済システムによって支えられていた。この帝国はもっぱら商業活動から税金を徴収し、土地税には依存しなかった。商業税は銀で徴収され、中央政府のもとに集められた銀は、元朝からユーラシアの各地に展開したモンゴル帝国内の領主や貴族に贈られた。元朝がモンゴル帝国の盟主として認められるために、こうした贈り物が必要だったからである。

帝国各地に分配された銀は、ムスリム商人やウイグル商人が運営する商社に投資され、絹織物や陶磁器などの中国物産を購入するために用いられた。中国、とくに秦嶺—淮河線以南の地域で産する物産を購入するために、銀は中国に還流する。この銀を元朝は再び商業税などの形で、中央に集中した。

元朝は集中—再分配という交易メカニズムを、ユーラシア全域に展開することで維持された帝国であったのである。ここで展開された交易のメカニズムについては、杉山正明氏（本シリーズ第八巻の著者）が銀の大循環として描いている。

銀と銅銭

モンゴル帝国が成立したことで、中華帝国の合散離集というステップを踏んだ自己拡大のプロセスも終焉を迎える。中国はそれ自体で完結したシステムであることをやめ、ユーラシア全域で展開した広範な交易システムに組み込まれた一つの要素となったからである。周代から南宋までの時期を東アジア・ステージと名づけ、元代から一九世紀なかばの本書が扱う期間を、ユーラシア・ステージと呼ぶことにしよう（三一ページ、図表参照）。

ここでいうユーラシアとは、単にモンゴル帝国が支配した領域に限られるものではない。モンゴル帝国の外に、眼を向けてみよう。ユーラシア世界では銀の循環メカニズムに依拠していた地域の外側で、異なるシステムが生起しようとしていた。

北宋の時代、主に王安石が政治を動かしていたときに、中国では大量の銅銭が鋳造される。元朝になってから商取引が銀ないし紙幣によって行われるようになり、元朝もその末期に銅銭鋳造が行われるまで、紙幣と競合する銅銭の使用に対し消極的な政策を行った。中国国内では銅銭の流通が見られなくなり、行き場を失った銅銭が海外に大量に流出するようになった。

日本には、商品として銅銭が渡った。たとえば一四世紀はじめに中国の寧波《ねいは》（慶元《けいげん》、宋代の明州《めいしゅう》）を出航し日本に向かう途中、朝鮮半島西南の沖で沈没した新安沈船《しんあんちんせん》からは、磁器などとならんで銅銭が出ている。その量は半端ではない。二八トン、八〇〇万枚という、膨大な量である。

また、一三二七年から数回にわたって東南アジア各地を訪問した汪太淵《おうたいえん》は、その『島夷志《とういし》略《りゃく》』のなかで、中国の商人が染色に用いる蘇木《そぼく》や香料として珍重された白檀香《びゃくだんこう》、コショウなどを仕入れ、磁器や錦布《きんぷ》などを渡すという交易の場で、取引の手段として銅銭を使用したと記している。一六世紀になるまで、銅銭と、現地で作られた鉛を銅に混ぜて銅銭に似せて鋳造されたピシスと呼ばれる貨幣が広く使用されている。この起源が元朝時代にさかのぼると推定される。また、ヴェトナム北部で成立した陳《ちん》朝においても、銅銭の使用が一四世紀に進んだといわれる。

一四世紀に、モンゴル帝国の周辺では銅銭の使用が盛んになる。しかし、銅銭を軸にした国際的な経済システムが形成されていたわけではない。それぞれの地域で、銅銭が果たした役割は異なっていた。

ユーラシア大陸東部という枠組みで鳥瞰《ちょうかん》した場合、銀流通システムが元朝の政策に支えられてコア・システムとして維持され、その周辺ではそれぞれ銅銭を使用する経済圏がサブ－システムとして生成しようとしている。この銀と銅銭の空間的な二重構造が、一三五一年に起きた紅巾《こうきん》の乱から始まる五〇〇年の起点となる交易システムであった。

新安沈船から発見された中国の銅銭　中国の銅銭が800万枚以上も発見された。韓国国立海洋遺物展示館蔵

波動するユーラシア・ステージ

モンゴル帝国の成立をもって、ユーラシア全域を包摂する交易システムが確立する。元朝をモンゴル高原に駆逐して成立した明朝と、一七世紀に中国を支配することとなった清朝とは、この広範な交易システムに包摂されている。

本書の内容を先取りして、その後の展開を概観しておこう。ユーラシア・ステージにおいては、交易が活発になる時期と停滞する時期が、一〇〇年ほどの幅をもった波動として観察できる。

一三世紀にモンゴル帝国のもとで交易が盛んになったものの、一四世紀なかばにモンゴル帝国が崩壊するなかで、交易は停滞する。ユーラシア大陸の東部は、コア・システムなきサブ－システムの並立といった状況に移行した。コア・システムを失い、交易は貢納と掠奪という原初的な状況に逆行する場合もあった。

明朝は元朝に代わるコア・システムを創設する意志も、能力も持っていなかった。一四世紀から一五世紀にかけて、中国は一つのサブ－システムの位置に後退したのである。元朝の時代に海で活躍した人々は、相互の交易をどのように進めるかを模索した。

一六世紀に貴金属の精錬技術に革新が加えられると、日本そしてアメリカ大陸から銀が中国に大量に供給されるようになり、モンゴル帝国によって植え付けられた銀にもとづく交易システムが再生する。明朝は、銀中毒とでもたとえられるような状況に陥った。銀を軸にした交易が活発になり、東南アジアは「商業の時代」と呼ばれる時代へと突入する。新しいコア・システムが形成されようとしていた。この新しいシステムは、アメリカ大陸の銀を手にしたヨーロッパ勢力も巻き込みながら展開する。

しかし、この繁栄も一七世紀に日本の銀の供給源が枯渇し、銀の絶対量が、拡大する交易を支えられなくなると、再び経済に変調が生じる。また銀は、地域社会の富を域外に吸い出してしまう。地域社会は疲弊し、中国では反乱が頻発するようになる。ユーラシア全域は同時並行的な不況に突入し、ヨーロッパやアジアの全域で、政権の交替が相次いだ。ヨーロッパでは覇権が、スペインとポルトガルからオランダそしてイギリスへと移行した。中国では明朝が崩壊し、北東アジアから勃興した清朝へと、政治体制が移行する。

商業の時代から産業の時代へ

一八世紀になると、銀を軸として展開していたシステムのなかに、銀の絶対量に制約されずに交易を拡大する仕組みが胚胎してくる。この新しいシステムの要点は、産業化である。一六世紀の遠隔地交易の繁栄を「商業の時代」と名づけるのであれば、一八世紀の繁栄は「産業の時代」と呼ぶべきであろう。産業化には、二つの方式があった。一つは、遠隔地から宝物を輸入するのではなく、宝物そのものか、あるいはその代替品の国産化を図ることである。

その代表的な事例として、徳川吉宗の時代の日本で、生糸を中国から輸入する代わりに、国産化が図られたこと、漢方薬の薬材として輸入していたチョウセンニンジンの代替品として、チクセツニンジン（竹節人参）の栽培が奨励されたことなどが挙げられる。ヨーロッパの事例としては、一八世紀のはじめに中国の白磁にあこがれたザクセン国王の命を受けた錬金術師ヨハン＝フリードリッヒ＝ベトガーによって生み出されたマイセン磁器が挙げられよう。

もう一つの産業化の方式は、遠隔地交易で扱われる商品の生産体制を整え、銀で宝物を輸入する代わりに、商品を輸出するというものである。一八世紀以降に現れる商品の特色は、需要に先だって生産が進み、需要があとから創り出されるという点にある。その代表的な商品は、日本から中国に輸出された海産物、そしてイギリスが中国に密輸したアヘンである。

一八世紀においても中国は、大量の銀を世界から吸収し続けていた。一六世紀と異なることは、銀と銅銭を使い分ける仕組みが確立したことである。地域の経済は、もっぱら銅銭に支えられるようになり、中国全土を駆けめぐる銀が地域経済を混乱に陥れることが少なくなった。この新しいシステムのもとで、中国でも産業化が進展した。中国東北地方の大豆や福建の砂糖など新しい商品が登場するとともに、山間地域で製鉄業が勃興するといった動きが見られた。

環球ステージ

ユーラシア・ステージに属する六〇〇年のあいだに、中国を父祖の国とする人々は東ユーラシア各地に入植した。明代に行われた鄭和《ていわ》の遠征は、東南アジアやインド洋沿岸地域に対する膨大な情報をもたらし、中国人の東ユーラシアに対する認識を一変させた。明朝と清朝は基本的に中国人が海外に渡航することを禁止してはいたが、新しい世界観にもとづいて海を渡る人の波は、以前にもまして大きなうねりとなった。

元代以前にも、中国出身者は海を渡って定住してはいた。しかし、移住先となった現地社会を変化させるほどの規模は持っていなかった。一六世紀と一八世紀に見られた中国からの人の流れは、単に規模が大きいだけではなく、組織的に行われた。その結果、中国系の住民は、現地の社会にとって不可欠な要素となり、その後の東ユーラシアの歴史に影響を与えることとなった。

一九世紀なかば以降、中国系の人々の活動領域が東ユーラシアの枠を越え、アメリカ大陸やオーストラリア、アフリカなどに及び始める。その契機をつくった事件は、一八四〇年に勃発するアヘン戦争である。それから現在にいたる時代を、本書では環球ステージと呼ぶことにしたい。「環球」とは、グローブ（globe）の中国での訳語である。球体の表面というグローブの語感を、この言葉は的確に表しているので、あえてグローバル・ステージではなく環球ステージとしたい。

広東式ジャンク　大西洋を初横断した中国木造帆船ジャンク「耆英」の模型

「耆英《きえい》」という名の香港で建造された木造帆船が、一八四六年一二月に香港を出港しインド洋を目指した。伝統的な船体の長さ四九メートル、積載量八〇〇トンの広船（広東《カントン》式ジャンク）である。この船は翌四七年三月にアフリカ南端の喜望峰に到達、セントヘレナ島を経由して大西洋を渡り、ニューヨークに入港した。耆英は大西洋をはじめて横断した中国船として、中国海洋史にその名を刻んでいる。この壮挙をもって、中国が環球ステージへと突入した画期とすることができる。

　耆英という名は、しかし環球ステージにおける中国人の苦い記憶とも結びつく。帆船の名は、清朝の官僚の名にちなむ。アヘン戦争に敗北した清朝は、南京《ナンキン》条約など一連の不平等条約を結ばされた。その交渉の責任者となっていた人物の名が、耆英であった。彼は軟弱外交を進めたとして、しばしば非難の対象となった。

南京条約で開港させられた中国からは、一八世紀後半になると多くの人々が海を渡った。その歴史は苦難に満ちたものであった。彼らはクーリー（苦力）と呼ばれる交易商品として扱われたからである。

マレー半島における錫《すず》の鉱山、アメリカ大陸における鉄道建設、ジャワやハワイあるいはキューバにおけるサトウキビ・プランテーションなどで、渡航者は働いた。サンフランシスコやニューヨーク、バンクーバーなどに住み着き、チャイナタウンと呼ばれる居住区を形づくり、雑業や料理店などで生計を立てて生きる中国系の人々が現れるのも、この時期である。

しかし、見方を変えるならば、政治の表舞台で華々しく活動する欧米人のもとで、中国系の人々はグローバル（環球）規模の経済的・社会的なネットワークを地道に創り上げたとも考えられる。中国系の渡航者がそれぞれの土地で信仰し、その庇護《ひご》を求めた神は、穏やかな慈愛に満ちた笑顔を浮かべる媽祖であった。福建の小島で生まれた媽祖信仰は、こうして東アジア・ステージ、ユーラシア・ステージ、環球ステージを経て世界各地に広がっていったのである。

東ユーラシアの五〇〇年

西暦一三五一年、華北の潁州《えいしゅう》で劉福通《りゅうふくつう》が元朝に対して武装蜂起し、地方政府が置かれた町を占拠した。この紅巾《こうきん》の乱と呼ばれる蜂起が契機となって各地で反乱が発生、中国を支配するモンゴル人の王朝システムは機能を失う。その複雑なプロセスのなかから頭角を現した朱《しゅ》元璋《げんしょう》が明朝を建てることとなった。

それから五〇〇年が経過する。西暦一八五一年、華南の金田村《きんでん》で洪秀全《こうしゅうぜん》が清朝に対して武装蜂起し、太平天国《たいへいてんごく》を自称した。太平天国の軍勢は、各地を転戦しながら華中へと進む。清朝の統治システムは、太平天国を鎮圧するプロセスのなかで、変容せざるを得なかった。本書が扱う時代は、この二つの武装蜂起によって区切られる期間である。

この五〇〇年という時間を東ユーラシアという空間で生きた人々は、どのような歴史を紡ぎだしたのであろうか。記述の方針を、本章の最後に記す。

人の数だけ世界がある。生きられた世界は、すべて異なる。皇帝が生きた世界も、航海している一人の水夫の世界も、価値は等しい。したがって本書では、皇帝もできるかぎり名で表記した。たとえば朱元璋は、太祖という死後に与えられた廟号や、洪武帝という統治時代の年号にちなんだ通称では呼ばず、あくまで朱元璋と記す。

世界は複数形である。英語で述べるならば、ザ・ワールド（the world）ではなく、ワールズ（worlds）である。個々の人は自分が生きる世界（a world）の中心に位置し、その世界を相手に行為を積み重ね生きる。歴史とは、ザ・ワールドの歴史ではなく、無数の人々のワールズが共鳴しあい、拮抗し合うさまを描き出すものでなければならない。

第二章　明朝の成立——一四世紀Ｉ

元朝のウィークポイント

元朝を支えた輸送路

明《みん》朝が生まれるプロセスを語るためには、まずその前の元《げん》朝が瓦解する理由を明らかにする必要がある。元朝の成立を一二七一年に宣言したフビライは、その首都を現在の北京《ペキン》の地に据えた。大都《だいと》である。それはその地が、中央ユーラシアと東アジアとを結ぶ交易の要衝となる条件を満たしていたからである。一方、中国が産する富に依拠した元朝は、財政の基盤を長江下流域デルタ以南の江南と呼ばれる地域に置いた。乾燥した中国と湿潤な中国とを分ける秦嶺—淮河線を挟んで、政治の中心と経済の中心とが隔たっていること、これが元朝崩壊の根本的な理由となった。

元朝はこのウィークポイントを克服しようと、成立当初から努力を重ねている。その成立した当初、隋代に造られた大運河を利用して江南の物資を大都に輸送する方法が模索された。しかし、この過去の遺産を活用するには、大きな難題が立ちふさがった。

隋代に開削され、宋代にも使われた大運河は、黄河流域に置かれた首都に江南の物資を運ぶために造られたものである。ところが元朝の首都圏は、黄河流域を離れ、唐・宋代の首都

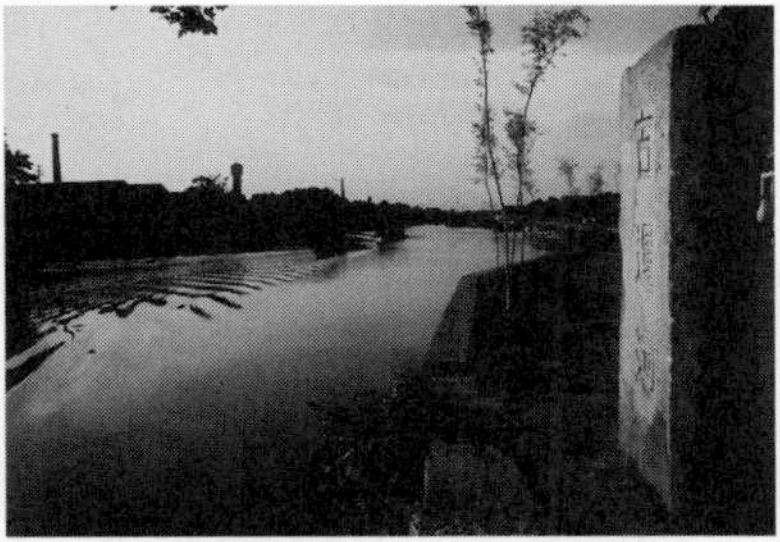
揚州を流れる大運河　隋の煬帝が開削した大運河。現在は、北は北京市から南は杭州市まで全長1794kmに達し、京杭運河と呼ばれている

圏からはるかに東北に偏った地域に置かれていた。

元朝は隋代に煬帝が造った永済渠《えいさいきょ》を復興させ、物資を輸送した。それは黄河から衛河《えいが》のあいだ一〇〇キロメートルあまりの区間を陸上輸送しなければならないルートであり、しかも、江南と大都とを結ぶ直線ルートから、はるかに西に迂回するものであった。

そこで、元朝は新たなルートを模索する。一つ目のルートは、徐州《じょしゅう》から北上して山東省の安山《あんざん》にいたる運河を開いて、南流していた当時の黄河と大清河《だいせいが》（黄河の現在の河道）とを結び、そこから渤海に出て都にいたる途である。二つ目のルートは、山東半島の付け根に運河を開削し、黄海と渤海とを結ぼうとするものである。ところが、第一のルートは、大清河の河口に土砂が堆積し、輸送を妨げたために機能を果たせず、第二のルートにいたっては輸送船を通過させるに十分な水位を保つこともできず、ほとんど利用されなかった。

南宋を滅ぼし、江南との輸送路を拡充する必要性が高まると、大運河そのものを東へ付け替えることが構想された。つまり山東省の安山から大清河を東に下るのではなく、西北に向かい、臨清《りんせい》で御河《ぎょが》と結び、首都圏に直行するのである。至元《しげん》二六年（一二八九）に、安山と臨清とを結ぶ会通河《かいつうが》がようやく竣

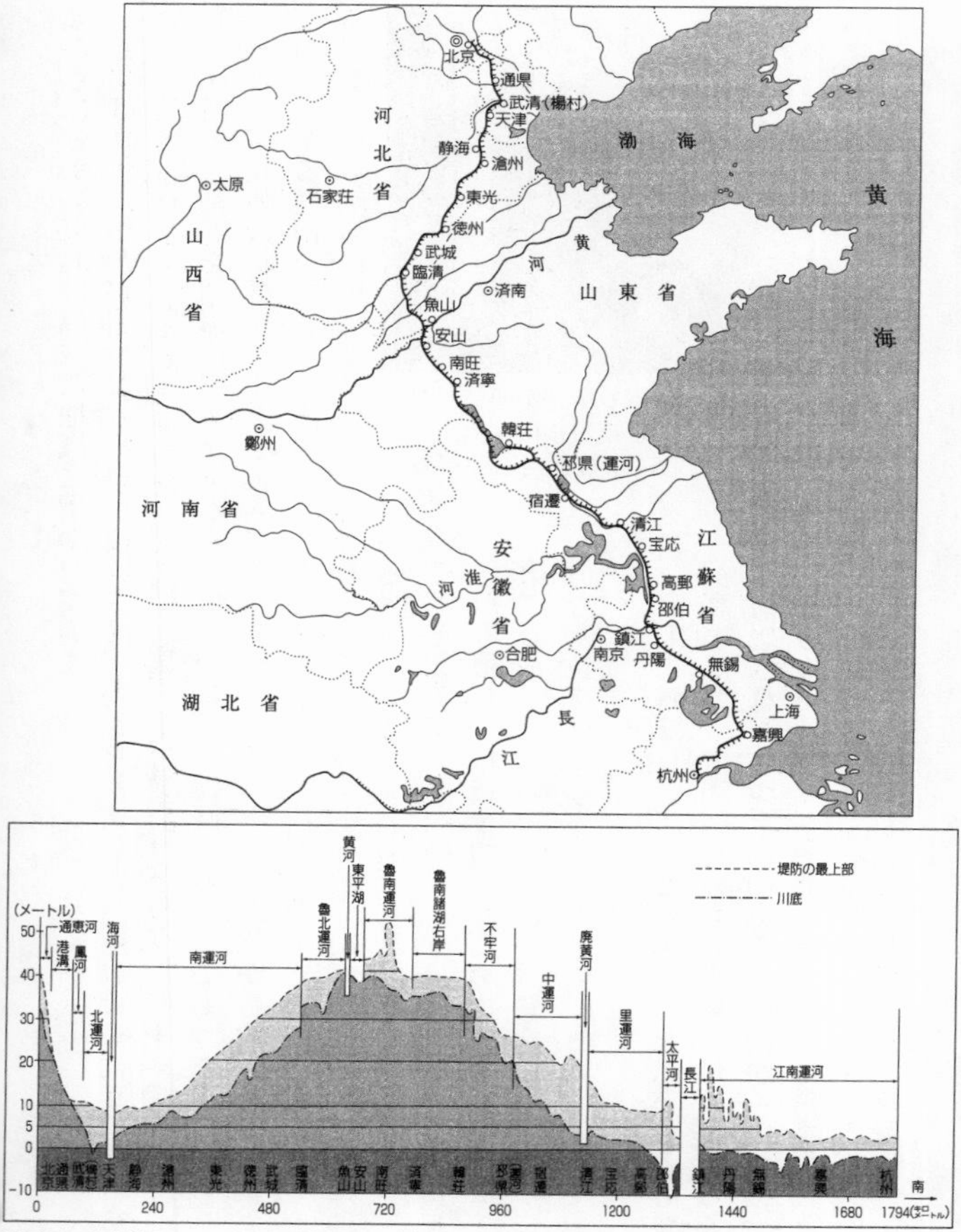

現在の大運河のルートと断面図　『中国自然地理図集』中国地図出版社より

工し、江南と北京の距離は洛陽を迂回するルートに比べ九〇〇キロメートルほど短縮された。

大運河を東ルートに付け替えるためには、二つの技術的な難問を解決する必要があった。まず黄河との交差点を、どのように処理するかという問題が立ちふさがった。

私たちは黄河というと、現在の渤海に注ぎ込む河道を思い描く。しかし、黄河はしばしばその流路を変化させている。宋朝の首都であった開封《かいほう》が金朝の軍に蹂躙されたあと、南に移った宋朝王室が一一二八年に追撃を恐れて黄河の堤を破壊した。このときから清末の一八五五年まで、黄河は南流している。

本書が扱う時期には、黄河は開封あたりで進路を南に取り、山東半島の付け根の丘陵地域の南側を流れて淮河に合流、そのまま黄海に注ぎ込んでいた。

大運河を維持するうえで、黄河から流れ出る大量の土砂を大運河に堆積させずに海に排出する必要がある。そのために黄河の水圧を高めるなどの方策が採られることになり、流域の耕地などがしばしば犠牲にされた。つまり、大運河を利用するルートは、淮河流域の農民に多大な犠牲を求めることになったのである。

大運河を東に移したとき、その高低差を描いてみると、第二の難問がおのずと浮かび上がってくる。淮河との合流点を越えたあと、山東半島の付け根に向けて標高を上げる。問題は、この山東サミットと呼ばれる最高地点にどのようにして水を安定供給するか、というところにあった。元朝は、ついにこの問題に解答を用意することができなかったのである。そのため、大運河東ルートは十分に能力を発揮しえなかった。

山東サミット問題の解決は次の明朝に委ねられることとなる。

大運河が十分な機能を果たせないことが明らかとなると、元朝は海運ルートに依存するようになる。

元朝の海運

海運ルートを開く上で重要な役割を果たしたのは、武将のバヤンであった。彼は父祖以来モンゴル帝国に仕えた名門の家柄の出身で、フビライの要請を受けて、至元一一年（一二七四）に南宋征討軍の総司令官となった。バヤンは長江支流の漢水の拠点である襄陽《じょうよう》に本営を置き、水軍を柱とする陣営を編制した。そこから長江を東へと下って宋の水軍に殲滅的打撃を与え、ついに南宋を滅ぼす。さらに、その戦利品を大都に運ぶ際にも海路を用いた経験があった。バヤンは元朝の首脳部で、もっとも水運に精通した人物であったといえよう。

バヤンは東シナ海で活動していた海賊の朱清《しゅせい》と張瑄《ちょうせん》などに物資輸送の船団を編成させ、至元一九年（一二八二）にはじめて江南の穀物を海路で首都に輸送させた。最初のルートは、長江の下流に位置する瀏河港《りゅうがこう》（瀏家港《りゅうかこう》とも表記される）を出港し、黄海の沿岸を航行して山東半島を回って渤海に入るものであった。

この航路はしかし、浅瀬が多く、座礁する船舶が少なくなかった。そこで、のちには長江河口を出ると、そのまま沖に出て山東半島の先端に位置する成山《せいざん》を経て、半島の渤海湾側に位置する劉公島《りゅうこうとう》に入港する航路が開かれた。

元代海運の寄港地となった劉公島は、清末に北洋艦隊が編成された島である。現在はリゾート地となり、日清戦争（中国では甲午《こうご》戦争と呼ばれる）における黄海海戦を記念する博物館がある。元代から近代にいたるまで、黄海と渤海とを結ぶ海の要衝であったといえよう。

海運の創設に功績のあった朱清は、長江の河口近くにある崇明島《すうめいとう》の出身。もともと家内奴隷であったが、虐待に耐えきれず、主人を殺して海に逃げ、海賊として頭角を現した人物である。宋朝の懐柔策を受け入れて帰順し、宋が滅びると元朝に仕えることとなった。江南の

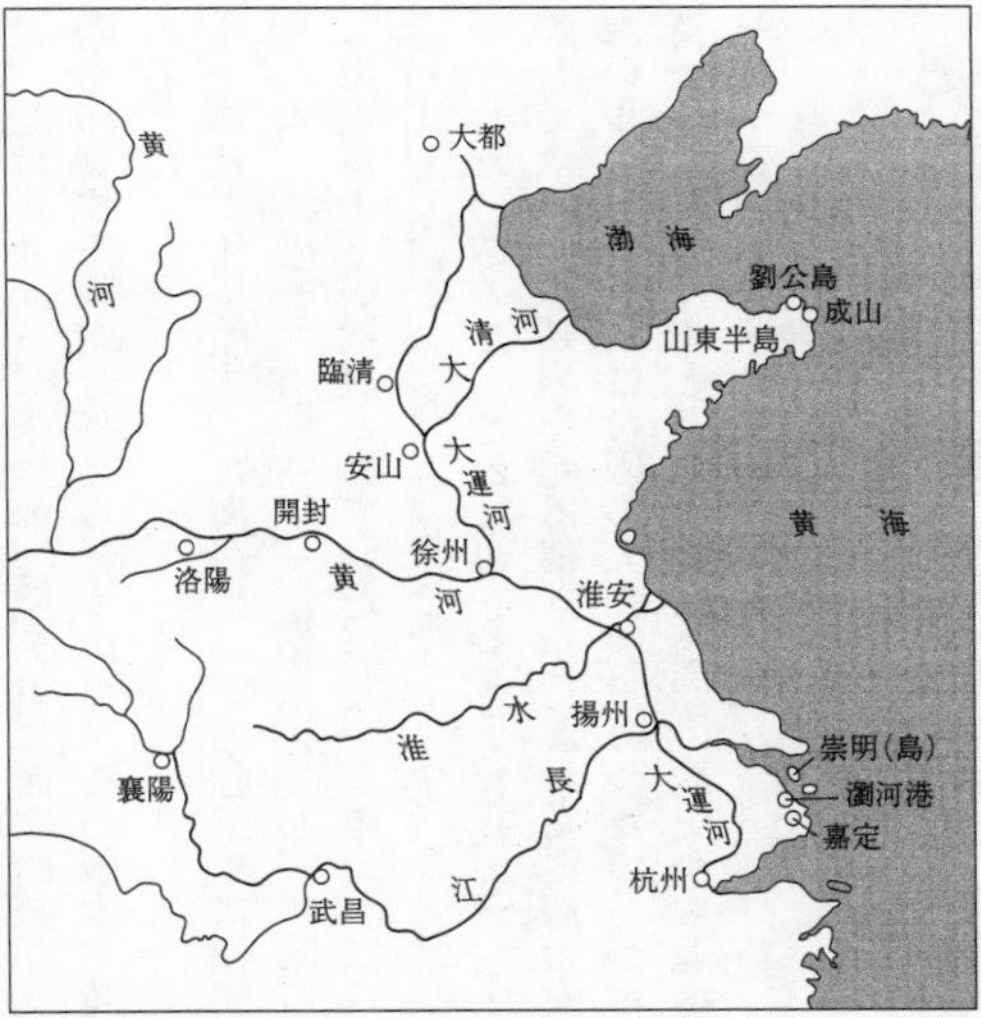

元代の海運港

穀物を大都に運ぶ仕事を請け負い、さらにその輸送ルートの整備にも功績を挙げた。浚渫《しゅんせつ》した江南の河川を利用して、瀏河港が属する行政府所在地の太倉《たいそう》には、外国の商人が来訪するようにもなった。海外との交易に関わって朱が得た利益も、少なくなかったと思われる。張瑄もまた江南の嘉定《かてい》に生まれ、海に出て塩の密売を行っていた人物である。

朱清と張瑄は、海運を独占して不当な利益をあげたとして、大徳《だいとく》六年（一三〇二）に断罪された。翌年に朱は石に頭を打ちつけて自

殺、張は獄死する。朱は海運関係者に渡す給金を支払うために、元朝から交鈔《こうしょう》と呼ばれる紙幣を印刷する版木を与えられていた。この版木で勝手に紙幣を造るなどの不正を行ったとされる。

一二八二年に始まった海運は、一三〇二年に元朝の直営となり、輸送される穀物の量も急増した。天暦二年（一三二九）に頂点に達し、年間に約二四万七〇〇〇トンを運んだとされる。

海運ルートが検討されていた至元一八年（一二八一）に、フビライは海運の安全を願い、「護国明著天妃《ごこくめいちょてんぴ》」の号を媽祖に加えた（先にも触れたが、『元史』世祖本紀には至元一五年に加号したとあるが、これは誤りと考えられる）。江南の穀物を積んだ運糧船の出発と到着に際しては、必ず媽祖を祀る儀式が行われた。海の女神に与えられた「護国」という言葉に、海のルートがまさに帝国の大動脈であったことが示されている。換言するならば、海運を維持できなくなったとき、元朝は中国の歴史から退場する運命にあったといえよう。そのプロセスがこの第二章の主題となる。

乞食僧と富商

黄河改修工事

元朝は大運河で漕運を行うことを断念し、一二八九年には海運に一本化する。しかし、大運河が放棄されたわけではない。かさばる穀物はもっぱら海運ルートで運ばれたが、それ以外の物資、とくに黄海沿岸地帯で生産されていた塩などは、大運河が主要な輸送路となった。

国家の根幹を支える運送事業は、莫大な利権と絡む。海運を支持するグループと大運河による輸送を支持するグループとは互いに相容れず、政権内で党派を形成した。台風によって穀物を積んだ船舶が沈没すれば、大運河派が海運の危険性を言い立てた。黄河が氾濫して大運河を傷めれば、大運河が不安定であると海運派が主張した。政策の軸が定まらないために、結果から見れば不必要な事業が進められ、そのたびに労働力として駆り出された人民に負担が被せられたのである。

至正四年（一三四四）五月、長雨が降り続き黄河が溢れ、白茅堤《はくぼうてい》・金堤《きんてい》などが決壊し、大規模な氾濫を起こした。黄河の一部は開封を過ぎたあたりで北に直進し、そのまま山東半島の北側で渤海にそそぎ込むことになった。南北二つに分裂した黄河に挟まれた地域は、泥土に覆われた。被害は華北平野の広域に及び、山東や河南の各地で飢饉が生じ始めた。その後も、黄河は至正八年、九年と氾濫を繰り返し、そのたびに大きな被害を残す。元朝の政府内部では、この暴れる黄河にいかに対処するか議論が戦わされ、なかなか結論が出なかった。

大運河を維持するという観点から、黄河の大規模な改修が必要であると唱えたのが、大運河による輸送を担当する漕運使《そううんし》を務めていた賈魯《かろ》という人物である。至正四年の洪水のあと、特命を受けて河道を視察し、地形を考察して要害の地を確認し、改修工事の可能性と必要性を確信していた。また、漕運使として漕運の実状を把握し、二〇条にわたる改革案をまとめて朝廷に提出していた。

至正九年の洪水の後、彼が提起した治水の方針とは、「塞北疏南《さいほくそなん》」というものであった。山東半島の北側に漏れ出ている黄河の水をせき止めて、南にすべての河水を集中させるかとうという、南流している黄河の水はけをよくして、大運河の機能低下を招く泥砂を海に押し流そうというプランである。

この抜本的な改修プランに対しては、根強い抵抗が政府内にあった。改修工事を管轄する役所であった工部の長官・工部尚書の地位にあった成遵《せいじゅん》は、反対派の代表者に担ぎ出され、黄河流域を視察した上で、「山東は連年の不作で、民は安心して暮らすことができません。もし治水工事のため二〇万もこの地で徴用したとすれば、いずれ黄河の災い以上の禍根を残すことになるでしょう」と述べて、黄河改修事業に着手することに反対する意見を出した。

当時、元朝の政府の実権は、右丞相のトクトが掌握していた。トクトは賈魯の案を採用し、成遵を左遷して賈をその工部尚書のポストに充て、黄河プロジェクトの責任者に抜擢したのである。工事は河南と河北から一五万人もの労働力を徴用し、さらに軍隊からも二万人を充当して、至正一一年（一三五一）の旧暦四月から一一月までの期間を費やして、完成された。この黄河大改修工事は成功した。しかし、この工事が契機となり、元朝は自壊にいたる因果関係の渦のなかに落ち込むこととなったのである。

国家の基盤を定めるために進められた黄河改修工事は、国を挙げて行う必要があった。工事を担当した賈魯が立てた当初の企画では、不作が続いて危機に瀕していた河南・山東の地域で大規模な土木事業を行うことで、労働者に日当として食糧を支給し、難民化しつつあった住民に生活の糧を与えるという案も含まれていたようである。

しかし、トクトの強引な決裁を経て進められたこの事業に対しては、政府内、とくに事業を担当する工部という役所の内部にも、反対する勢力があった。そのために、おそらく十分な財政的な裏付けを与えられないまま、工事は強行されたものと考えられる。執政者側の不調和のために、労働者に対しては十分な支給を出せず、工事現場のさまざまな矛盾のすべては、現場で働く労働者たちにしわ寄せされた。

紅巾の乱

宋濂《そうれん》という学者がいた。のちに彼は、明朝の初代皇帝になる朱元璋《しゆげんしよう》を助け、王朝の制度を創り上げ、さらに皇帝の命令を受けて元朝の歴史を編纂、正史のひとつ『元史』を著すことになる。同時代人としての知見と、学者としての良識にもとづいて宋濂は、黄河改修工事から始まる元朝の崩壊について、次のように述べる。

これよりさき、庚寅の年（一三五〇年）、河南《かなん》と河北で次のような童謡が流布した。「石人は一つ目、黄河を揺り動かし、天下がひっくり返る（石人一隻眼、挑動黄河、天下反）」。賈魯が黄河の治水を行うと、果たして黄陵岡《こうりようこう》で一つ目の石人が出て、河南から安徽《あんき》にかけて妖寇《ようこう》（邪教を奉じる輩）が、時に乗じて反乱を起こした。あるものは天下の大乱は、みな賈魯が黄河に手を出し、人民を動員したために起きたものであるという。

しかし、これは元が滅んだ本当の理由が、上のものも下のものも前例を固守して効率的にものごとを進めず、安逸に流されて綱紀が弛緩し、風俗が軽薄になっていたことであると知らない見解であろう。乱が発生する条件は、一朝一夕に形成されたものではない。

けだし卓見と言うべきであろうか。

宋濂が「妖寇」と名指し、元朝を自壊プロセスに引き込んだ張本人は、河南で勢力を伸張していた宗教結社・白蓮教《びゃくれんきょう》であった。白蓮教とは南宋には形成されていた宗教結社である。末世になると弥勒菩薩がこの地上に出現し、現実の社会体制を破壊したうえで、仏法にもとづく理想的な世界を到来させるという信仰を掲げた。さらに元代になると、ペルシアで生まれたマニ教の影響も受けて、破壊ののちに新しい秩序の建設者としての明王が現れるという信仰へと発展し、それまで以上に世直しへの志向を強くする。「弥勒下生、明王出世」という信仰に支えられた白蓮教は、信徒のネットワークを河南から安徽にかけて、つまり大運河を維持するために犠牲にされてきた地域に、張り巡らせていった。

白蓮教の組織としての特色は、各地で官憲に察知されないように儀式を行う場を設け、そこを中心に周辺の信徒が集まるというかたちをとった。それぞれのグループは緩やかに連携する。こうしたネットワーク型の組織形態は、仮にある地域で信徒グループが摘発されても、他のグループは存続しうる。このために元朝政府が執拗に探索しても、組織を壊滅させることはできず、散発的に各地で信徒が蜂起するという事態が続くこととなった。

条件が整わないなかで強行された黄河治水事業を、反乱の好機と捉えたグループがあった。西暦一三五一年五月二八日、安徽の潁州《えいしゅう》で白蓮教の教主を戴いた劉福通《りゅうふくつう》が、元朝に対して武装蜂起し、紅巾《こうきん》を頭に巻いて目印にし、行政府所在地を占拠したのである。「紅」の色は、モンゴル帝国に滅ぼされた宋王室の色。陰陽五行によれば、宋は火の徳を帯びていると考えられていた。

反乱軍は宋の復興を唱え、明確に元朝の転覆を目標とした。この反乱は、弾圧され、教主をも失うという結果になった。しかし、ネットワーク型に広がる回路を介して反乱への気運が伝播し、中国各地で反乱が始まった。史書にいう紅巾の乱の始まりである。

劉福通は白蓮教教主の遺児を至正一五年（一三五五）に皇帝に据え、小明王《しょうめいおう》と号させて国号を宋とした。元朝に滅ぼされた「宋」を名乗ることで正統性を主張し、白蓮教の教主の子を皇帝に迎えたことで、白蓮教系の反乱勢力に対する宗教的な権威を確保したのである。劉福通の政権は開封を都として、華北一帯に勢力を拡大していった。

なぜ元朝は瓦解したか

明代を扱った歴史書を見ると、元朝崩壊の理由がさまざまに挙げられている。ときの皇帝順帝トゴン＝テムルが政治に対する興味を失い、宮廷内部でチベット仏教に溺れていたこと。財政難のために交鈔《こうしょう》と呼ばれる紙幣が、銀などの裏付けを持たずに増刷され、経済を混乱させていたこと。官吏の搾取が厳しく、また地主層が結託して農民などから理不尽な取り立てを行ったこと。一四世紀なかばごろから、洪水・地震・台風などの天変地異が多発したこと。さらに、元朝の最盛期に一時的に温暖になっていたユーラシア大陸東部の気候が、このころ寒冷化したこと。そのために飢饉が増え、世情が不穏になったと指摘されている。

しかし、支配者内部の矛盾や紙幣増刷などは、一三世紀ごろにはすでに見られるものであり、搾取の厳しさや飢饉なども、中国ではしばしば見られることである。なぜ、一三五一年に始まる紅巾の乱が、元朝を崩壊させることになったのか、その理由は状況を連ねるだけでは見えてこない。

問題を限定してみよう。なぜ一三五一年に発生した劉福通の紅巾の乱が、元朝を崩壊させたのか。機が熟したといった逃げ口上を認めないとするならば、その解答は反乱が発生した地点にありそうである。

劉らが蜂起した潁州は、淮河の中流域に位置する。反乱軍はそのまま淮河の下流域に出ることなく、この地域全域で勢力を拡張した。その間に当時は黄河に臨み大運河の要衝であった徐州で、土豪が蜂起した。翌至正一二年（一三五二）になると、安徽省の定遠《ていえん》でも反乱が勃発した。こうして一年あまりのあいだに大運河が反乱に脅かされる状況となった。元朝も軍事的目的のために大運河を利用し、物資を輸送していた船舶を徴発した。こうした状況も、大運河がもつ物資輸送の機能を低下させた。

元朝は江南からの物資の輸送を、海運に全面的に依拠せざるを得なくなる。この元朝政府の弱みにつけ込んだのが、浙江の台州に拠点をおいていた方国珍《ほうこくちん》であった。彼は海運業者の一人であったが、一三四八年に元朝官憲から海賊であると追及され、実際に海に出て大都に向かう政府の輸送船を襲っていた。元朝はこうした海賊に対しても懐柔するしか方法がなく、官位を与えて海運を担当させた。方国珍は元朝に自分を鎮圧する力がすでにないと見るや、不満を述べ立てて元朝から離反し実質的に一つの政権を建てた。元朝側はその要求を入れて、さらに官位を上げて慰撫《いぶ》するといった状況に陥っていった。

至正一三年（一三五三）にはさらに塩の仲買人であった張士誠《ちょうしせい》が、江蘇の泰州《たいしゅう》で反乱を起こした。この地は大運河・海運ルートのいずれにとっても、江南デルタの出入り口にあたる。この地を失うことは元朝にとって、江南の物資、さらに黄海沿岸に展開していた製塩場から取り立てていた塩を輸送するルートを完全に失うことになる。

元朝は張を懐柔しようとしたが効果がなかった。年が変わった至正一四年正月には、張士誠は誠王を称して国名を大周《だいしゅう》として独立を宣言するまでになった。さらに二年後（一三五六年）には長江を渡って江南に進出し、蘇州《そしゅう》に都を定めた。

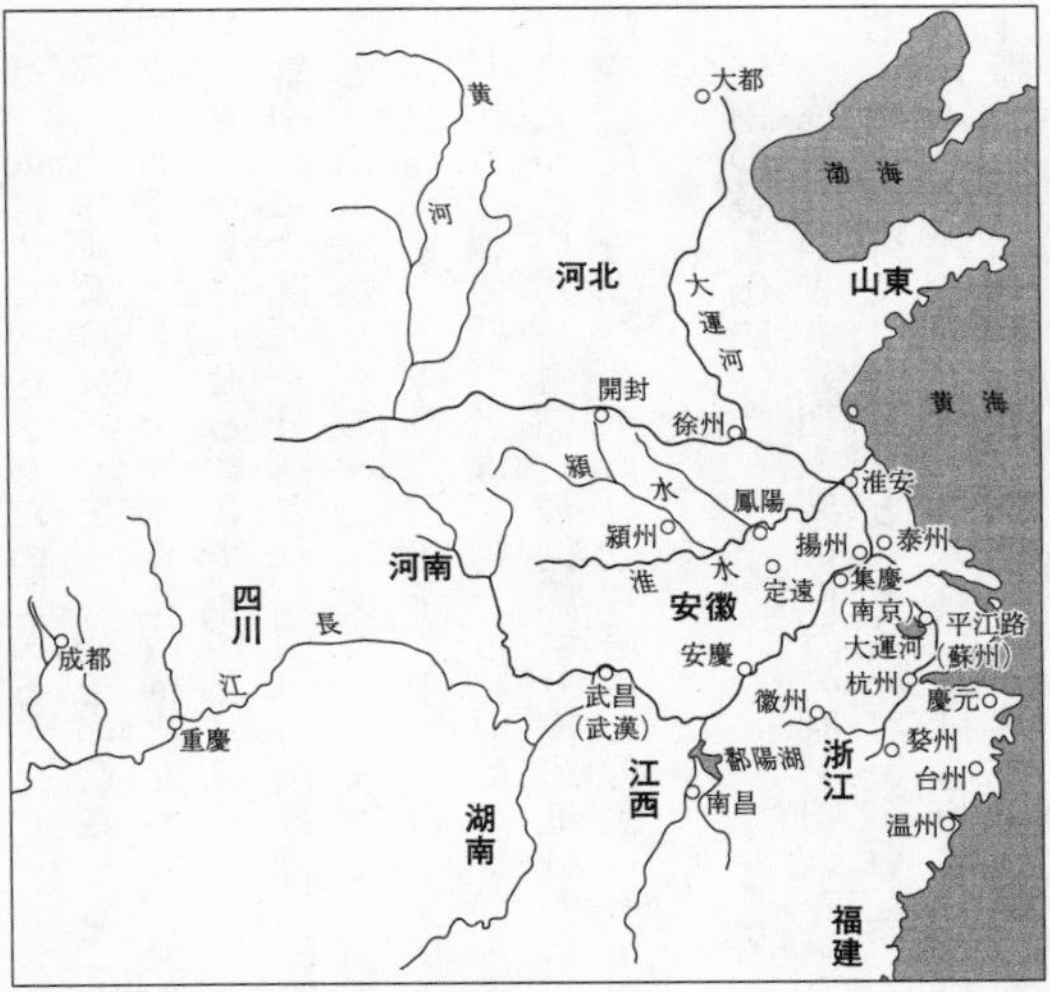

元末の「紅巾の乱」関連地図

張士誠と方国珍と元朝とは、持ちつ持たれつの微妙な関係にあった。至正一九年（一三五九）に、淮河流域が完全に元朝の支配下から離れて大運河の機能は停止、海運もままならないために大都は飢餓状態に陥った。そこで元朝は皇帝にのみ認められる龍の模様を描いた衣服を張士誠に与えて懐柔し、江南の穀物を提供させる約束を取り付ける。そして方国珍には海路で輸送する船舶を用意させ、大都まで運送させたのである。

張・方の両政権にとって、元朝を崩壊させることは政治目標とはなり得ない。元朝は江南の富と海運ルートとを押さえた政権にとって、最大の顧客であったからである。しかも、容易に足元を見透かせる顧客であった。

紅巾軍に大運河を分断され、張・方両政権に海路を握られた元朝は、支配領域の面から見ると、南宋攻略まえの状況に戻ってしまったといえよう。元朝が押さえていた地域は、モンゴル高原に連なる大都周辺の華北平野、古くフビライが攻略した雲南のみとなった。

しかも元朝の統治者は、約一世紀前にモンゴル人が持っていた遊牧民としての気概を、すでに失っていた。秦嶺—淮河線より南の地域から、貢納を取り立てる意志も実力もない。もはや、南北分立システムに立ち返ることすら不可能であった。

江南の長者伝説

江南ではいまも元朝末期に巨万の財を築いた一人の長者に関する伝説が、語り継がれている。蘇州近郊に、沈万三《しんまんさん》という名の農民がいた。ある日、この男は一枚の割れた陶器の盆を手に入れた。この盆に米を入れ、しばらくすると奇妙なことに米が増えている。女房が金の耳飾りを入れてみると、なんと盆一杯に金が満ちているではないか。しかもその金はいくら取っても減ることがなく、車に積み、船に積んでもまだ尽きない。こうして沈万三はまたたくまに江南きっての大富豪に成り上がった。いわゆる「聚宝盆《しゅうほうぼん》」と呼ばれる伝説である。

沈万三は実在の人物であった。伝説では明代初期まで生き、明朝を建てた朱元璋に睨まれて家産を没収され、雲南に流されたということになっている。しかし、残された墓誌などから分析すると、彼は元朝末期にすでに死去している。彼の親族に関する出来事が、沈万三に仮託されて伝説が形成されたと考えられる。

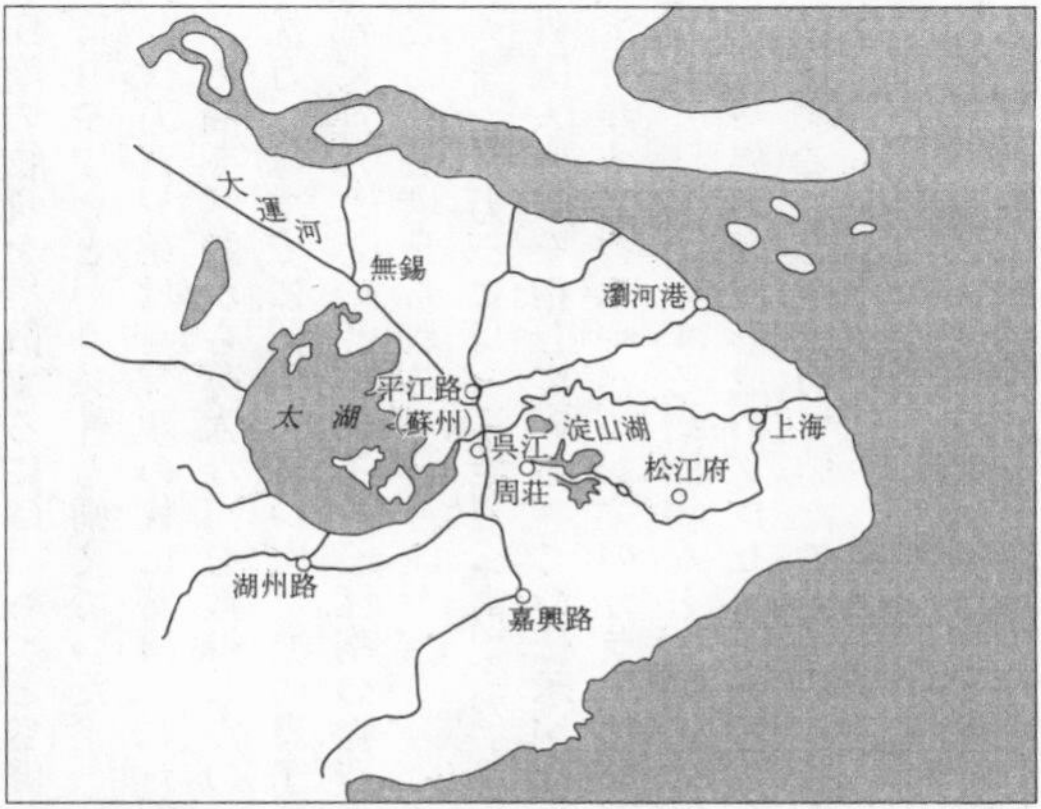

元代の周荘周辺

沈万三の父親は、湖州《こしゅう》から蘇州近郊の蔡村《さいそん》に移住し、荒れた土地を豊かな水田に変えて資産を築いた。農家経営を進めるなかで多くの農民を雇い入れ、佃戸《でんこ》（小作農民）として耕作させるようになり、経営地主としての地歩を固めたと推定される。また、高利貸として資産を殖やしたであろう。しかし、こうした地道な経営だけでは、伝説にその名を残すほどの急速な資産形成を説明することはできない。

沈万三とその弟の沈万四《しんまんし》の代になって、蘇州の東南に位置しクリークに取り囲まれた水郷の地である周荘《しゅうそう》に居を構える。立地を見ると張りめぐらされた水路によって江南運河水路に直結するとともに、北に向かえば蘇州とその外港の瀏河港とを結ぶ瀏河に直結する。

江南の物資を集散するには、もっとも優れた立地であるとともに、入り組んだ水路によって守りやすいという条件も備えていた。

沈万三兄弟は、父親の代に蓄積された地主としての地位で得られる穀物を有利に動かし、その商業活動から莫大な富を獲得したのである。張士誠が蘇州を拠点に政権を建てたとき、沈万三はすでに死去していた。彼の息子の沈茂《しんも》と沈旺《しんおう》とは、ひそかに海路を利用して米を大都に運んだという。おそらく江南の物資を海路で華北に運ぶことで、沈の一族は繁栄を遂げたものと考えられる。

また沈万三には、「通番《つうばん》」で財をなしたという伝承もある。「番」とはムスリム商人などの外国人商人を指している。この伝承がなにがしかの事実を反映しているとすれば、東南アジアで産する香木やペルシアのガラス器などの奢侈品を、江南の資産家向けに輸入して富を得たり、江南で産する絹織物などの輸出に従事したりしていたということになる。

沈一族の資産形成のプロセスをたどると、当時の江南の地主層が穀物などの物資を華北に輸送することを求めていたことを窺うことができる。張士誠はこうした商業活動にも踏み込みつつあった富裕層に支えられて、その政権を維持した。こうした政権支持基盤から見ても、張士誠が南北分立を求め、元朝打倒には向かわなかった理由を推測することが可能である。逆に中国全体を統一しようとする立場に立つならば、江南の地主層こそがもっとも危険な社会層であったとも言えよう。

江北の乞食僧

江南の住民から見ると、もっとも貧しいと映った地域が長江以北の内陸部、江淮《こうわい》と呼ばれる地域である。ときに漠然と江北と呼ばれることがある。近代にはいると上海への出稼ぎ労働者の供給地となったため、上海人にとって日常的に眼にする社会下層民であり、差別的な眼差しを向けられることが少なくなかった。近代以前にも花鼓《かこ》と呼ばれる小さな太鼓を担いで、門づけをしながら旅をする芸人を出した。乞食の故郷といったイメージが、この江北には常につきまとう。

元朝の時代に、もっとも過酷な運命をたどったのも、この地域であった。南宋と金との交戦で荒廃し、戦乱によって耕作者が途絶えた土地は、官有地に組み込まれ、重い税金が課せられていたからである。そこに黄河の洪水などの自然災害が覆い被さった。

至正四年（一三四四）黄河が溢れた年、江北一帯も飢饉に見舞われた。半ば流民化していた貧農の四男が、飢饉のなかで父母を失い、冬が迫った西暦一〇月の末に、寺に入って見習いの僧となった。のちに明朝を建てる朱元璋《しゅげんしょう》、一七歳の秋のことである。しかし、その生活は托鉢僧というよりも乞食そのものであった。

彼が托鉢した地域は、淮河流域、まさに白蓮教のネットワークが張りめぐらされた地域である。劉福通が元朝に反旗を翻した翌年、一三五二年の春には、ごく自然に紅巾の軍のなかに身を置くこととなった。彼は郷里の青年を集めて集団を形成し、戦乱のなかで頭角を現して行く。朱元璋のもとに集まった人々のなかには、郷里を防衛するために動いていた在地地主も含まれる。またのちに明朝建設の手足となって働いた人々の姿も見ることができる。

朱元璋が乞食僧から皇帝へと上り詰めるプロセスを簡単に整理すると、元末の混乱のなかで生まれた群雄は、トーナメント戦を繰り広げ、その優勝者が正統な支配権を有する元朝に決戦を挑む権利を得るのである。このトーナメント戦は内陸と沿海という二つのブロックに分かれ、内陸では白蓮教系の諸勢力がしのぎを削り、沿海では海運ルートをめぐって張士誠・方国珍らが互いに隙を窺い合っていた。

転機は至正二三年（一三六三）ごろに現れてくる。華北の劉福通政権が張士誠軍の攻撃を受ける。劉は戦死し（これには異説もある）、彼が皇帝に担ぎ上げていた韓林児《かんりんじ》は、朱元璋政権に身を寄せる。こうして朱元璋政権は、宗教的権威を確保することが可能となった。内陸ブロックで朱元璋の好敵手となった政権は、長江中流域に勢力を張っていた陳友諒《ちんゆうりょう》であった。

元末の群雄たちの抗争は、『三国志演義』を彷彿とさせる知略と戦術で彩られている。朱元璋のもとで戦略を立案した劉基《りゅうき》は、張士誠に天下統一の野望がないことを見破り、まず西の陳友諒を破ることを進言した。陳と朱との決戦は、至正二三年八月に鄱陽湖《はようこ》で行われる。

陳は水軍を編制し、六〇万とも伝えられる軍勢を擁して江西の南昌《なんしょう》を攻略した。朱は二〇万の軍を動かし、陳を鄱陽湖に誘い込むとともに、湖の出口を封鎖した。湖面を埋める陳の巨艦に対し、朱は北東風に変わるのを待ち、火薬を満載した小舟を送り込む。決死隊が風に乗じて火薬に点火すると、身動きのできない陳の艦船に次々と引火する。陳の大軍は、もろくも壊滅する。陳は敗走する途中、朱があらかじめ伏せておいた兵士により殺された。

このようにして陳友諒の勢力を滅ぼし、内陸ブロックのトップに躍り出た朱は、一三六七年に沿海ブロックの張士誠を滅ぼし、元朝を中国の地から駆逐して天下を統一するための戦いへの出場権を手に入れることとなる。

朱元璋が率いる勢力が内陸ブロックを勝ち上がれた理由の一つとして、その拠点とした地域が当時の中国の中心に位置し、華北にも江南にも転戦できる空間であったことが挙げられる。一三五六年に集慶《しゅうけい》と当時呼ばれていた南京を手に入れ拠点としたことで、戦略的にいっそう有利になった。

南京はまさに中国のヘソである。長江を東に下れば江南に至り、西にさかのぼれば武漢を経て四川盆地や湖南に進むことができる。南に進めば徽州盆地から浙江（銭塘江）の上流部に出て、杭州や江西・福建を望むことも可能である。周囲は山に囲まれ、防衛上も優れた地形をなしている。武漢・重慶とならんで中国に三つある鍋の底の一つに比喩される夏の猛暑（湿度が高い上に夜に風が完全に凪《な》いでしまう）を別にすれば、地政学的に見て最良の土地であることは間違いない。先ほどの比喩を用いるならば、朱元璋はトーナメント内陸ブロックで、シード権を得ていたということになろう。

義塾の教師たち

徽州・浙東への進出

朱元璋が他の群雄と比べて優れていた点は、宗教結社の理念では中国を統一できないと見切って、帝国建設のための明確な理念を確立しようと努めたところにある。一三五六年に南京を得て朱元璋は応天《おうてん》と名を改め、みずからの政権を呉国とし、国家の形態を模索しはじめた。儒学者を一〇名あまり採用して、政権の運営に参画させたのである。

翌一三五七年に彼の政権にとって転機となる戦役に取りかかった。宋代に新しい儒教を生みだした徽州《きしゅう》、そしてその流れを汲む知識人が多く住む浙東地域への進出である。当時、元朝の支配下にあったこれらの地域は、軍事的に見れば南京に拠点を置く朱元璋政権の背後に当たり、これらの地を押さえることができれば、浙江・江西・福建などへ支配圏を広げる足場を獲得することができる。しかし、朱元璋にとってその地域は、単に戦略上の要衝ということ以上の意味を持っていた。

至正一八年（一三五八）に浙東地域の中心地であった婺州《ぶしゅう》を攻略したとき、朱元璋は自ら軍を率いて前線に向かった。その途上で徽州において儒学者を招き、「漢の高帝（劉邦）と光武（劉秀）、唐の太宗（李世民）、宋の太祖（趙匡胤）、そして元の世祖（フビライ）は天下を統一したが、その道は何によるものか」と問いかけた。「これらの君主は、いずれも殺人を好みませんでした。それ故に天下を一つに定めることができたのです。閣下は英明であられ、戦乱を取り除くために妄《みだ》りに殺略を行うようなことはありませんでした。しかし、いまの様子を見ると、人民は落ち着くところを得たとはいえ、いまだ生計を立てられる状態ではありません」という答えを得ると、朱元璋は「まさにその通りだ」と述べたと伝えられる。

婺州を攻め落とすと、朱元璋は兵士に掠奪を厳禁し、酒の醸造を禁止して穀物の浪費を抑え、住民に対して食糧を配給して救済策を講じた。天下統一に向けて、軍事力だけではなく儒学的な人民統治を行う必要を感じた朱元璋が、布石を打ち始めたのだと考えられる。

しかし、筆を先に進める前に、この中国東南部に連なる地域の特色と歴史を概観しておくことにしよう。そうすることで朱元璋がなぜ、この地を攻略する際に、みずから出馬したのか、その理由も明らかとなってくる。

中国東南部の盆地世界

安徽の南部から浙江の東部にかけて、標高が二〇〇〇メートル以下の山地と丘陵が連なり、それらの山々のあいだを縫うようにして河川が流れている。河川は大小さまざまな大きさの盆地を形づくっている。紀元四世紀ごろ、遊牧系の民族が華北を支配したとき、漢族のなかには長江を渡り、この山間の盆地に移り住むものがいた。

当時、丘陵を覆う森は深く、盆地を貫いて流れる河川の流れも定まらず、盆地の中心地には湿地が広がっていて、容易に開拓を受け付けてはくれなかった。漢族は山地から盆地へと渓流が流れ出すような地点を選んで居を定め、渓流の水を引いて水田を造成していった。このような山地と平地とが接するような地点では、新鮮な水を確保できるし、凶作になれば山に分け入って山菜や木の実などを採取して飢えをしのぐことも可能である。人々は子を産み育て、しだいに人口が増えていった。

豊かな収穫は、地主が存在する余地を生み出した。地主としての安定した収入は、生活にゆとりをもたらし、文化を育んだ。宋代になると黄山のふもとに広がる徽州盆地を中心に、新しい儒学の学派が形成された。一一世紀に程頤《ていい》などが展開させた宋学である。この学派は一二世紀、南宋の時代に朱熹《しゅき》によって集大成され、いわゆる朱子学を形成するにいたる。

新しい儒学は宇宙の生成を論じる哲学であったが、またすぐれて実践的な社会・政治思想でもあった。宋代に政治を担った社会層は、科挙という試験を通過した知識人である。官僚になる人材は世襲されるわけではない。新しい儒学は、どのようにして儒教の素養を備えた人材を供給できるかという問題に取り組む必要があった。彼らが提起した方法は、古く周の時代に行われていたとされる宗法《そうほう》を、その時代に即した形で復活させるというものであった。

宗法とは、父方の祖先をたどって行くと共通の一人の男性に行き着く人々を、一つの集団としてまとめ上げる秩序ということである。祖先を祀る儀式を担うものが、一族をまとめ上げる責任を負うこととされた。共通の祖先をいただく人々は協力しあい、子弟が教育を受ける条件を整え、科挙合格者を出すことで国家に人材を送り込む。一族が生活を共にするなかで育まれた秩序の感覚は、官僚によって国家の政治に反映される。生活と政治とが共鳴しあい、儒教的な社会と政治のシステムが生まれる。このように思想家たちは考えた。

しかし、この理想的なシステムが実現化されることはなかった。程頤などは「いま宗子《そうし》の法なく、ゆえに朝廷に世臣《せいしん》なし」と嘆いた。宗法にもとづいて一族を率いるものが宗子であり、代々にわたり安定的に供給される官僚が世臣である。宗法が確立されず、そのために安定した官僚の供給源は生まれなかった。時代はそのまま、元代に進む。

義塾のネットワーク

モンゴル人貴族が政権の頂点を掌握していた元朝のもとで科挙は停止され、儒教的な教養を問う試験にもとづいて国家の政治を担う高級官僚を採用する仕組みは、機能しなくなってしまった。科挙試験が実施された時期もあったが、南宋の支配下にあった地域を出身とする人々には狭い関門であった。新しい儒学を身につけた知識人たちは、官僚となる道を閉ざされ、新たなパトロンを求めた。彼らを引き受けたのが、山地から流れ出す渓流を押さえ盆地に勢力を伸張していた一族であった。

一四世紀に浙江東部の盆地地域では、資産をもつ一族が資金を提供して同族や郷里の子弟を教育するために、義塾と呼ばれる教育施設を設けるようになった。この義塾では儒学的な教育が行われ人材を養成し、また知識人たちを塾の教師として招聘した。宋代に生まれた新しい儒学の伝統は、こうした義塾のネットワークによって支えられていく。知識人と義塾の関係を、のちに朱元璋の顧問となる宋濂《そうれん》に見てみよう。

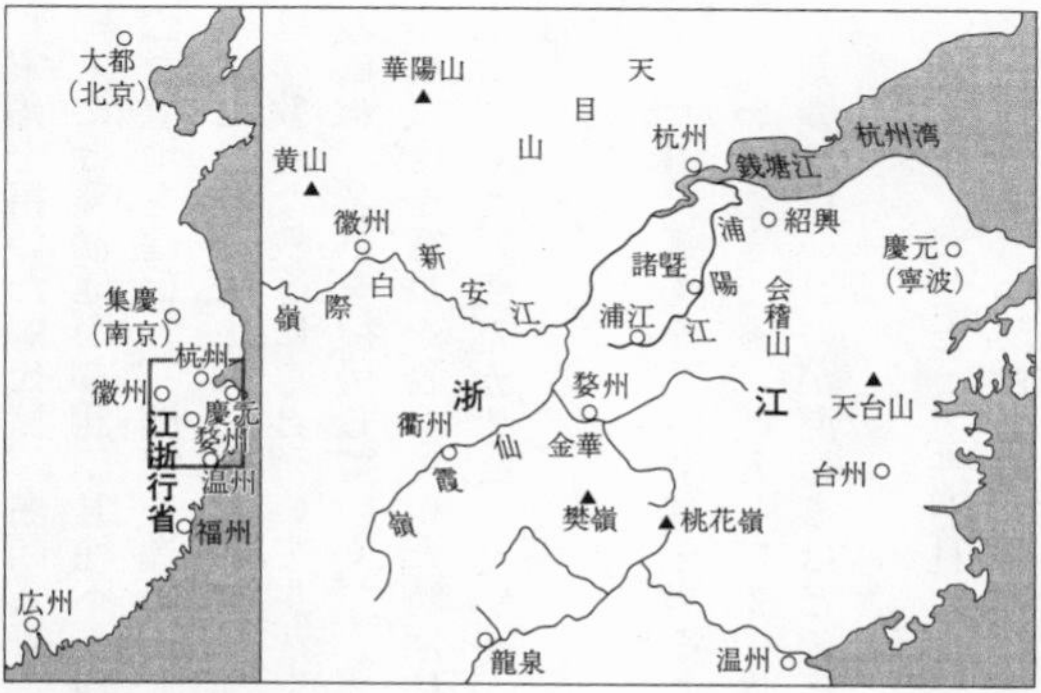

14世紀の浙江東部

宋濂は一三一〇年に金華《きんか》盆地の潜渓村《せんけいそん》で生まれた。その家は貧しく、学識を身につけることは容易でなかった。宋濂の祖父は数人いた孫のために、友人でもあった知識人を家庭教師として招いた。記憶力と洞察力に恵まれた宋濂は、将来を期待される青年として育ち、二三歳のときに諸暨《しょき》盆地の方氏が運営する白門義塾に入学した。一三三五年になると、宋濂は浦江《ほこう》盆地に勢力を伸張していた鄭《てい》氏の義塾であった東明精舎《とうめいせいしゃ》に教師として招かれた。

宋濂を招いた鄭氏は、名門として浙江東部の盆地の全域にその名を知られていた。一一世紀末に金華盆地から浦江盆地へと移住し、鬱蒼とした山地を背にして山から流れ出す河川に臨む立地を確保し、開墾を進めた。南宋の初期になると、鄭氏は子孫が家産を分割して別居することを禁止し、一族を統べる家長のもとで衣食住を共同で行うこととした。一門の人々は儒教的な秩序にもとづいて生活を律し、彼らが住む郷里においても模範的な振る舞いを積み重ね、名声を獲得していく。

鄭文融《ていぶんゆう》が家長を務めていた時期には、一族は二〇〇人を数え、その邸宅は五〇もの部屋に分けられて、生活が営まれていた。その様子を宋濂はつぶさに見ている。『元史』孝友伝には、

大和《だいわ》（鄭文融）が家事を司るようになってから、厳しいなかにも温情があり、家庭の中にいるときでも、凜として公の場にいるようであった。子弟にわずかでも過失があると、頭髪に白いものが混じるほどの年齢であっても、鞭で罰した。

とある。『元史』の主編者が宋濂であることを考えると、この描写は彼自身が直接、目にした情景であったと見ても間違いないであろう。宋濂は義塾で教育を受け、義塾で教師を務めていた。彼の思想は、義塾を運営した盆地の有力な一族の生活と共鳴しあうものになったとしても、不思議はない。

中国東南部の盆地では、こうした義塾のネットワークが多くの知識人を育て、誰が優れて

いるのか評価が共有されていた。朱元璋は新しい国家建設に必要な人材を獲得し、その力を借りて国家を支える理念を作ろうとしていたのである。至正二〇年（一三六〇）に、朱元璋は義塾ネットワークのなかで評価が高かった四人の儒学者を、政権の中枢部に招き入れる。浙東《せっとう》の四先生と呼ばれる宋濂、劉基《りゅうき》、章溢《しょういつ》、葉琛《ようちん》である。

義塾の実状

宋学において宗法の復活が目指されたとき、二つの見解があった。一つは各世代の長男が代々にわたって始祖の祭祀を執り行う権利を受け継ぎ、始祖を祖先として仰ぐ人々をまとめるという考え方で、これを大宗《たいそう》という。大宗の考え方によれば、長子の家系が一族のなかで優位な位置を占めることとなる。しかし、中国では家産を子どもたちで均等に分けて相続する。そのために大宗の原理は、経済的な裏付けをもつことはなかった。

共通の祖先から数えて五世代目までは、同族として祭祀を共に行うが、六世代目になると分裂して別の集団を形成しようとする考え方もあった。これを小宗《しょうそう》という。小宗の考え方の背後にある感覚は、長子の家系が永続的に一族をまとめることが無理であることを認め、亡くなった故人の記憶が共有されている範囲の人々で、その故人を祭祀するというものであった。小宗の範囲であれば、互いに顔と親族的な関係とを結び合わせて覚えることができる。

宋学で論争点となっていた大宗か小宗かという区分は、政治的な統治原理の根幹に関わる問題であった。大宗の原理を採るか、小宗の原理を選ぶかによって、正統な政治的リーダーが誰なのか、変わってしまうからである。統治者を一人に絞り、その統治を他のメンバーが絶対的に受け入れるという政治の場で、大宗と小宗の区分をはっきりさせる必要があった。
しかし、元代の浙東の義塾で、在地の有力な同族集団に支えられながら生計を立てていた教師たちにとって、宗法の政治的な意味はさほど重要性を持たなくなっていたようである。義塾の具体的な姿を、浙東四先生の一人であった章溢が運営していた龍淵義塾に見てみよう。

浙江南部の山の多い龍泉の盆地へと注ぐ剣渓と呼ばれる河川のほとりに、この義塾は建てられていた。町から遠く離れ、土地の子どもたちは学ぶところがない。そのため章溢の祖先が書院を創建して教育の場としようとしたが、経済的な裏付けがないために、数年のうちに閉鎖されてしまった。章溢はこれを憂え、同族の人々に「田がなければ塾を運営できない」と述べて、運営費用捻出のために耕地を寄付した。この行為に感銘を受けた章溢の妻の実家であった陳氏一族も土地を寄付し、義塾が一三五三年に再建されたという。

義塾の建物の中央には孔子などの儒教の聖人が祀られ、春と秋の二回、祭祀が挙行された。左右四つの部屋では学生が寝起きし、庭の後ろに講堂が配置され、毎月一日と一五日には、太鼓の合図とともに教師と学生が集まり、五倫の教え（君臣の義、父子の親、夫婦の別、長幼の序、朋友の信）を朗誦する。教師には、学識が豊かで行動が正しいものが招かれた。学生のなかで進歩が著しいものには、月ごとに奨学のための食糧が与えられた。

この義塾は複数の同族集団が運営に当たり、その同族に限らず地域に住む子弟が入学していた。しかし、義塾の基本的な理念は、宗法であった。この龍淵義塾の再建と同時に、一五条からなる規約が定められた。その具体的な内容は不明ではあるが、要約すると「宗族の構成員の家は別々で竈《かまど》を異にしてはいるが、手足のように分かつことはできない」というものであったようである。

国家に有用な儒教的素養を身につけた人材をどのように供給すべきか、宋学が背負った政治思想としての課題は、義塾では影を潜めている。元朝の支配下では、科挙を通じての高級官僚への道はほとんど閉ざされていた。トクトが宰相を務めた一時期に、科挙が復活したことはあった。しかし、その道も一三五一年に始まる反乱と混乱のなかで、ほとんど機能しなくなる。義塾は、もはや科挙のための予備校ではなかった。

義塾のパトロンである有力な同族集団を核にして、地域に社会的な秩序をどのように形づくるのか。これが義塾の教師たちが担った課題であった。宗法の理解についても、誰が同族の人々を統べるのかという側面よりも、同族の人々がどのようにして結びつきを深めるのかという点に、教師たちの関心は移っていた。新しい王朝を建てることに目標を定め始めた朱元璋は、この浙東の義塾教師たちが育んだ社会思想としての儒学を必要としたのである。朱元璋が浙東四先生から学んだ儒学の基本的な命題は、「礼」である。

礼の帝国

建国に向けて

朱元璋は、至正二三年（一三六三）の夏から秋にかけて、長江中流域から侵攻してきた陳友諒の軍勢を苦戦ののちに破り、元末の群雄のあいだで繰り広げられていたトーナメント戦において、内陸ブロックの頂点に立つことができた。翌二四年（一三六四）正月、朱元璋は呉王《ごおう》となり、中書省《ちゅうしょしょう》などの行政機構を整えた。一応は白蓮教の宗教的権威を有していた韓《かん》林児《りんじ》を宋の皇帝としていただき、その龍鳳《りゅうほう》という年号を用い、命令も「皇帝聖旨《こうていせいし》、呉王令《りょう》旨《じ》」として韓林児を立ててはいた。しかし、実質的に自立した政権であることを内外に主張したことになる。このときに、朱元璋は新王朝創建に向けた第一歩を踏み出した。

正月三日、朱元璋は内陸ブロックでの戦いを共にしてきた武将などを集め、次のように訓示した。「諸君は人民のために、私を推戴してくれた」とその労を労《ねぎら》う言葉に続いて、「しかし建国のはじめにあたり、まずは綱紀を正さなければならない。元朝が混乱したのも、この綱紀が立たなかったからである」と語気を改めた。

礼と法とは、国の綱紀である。礼と法とが確立されれば、人の気持ちも落ち着き、上のものと下のものとの関係も落ち着く。建国のはじめにあたり、これが急務となる。私がむかし濠梁《ごうりょう》（江淮地域）で兵を起こしたとき、当時の武将たちを見ると、みな礼と法とがなく、気分の赴くまま勝手気ままに乱暴をはたらき、配下のものを統制する道を知らなかったため、すべて滅んでしまった。いま私が任命した将軍たちは、みなあの頃に功績を共にした一つの体のような人々である。心を私に委ねたときに、それぞれの配属を定め、指揮系統を明らかにしたため、みな命令を聞いて、敢えて違反するものはなかった。諸君は私を補佐する宰相である。この道を守り、始めだけ慎んで終わりには疎かになるといったことがないようにしてもらいたい。

建国に着手したときに朱元璋が示した施政方針は、礼と法の確立であった。その方針は、新しい国家のなかで支配層を構成するかつての戦友たちに、まず示された。そしてその具体化に向けて朱元璋の諮問に答えたのが、浙東四先生をはじめとする儒学知識人たちであった。知識人たちは朱元璋という新たな権力者に、礼にもとづいて支配者も人民もそれぞれの立場を守り、上下の関係を保ち、その人生を全うできる理想社会の実現を委ねたのである。儒学者が朱元璋に示したものは、礼による統治である。礼とは要約するならば、尊卑・長幼の序列ということになる。尊卑とは共通の祖先から数えて、祖先に近い世代が「尊」であり、遠い世代が「卑」となる。長幼とは同じ世代のなかで、先に生まれたものが「長」であり、あとで生まれたものが「幼」となる。世代の上下と年齢の老弱という二つの序列にもとづいて、人々の上下関係を定めようとするのが礼である。儒学を身につけた知識人は、社会と国家とを、この宗法の序列になぞらえて組織しようとした。

大明の成立

至正二四年（一三六四）に呉王を称した朱元璋にとって、当面の課題は張士誠政権との対決であった。

当時、長江下流域デルタという穀倉地帯を掌握した張士誠は、元朝に対する海運を担っていた。毎年太陽暦の六月になり、風が北に向かう頃、船舶は穀物を積んで、華北を目指した。物産そのものを供給していた張の勢力は、もっぱら輸送を担っていた方国珍を圧倒するようになった。沿海ブロックの覇者となった張士誠は、領域を拡大した。その勢力圏は長江下流域デルタを中心に、北は山東の南部、南は浙江の北部に及んだ。朱元璋の故郷も支配下に収め、浙東に侵攻する機会を窺っていた。至正二三年（一三六三）になると、張はついに自立した政権であることを示し、呉王を名乗り、官僚機構を整えるまでにいたった。

他方、朱元璋の側も、同じ時期に政権の基盤を固めつつあった。至正二六年（一三六六）冬、名目のうえで朱が推戴していた韓林児は、応天（のちの南京）に迎えられる途中、長江に臨む瓜歩《かほ》の渡し場で乗っていた舟が転覆し、江に沈んだ。これが朱元璋の指示による暗殺であることは、ほぼ間違いないことである。

朱は長江以北の張の領地を奪い取り、次いで蘇州に取り囲み、至正二七年（一三六七）九月、持久戦ののちに張の呉政権を破る。

翌月一〇月、いよいよ元朝に立ち向かうことになった朱元璋は、元朝支配下にあった華北の人々に対して、檄文を発する。その文面は、浙東四先生のなかでももっとも学識があったとされる宋濂が練り上げたものであった。ここに朱元璋政権の理念が集約されている。

そのなかで、次のように述べる。

元朝が北狄《ほくてき》として中国に入って主となり、四海の内外は臣下として服さないものはいなくなった。これは人力によるものではなく、天が授けたものである。このときは君主も聡明で臣下も優れていたため、天下をつなぎ止めた。道理をわきまえた人々は、上下の区別が転倒してしまったと嘆いたものである。しかし、それより後、元の臣下の子孫は祖先からの戒めに従わず、秩序が乱れてしまった。……その父子、君臣、夫婦、長幼の序列は乱れきってしまったのである。君主たるものは人民の宗主（まとめ役）であり、朝廷というものは天下の根本であり、礼と義は世界の掟である。元朝の秩序がこのように乱れてしまったからには、どうして天下や将来に対して指令することができるであろうか。

この檄文からは、中国の統治者は礼の秩序を守ることによって、はじめてその支配の正当性が認められるという思想を読みとることができる。元朝もその当初は秩序を保持していたために、正統の王朝として天から認められた。その後に秩序が失われたことが、彼らを中国から駆逐する最大の理由であるとする。

また檄文の後段では、

我が中国の民は、天が必ず中国の人に命じてこれを安んじるものである。夷狄《いてき》がどうして治めることができようか。中土（中国の土地）が久しく生臭さに汚され、人民が憂え煩っていることを、私は恐れている。それが故に群雄を率いて、力を奮って大掃除をしてきた。その志は胡虜《こりょ》（北西の異民族）を駆逐し暴乱を除き、人民に生活の拠り所を与え、中国の恥を雪ぐことにある。

と述べる。中国という言葉が繰り返されていることが、注目されよう。明朝にとって「中国」とは何であったのか、この点は後に再び考察することにしたい。

この檄文が発せられた後に始められた北伐は、順調に進んだ。すでに江南からの物資の供給を受ける道を失っていた元朝支配者にとって、もはや中国を支配し続けることにはさほどの未練があったわけではない。その祖先の土地、モンゴル高原にはまた一つの世界が広がっていた。元朝の首都・大都は、一三六八年の西暦九月に元朝皇帝によって拋棄《ほうき》され、その四日後、朱元璋の軍勢によって大都は接収された。

北伐が進んでいる至正二八年（一三六八）正月四日、西暦一月二三日、朱元璋は皇帝となり、国号を「大明」とし、年号を洪武《こうぶ》とするとともに、長男の朱標《しゅひょう》を皇太子に指名した。王朝成立の祝文のなかで、

想い起こすと我が中国人民の君主は、宋の命運が終わってから、天帝は真人《しんじん》（カリスマを有する人物）を砂漠に命じ、中国に入らせて天下の主人とした。その君臣・父子が孫の世代に及ぶ一〇〇年あまり、その命運は終わろうとしている。その天下・土地・人民をめぐり、豪傑たちが紛争を繰り広げてきた。……今その土地の広がりは二万里あまりである。

と述べている。

なぜ国号が「大明」であるのか。朱元璋政権は、その理由を明言することはなかった。後の歴史家たちは、マニ教に由来する明王の「明」であるとか、五行説で南方を意味する「朱《しゅ》明《めい》」に由来するのではないか、などと論じている。結論は出ていない。しかし、まず確認しておかなければならないことは、これまでの漢族の建てた王朝は、王莽の建てた「新」を除

き、周の時代にさかのぼる地名に由来する名称を国号としていたにもかかわらず、中華の再興を掲げた朱元璋は、その伝統を受け継がなかったという点である。

元朝は統一王朝として、地名ではなく理念によって国号を定めた。ちなみに大元という国号は、『易経《えききょう》』の「大いなる哉《かな》、乾元《けんげん》」にもとづいているとされる。「乾元」とは、天を意味する。明朝は、宋や呉という国号を用いず、抽象的な言葉を国号とした。この考えは、元朝から引き継いだものである。国号を定める際に、中国の伝統によらずに元朝を見習ったところに、明朝が復古的な王朝ではなく、モンゴル帝国が創り上げた世界のなかで生まれた王朝であることが示されている。

陸の帝国

新しい王朝が目指した国のかたちとは、どのようなものであったのであろうか。最初期の政策を見ると、元朝の圧制と元末期の戦乱に苦しめられていた人民は、進んで明朝の支配を受け入れ、礼の秩序にもとづいた理想的な社会が到来するという確信を感じ取ることができる。洪武五年(一三七二)に、明朝は「礼儀と風俗とを正す詔《みことのり》」を、全国の人民に対して出している。そのなかの一つの項目には、次のようにある。

郷党《きょうとう》(郷村社会)の序歯《じょし》(年齢にもとづく序列)は、古くから尊ばれてきた。今後、民間の士農工商などは、平素にあいまみえるときや、歳時(季節ごと)の宴会のときなどのさいに、挨拶の礼を行うときには、まず幼者(年少者)が先に施し、席次は長者(年長者）が上座に座る。佃戸（小作人）が田主（地主）とまみえるときには、年齢を論ずることなく、〔佃戸が田主に対して〕年少者が年長者に仕える礼を行う。もし親族関係にあったら、地主か佃戸かには拘らず、ただ親族の礼を行う。

この詔の文案は、宋濂の手によるものであると考えられる。ここでは、浙東の義塾で実践されていた礼を、中国全体に推し広めようとする意図を見ることができる。礼の序列は、まず親族関係における上下が優先され、次いで地主と小作人との関係が位置づけられる。親族であるとか地主であるとかなどの枠に縛られない人々のあいだでは、純粋に年齢にもとづいて礼を実践することが求められている。

乞食僧から身を起こした朱元璋は、皇帝の座に上り詰めたあとも、彼の郷里である江淮地域に対する思念を持ち続けた。その国造りの基本プランは、この地域を飢えさせないという課題を持っていた。これは、単に皇帝が故郷に錦を飾るといったプランではない。

長江下流域デルタは宋代から元代にかけて東ユーラシアのなかの経済センターへと育ち、華北への穀物供給および国際的商品であった生糸・絹織物の産地へと変貌を遂げつつあった。他方、渤海に臨む地域は、一〇〇年ほどのあいだ元朝が首都を置いたために、首都圏としての機能を備えるようになっていた。この二つの経済および政治のセンター地域に挟まれ、しかも内陸に位置しているために、江淮地域は政策的な作為を加えなければ、取り残される宿命を抱えている。逆に言えば、この江淮地域を飢えさせない国家体制をつくることができれば、華北の政治的センターと華中の経済的センターとを分立させる唐末から南宋までの二百数十年間つづいた南北分立システムを克服できるはずであった。

洪武二年（一三六九）には、南京となった応天と北京とされた開封にならんで、江淮の地の鳳陽《ほうよう》に中都《ちゅうと》を建設し、第三の都とすることを決定し、城壁の建設を命じた。さらに翌洪武三年（一三七〇）には、戦乱のなかで荒廃した土地を回復させるために、長江下流域デルタ地域から、四〇〇〇戸あまりの人々を強制的に鳳陽に移住させた。

　結果として見ると、こうした政策的に江淮地域を復興させる試みは、失敗した。洪武八年（一三七五）に中都造営が中止された。鳳陽は貧しい地域に戻った。筆者が一九八四年の冬に中都を訪ねたとき、城壁を飾っていた江西産の灰色レンガは農民に抜き取られ、農家の壁を支えていた。経済的にも政治的にも、この土地に首都をつくることは無理だったのである。

鳳陽（安徽省）に残る朱元璋の遺産　修復された中都の午門（南の城門）。東西142.4m、奥行き41.5m。城門をくぐると、更地が広がっている。進藤譲氏撮影2020年

　江淮地域の復興政策と並行して行われた政策が、海に臨むために繁栄を遂げていた長江下流域デルタ地域を、海から切り離すことであった。海との関わりのなかで富を蓄えていた富民を沿海地域から切り離すために、彼らを南京や鳳陽、のちには雲南などの内陸に移住させる政策が、幾度か繰り返された。その一方で、デルタ地域に展開していた地主と佃戸との関係を強化し、王朝財政の基盤へと再編しようと試みる。

洪武四年（一三七一）には在地の地主層のなかで田を多く有するものを選び、糧長に任命して税としての穀物を徴収させ、南京まで運ばせることとした。この政策の背後には、地主と佃戸とのあいだに礼にもとづく序列を認め、佃戸が地主を敬い、地主が佃戸を慈しむような関係が生まれるという、朱元璋の楽観的な見通しがある。

しかし、この思惑ははずれ、糧長は権威を利用して、地域の自作農民や小地主などを圧迫するようになる。のちには、糧長は首都ではなく所定の倉庫にまで運送することとなった。するると、こんどは糧長が倉庫を管理する役人からさまざまな無理難題を負わせられることとなった。「家に千金の資産があっても、一年のあいだ糧長を務めると、乞食に身をやつすことになる」といわれるほど、その負担は重かった。

長江下流域デルタ地域の富民層の運命は、先に紹介した沈万三の伝説にも反映されている。朱元璋は南京の首都造営のさいに、その三分の一の費用を負担させた。それでも資産が尽きない沈万三が宝を生み出す聚宝盆を持っていることを知ると、朱元璋は軍隊を派遣して沈家を捜索させ、聚宝盆を奪うと城門の土台の下に埋め、沈万三に雲南へ従軍させたという。墓誌銘などの検討から、洪武初年に朱元璋に資金を提供したものは、沈万三本人ではなく、その二人の息子であったと推定されている。海に関わり合いを持った富民層は、明朝のもとで強制移住の対象となるか、王朝の財政を支える地主になるか、厳しい岐路に立たされたことは、歴史的な事実のようである。

第三章　海と陸の相克――一四世紀Ⅱ

分水嶺としての一四世紀

明朝のグランドデザイン

東シナ海のなかほど、浙江の沖に浮かぶ舟山《しゅうざん》群島に、一つの島がある。その西南面を蘭《らん》山《ざん》、東南面を秀山《しゅうざん》という。一つの島に二つの名称が登場するのは、二つの面が峻険な峰で区切られ、島の住民も二つの面に分かれて住んでいたからであろう。この島の住民は、すぐれた航海者であった。元朝の時代、この島は江南の物産を渤海に臨む首都圏へと運ぶ海運の拠点の一つに位置づけられていた。海運に必要な船舶を提供することが、秀山の住民に割り振られている。

明朝が成立したばかりのころ、この島の名を冠した反乱が発生する。小さな島から起きた、歴史にはほとんど名をとどめない小さな反乱ではあるが、その背景をさぐっていくと、ユーラシア全域を巻き込んだ交易メカニズムの激変に行きあたる。元朝は銀を軸にして、ユーラシア全域を包摂する交易メカニズムを作ろうとした。しかし、当時のユーラシアに存在した銀の絶対量は、拡大しつつあった交易量をまかなえるほど多くはなかった。そのために、この交易メカニズムは銀のストックではなくフローを増やすことで維持された。ウイグル商人やムスリム商人は商社を組織し、物資の流れを円滑にすることで、銀が循環する速度を上げることに成功した。さらに、元朝は銀にリンクした交鈔《こうしょう》と呼ばれる紙幣を発行して、銀の不足を補おうとした。

しかし、銀の循環が政治的な理由などで滞り始めると、交易メカニズムそのものがほころび始める。とたんに銀の絶対量の不足という問題が、元朝の根幹を揺るがすこととなった。銀に裏付けられない紙幣が大量発行され、経済を混乱に陥れることとなったのである。

東ユーラシア全域で流通した銀は、地金のままであった。ヨーロッパのようにコインとして、統治者が発行するものではない。銀は帝国のコントロールを受けない。ときに奔流のように社会を駆け回り、地域経済を破壊する。いったん流通が滞りはじめると、死蔵され社会に出回らなくなる。銀は一四世紀の東ユーラシア社会にとって、きわめて取り扱いにくい貨幣であった。

朱元璋が造ろうとした帝国は、こうした貨幣経済メカニズムの不調を前提としてデザインされた。まず、交易は銀を用いず、現物で行うことを目指した。人民から税金を徴収するのではなく、直接にその生産物と労働力とを徴発する。その前提として、人民をその身体レベルで把握することが必要となる。さらに、支配領域の外から貨幣経済が帝国を侵食することを恐れ、外国との交易を民間人に委ねるのではなく、帝国が直接に管理する方法を採用した。

この結果、明朝の初期、とくに朱元璋の統治した洪武年間の中国では、モンゴル帝国が拓いたユーラシア世界に対して門戸を閉ざし、人民を統制しようとするメカニズムがデザインされ、制度として施行された。これが、この時代に「かたい」というイメージを与え、古代的な印象を残すこととなる。

しかし、明朝が交易をコントロールしようとしたとき、それに対抗しようとする動きもあった。その一つが蘭秀山の乱なのである。

蘭秀山の乱

反乱の歴史的な背景を掘り下げた藤田明良氏の研究にもとづいて、事件の顛末をなぞって

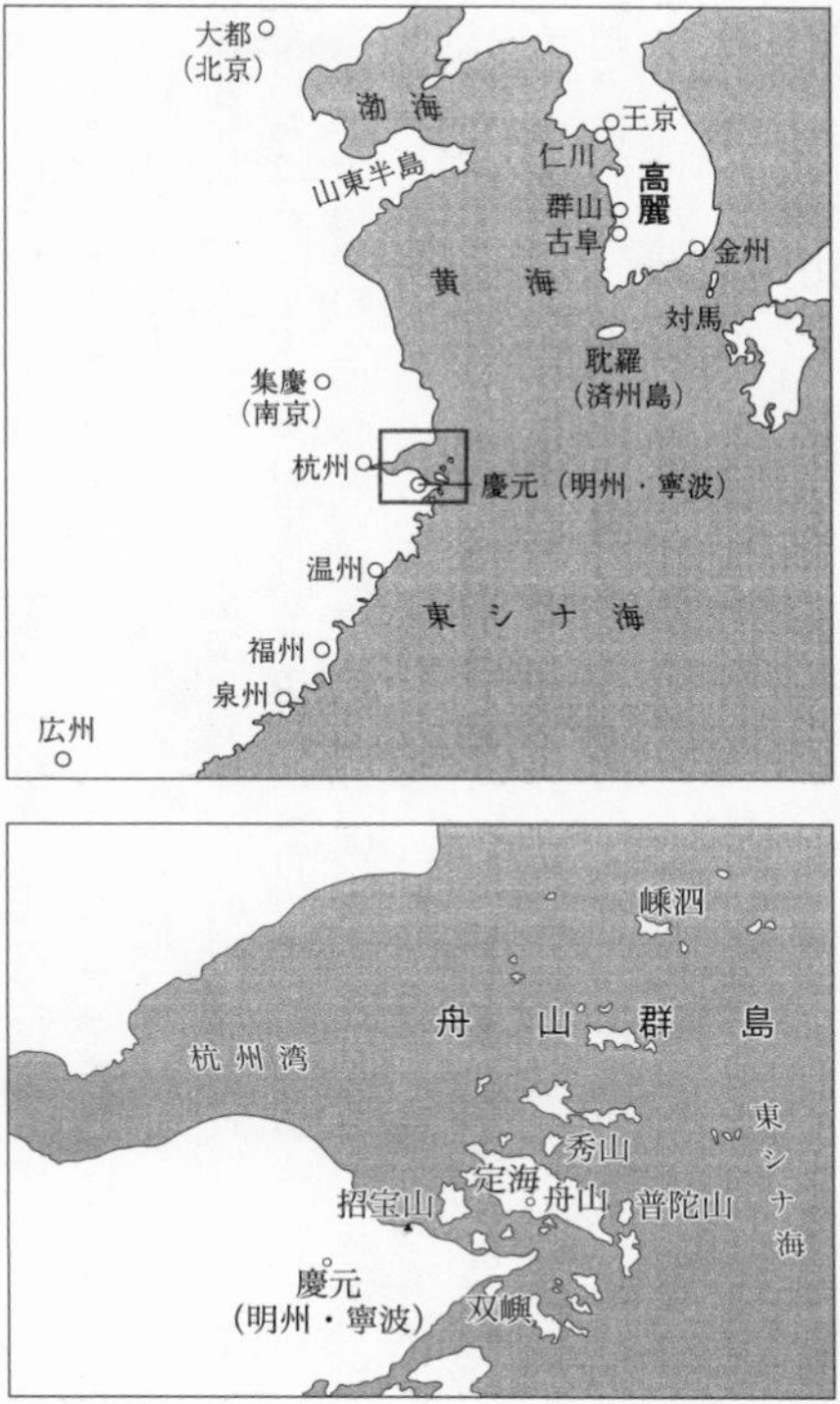

舟山群島

おこう。用いられている史料は、朝鮮で編纂された公文書集に見られる林宝一《りんほういち》と高麗人の高《こう》伯一《はくいち》の供述書である（藤田明良「『蘭秀山の乱』と東アジアの海域世界：一四世紀の舟山群島と高麗・日本」『歴史学研究』六九八、一九九七年）。

洪武元年（一三六八）正月、南京で朱元璋が大明の建国を宣言し、皇帝即位の祝賀気分が残っていたころ、舟山本島の里長が莽張《もうちょう》百戸（百戸という役職に就いていた「暴れん坊」の張の意味）の輸送船を借りて、官塩を首都の南京まで運ぶ段取りを整え、林宝一という男を水夫として雇った。この林のもとに莽張百戸が駆けつけ、「蘭山の葉演三《しょうえんさん》、長塗島《ちょうとう》の王元《おうげん》帥《すい》、秀山の陳元帥《ちんげんすい》などの船が、みな海に出た。わたしの快速船で共に明州《めいしゅう》（現在の寧波《ねいは》）を討とう」と蜂起への参加を求めた。

蜂起の目的について、史料は語らない。だが当時の状況を考慮すると、次のような推察は成り立つ。明朝がしだいに海への統制を強め、海に生きる人々にとっては生きづらい社会が到来しようとしていた。彼らは方国珍などが海で活躍した時代に郷愁をもち、明朝から独立した海の政権を樹立しようとしたのではないだろうか。

林は張らとともに参戦することを決め、明州の港と海とを結ぶ要衝にあたる招宝山《しょうほうざん》に陣を張っていた陳元帥に接見した。三月に林は、首領の陳魁四《ちんかいし》が率いる明朝の軍船を待ち伏せする船隊に参加し、四月に海戦が行われ敗れて逃げ出す。

敗戦後にしばらく身を潜ませたあと、六月八日（西暦では六月中旬）に林が逃れた先は、東シナ海の先、朝鮮の済州《さいしゅう》島であった。ここでワカメを買い集めて朝鮮半島に渡り、黄海に面した古阜《こふ》と呼ばれる港町に住み着いた。そこで出会ったのは、かつての首領であった陳と同族の陳魁五《ちんかいご》や陳魁八《ちんかいはち》などであった。

二年後、反乱荷担者が高麗に逃げているとの情報を得た明朝は、高麗《こうらい》に捜索と身柄の移送を求めた。まず陳魁五が逮捕され、林と陳魁八はいっしょに逃走して高伯一の家に逃げ込んだ。陳は隠れ家の提供と口止め料として、蘇木《そぼく》（第四章で詳述）と明礬《みょうばん》、衣帯《いたい》八本を高に与えた。これを見ていた林は、陳と行動を共にすれば逃げ回ることになり、自分の身が危ないと思い、また、陳が携えてきた高価な物品や金銀に目がくらむ。陳が眠ったとき、石でその胸を押し潰して殺害、金銀などを奪って逃走したのである。

一四世紀の海域世界

この林宝一の流転から、当時の海がどのような世界であったのかを知ることができる。まず押さえておかなければならないことは、中国沿海の舟山群島と朝鮮半島西南部とのあいだに、東シナ海をはさんで人の行き来が盛んに行われていたという点である。

夏になると東シナ海では風向きが西から東へと安定して吹くようになる。風向きが安定するまで待ったあと、風を読んで林は外洋に乗り出し、無事に済州島に到着している。彼が高麗で出会った陳魁五なども、同じく海を渡ったものであろう。古阜で反乱関係者として逮捕されたものは、一〇〇人を数えた。これほどの人数が二年ものあいだ生活できたということは、林や陳の動きが個別のものではなく、古阜に舟山群島出身者の拠点があったことを推測させる。

第二に注目されることは、陳魁八が携えていた物品に、蘇木という東南アジア原産の商品が含まれていたことである。舟山群島を拠点として海で活動していた人々が、東南アジアに連なる交易のネットワークの一翼を担っていたと考えられる。また、林が済州島から半島へと渡るときに、ワカメを買い集めている点も、見過ごせない。立ち寄った先々でその土地の物産を手に入れ、海を渡った先でそれを売り捌いて利益を上げる。海に暮らす民は、こうした小商売に長けている。どこで何が手に入り、それをどこに持っていったら高く売れるのか、こうした情報を捉える才覚を、林は身につけていたのである。

第三に反乱軍の頭目が、陳元帥、王元帥などと名乗っていた点である。藤田氏は、方国珍がこれらの称号を与えたのではないかと推定している。洪武四年一二月、明朝がかつて方国珍に属していた温州《おんしゅう》・台州《たいしゅう》・慶元《けいげん》（現在の寧波）の軍属と蘭山と秀山の住民とを調査させたところ、その数は一一万人を超えていたという。これらの人々を衛軍《えいぐん》（後述する衛所制にもとづく軍隊）に配属し、沿海の民が勝手に海に出ることを禁止した。

この記録を載せる『太祖実録《たいそじつろく》』は、それに続いて、「ときに方国珍および張士誠の残党は、多く島嶼のあいだに隠れて、〈倭〉と結託して〈寇《こう》〉を為す」と記す。少なくとも明朝は、蘭秀山の乱に参加した海の民が、方国珍と密接な関係を持っていたと認識していたことは確実であろう。また、これらの民が、明朝の支配から逃れ、いわゆる倭寇と結びつくことを恐れていたのである。

黄海と海の民

蘭秀山の乱に敗れ高麗に逃れた林宝一や陳魁五らが、日本の海上勢力と結びついたという記録はない。しかし、明朝の側から見ると、その可能性はきわめて高かったと認識されていたようである。なぜか。その理由を探るために、まず当時の黄海の状況を俯瞰したあと、倭寇の実態を概観してみよう。

唐代から南宋の時代までは、黄海を航行していた船の多くが、朝鮮半島でつくられ、朝鮮半島の海民が操る船舶であったと考えられる。それは、黄海の西側、つまり中国の沿海部のほとんどに、黄河と淮河とが押し出した土砂が堆積し、遠浅となり良港が見いだしがたかったことによる。外洋航行用の船舶が停泊できるのは、山東半島の周辺だけで、中国の黄海沿海地域では、船を操る人材を供給することは難しかった。

それに対して、朝鮮半島の西海岸は島が多く、漁民など海を生業の場とする人々が多く住んでいた。こうした自然環境から、黄海の航海者が朝鮮半島に偏っていたとしても、不思議はない。

ところがモンゴルが高麗を支配し、日本列島への侵寇を決定したとき、大きな転機が訪れる。一二七四年の第一次日本侵寇に際し、元朝は高麗の船舶を徴発し、大量の艦船を建造した。そのために日本侵寇が失敗すると、朝鮮半島側の船舶は著しく減少した。船舶建造に適した木材があらかた伐採し尽くされたために、朝鮮海運業の復興は容易には進まなかった。

高麗船に代わって黄海の洋上に登場した船舶は、中国の浙江などに拠点を持つ東シナ海航行用のジャンクであったと考えられる。台州や明州などを出帆した船舶は、舟山群島に寄港して船団を編成し、長江の河口近くに位置する瀏河港などで長江下流域デルタ地域の穀物などを積載して黄海を北上、山東半島を大きく迂回して渤海に入った。この海運に従事していた人々は、舟山群島出身者など東シナ海沿海部の住民であった。

ジャンクが黄海に乗り出すと、中国側の航海者も朝鮮半島沿岸を航行するノウハウを身につけていった。蘭秀山の乱に参加した中国人が、風の向きが変わるのを待って黄海を渡ることができた背景には、一〇〇年に満たないあいだに彼らが、黄海を横断する能力を身につけたことがあった。

一三世紀後半から一四世紀前半にかけて、黄海は元朝の大動脈として統制を受けていた。ところが一四世紀なかば頃に元朝の財政がゆらぎ、海運従事者に十分な報酬を与えられなくなると、海民のなかから海賊などの活動に重心を移すものが現れ始めた。一三四八年には海運業に従事していた方国珍が、元朝から独立する。これは黄海における陸からの統制が揺らぎ始める契機となった。さらに新しい局面を迎えた黄海に、新しい勢力が進出してくる。史料に「倭」として登場する人々である。

黄海の東部では、海岸線に沿って朝鮮半島南部の穀倉地帯である慶尚道《けいしょうどう》・全羅道《ぜんらどう》から高麗の首都に向けて穀物や布などを運ぶ漕運が行われていた。一三五〇年ごろから朝鮮半島を襲い、高麗の漕運船を掠奪し、陸に上がって住民をさらう事件が多発するようになる。いわゆる倭寇である。一三五八年、初めて中国側の史料にも倭寇の記録が現れる。

一四世紀の倭寇

「倭が寇《あだ》す」という事件が最初に史料の上で現れる時期は、一三世紀前半である。『高麗史』によると、一二二三年旧暦五月に朝鮮半島南東部、対馬の対岸に位置する金州が、倭の掠奪を受けたとされる。その後、一二六五年までの四十数年間で一一件の倭寇があった。その規模は小さく、せいぜい二隻程度の船に数十名が乗り組み、沿海で米や布や住民の生活用具を強奪する程度の被害しか与えていない。また、それぞれの倭寇のあいだに組織的な関連性は見いだしがたく、高麗軍の攻撃にさらされると敗退した。倭寇に対する高麗側の動きも迅速で、一二二七年には使者を日本に遣わして倭寇の禁圧を求めている。この使者に対して、大宰府《だざいふ》の実権を握っていた少弐資頼《しょうにすけより》は、高麗の使者の前で海賊と見なされた九〇人を斬首し、日本の賊が高麗を襲ったことを詫びるとともに、友好的な交易の再開を願う返書を出している。

一三五〇年に始まる一四世紀の倭寇は、初期倭寇などと呼ばれる一三世紀の倭寇とはその様相を一変させる。まず規模が異なる。『高麗史』によると一三五〇年の倭寇は、高麗側の反撃で討ち取られた首が三〇〇を超えたといわれる。とくに、一三八〇年に現れた倭寇は、実に五〇〇艘を数えた。さらに、高麗の正規軍と戦闘を繰り返し、河川をさかのぼって内陸深く侵攻するようになる。騎馬・歩兵を擁して、上陸後には機動的な移動と攻撃を行ったという記録も見られる。頻度も桁違いに高くなっている。一三五〇年から高麗が滅びる一三九二年までのあいだに、三〇〇件あまりの倭寇があったとされ、一三七七年の一年だけでも二九回を数える。

一四世紀の倭寇は、活動の範囲を朝鮮半島南部に限定していない。一三五一年には一三〇艘の船団を組んで、黄海に臨む仁川《じんせん》の近くに現れている。その活動の範囲は朝鮮半島西岸の黄海沿岸のほぼ全域に広がり、ときに半島東岸の日本海沿岸にも及んだ。こうした流れのなかで、倭寇は中国にも達するのである。一三五八年は、朝鮮半島でも倭寇が多く来襲した年にあたる。三月と七月、半島の南海岸に現れた倭寇の船団は、西海岸へと進み仁川に侵攻している。『元史』によると至正一八年（一三五八）に倭寇が山東に現れ、至正二三年（一三六三）までのあいだ、毎年のように沿海地域を襲うようになったとある。

朝鮮の仁川と中国の山東半島とは、黄海を挟んで向かい合っており、古くから中国と朝鮮とのあいだの航路が開かれていた。倭寇はこのルートに沿って黄海を渡り、まず山東半島の沖に現れたのである。明朝が成立したあとも、山東半島は倭寇の攻撃目標となっている。洪武三年（一三七〇）になると、山東半島から南下し、浙江の明州・台州・温州を襲い、ついに福建にまでいたる。このときには福建衛が軍を出し、倭寇の船一三艘、三百余人を捕まえたという。朝鮮半島では武将の李成桂が武人勢力を結集して倭寇を撃破して名をあげ、中国の明朝と結んで新しい政権である朝鮮国を建てる。この政権のもとで、倭寇に投降をうながして交易することを認めるなどの倭寇対策が進められ、倭寇は沈静化する。しかし、交易を認めようとしない中国では倭寇が続いた。この一四世紀から一五世紀前半までの倭寇は、歴史研究者によって前期倭寇と呼ばれている。

海禁政策の背景

倭寇が山東半島から東シナ海沿岸地域に及んだとき、明朝は海禁という政策で臨んだ。洪武四年（一三七一）の命令である。方国珍の残党と蘭秀山の田糧《でんりよう》なき民で、かつて海運に従事していたものを軍に帰属させるとともに、「沿海の民の私に海に出るを禁ず」としたので

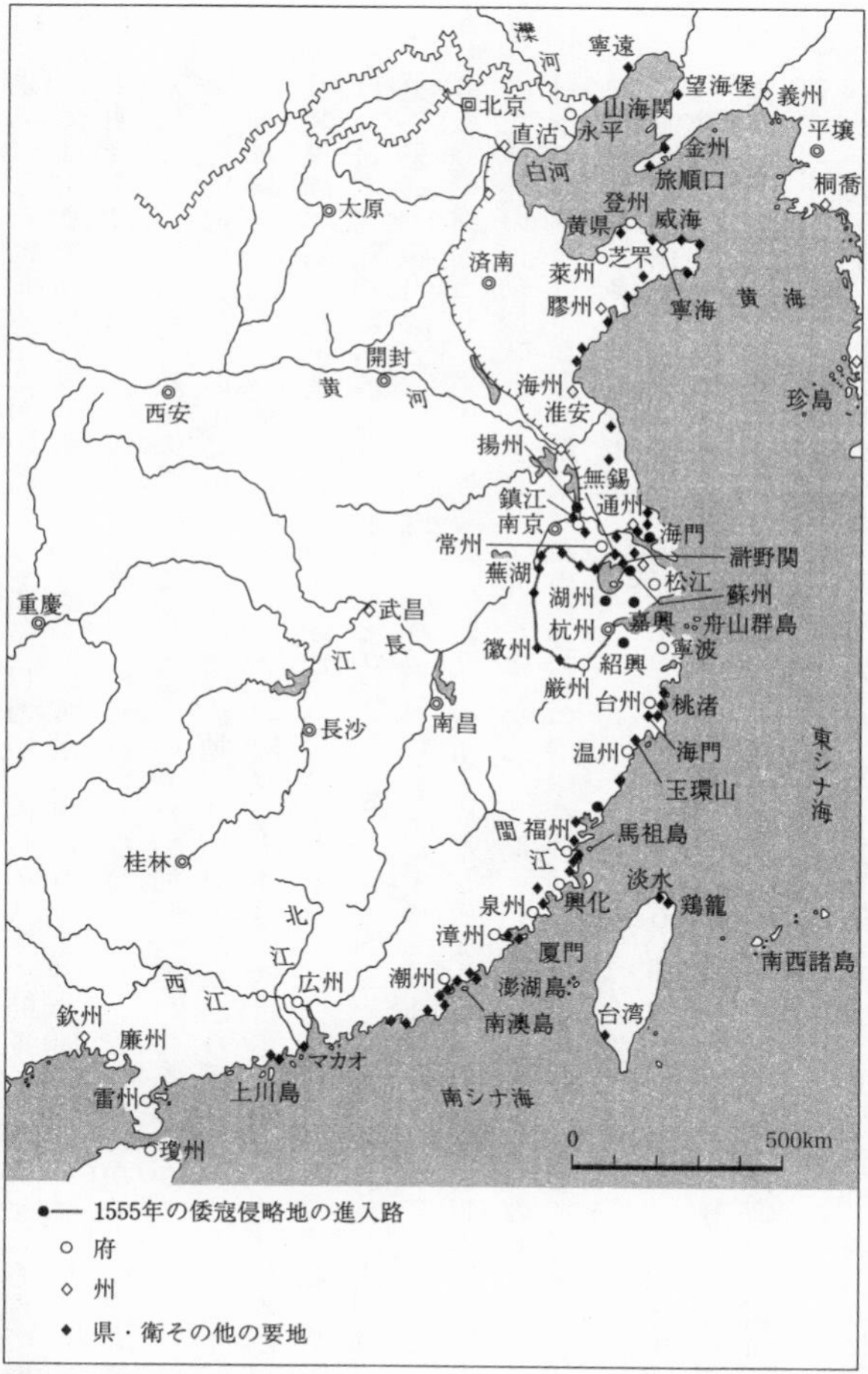

灤
河
寧遠
望海堡
義州
北京
山海関
直沽
永平
平壌
金州
白河
旅順口
桐喬
太原
登州
威海
黄県
芝罘
済南
萊州
黄　海
膠州
寧海
開封
黄
河
西安
海州
淮安
珍島
揚州
無錫
鎮江
通州
南京
海門
常州
滸野関
蕪湖
松江
湖州
蘇州
重慶
武昌
嘉興
舟山群島
杭州
長
江
徽州
寧波
紹興
巌州
台州
桃渚
南昌
長沙
東シナ海
温州
海門
玉環山
閩
福州
馬祖島
江
桂林
淡水
泉州
興化
鶏籠
北
漳州
厦門
南西諸島
江
潮州
澎湖島
西
広州
江
南澳島
欽州
台湾
廉州
マカオ
雷州
上川島
南シナ海
0
500km
瓊州
1555年の倭寇侵略地の進入路
府
州
県・衛その他の要地

倭寇が跳梁した地域

ある。この海禁政策は、一時的なものではない。明代の大半の時期に、少なくとも建て前としては生き続けた政策であった。方国珍の残党と蘭秀山の乱の参加者を取り締まり、たまたま朝鮮半島から及んだ倭寇を防ぐために取られた対症療法にはとどまらなかったのである。それでは、この海禁政策の歴史的な背景は、いったい何だったのであろうか。

一三世紀から一四世紀にかけて、倭寇の活動域は、対馬海峡から黄海へと広がり、二〇年ほどのあいだに東シナ海へと拡大した。この倭寇の主体は、西日本の悪党《あくとう》と呼ばれる在地の武装集団であったと考えられる。李領氏の研究によると、一三五〇年以降の倭寇の活動には、日本で見られた悪党の行動様式との共通点が見られるという（李領『倭寇と日麗関係史』東京大学出版会、一九九九年）。倭寇は掠奪したあともすぐには撤退せず、稲などを刈り取って兵糧とし、牛馬を掠奪し、高麗の役所を攻撃し放火した。これは、日本で荘園を襲った悪党の行動様式と、きわめて類似している。当時、日本では南北朝の動乱期にあたり、日本の悪党には、兵糧の調達のために高麗の漕船を襲い、作物・牛馬、そして労働力としての人間を奪う動機も存在した。

しかし、倭寇の主体が日本の悪党だとした場合、一三五〇年以降の倭寇が、日本人が活動の範囲としていなかった朝鮮半島の黄海沿岸および中国の沿岸部を、なんの迷いも見せずに襲うことは可能だったのであろうか。一つの推定ではあるが、一四世紀の倭寇には黄海を活動の場としていた中国の海民が案内人として加わったのではないだろうか。

一三二三年に単発の倭寇があった。この時、初めて半島の南海岸を越えて、西南部に位置する群山島《ぐんざんとう》で高麗の漕運船を襲撃している。倭寇が黄海沿岸に乗り出した初めての事例ではあるが、その後、継続することはなかった。朝鮮半島の西海岸は、島が多く海岸線が入り組んでいるため、よそ者が案内人もなく侵入することは困難であった。そのため、日本人で構成される倭寇は単発で終わったのである。一三四〇年代に、元朝の海に対する支配がゆらぐが、こうした変化のなかで、倭寇に協力する中国海民がいたと考えられる。

内陸から勃興して中国を統一した明朝が、海民の活動の場を狭めることは確実であった。本章の冒頭で取り上げた林宝一は、官塩を南京に運ぶ仕事で雇われていたときに、反乱への参加を誘われた。おそらく元朝のときには、林は黄海を渡る海運に従事していた。海を渡ってきた人々からすれば、明朝になって、王朝の大動脈に関わる仕事がなくなり、手間仕事のような運送しか行えないことが明らかになったとき、反乱に荷担する気持ちになった。蘭秀山の乱の指導者層にも、明確な将来構想があったとは考えられない。かつて海運が盛んであったときに拠点になっていた港町を押さえ、海域世界の再興をそこに賭けたのである。

その反乱が失敗したとき、彼らは新たな拠点を中国以外の土地に求める必要があった。一時的に黄海対岸の高麗が、彼らの拠点となった。しかし、高麗が明朝の武威の前に屈し、中国に対して朝貢することとなったとき、彼らは拠り所を失う。明朝の要請を受けた高麗政府が、中国の海民を取り締まるようになったからである。

そこに現れたのが、日本に拠点を持つ倭寇であった。中国海民は、倭寇に協力して中国沿海地域までの航路を案内した。こうして日本の悪党を主体としつつ、中国海民を協力者とする前期倭寇が生まれることとなったのではないか。この仮説は史料の裏付けを十分に得られてはいない。しかし、このように推定することで、前期倭寇の特質と明朝の対策の背景を説明することはできる。

明朝の朝貢政策

海禁は、いわゆる鎖国とは異なる。外国との交流を国家が独占しようとする政策が、海禁である。明朝は建国当初に、国境を接する高麗と安南《あんなん》（現在のヴェトナム北部）に朝貢するように呼びかけた。洪武二年（一三六九）正月には日本・占城《せんじょう》（チャンパ、現在のヴェトナム南部）・爪哇《かわ》（ジャワ島東部）など、翌三年（一三七〇）八月には現在のタイ領域内にあった暹羅《せんら》（アユタヤ）および真臘《しんろう》（カンボジア）、東南アジア島嶼部の三仏斉《さんぶつせい》（マラッカ海峡地域）、渤泥《ぼつでい》（現在のブルネイ）へも使節を派遣し、朝貢を促している。さらに洪武五年正月には、琉球《りゅうきゅう》に使節が送られた。日本以外の諸外国は、明朝の呼びかけに応じて続々と朝貢使節を中国に送り出し、朝貢関係を成立させている。日本については紆余曲折があるので、少しのちに述べる。

明朝の朝貢政策は、中華を統一した王朝として、礼の秩序を世界に広げようとするイデオロギーによって支えられている。中華の徳を慕って朝貢してきた各地の政権の長に、王侯君長などの爵位を与え、身分の序列をつくるメカニズムであるといってもよいであろう。

誤解が生じやすいために補足すると、朝貢メカニズムは中華を占めた政権に対し、他の政権が服属するというものではない。中国皇帝を基点とする秩序を共有し、さまざまな外交交渉を円滑に行うための制度であり、前近代のアジアが編み出した国際体制である。朝貢メカニズムに参加した政権は、その相互のあいだにも序列が生まれる。貿易の交渉、遭難者の送還などの実務的な交渉も、礼にもとづいて実践されることが期待されていたのである。

朝貢は民間の交易を禁止し、国家統制のもとで貿易を行うという経済的な側面もあわせ持っていた。それぞれの国の朝貢使節は、指定された港に来貢することが義務づけられた。港で使節への応対と交易を管理するために、市舶司《しはくし》という役所が置かれた。洪武二年には主に黄海に向けて設けられていたと思われる長江河口に近い太倉《たいそう》にある黄渡《こうと》の市舶司を閉鎖、翌三年には日本からの使節を迎える寧波《ねいは》、琉球からの使節に応対する泉州《せんしゅう》、東南アジア諸国の船舶を受け入れた広州に、市舶司を設置し、朝貢受け入れの態勢を整えている。

福建省泉州市に残る市舶司の遺跡
宋、明時代、広く東南アジアへの玄関口として栄えた泉州には、交易を管理する役所「市舶司」に関連する遺跡が残る。写真は、市舶司の水門跡である。国立歴史民俗博物館編『東アジア中世海道』より

朝貢を送った側の事情

国境を接する安南や高麗にとっては、中国で生まれた統一政権は政治的な圧力として存在した。朝貢の呼びかけを拒否することは、困難であった。しかし、それ以外の諸国が朝貢に応じたのは、なぜだろうか。元朝をようやくモンゴル高原に駆逐したばかりの明朝には、海軍を派遣して朝貢を強制する力もなく、またその意思も持たなかった。東南アジア諸国や琉球が、即座に朝貢を受け入れて中国に使節を派遣した理由は、それぞれに事情があ

ったからである。

第一章で概略を示したように、元朝から明朝へと中国の政権が代わった一四世紀なかばという時代は、ひとり中国のみならず東ユーラシア全体のシステムが変貌を遂げる分水嶺の時期でもあった。元朝が支えた銀を根幹とする交易システムの周辺で、中国から流出した銅銭が受け入れられ、サブ－システムとして個別の経済圏が生まれようとしていた。元朝の末期にコア・システムが崩壊すると、銅銭の流入が止まった。さらに明朝の海禁政策が、銅銭の流出をくい止める効果をもった。この激動に対処することに成功した政権が、各地の経済圏を統合する動きを見せるのである。

対処の方法は、それぞれの地域によって異なっていた。ヴェトナム北部の紅河下流域デルタでは、交易に依存する東南アジア型の政権から、官僚制と常備軍そして儒学が支える中国的な国家へと変貌を遂げた勢力が、統合の主導権をとった。その背後には、銅銭の使用が地域的な物産の交換を活性化させ、地方的な市場を必要とする小農が生み出され、その労働力に支えられてデルタの開発が急速に進んだことが挙げられる。当時のヴェトナムでは、銅銭で表示された価格にもとづいて、土地の売買が行われるようになった。これは、土地を有効に管理するものが、土地の使用権を得るというシステムを生み出した。

新しいタイプの政権へと変貌を遂げた陳《ちん》朝は、ヴェトナム南部を拠点として交易国家として繁栄を遂げていた占城に対する圧力を増した。存亡の危機に立たされた占城は、明朝に朝貢することで、陳朝を牽制しようとした。洪武六年（一三七三）八月に占城が朝貢したときには、海賊を撃破して海船二〇艘を拿捕したと朱元璋に報告し、海禁に苦慮していた皇帝を喜ばせるなど、模範的な朝貢国を演じた。明朝は朝貢してきた陳朝の使節に対しては、占城を圧迫することのないようにと、しばしば諭している。

新しいタイプの交易国家も、この一四世紀なかばに登場する。現在のタイを中心とする地域では、一三五一年に成立したとされるアユタヤ王国の体制が形成されようとしていた。チャオプラヤー川の沖積平野に位置するアユタヤ（当時はアヨードヤと発音されていたという）は、川を下ればタイ湾を経て南シナ海に至り、海路で中国と直結していた。さらにタイ湾に面した港クイブリから陸路でマレー半島を抜け、ベンガル湾に出てインド洋に至るルートもあった。アユタヤは南シナ海とベンガル湾とを結ぶ要衝として発達を遂げた。さらに中国から海を渡ってきた人々が住み着き、交易を行っていた。

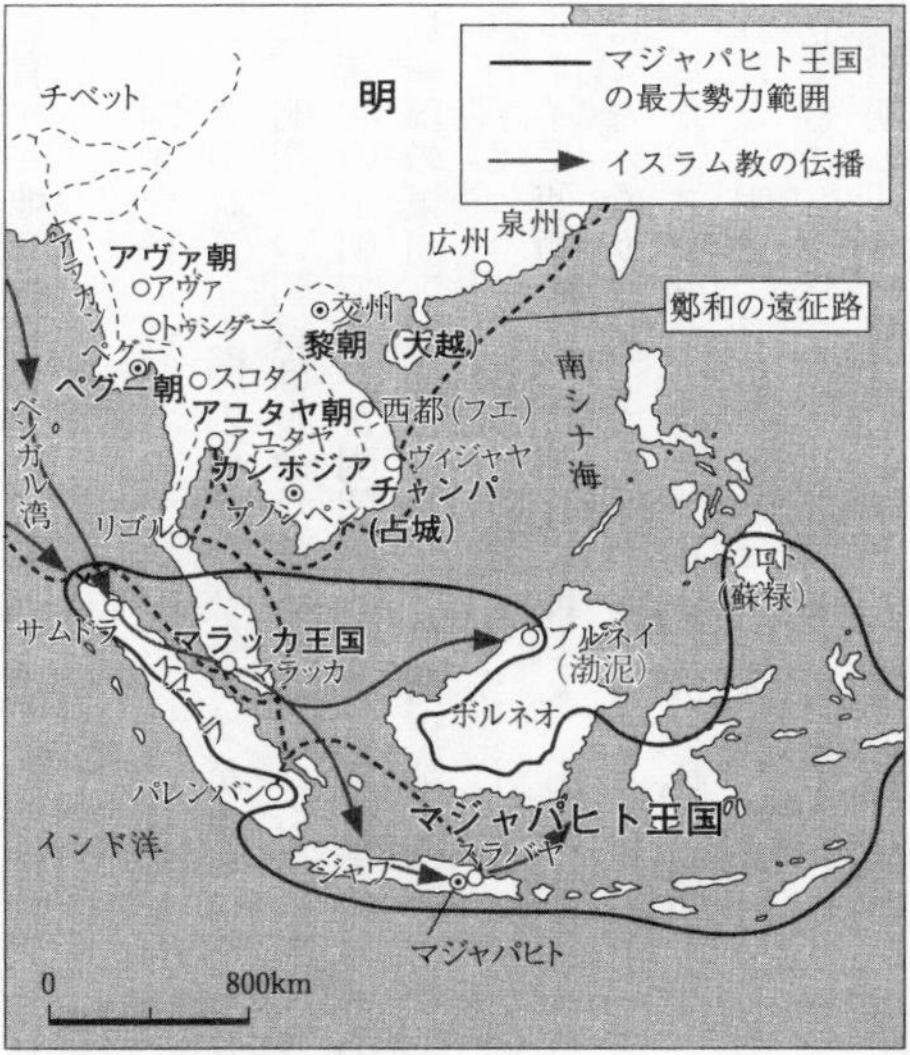

15世紀の東南アジア

沖積平野では農業が発達しはじめると、農業が養う人口を地方政権が軍隊に組織した。武力を有する地方政権が連合して、交通の要衝を掌握することで成立した王国が、アユタヤであった。

中国側史料に暹羅として登場するアユタヤ王国は、一年に数度も朝貢するような時期がときどき現れる。王国内部でのバランスがゆらいだあと、新しい指導者層の権威を高めるために、明朝への朝貢は有効な手段になったものと考えられる。

新興の王朝であった明朝の威光が、南シナ海の各地に即座に及んだわけではない。とくに島嶼部の東南アジアでは、ジャワ島東部を中心にして勢力圏を拡大しつつあったマジャパヒト王国が、明朝の介入を排除しようとしている。一三七〇年に明朝は、ボルネオ島北部のブルネイに使節を送って朝貢を促した。しかし、マジャパヒトの介入を恐れたブルネイの国王は、なかなか承諾しなかったという。

また、スマトラのパレンバンに送られた明朝の使者は、マジャパヒト勢力によって殺害されたと『明史』三仏斉伝は伝えている。自らの勢力圏内の政権が、中国に朝貢することで自立することをマジャパヒトは恐れたのである。

明朝の朝貢体制は、東ユーラシアに統一的なシステムを構築したわけではない。一四世紀の分水嶺を経て、それぞれ固有の統合システムを模索していた多くの政権のなかの一つでしかなかったのである。

帝国の変容

織工の生活

杭州はかつて南宋の首都・臨安として繁栄し、モンゴル帝国のもとでも交易のセンターであったことが、マルコ＝ポーロなどの記載からうかがい知ることができる。明朝が成立して六年が過ぎたころ、杭州の城門外、相安里《そうあんり》と呼ばれる所に、浙東《せつとう》出身の知識人で杭州府学の教授が仮住まいしていた。名を徐一夔《じょいっき》という。

その家の近くに、絹織物屋があった。機織りの音は毎晩遅くまでリズミカルに響き、きまって三更の夜回りの音が聞こえるころ（季節によって異なるが、おおよそ夜の一〇時ごろ）になると、機織りの主人が音頭をとって、織工たちが声を合わせ、その日一日の仕事に一区切りをつけていた。徐は「楽しそうだな」と感じ入っていた。

それが洪武何年なのか分からないが、ある朝のこと、徐は織屋を訪ねてみた。古ぼけた家屋のなかに、四、五台の織機が南北に二列ならび、それぞれに二人が付いている。縦糸を上げ下げして模様を織り出すものと、横糸を通すものとが、呼吸を合わせて作業にいそしんでいた。みな疲れ切った様子である。外に響く楽しげな音と実際に見る有り様との違いをいぶかしく思い、姚《よう》という姓の織工をつかまえて理由を尋ねてみた。

「私は雇われて日ごとに銭二〇〇文の給料を得ています。主人からは衣服と食事を支給され、給料で父母・妻子を養うことができます。どんな織物でもその仕事ぶりが良ければ、世間から引き合いがあるというものです。そうなりますと、主人は手元に集めた織物を捌くことができ、織工は給料の遅配や欠配に苦しむこともありません。そのように考えますと、みな語らずとも声が揃って、一人の声のようになり、仕事のつらさを忘れるのです」

この織工と以前にいっしょに働いていたある男は、腕が良く稼ぎも良かった。自分の才覚に自信をもったその男は、政府高官に仕えて出世の機会を窺った。五年ほどのあいだ、高官の家奴《かど》（主人に隷属する使用人）のあいだに交じって走り回った。しかし、ついに芽が出ることはなく、あるとき大官の怒りに触れて追い出されてしまった。そのときには機織りの技術を忘れており、誰も雇うものがなく、のたれ死んでしまったという。

徐は織工の話を聞き、学者らしく「足るを知る」ことの大切さを教訓として学び、文章としてしたためることとなる。織工の言葉を伝えるこの文章は、明代経済史研究者の藤井宏氏によって発見され、「織工対」（織工の回答）として明・清史研究者のあいだで良く知られている。

職人の心意気を伝える一四世紀の史料から、何を読み取れるであろうか。一つの読み方は、ヨーロッパに先駆けて中国に、マニュファクチャー的な作業所が存在し、職人は賃労働者として雇われて働いていたということである。中国では資本主義の萌芽として、その先進性が評価されている。生産の局面からの読み方である。もし、流通の側面からこの史料を読んだら、何が見えて来るであろうか。

織屋では織工を一〇人以上雇い入れて、主人の指揮のもとで遅くまで働かせ絹織物が大量に生産されている。この経営が成り立つのは、仕事ぶりの良い織物なら確実に売り捌けるという状況が整っているからである。そこには、織物の質を的確に見分ける目利きがいたと考えられる。ここから先は想像が交じることになるが、織工を辞めて哀れな最期となった男は、織物の目利きとして大官に取り入ったのではないだろうか。職人として朝から晩まで働き続けていたこの男が、出世の夢を賭けるとしたら、やはり織物に関する仕事であったに違いない。明代初期に江南の富民に対して採られた抑制政策を考えると、高級絹織物の最大の顧客は、明朝の高官であったと思われる。この男はそこに目を付けたのだろう。

「空印の案」と行政改革

立身出世を願った職人が仕えた明朝の高官もまた、苛酷な人生の岐路に直面することがあった。

元末の戦乱を戦い抜いてきた功臣たちは、明朝が成立すると高官として政権の中枢を占めるようになった。功臣として多くの田地を与えられて大地主となる一方で、さまざまな特権を乱用して民間から富を収奪した。彼らが杭州《こうしゅう》で生産されていた高級絹織物の最大の顧客であったと思われる。地方の役人として派遣された官僚たちも、搾取をもっぱらとするようになっていた。

不平を抱いた民衆の力が集まったとき、王朝を転覆するほどの力を発揮することを、江淮の貧困地域での生活の苦しさを知る朱元璋は身をもって証明した。彼が功臣や高官が民衆を虐げていることに、王朝の主宰者として危機感を抱いたとしても、不思議はない。たとえば洪武四年（一三七一）夏に明朝は、浙江と江西の秋の徴税を免除した。そのときの朱元璋の詔勅には、次のようにあった。

朕はもと農夫であり、深く民間の疾苦を知る。……念じるに汝ら江西の民が〔我が政権に〕服属する前は、豪強が割拠し、狼が走り回り食い散らかし、資財は空になった。服属したあとは、徴用されることが多く、すでに九年となった。両浙《りょうせっ》（盆地地域の浙東とデルタ地域の浙西）は服属して以来、民力が回復せず、さらに守令《しゅれい》（地方の府や県の長官）は人でなしで、あるいは貪り、あるいは虐げるありさまで、朕は深く悩んでいる。この地域の今年の秋の徴税を免除する。ああ、食は民の天であり、民はすなわち邦の本である。一視同仁（すべてのものに分け隔てなく）して、どうして〔応接に〕厚い薄いがあっていいものか。

この言葉は、少なくともこの時期には朱元璋の本音であったと考えられる。

洪武四年当時、まだ制度を整えれば腐敗を防げると朱元璋は考えていたようである。秋には、江南で先に言及した糧長が設けられ、官僚が徴税するのではなく民間が責任を持つ制度を考案した。

さらに、冬になると官僚の収賄を厳禁して違反者には厳罰で臨むことが発表された。地方官が在地有力者と密着して不正を働くことを防ぐため、「南北更調の制《なんぼくこうちょう》」が導入された。この制度は、北方出身の官僚を南方の地方官に、南方出身者を北方の地方官にそれぞれ任用するという規定である。この政策は官僚をその出身地には赴任させないという「回避《かいひ》の制」として制度化され、清代にも引き継がれて行く。

王朝の理念と政権の実態とは、しかし、時とともにますます乖離していった。洪武九年ごろになると、朱元璋の心中に絶望感が募ってくる。彼が想い描くあるべき帝国の形を実現するために、強権を発動して、政権内の粛清に乗り出すのがこの時期である。まず地方官に対して、「空印《くういん》の案」と呼ばれる粛清が行われた。

当時、地方財政の収支報告に不備が生じたときに事務を滞らせないために、あらかじめ地方官の印を押した未記入の書類を準備しておくことが、広く行われていた。この白紙の報告書が不正の温床になっているとして、地方官を中心に処罰が行われた。

この地方官の総入れ替えとも喩えられる粛清は、行政改革とも連動していた。明朝の地方行政機構は、元朝の制度を受け継ぎ、現代風にいえば国務院にあたる中書省《ちゅうしょしょう》に直属する行省が、地方の軍政と民政を兼ねていた。洪武九年（一三七六）六月に、行政を司る承宣布政《しょうせんふせい》使司《しし》、監査・裁判を担当する提刑按察使司《ていけいあんさつしし》、それに軍事を担う都指揮使司《としきしし》が、各省に設置された。地方の権力が一人の長官に集中することを防ぎ、相互監視を行わせるためである。こうした改革の鉈が、洪武一三年（一三八〇）に中央官庁に振り下ろされた。

胡惟庸の獄

伝統的な中国の王朝は、皇帝と宰相との分業で運営されていた。皇帝は王朝の儀礼を司り、帝国の理念を体現することを主要な機能とし、宰相は官僚の頂点に立って実務を担う。明朝成立期の宰相は、中書省の右丞相《うじょうしょう》がその任にあたり、洪武六年（一三七三）以来その地位にあったのは、胡惟庸《こいよう》という人物であった。

洪武一三年正月二日、突然、胡惟庸が謀反の罪名で逮捕され四日後に処刑される。その直後に、中書省の廃止が発表され、それまでそこに属していた六部《りくぶ》が、皇帝に直属されることとなった。官僚のトップは各部の長官である尚書《しょうしょ》ということになり、権力は分散されることとなった。この六部体制は清朝にも受け継がれて行く。ちなみに、六部とは人事を扱う吏《り》部《ぶ》、経済・社会行政を担当する戸部《こぶ》、儀礼を担当し朝貢関連の業務も所轄する礼部《れいぶ》、軍事を扱う兵部《へいぶ》、法務を担当する刑部《けいぶ》、それに建設行政をもっぱらとする工部《こうぶ》である。

国務のトップがねらい撃ちにされた粛清は、その部下や親族、係累にも及び、処刑されたものは一万五〇〇〇人を数えたという。処罰を受けたものは、その数倍に上る。明朝建国の理念を定めた宋濂も、その一人である。その孫が胡惟庸と通謀した疑いで処刑された宋濂は、引退していた郷里から引き立てられて、四川へ配流される途中で息を引き取った。胡惟庸については、さまざまな罪状が挙げられている。その多くが、彼を姦臣《かんしん》に仕立て上げるために誇張されていると考えられる。しかし、胡惟庸摘発の発端となった事件は、この疑獄事件が東ユーラシアに与えた影響を考える上で、見逃すことはできない。

洪武一二年に、ヴェトナム南部から占城の朝貢使節が中国に到着した。しかし、中書省は、その報告を皇帝に提出しなかった。この案件の責任を追及するなかで、胡惟庸に対する嫌疑が固められ、大粛清の理由とされたのである。

なぜ報告がなかったのか。皇帝と中書省とのあいだに、朝貢制度をめぐる見解の相違があったのではないかと推定される。朱元璋は、朝貢を礼にもとづく秩序を世界に広げる方法に限定しようとしている。『皇明祖訓《こうみんそくん》』の注記に、「占城より以下の諸国が朝貢しに来たとき、しばしば行商を同行させて不正な交易を行うことが多い」とある。こうした朝貢を交易の手段とする現状に対して、朱元璋は不満を持っていた。

醜く描いた朱元璋像（右）と威厳のある顔に描かせた朱元璋像（左）

朱元璋は洪武九年（一三七六）には中書省に命令して、諸外国が来貢の頻度の規定を破ってしばしば中国に使節を送ることはいわれがないとして、占城・安南《あんなん》・暹羅《せんら》などの諸国は三年に一回の頻度を守り、使節団も三人から五人程度と最小限に止めて、礼を実践するという本来の機能を超えた人員で来貢させないようにしようとした。しかし、実際の頻度を見ると、占城や安南などは毎年のように朝貢している。中書省はこの皇帝の意向を、果たして朝貢国に伝えたのであろうか。

　とくに占城は、朝貢の実務を担当していた中書省にとって、やっかいな朝貢国であったと考えられる。古い交易国家であった占城は、一四世紀以降に台頭してきた安南（当時はヴェトナム北部の陳朝）の圧迫を受け、中国への朝貢を安南牽制に活用しようとしていた。占城の使節から安南の不当な侵略についての報告を受けると、朱元璋はそれを真に受けて、礼的秩序を揺るがすものとして安南に自制するように諭す。諸外国の実状について情報収集を行い、それなりに妥当な対応を図ろうとしていた中書省に属する官僚の目には、皇帝の対応は不合理なものと映ったであろう。

　爪哇（ジャワ島東部の政権、当時はマジャパヒト王国）と三仏斉（マラッカ海峡地域の政権）との外交関係にも、同様の事情が存在した。三仏斉に送られた明朝の使者が、爪哇に誘われて殺害される事件が発生したのは、胡惟庸の獄の直後であった。しかも情報不足のため皇帝として爪哇の罪を問うことができないという、外交上の大失態が生じることになる。

朝貢を呼びかけ、礼の秩序を世界に広げれば、おのずと国家のあいだの関係も安定する、そのような単純な発想では、もはや東ユーラシアの秩序は保てなくなっていたのである。その明朝がヴェトナムやジャワへの対応に苦慮したのと同様に、あるいはそれ以上に対応に悩まされた国が日本である。

日本との関係

胡惟庸の罪状の一つに、謀反の際に日本の助力を得るために画策したというものがある。胡の指示を受けた明州（現在の寧波）衛の指揮という地位にあった林賢《りんけん》は、罪を得て日本に渡り、日本の要人たちに工作した。日本の国王は入貢使節を派遣し、兵卒四百余人を船に乗せ、火薬や刀剣を巨大な蠟燭に隠して輸送させ、胡惟庸の反乱に参加させる手はずとなっていた。しかし、日本からの一行が到着したときには、すでに胡惟庸の陰謀は露見していて、即座に逮捕されてしまったとされる。

事が露見し林賢らが処刑されたのは洪武一九年（一三八六）で、大粛清から六年も経ており、この密輸と胡惟庸の陰謀とを結びつけて考えることは困難をともなう。日本側に対応する史料もない。おそらく林賢の事件は、胡惟庸の獄とは関係ない一個の密輸事件にすぎなかったものを、あとになって胡惟庸の罪状に仕立て上げたものであろう。それにもかかわらず、なぜ胡惟庸と日本とを結びつける必要があったのであろうか。その理由を探るために、日本と明朝との関係を整理しておこう。

一四世紀の分水嶺を経て、経済圏の統一を達成した新興国の一つが室町時代の日本であった。一三世紀に中国から大量の銅銭が日本に流入すると、九州から東北にいたるまで、銅銭の使用が急速に進む。土地の売買契約書は、銅銭が価値の基準とされ、年貢米を銅銭で代納することも広く行われた。銅銭が大量に入ったため、銅銭で示される米価や地価は相対的に上昇した。この経済的な変動にともない、地方に定期市が数多く成立し、農業の生産力が向上し、在地に基盤を持つ勢力が台頭し始めた。荘園にもとづく社会体制も動揺し、悪党と呼ばれるような新興の武装集団が歴史の表舞台に登場した。

鎌倉時代末期から南北朝にかけての動乱は、こうした銅銭流入にともなう社会・経済システムの変動と関連がある。ところが明朝が成立して海禁政策が実施されると、日本に流入する銅銭が激減した。一四世紀後半には、社会変動も終息の方向に動き始める。その中で新たな統一勢力として生まれたのが、足利義満《あしかがよしみつ》を中心とする政権であった。

こうした秩序の変動期に、成立直後の明朝は日本に朝貢を促し倭寇の取り締まりを求める使節を派遣したことになる。交渉は順調には進まなかった。洪武元年（一三六八）に派遣された使節は、海賊に襲われたらしく、目的を果たしていない。翌年の二度目の使節は、伝統的に中国との外交の窓口になっていた大宰府《だざいふ》に向かうが、九州を支配していた南朝側の懐良《かねよし》親王によって七人の使節団のうち五人が首を斬られた。

洪武三年（一三七〇）の使節になって、ようやく懐良親王に朝貢させることに成功した。なお、中国側の史料には「良懐」とある。このとき使節がもたらした明朝の日本国王あての国書は、中書省の「咨《し》」（役所が外部に対して出す文書）の形式で書かれている。多くの犠牲者を出しながら進められた日本との交渉は、中書省が担っていた。この交渉のなかで、中書省のなかに日本に関する情報が集積されていった。

皮肉なことに朝貢に応える明朝側の使節が日本に到着した洪武五年（一三七二）、懐良親王は足利義満の勢力によって大宰府から筑後の奥地へと追い落とされてしまった。当時の日本は動乱から安定へ向かい始め、権力が足利義満に集中されようとしていた。明朝の使節は京都に向かい幕府と交渉し、苦労の末に足利義満に明朝に対して答礼の書を出させることに成功した。しかし、洪武七年六月に朱元璋は、自分が最初に日本国王とした「良懐」しか正当な交渉相手として認めないという方針を堅持し、足利義満を無視する対応を示した。

朱元璋は「良懐」つまり懐良親王が九州の地方政権にしか過ぎなくなっていることを十分に承知しながらも、かたくなに虚構としての朝貢関係にこだわり続けている。交渉が始まって七年という年月を経て、朱元璋は相手の名が「良懐」ではなく懐良であることを、彼が知ろうと思えば知り得たであろう。それにもかかわらず、公式の文書に「良懐」と記されているところに、硬直した朱元璋の朝貢観を見ることができそうである。日本への対応をめぐり、現実路線を模索する中書省と理念に執着する朱元璋とのあいだに、深い溝が生じていた。この対立が胡惟庸の獄の要因になったと推定される。

断片的に残された朝貢関係の記事を連ねてみると、胡惟庸などは朝貢制度を実状に合わせて運用するため、外国の情勢を逐次には皇帝に報告しなかったのではないか、という仮説が組み立てられる。国家が運営する朝貢制度は、その実務に携わる高官たちにとって、魅力のある事業であった。朝貢してきた国々の使節に対する応接に、明朝は多大な負担をした。他方で使節がもたらした物産を買い取り、朝貢国が中国にはるばると来航する動機であった中国の絹織物・陶磁器などを買い付ける際には、多大な利益が生まれる。入貢した使節に絹織物などを手配したものは、中国側の官僚であった。朝貢の負担は国庫から、そして朝貢から生まれる利益は高官の懐へ、そのような仕組みが形成されたのではないか。明代初期の杭州で、機を織る音が夜遅くまで響いていた。その背後には、こうした朝貢制度の矛盾が存在していたものと考えられる。

海外との交易が中国国内の矛盾を激化させるとの認識は、時期が下るとともに強くなっている。洪武七年三月に朱元璋は占城や安南、爪哇などに頻繁に使節をよこす必要がないと通達し、次いで市舶司を廃止している。晩年になると海外との関係に、いっそう背を向けるようになる。

帝国と移民伝説

戸メカニズムと里甲制

多数の人命を奪った胡惟庸《こいよう》の獄は、いったい何のために発動された粛清なのであろうか。一般的には皇帝独裁体制の確立のために、朱元璋なきあとに第二代の皇帝を脅かす可能性のある功臣を排除するとともに、中書省廃止などの官僚機構を皇帝に直属させることが、その目的であったとされる。しかし、独裁はなぜ必要であったのか。

その答えは、粛清後の機構改革が一段落ついたあと、明朝が進めた政策を見れば、手がかりが得られるであろう。胡惟庸の獄の翌年、洪武一四年（一三八一）に着手された明朝の大プロジェクトは、二つある。一つは里甲制《りこうせい》の実施、そしてもう一つは雲南攻略である。

明朝は銀にもとづく経済システムが崩壊したのち、一四世紀に成立した政権である。この政権が直面した課題は、銀などの通貨に頼らずに財政を成り立たせることにあった。この課題に応えようとして生み出されたものが、「戸《こ》」という単位で人民を把握し、戸を基礎に労働力を直接に徴発したり、穀物などの現物を納入させたりする方法である。この方法の原形は、元代にすでに現れていたが、明代に入って帝国を支える制度へと整備された。この方法を本書では、戸メカニズムと呼ぶことにしよう。

戸は四つの種類に区分された。一般の農民は「民戸」、兵士となる人々は「軍戸」、ものを生産して国家に納めるものを「匠戸《しょうこ》」、国家の専売となっていた塩の生産に携わる人々を「竈戸《そうこ》」にそれぞれ区分し、国家に対する務めは世襲される。民戸は里甲制と呼ばれるメカニズムに編成された。その概略は、次のようなものであった。

税糧《ぜいりょう》を支払い、徭役《ようえき》として労働力を提供する義務を国家に対して負う人々は、「戸」と呼ばれる単位で把握された。一一〇の戸からなる「里《り》」を組織し、それを一一戸ずつ一〇の「甲」に分けた。里のなかで指導的な立場の「里長戸《りちょうこ》」を各甲に一戸ずつ定め、それぞれの里長戸は一〇の甲首戸を統轄する。国家に対する義務を負担しない戸は、「帯管戸《たいかんこ》」「畸零《きれい》戸《こ》」などと呼ばれ、一一〇戸のほかに付加された。衛所《えいしょ》（軍事的な部隊、後述）に配属された現役兵を除いて、民戸以外の三つの種類の人々も、里甲に編成された。

里は税糧徴収と労働力徴用の単位であるとともに、治安維持や水利管理などの役割も果たす。毎年、一つの甲が当番となり、里長戸はその甲首戸を指揮して徴税や徴用などを担うこととなっていた。一〇年すると当番が一周する。そのあいだに人数などが変動する。里甲制の台帳である賦役黄冊《ふえきこうさつ》を一〇年ごとに改訂して、戸の名義や各戸が管理する耕地面積などの変化を把握させることとした。

里甲制の規定を見ると、一〇を単位として構成された無機質な組織原理である。里甲制の実態はどのようなものであったのであろうか。具体的なイメージとなかなか結びつかない。しかし、近年の研究は、「戸」が生活の単位としての世帯とは限らないことを教えてくれる。

元末の徽州盆地では、先に紹介したように同族集団が村落の基本的な単位となっていた。有力な同族集団は、地域社会で行われる祭祀を担い、「社《しゃ》」と呼ばれる組織を形成していた。明代になると、この祭祀組織が里甲制に対応する形で再編され、有力な同族集団が輪番で国家に対する義務を担い、賦役黄冊の改訂も行った。戸の名義は固定され、実質的には名義人の死後は、その子孫が祭祀と里甲とを、あわせて担うようになった。広東の珠江デルタでは、実在の土地所有者は戸に帰属する「丁《てい》」として位置づけられ、戸は同族集団ないし同族内で枝分かれしたサブ・グループと対応していた。

里甲の機能

里甲制に編入された人々が担わされた負担には、どのようなものがあったのであろうか。明朝において人民の負担は、「徭役」と「税糧」からなる。徭役とは、労働力の提供であり、丁に対して課されていた。この労働力の提供には、「里甲正役《りこうせいえき》」と「雑役《ざつえき》」の二種類があった。里甲正役とは、里甲制の根幹に関わる労働であり、その内容には税糧の徴収と納入、里内の治安維持と治水灌漑などの生産基盤の整備、さらに賦役黄冊の改訂作業などが含まれる。後者の雑役は、国家が行う土木事業に赴いて働いたり、地方の官署で必要とされる雑務を担ったりすることであった。

税糧は、田地に対する課税であり、唐代に施行された両税法《りょうぜいほう》にさかのぼる負担である。税糧は「夏税《かぜい》」と「秋糧《しゅうりょう》」とに分類された。夏税は布などの形で納入し、秋糧は穀物を現物で納付する。秋糧の徴収は各里の里長が行い、その里甲の収穫から規定された量の穀物を指定された地点に運送して、直接、倉庫に納めた。それぞれどの地点に運ぶのか決められており、たとえば朝廷に納める分は、直接に南京まで行かなければならなかった。国家の財政を支える税糧は、地方官の手を経ることなく国家に納められたのである。里甲制は、それまで地方官が担っていた役割を在地の住民に担わせようとする制度であったといってもよい。

里甲制の機能を円滑に進め、官吏を監督するために、里甲制が全国に施行されてほどなく、各里に「耆宿《きしゅく》」と呼ばれる役を置くこととなった。「耆」とは年老いた、年長者といった意味で、おそらく村の中で経験を積み、見識を持った人物がその任にあたったものであろう。耆宿は地方官から地域社会をどのように統治したらよいのかといった諮問を受け、里のなかの紛争を調停したり、秩序を保持したりする者とされた。さらに、官吏の能力や善悪の評定を、朝廷に報告することもできた。

洪武二一年（一三八八）には、耆宿に適任者が少なく、郷里で利益をむさぼり、民がかえって害を被っているとして、耆宿の制度は廃止されている。しかし、「老人」や「耆老《きろう》」と呼ばれる人々は、その後の史料にしばしば見られる。

洪武二二年（一三八九）には、各里から一人の老人が選ばれて朝廷に赴き、正月から三月までのあいだ政治を参観させるとの命令が下された。南京に到着した老人たちは、郷里での生活がどのようであるかを報告した。才能あるものは地方官に抜擢されることもあり、実務能力に欠けるものは宴会でもてなされた。この「来朝観政」制度は、三年あまり続けられた。空印の案・胡惟庸の獄など一連の官僚に対する粛清を進めた朱元璋は、里甲制にもとづいて皇帝が直接に人民と向かい合う体制を定めようとしたのである。

山西からの移民

二〇世紀なかば、河南省の汲県《きゅうけん》にある廃屋となっていた廟で、一つの碑文が発見された。それには、次のように記されてあった。

衛輝《えいき》府《ふ》汲県

山西《さんせい》沢州《たくしゅう》建興郷《けんこうごう》大陽都《だいようと》が、民を移住のために送り出した。汲県の建西《けんせい》・城南社《じょうなんしゃ》・双蘭屯《そうらんとん》に居住している里長《りちょう》の郭全《かくぜん》と、それに従う人戸《じんこ》、一百一十戸、

甲首《こうしゅ》の朱五《しゅご》、□大《だい》、陳秀《ちんしゅう》、郭大《かくだい》、王九《おうきゅう》、趙一《ちょういち》、侯張《こうちょう》□、呂九《りょきゅう》、呂八《りょはち》、呂十一《りょじゅういち》、□祥《しょう》

……（以下、甲が九列×一二戸並ぶ）

維《い》大明洪武二十四年仲秋《ちゅうしゅう》　月　日、碑記、　石匠王恭《おうきょう》

この碑文は、山西省から河南省へ移住した人々のことを伝えてくれる。元末の戦乱は華北の平野部を主要な戦場とした。そのために人口が激減し、村落は荒廃し、生産は停滞した。そこで明朝は、戦乱の影響が比較的少なかった山西省の住民を、華北平野に入植させる政策を展開したのである。この政策は一四世紀後半に始まり、一五世紀前半の永楽年間まで継続されたと見られている。

石碑に刻まれた名を見ると、郭姓のもの朱姓のもの、そのほか陳・王・趙などと異なる姓が並んでおり、ほとんどが同族としてのつながりを持っていなかったことを窺わせる。山西省のある特定の行政区域の住民は、地方政府の命令を受けて集められ、郭全という名の男を統率者とする里甲制にもとづく集団に組織され、一一〇戸が家族を携え、おそらく最少の家財だけを担ぎ、まだ見たこともない指定された入植地を目指して、歩き始めたのであろう。里甲が既存の村落だけに適用されたものではなく、移住政策の組織原理でもあったことを、碑文に記された人々の名が語っている。

こうした移住者の子孫たちは、いまも一つの伝説を語り継いでいる。洪洞大槐樹《こうどうだいかいじゅ》移民伝説と呼ばれるものである。一九三七年の秋、日本と中国との全面戦争が始まった直後の時期に、一人の日本人調査員が、この伝説と出会った。彼は戦禍を避けて逃れてきた農民を収容

15世紀前半の華北

していた施設で、食糧の配給を手伝っていた。

わたしは、粟の配給を受けにやってきた農民たちに一列に並んでもらい、名前や住所を聞いていた。中国語で住所を尋ねる場合、官庁用語である「原籍《げんせき》」とか「籍貫《せきかん》」とかいうことばを使うと非常にかたくるしく、改まった感じを与えるので、わたしはそれを避け、会話体として慣用されている老家《ラオジャア》（お宅、お生まれ、お住まい）ということばを使って「老家是那児《ラオジャアシーナアー》（お宅はどちらですか）」と尋ねることにしていた。

ほとんどの農民は、自分たちの住む県の村名をあげて答えてくれた。だが一人の農民は、いまいるところはこれこれだが、祖先は山西省洪洞県の大槐樹からきたのだ、といった。

これを聞いて、その後ろに並んでいた農民の一団のだれもが、口を合わせたようにつぎつぎと、「わたしも大槐樹からきたのです」といった。このときの農民たちのむなしい微笑を、いまもってわたしは忘れられない。（山本斌『中国の民間伝承』太平出版社、一九七五年）

移住から五〇〇年を経てもなお人々の記憶に焼き付いている大槐樹とは、いったい何なのか。

洪洞の大槐樹

移民伝説を生んだ歴史的な出来事を探ってみると、洪武二一年（一三八八）の戸部郎中《ろうちゅう》の劉九皐《りゅうきゅうこう》が皇帝に提出した上奏文に行き当たる。そこには、

古から狭い郷土の民を広い土地に移すことが行われてきましたが、それは土地が無駄にならず、民に安定した職業を与えるためです。いま河北のいたるところで、戦乱ののちに耕地が荒れ果て、居民が少なくなっています。山東・山西の民は、国朝（明朝のこと）になってから、人口が増えてきました。働き手を取り立てて広くて人口の少ない土地に移住させ、土地を開墾させれば、国の税収入も増えるでしょう。

とある。

山西省の洪洞からの移住は、洪武の初年から断続的に行われていたようであるが、朱元璋はこの建議を受け入れて、移民の規模を大きくして、いっそう組織的なものにすることにした。山西省では汾河《ふんが》の流域にあって交通の要衝であった洪洞県に、移民政策の実務を担当させるセンターを置いた。場所は唐代に建てられた広済寺の境内であり、そこに槐樹《かいじゅ》（エンジュ）の巨木が聳えていたのである。

山西省の農民で耕地を十分に持っていないものは、この槐樹の木陰に集められ、里甲制にもとづく集団に編成され、戸ごとに農具などを整えるために鈔《しょう》（紙幣）二〇錠を発給されて、河北に送り込まれた。到着後、荒れた土地を開墾すれば、賦役を三年間は免除されることにもなっていた。

こうして始まった移住政策は、その後、永楽《えいらく》一五年（一四一七）まで継続された。のちに述べるように、朱元璋の四男の朱棣《しゅてい》が「靖難《せいなん》の役《えき》」と呼ばれる政変を経て皇帝となり、永楽という年号を定めた。この靖難の役においても、主要な戦場となったのが華北平野である。この戦乱で再び荒廃した地域に、あらためて移民が送り込まれた。『明実録《みんじつろく》』などの記載によると、洪武年間から永楽年間までのあいだに合計一八回にわたって、山西省から移民が送り出されているが、その多くが洪洞で移民団として組織された。

大槐樹を出発した人々が定住した地域は、華北平野の河北・河南・山東・安徽の各省に及んだ。また永楽年間にはモンゴル高原の遊牧民に対する防衛のために、洪洞から組織した農民を、屯田兵《とんでんへい》として山西省の大同《だいどう》の周辺に配置した。

中国の広大な大地に分かれて住み、互いに何の交流もない人々が、口をそろえて「祖先は洪洞の大槐樹から来た」と語る。洪洞から移民した人は、靴を脱いで小指の爪の形を見れば、識別できるとも伝えられている。いまでも列車や旅館で出会った人が、祖先の話を語るうち、洪洞から来たという話になると、「足の小指を見せてくれ」ということになる。伝説では、洪洞の移民たちの足の小指の爪には、縦に筋が走り、一見すると爪が二つに割れているように見えるのだという。初対面でも爪を確認して同じように筋が入っていることが分かれば、「わしらは共に槐樹の子孫だ、数十世代を経てよくぞ再会できたものだ」と今日になってもよしみを結ぶのである。

明代初期の政策にまつわる移民伝説は、この洪洞大槐樹移民伝説だけではない。貴州や雲南にも、また別の移民伝説が伝承されている。以下に雲南について見てみよう。

雲南攻略の地政学

人民の多くは民戸に分類されたが、その次に多かった戸籍が軍戸である。明代の軍制は、衛所制《えいしょせい》と呼ばれる制度にもとづいて編制されていた。この衛所制は、唐の府兵制を範としていたといわれる。

明朝は全国の大半の地域で、軍戸を指定し国家が耕地を与えて自給できるようにした。平時、兵士たちは農耕に励み、ときに衛所官《えいしょかん》の責任の下で教練に参加した。戸籍は一般と区別して世襲で、軍役《ぐんえき》に服させる代わりに税役《ぜいえき》を免除した。軍戸の正丁《せいてい》一一二人で百戸所《ひゃくこしょ》、百戸所を一〇束ねて千戸所《せんこしょ》、千戸所を五つ束ねたものを一衛《いちえい》とする。単純に計算すると、一衛で五六〇〇人という計算になる。

明初には全国に三二九衛が置かれた。中央に置かれた中軍・前軍・後軍・左軍・右軍の五つの都督府のいずれかに属することとし、軍の指揮権が一人の都督に集中しないように組織された。隣接する衛所は異なる都督府に属することとなり、互いに牽制しあうことで一地域の軍隊が勝手な動きをすることを予防したのである。

戸メカニズムの整備により、大規模な軍事活動が可能になった。胡惟庸の獄の翌年に、朱元璋が着手したもう一つの大事業は、雲南《うんなん》攻略である。洪武一四年（一三八一）九月、朱元璋は雲南攻略のために軍隊を動かした。当時の雲南にはモンゴルの皇族の血を引くバサラワルミ、称号を梁王《りょうおう》とする支配者が勢力を保持し、モンゴル高原に後退した北元と呼応していた。朱元璋は明朝を創建したあと、ほぼ一年おきに使節を派遣して、帰順することを求めている。しかし、バサラワルミは使節を殺害して投降することを拒み続けていた。

歴史を顧みると、モンゴル帝国は南宋を滅ぼすためにまず雲南を押さえた。これは、この西南の地域が中国の背中にあたる地であり、軍事的・地政学的に見て中国攻略の要地であったことを示す。中国を保持するためには、雲南を勢力下に収める必要があったのである。

雲南攻略は、朱元璋にとって帝国の総仕上げとも喩えられる一大事業であった。だが今まで中国史のなかで、この雲南攻略は辺境における軍事行動として、あまり重視されていなかったように思われる。しかし、ユーラシア大陸の歴史プロセスのなかで、一つの転機となる、明朝にとっても帝国の全力を挙げた軍事活動であった。

雲南はユーラシア大陸のなかで、常に重要かつ特別な位置を占めてきた。雲南の南部は東南アジアとのあいだに文化圏を構成しており、その西部は古代から西南シルクロードと呼ばれる交易路を介して南アジアと接続していた。チベット高原とのあいだには茶馬古道《ちゃばこどう》として知られる交易ルートがあった。さらに中国の中心部からの影響が、東から波状的に及んでいた。雲南はいくつもの文化圏が交差する領域でもあり、いわば東ユーラシアの臍に喩えることもできる。結果的にこの土地を治めることで、明朝の帝国としてのかたちは中華と呼ばれる世界を越えることになった。

雲南攻略のために動員された軍隊は、騎兵・歩兵を合わせて三〇万ともいう。同年一二月、明朝の主力軍は、バサラワルミの軍隊一〇万を白石江《はくせきこう》で破り、翌年正月には昆明を占領した。こうして、明朝は雲南を勢力圏に組み込む糸口をつかんだのである。洪武一五年二月には、雲南都指揮使司《としきしし》と雲南布政使司《ふせいしし》とを置き、雲南の軍事と行政を担うこととなった。明朝が雲南の支配体制を整えることは、容易ではなかった。雲南では、高山や渓谷が形づくる複雑な地形のもとで多くの民族が分居し共存していた。各民族の伝統を無視した政治は反感を醸成し、明朝の軍隊が通過すると、その背後で現地の民族が虚を突いて反攻する事態となったのである。明朝の軍隊は、形の上では雲南を制圧したとはいえ、相次ぐ反乱に苦しめられ、撤退することもできず洪武一七年（一三八四）まで続く泥沼の持久戦に追い込まれていった。

土司による支配

明朝は雲南を平定すると、それを三つの区域に分けて統治することとなった。一つは中核区域で、中国内地と同じように「流官《りゅうかん》」と呼ばれる中央から派遣した地方官が統治した。五〇あまりの府が設けられ、その下の県や州などの行政区域を管轄することとなった。

チベット高原に連なる渓谷地帯やインドシナ半島と結ぶ盆地地域は、辺境区域となった。辺境区域では、在地の指導者が、そのまま「土司《どし》」として明朝の支配機構に組み入れられた。土司は宣慰司《せんいし》や宣撫司《せんぶし》・安撫司《あんぶし》・長官司《ちょうかんし》などに任命され、明朝が許容する範囲で従来の伝統に則《のっと》った支配を行った。この辺境区域と中核区域とのあいだには、緩衝区域が設定され、

明代の雲南

中央から派遣された流官が行政を進める際に必要な印鑑を握るものの、実際の業務は在地の民族から出た土司に委ねる方法が採用された。

そもそも土司制度は、中国の歴代王朝が周辺の異民族に対して採用していた羈縻《きび》政策に由来するとされている。「羈《き》」とは、ウマなどを繋ぐ「たづな」、「縻《び》」とは「つなぐ」という意味で、異民族に独自性を保たせたまま中華帝国につなぎ止める政策だということになる。古くは秦代にさかのぼり、唐代に盛んに用いられた。

しかし明朝の政策の直接のモデルは、唐朝の政策というよりも元朝に由来する。モンゴル帝国が拡大する過程で、征服した土地を現地の支配層に委ねることが広く行われていた。この巧みな支配方法を制度化したものが、土司制度であるといってもよい。明朝は元朝から多くのものを、学んでいるのである。

明代の土司の始まりは、明朝建国の前にさかのぼる。朱元璋が至正二三年（一三六三）に、内陸ブロックのトーナメントで陳友諒《ちんゆうりょう》を破り、陳の支配領域の湖南《こなん》を手に入れたとき、そこには多くの異民族が住んでいた。そこで翌年に異民族の首領に支配権を認め、土司に任命したのである。明朝を通して土司がおかれた地域は、湖南・四川《しせん》・貴州《きしゅう》・雲南・広西《こうせい》・広東《カントン》および西北の陝西《せんせい》に及ぶ。

本書の冒頭で紹介した台湾《たいわん》の媽祖《まそ》が観光した雲南の麗江《れいこう》も、土司によって治められた街である。長江上流の金沙江《きんさこう》がチベット高原から深い渓谷を刻んで南下し、いったん大きく屈曲してしばらく北流したあと、再度、向きを東へと変える。この「h」形の屈曲部に囲まれるように高原がせり上がり、そのなかに一つの盆地が広がる。イギリスの小説家ジェームズ＝ヒルトンが『失われた地平線』のなかで描いた理想郷シャングリラのモデルではなかったかと、取り上げられる盆地である。

この地は金沙江の渡河地点を押さえる軍事的な要衝であり、フビライの軍勢もここを通過した。チベット族の勢力に睨みを利かせるためにも、この地を誰が治めるかは重要な政治的な問題でもあった。経済的にはチベット高原と外界とを結ぶ交易路の要衝でもあった。背に茶葉などを積んだ荷駄の列が、この地を経由して深い渓谷を分け入っていったのである。

麗江を土司として支配したのは、ナシ族の木《ぼく》氏である。ナシ族の源流は羌《きょう》族であり、東アジアの西北地域からチベット高原の辺縁を経て、雲南に移住してきたと考えられている。チベット高原で生まれたポン教の影響を受けて、トンパ教と呼ばれる自然を崇拝する宗教を創始し、絵文字のような独自の文字を持つことで知られている。木氏の祖先は、唐代に麗江盆地に移住したといわれる。

フビライの軍勢が一二五三年に雲南に入ったとき、いち早く恭順の意を示し、金沙江の渡河を助けたナシ族の首領がいた。元朝が土司を雲南に置いたとき、麗江を支配する土司に取り立てられたのが、その首領であった。強い外部の勢力が来たときに、それに付き従って勢力を確保する。その政治的な姿勢はその子孫に受け継がれた。

明朝の派遣した遠征軍が洪武一五年（一三八二）に大理《だいり》を制圧したとき、麗江のナシ族の首領はすぐに明朝の支配を受け入れることとした。ナシ族にはもともと姓がなかった。朱元璋は恩寵としてその首領に「木」という姓を与え、麗江を子々孫々にわたって統治する身分を与えた。木氏はそれから清代の雍正《ようせい》元年（一七二三）まで、一八代、三四二年にわたり土司として麗江を中心として、チベット族が居住している雲南の西北部にまで支配領域を拡張したのである。

木氏は明朝の中央に毎年、銀やウマなどを貢納し、明朝の雲南における軍事活動には、率先して協力した。木氏は明代を通じて総計三五回にわたって朝貢し、ウマのほかに国家有事の際には雲南で産する銀を貢納した。明初には南京、永楽以降は北京に赴いた総勢数百人に及ぶ使節団は、朝廷から絹織物などを賜り、中国の内地で交易を行うとともに、手工業の技術者をともなって麗江に戻った。内地から招来された技術者に学び、麗江では織物、銅細工、製紙などの手工業が発達した。木氏は漢文化の導入に努め、ナシ族の音楽や文芸が洗練される条件を作った。木氏土司の政治的な拠点として、麗江は都市として発展を遂げる。

こうした歴史的な背景に支えられ、麗江は現在、世界遺産に認められ、多くの観光客を惹きつけている。漢族の街の多くは碁盤目に道が造られているが、麗江は違う。盆地に位置するために街の各所に泉が湧き出し、水路が緩やかにうねるように路地や家屋のあいだを縫って流れる。街並みも自然な流れに沿うように、造られている。夏の夕方ともなると、ナシ族の信仰の対象でもある玉竜雪山《ぎよくりゆうせつざん》の山峰が、雲の切れ目から姿を現す。古い家屋の中庭に足を踏み入れると、銅細工や製紙などの作業を演じてくれる。この街で過ごす時間は、豊潤である。媽祖のお告げにかこつけて、台湾の人が訪れてみたいというのも、無理からぬことであろう。

雲南の移民伝説

明朝の雲南進攻の結果、多くの漢族が雲南に住むようになった。雲南に住んでいる漢族に、祖先がどこから来たのか尋ねてみると、しばしば「私の祖先は南京の柳樹湾《りゆうじゆわん》の高石坎《こうせきかん》から来た」という答えが戻ってくる。現在の南京には、柳樹湾や高石坎という地名を発見することはない。しかし、史書を調べてみると、明初にこのように呼ばれた場所が確かにあった。

柳樹湾は南京で皇帝が居住する皇城の外、東南角に位置していた。朱元璋は、皇城を守るために、もっとも信頼が置ける部隊をこの地に配置していた。そこから南に数百メートル離れたところに、高石坎があった。二つの土地は、のちに城壁によって隔てられるまでは、連続していた。雲南攻略戦争に従軍し、その後、数度にわたって編制された雲南派遣軍は、おそらく柳樹湾と高石坎で結集して、軍団を編制したものと考えられる。その兵士のなかで、少なからざる人々が雲南に屯田をさせられた。その子孫は、部隊編制の土地であった南京を、その出身地として記憶したのである。

雲南の西部に、騰衝《とうしょう》と呼ばれる区域がある。そこは、東アジアと南アジアとを結ぶ西南シルクロードの要衝《ようしょう》に位置していたために、明代に王朝の重点的な支配を受けることになった。騰衝市街地の郊外に位置する和順《わじゅん》という名の村には、明代に南京から移住してきたとされる漢族が代々にわたって居住し、西南シルクロードに沿って、ビルマ（現在のミャンマー）などに華僑を送り出したため、「僑郷《きょうきょう》」（華僑の故郷）と呼ばれている。和順の住民は中華文明の中心地であった南京からの移民であることを誇りにして、他民族に囲まれたなかでもかたくなに漢族の文化を守り続けた。そして、その漢族の文化的な影響力は、その他の民族にも及んだのである。

騰衝の汪家寨《おうかさい》に住むワ族は、もともと和順に住んでいたという。しかし、彼らが清代に石碑に刻んでいるところによると、祖先たちは洪武年間に南京から移住してきたことになっていた。ワ族の家屋も漢族的な形態をとり、中央の正堂には天地・祖先・土地神を祀る神棚が設けられ、表面的に見る限りは漢族とほとんど区別がつかない。村落のT字路には邪気をはねかえすと信じられている「泰山石敢《たいざんせきかん》当《とう》」の石板がはめ込まれている。この石敢当は、江南などの漢族文化の中心地では現在すでに見られなくなった習慣である。明代に漢

泰山石敢当　民家の壁に塗り込まれている。筆者撮影2003年

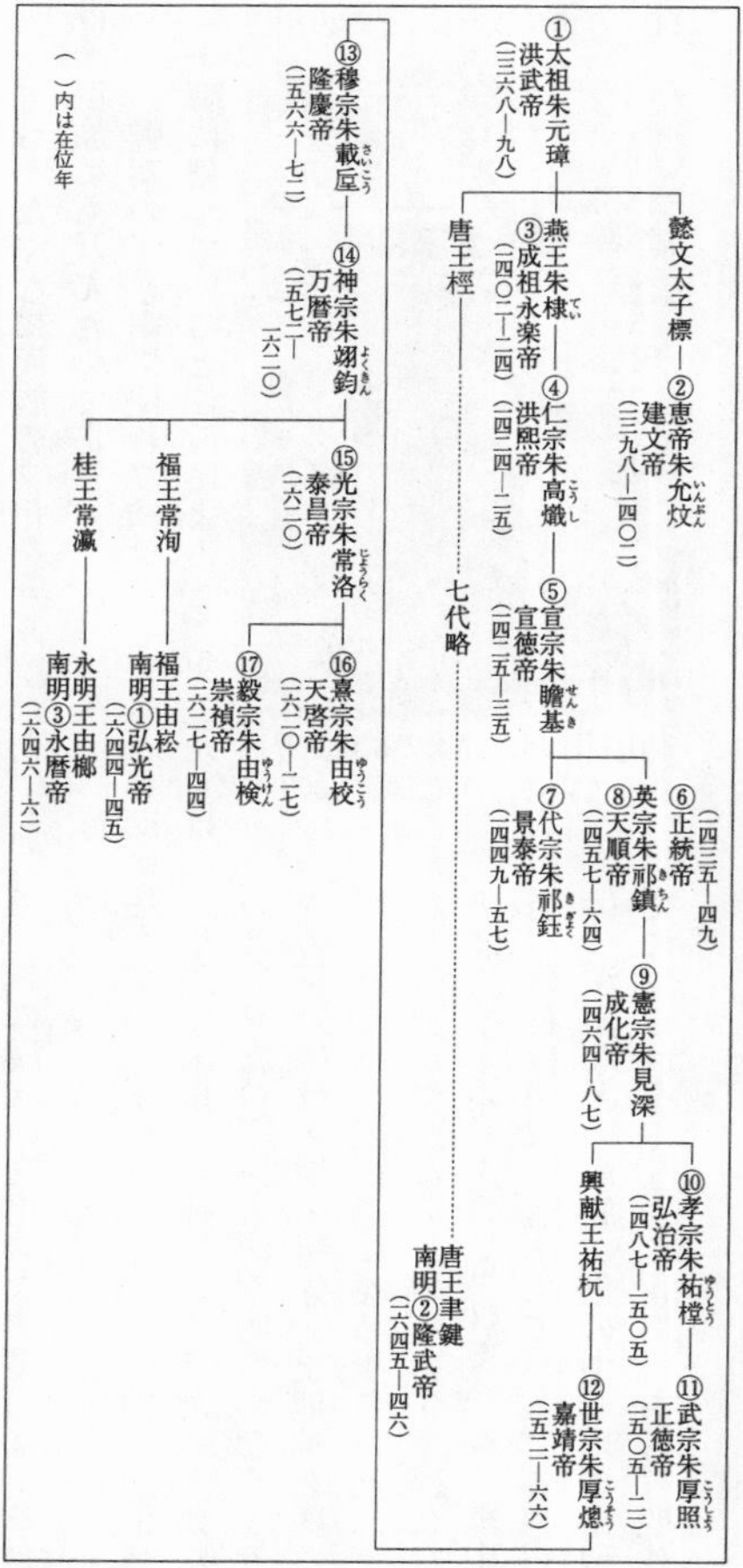

明朝略系図

族が入植したときから受け継がれてきた伝統が、いまも息づいている。

雲南進攻に動員された兵力を分析した奥山憲夫氏の研究によると、洪武一四年には南京およびその周辺に配置されていた親軍衛《しんぐんえい》・京衛《きょうえい》・直隷《ちょくれい》の諸衛から二四万九一〇〇人が派遣されている。参戦した衛所のなかで確認できるものを数え上げると、南京防衛の精鋭部隊であった一二の衛のうち、実に半分の六衛が雲南に送られている。最初に投入された軍勢が、明朝の主力軍であったことがわかる。

翌洪武一五年になると、福建や湖広などの諸衛が動員され、その後洪武二三年までの一〇年ほどのあいだに、泥沼化した軍役に参加した衛所はほとんど中国全土に及び、のべ動員数は確認されるだけでも一五六万七九九八名に及んだ（奥山憲夫「洪武朝の雲南平定戦（一）」『東方學會創立五十周年記念東方學論集』一九九七年、同「洪武朝の雲南平定戦（二）」『史朋』二八、一九九六年）。

洪武帝あるいは明の太祖とも歴史上で語られる朱元璋は、いまにまで引き継がれる国のかたちを創った。華北の村々、あるいは雲南の少数民族の村で語られている伝承に耳を傾けると、明代初期の出来事が人々の心に深く刻まれていることが、実感されるのである。

海に背を向け陸に根ざした帝国、それが江淮の荒廃した大地を放浪するなかで人格を形成した朱元璋の夢であった。その夢は、帝国の軸を南京と北京とを結ぶ線から、西へ、大陸の内部に移すことで、いっそう強固なものになるはずであった。しかし、そのプランは予想もしていなかった皇太子の死によって頓挫し、帝国は再び海に向かい合うこととなった。

第四章　海と陸の交易者——一五世紀

馬和から鄭和へ

現在、雲南省の省都となっている昆明《こんめい》の西南には、滇池《てんち》と呼ばれる大湖が広がっている。湖畔に臨む昆陽鎮《こんようちん》という風光明媚な街を見下ろす丘に一つの墓があり、墓前には墓誌銘を刻んだ石碑が置かれている。これは、一五世紀前半に南シナ海およびインド洋を席巻した中国の大艦隊を指揮した馬和《ばわ》という名の宦官が、その父親のために航海に出立する直前の時期に建てたものである。碑文には、

雲南の少年

公、字は哈只《ハッジ》、姓は馬《ば》氏、雲南の昆陽州に生まれる。祖父の姓は拝顔《バヤン》、祖母は馬氏であり、公の父の名も哈只、妻の姓は温《おん》氏であった。……公がめとった温氏の女性は美徳を備えた人で、ふたりの男子を生んだ。長男を文銘《ぶんめい》といい、次男を和という。……和は幼少より才覚があり、天子に仕えて鄭《てい》姓を賜り、朝廷宦官中の太監《たいかん》の地位についた。……公は甲申の年の一二月九日（一三四五年一月一二日）に生まれ、洪武の壬戌の年七月三日（一三八二年八月一二日）に没した。享年三八歳である。……

永楽三年（一四〇五）端午《たんご》、礼部尚書《れいぶしょうしょ》・李至剛《りしごう》

とある。のちに鄭和《ていわ》として知られる馬和の出自を語る数少ない痕跡の一つである。

この碑文からは、さまざまなことを読みとることができる。馬和は洪武四年（一三七一）に、この昆陽で生まれた。その父と祖父は、いずれもハッジ（哈只）であったという。ハッジとはムスリムのなかでメッカに巡礼したものに与えられる称号である。馬和がムスリムの家系に生まれたことが明らかにされる。

元朝支配下の昆明は、ヤチ（押赤・鴨赤・鴨池などと漢字で表記される）と呼ばれていた。唐代にこの地に姚州《ようしゅう》という行政府が置かれていた。この中国語の発音ヤオチョウという音が変化して、ヤチになった。馬和が生まれるちょうど一〇〇年前にヴェニスを出発したマルコ＝ポーロはフビライ支配下の雲南を旅し、このヤチにも滞在したことになっている。その記録によると、「とてもりっぱな大都会でこの王国の首府をなしている。商人・工匠が多く住まっている。住民もさまざまで、イスラーム教徒あり偶像教徒あるなかに、数こそ少ないがネストール派のキリスト教徒もいる」（愛宕松男訳注『東方見聞録1』、平凡社）とある。モンゴル軍と共に色目人《しきもくじん》と呼ばれる中央ユーラシア出身者が、数多く雲南に入植した。その後も

鄭和の父の墓　昆陽鎮を見下ろす丘に建つ馬哈只の墓。筆者撮影2005年

商業や行政に携わる人々が雲南に入り、昆明およびその周辺には、多くのムスリムが住むようになった。

雲南のムスリムたちは、閉鎖的な社会のなかで生活していたわけではない。ある程度の資産を蓄え、気力と体力が充実していれば、メッカに巡礼することができた。馬和の父は、おそらく幼いころに祖父とともにメッカへと旅立ち、巡礼の目的を達成したのであろう。そのルートは、中央ユーラシアを越える陸路であったのか、南シナ海とインド洋とを渡る海路で

鄭和が出自を語る碑文　いまとなっては、正式記録から抹殺された鄭和の事績を物語る数少ない痕跡である。筆者撮影2005年

あったのか、知る手がかりは残されてはいない。しかし、馬和の幼年時代、また一族が寄り集まるような機会には、メッカ巡礼の見聞が語られていたに相違あるまい。

父の馬哈只は、まだ三〇代という若さで死去している。その年月日を見ると、明朝の軍隊が昆明を陥落させ、モンゴル王族の関係者を捜索し、各地で軍隊による虐殺が行われていた時期にあたる。碑文は、父の死因について明言することを避けている。戦乱に巻き込まれて命を落としたことを、暗に示しているように思われる。おそらくそのときに、一〇歳になった次男の馬和は明軍に拘束され、捕虜として去勢《きょせい》され、明軍を率いていた傅友徳《ふゆうとく》の幕下《ばくか》に留め置かれた。三年後に朱元璋《しゅげんしょう》の四男で当時二五歳であった朱棣《しゅてい》に献上された。朱棣は、のちの永楽帝《えいらくてい》であり、帝国を拡大した皇帝として死後に太宗《たいそう》とされ、帝国の礎《いしずえ》を作った皇帝として成祖《せいそ》という廟号が一六世紀に贈られている。

雲南進攻と藍玉の獄

明朝初代皇帝の朱元璋は、晩年になると内陸への傾向を強める。その視点からすると、南京はあまりに海に近かった。洪武二四年（一三九一）に遷都の候補地の一つに挙げられていた西安《せいあん》に、長男で皇太子に指名されていた朱標《しゅひょう》を視察のために派遣した。

朱元璋にとって不幸であったことは、巡察を終えて南京に戻った皇太子が、疲労のために病に倒れ、洪武二五年（一三九二）に急死したことであった。帝国の後継者には、朱標の長男、つまり朱元璋の孫であり、朱棣の甥にあたる朱允炆《しゅいんぶん》が指名され、皇太孫となった。皇太子の死去は、その後の馬和の運命を大きく変化させることになる。

老齢に達していた朱元璋は、当時わずかに一五歳の少年に皇位が確実に引き継がれるように、洪武二六年（一三九三）に粛清を行った。史書に「藍玉の獄《らんぎょくごく》」として記録される大疑獄事件であり、二万人ともいわれる犠牲者を出した。謀反の首謀者とされた人物は、雲南進攻で功績を挙げた藍玉である。胡惟庸の獄がその直後に官僚機構の改造をともなったように、藍玉の獄のあとには軍制の改造が付随した。

明初期の研究者として知られる川越泰博氏は、藍玉の獄に連座した人々の供述書を集めた『逆臣録《ぎゃくしんろく》』と衛所官の登記簿である「衛選簿《えいせんぼ》」とを交差させながら分析し、藍玉の獄が雲南進攻という困難な戦役を共にした人々を標的にしたものであると論じている（以下、川越泰博『明代中国の疑獄事件――藍玉の獄と連座の人々』風響社、二〇〇二年による）。

雲南進攻は泥沼に陥り、現地の少数民族によるゲリラ的な戦法に悩まされ、またマラリアなどの風土病で命を落とす兵士も少なくなかった。困難な戦役は、それに参加した将兵のあいだに人的な結合関係を生み出した。遠征軍が解散されて将兵がそれぞれの衛所に復帰したあとも、そのネットワーク的な関係は持続した。こうした私的な関係は、朱元璋にとって帝国の安定を妨げる障害であると感じられた。

人脈を取り除くために、疑獄事件が仕立てられたと川越氏は推定する。疑獄事件には衛所官と衛所軍の関係者が数多く連座し、そのあとに首都におかれた主力軍である親軍衛と京衛を対象とした大規模な配置転換が行われたことも、それを裏付ける。

宦官となった馬和

『逆臣録』には、「火者《かしゃ》」（コジャ）と呼ばれる去勢された青年の名を認めることができる。たとえば藍玉に従って雲南遠征軍に加わった指揮使《しきし》の曹震《そうしん》の家に仕えていたものとして、当時一八歳から二一歳までの火者の青年四人の名が挙がっている。また藍玉の家にも、雲南大《だい》理《り》出身の火者がいた。

コジャとは、インドのムスリム宮廷に仕える去勢を受けた使用人を指した言葉であった。元時代から明時代にかけて、インドから去勢された奴隷が華南の広州《こうしゅう》や泉州《せんしゅう》などに輸出され、この奴隷の輸入とともに、コジャという言葉が中国に入った。中国人は発音にしたがって「火者」の字をあてた。明初には華南で豪強の家が多くの「閹割《えんかつ》」（去勢）された他人の子を使役しており、それを「火者」と呼ぶと、『明実録《みんじつろく》』（洪武五年五月戊辰の条）に記されている。

火者と宦官とは同義語ではない。宦官とは朝廷および皇室の一族が封じられた王府に仕える去勢された男性であり、火者とはそれ以外の功臣などに仕える人々であった。藍玉の獄の当時、馬和は数えで二三歳であり、曹震や藍玉の係累として疑獄事件の犠牲者となった青年たちと同世代である。彼らも少年のときに雲南で捕虜になり、去勢されて功臣たちの家で仕えることになったと考えて間違いはないであろう。馬和は傅友徳《ふゆうとく》のもとにいた火者であったが、疑獄事件が発動されたときには、燕王《えんおう》として現在の北京に封じられていた朱棣に献上されて宦官となっていた。『逆臣録』に名が挙げられた青年たちと、馬和との運命は、紙一重の相違であったとも言えよう。

馬和を救ったものは、彼の武人としての才覚であった。彼は宦官であったということからイメージされる両性具有的な人物ではなく、巨漢であり声量も豊かで、その声は戦場にあっても遠く響いたといわれている。指導力と判断力を兼ね備えていた。

朱棣はかつての元朝の都を拠点にして、モンゴル高原ににらみを利かせる役割を担わされていた。馬和を火者として使用していた傅友徳は、宦官として主人に絶対的に服従し、しかも軍事的な才覚を発揮し始めた青年を、最良の献上品として皇帝の四男に捧げたのである。馬和はその期待に応え、モンゴル軍を撃退する戦役において燕王の帷幕《いばく》のなかで朱棣をよく補佐した。

二代皇帝の叔父との戦い

朱元璋は明朝創建に功績があった人々を粛清し、みずからの息子たちを王に封じて帝国の要所に置き、二代目以降の皇帝に忠誠を尽くすように遺訓を『皇明祖訓《こうみんそくん》』として整備した。しかし、皇太子の死去にともない二代皇帝に指名された皇太孫にとって、叔父にあたる諸王の存在は、脅威でしかなかった。とくに朱棣は軍事的・政治的な能力を有し、その父・朱元璋からも才能を認められていた。政権の安定のためには燕王に封じられていた朱棣を排除する必要があった。

洪武三一年（一三九八）閏五月、朱元璋は孤独な独裁者として、その七一年にわたる人生を終える。その直後から、二代目の皇帝となった朱允炆《しゅいんぶん》の戦いが始まった。朱棣の手足をもぎとることを目的にして、まだ年号が洪武である年のうちに、開封《かいほう》に王府を開いていた周王《しゅうおう》（朱元璋の五男）を取りつぶし、年が変わり新たに建文《けんぶん》という年号になった一三九九年には

した。山東《さんとう》青州《せいしゅう》の斉王《せいおう》、山西《さんせい》大同《だいどう》の代王《だいおう》、湖広《ここう》荊州《けいしゅう》の湘王《しょうおう》、雲南岷王《びんおう》と、王族の身分を次々と剝奪した。

建文元年三月に新皇帝、朱允炆（建文帝）は、燕王府の警護兵を王朝の都督が率いる辺境守備軍に編入し、さらに護衛の指揮官である指揮使を次々に南京に召還した。モンゴルに対する戦略のために朱棣のもとにあった軍隊のほとんどが、この時期に解体されてしまった。朱棣は皇帝側に王としての身分を剝奪される口実を与えないよう、これらの命令を受け入れざるを得なかった。朱元璋の一周忌にあたる建文元年四月には、人質となる可能性が十分にあることを知りながらも、自分の三人の息子を南京に送り、儀礼に参加させている。

すでに亡き朱元璋は、皇帝にすべての権力と軍事統帥権が集中する体制を造り上げていた。朱允炆は帝位に即くや、全国に展開する衛所を統帥する立場になり、叔父の朱棣に対して数の上で圧倒的な優位に立った。そのことが、南京の皇帝側に油断を生んだともいえる。朱棣の息子たちは無事に父の下に送り返された。一方で燕王の身分を削除する段取りは、着々と用意されていった。

燕王護衛の百戸がまず逮捕され、拷問を受けて燕王府の内情を供述させられ、罪状を作り上げるための情報が南京側に集められた。劣勢になった燕王府のなかからも、南京に情報を密告するものがあらわれはじめた。朱棣は発狂したと見せかけようとしたが、その偽装工作も内応者によって南京に伝わり、ついに燕王府の関係者を逮捕するために、役人が派遣されることになったのである。逮捕者を出せば拷問によって、いかようにも朱棣の罪状を作ることができる。南京から派遣された都指揮使《としきし》は、燕王府を包囲した。朱棣は追いつめられた。

靖難の役と永楽帝の誕生

建文元年（一三九九）七月四日、朱棣は病が快復したとして祝賀の会を催し、包囲している官軍の指揮官を招待した。燕王逮捕の段取りが完璧に整ったと安心していた指揮官は、不用心にも招待に応じ、宴会の席で惨殺されてしまう。それとときを同じくして、朱棣の腹心たちは指揮官を失って混乱する官軍を圧倒して、街のほぼ全域を制圧して陣容を整えた。朱棣はすぐさま檄《げき》を発した。そのなかで、このクーデターは皇帝に対する反乱ではない、皇帝の側近にある奸臣を取り除くことが目的であると宣言している。その主張にもとづき、この軍役は「君主の難《なん》を靖《やす》んじる」戦い、つまり「靖難《せいなん》の役《えき》」と呼ばれることとなる。

朱棣の主張は、朱元璋が諸王に対して定めた『皇明祖訓《こうみんそくん》』法律の第一三条にもとづく。それには、「もし朝廷に正しい臣下がなく、内に奸悪《かんあく》があれば、親王はただちに兵に指令して〔皇帝からの〕命令を待て。天子《てんし》が諸王《しょおう》に密勅《みっちょく》を出したら、平定軍《へいていぐん》を統轄して〔奸悪を〕討伐せよ。すでにそれを平定したあとは、兵を営にもどし、王は天子にまみえてもとに戻れ」というものである。朝廷の奸悪を取り除くためだと朱棣は挙兵の正当性を述べるのではあるが、もちろん、皇帝からの密命はなかった。

朱棣と皇帝とのあいだで繰り広げられた戦乱は、華北平野を荒廃させながら三年間、建文四年（一四〇二）六月に南京が陥落するまで続いた。劣勢であった朱棣が最後に勝利を収めたのは、朱元璋の粛清によって皇帝側に有能な将軍がいなかったことが、大きな要因となった。朱棣は皇帝に即位（永楽帝）し、建文という年号を抹殺して洪武三三年とし、翌年正月から永楽《えいらく》の年号を用いることとした。

宦官と皇帝

南京の皇帝によって正規の官僚や軍隊をはぎ取られていたため、クーデターを断行したときに朱棣の周囲にいたものは、わずか八〇〇人程度であったともいわれる。この困難な時期に朱棣を支えたものが宦官であり、そのなかで傑出していたのが二〇代後半にさしかかった馬和であった。軍の指揮官として才能を発揮し、南京の最終攻略戦で勇名を馳せたといわれる。朱棣は、彼の功績を記念して「鄭」姓を与えた。鄭和は宦官の長として、三保太監の名称が冠せられた。

朱棣（永楽帝）

宦官というと、甲高い声で話し、ゆがめられた性欲が異常な愛欲や物欲に転化した人間といったイメージをともなっている。しかし、その像は宦官が宮廷に封じ込められた清代末期に造られたイメージである。清朝は明朝が宦官の横行で衰退したことに鑑み、宦官をもっぱら志願者に限定した。そのために、貧困な社会層では生きるために自ら去勢したり、子弟を去勢したりするようになり、宦官の質が低下していったのである。

また、後代に残された史料のほとんどが、儒学の教養を身につけた官僚の手によって記されたものである。官僚にとって皇帝と私的に結びつく宦官は、常に宿敵であった。知識人が宦官に好意的な記録を残すことはなく、宦官の事績は歴史から抹殺された。こうした状況のなかで、中国の宦官については、一面的なイメージが増幅されていったのである。

明代、とくに朱棣が重用した宦官のなかには、鄭和のような豪傑も少なくなかった。刑罰として去勢する宮刑が廃止された隋・唐以後、宦官の供給源は、志願者・死罪軽減者・異民族の捕虜および外国からもたらされた奴隷、それに朝貢国から送られた去勢者となった。鄭和が宦官となった経緯は、既述のように捕虜となったことである。度重なるモンゴル高原への遠征も、朱棣の宮廷に捕虜となり去勢されたモンゴル族の宦官をもたらしたであろう。

明朝はまた、かつてモンゴル支配下にあった朝鮮半島の高麗とヴェトナムに対して、去勢者を貢納するように要求している。一つには各国から集められ後宮に入れられた女性たちを管理するために、そしてまた各国の文化や言語に精通した人材を集めるために、宦官をもとめたものと考えられる。永楽元年（一四〇三）には、朝鮮に成立したばかりの李朝に対し火者六〇名を選んで送るように求め、李朝は三五人に減員して貢納した。朝鮮から送られた去勢者は、有能であると評価されている。

朱棣の周辺にいた宦官は、その出自からするときわめて国際的であったということができる。こうした環境のなかで、朱棣の新たな対外政策の構想が形づくられていった。鄭和はおそらく祖父と父がメッカに巡礼した旅の話を、朱棣に語ったに違いない。朱棣は彼を取り巻く宦官を活用して、積極的な対外政策を展開する。それは、ときに元朝フビライの世界帝国を再興しようとしたと評されることがある。しかし、その実態は、皇帝と宦官の私的な結びつきに支えられた、きわめて私的なプロジェクトであった。

内廷と外朝

朱棣の対外政策を理解しようとするとき、皇帝が二面性を持っていることを踏まえておく必要がある。二面性とは、私人として皇后や妃などと起居をともにする一個の生活者という側面と、公人として官僚の頂点に立つ最高権力者という側面である。中国の王朝は、この二つの側面を明確に区分する。

紫禁城乾清宮　乾清門の内側は皇帝の生活の場である乾清宮

空間という点から見ると、皇帝が居住する宮廷は、私人としての皇帝が活動する場である「内廷《ないてい》」と、公人として官僚に接見し、さまざまな公的な儀式を挙行する「外朝《がいちょう》」とに区分される。この内廷と外朝とを合成した言葉が、「朝廷《ちょうてい》」ということになる。

建築として宮廷を見るならば、内廷と外朝とは明確に区切られた。話は少しばかり前後するが、朱棣が政権を握ったあと、南京から北京《ペキン》に遷都する。そのときに建造した紫禁城《しきんじょう》では、内廷と外朝との境界線は、乾清門《けんせいもん》に引かれていた。この一つの門を境として、その外側では官僚が政務をこなし、門の内側では、皇帝が後宮の女性たちや宦官とともに生活を繰り広げていた。

財政の面でも、内廷と外朝とは区分されていた。皇帝たちは帝国全土から集めた資財を自由に使い、何不自由のない生活を送っていたかというと、決してそのようなことはない。皇帝が自分のために用いることのできる宮廷費は、外朝が管理する帝国の国庫とは別会計になっていたのである。

宮殿を修築し、調度品を整え、皇室の生活を支え、さらに皇室の庶務を担う宦官を養う費用を、国庫から支出させることは原則として認められない。皇室が直轄《ちょっかつ》する領地である。この内廷が確保している財政の枠を超えて、皇帝が国庫に手をつけるためには、たとえば皇族の結婚などの宮廷行事であるとともに公式行事でもある事業にかこつける必要があった。

財政をめぐり、内廷と外朝とは鋭く対立する。内廷側は理由を見つけては、国庫に手を出そうとする。国庫を管理する外朝の官僚は、こうした動きを牽制《けんせい》する必要があった。こうした内廷側の財源探しは、官僚からすれば本来は税金として国庫にはいるべき資財を勝手に奪うものであり、容認できるものではない。ところが、朱棣以降の明朝の歴史を顧みると、本来外朝が管理すべき領域を内廷が侵食する局面がしばしば見られる。

朱棣が燕王であった時期に、南京の皇帝により官僚機構という道具をもぎ取られた。彼が皇帝権力を奪取するときに、その手足として働いたものは、彼の身内であった。朱棣が即位したとき、その身内はそっくりそのまま内廷の根幹となったのである。その結果、永楽期以降の政権は内廷が肥大化する体質を持つようになっていった。

明代には経済活動が行われている現場に宦官を派遣して、財源を確保することが行われた。のちに言及するように、朱元璋の時代に廃止された市舶司《しはくし》は、朱棣の命令で復興された。その長官に指名されたものは、宦官であった。これも、内廷の財源確保と関連がある。朱棣が行った対外政策は、こうした内廷の活動の延長線上に位置づけられる。皇帝が宦官を手足として財源を確保しようとするとき、官僚たちは皇帝を批判することははばかられるために、宦官を攻撃することとなる。中国史において、宦官が常に悪役の役回りを押しつけられている背景には、こうした内廷と外朝との対立構造があったのである。

しかし、世界的な文脈として見た場合、内廷と外朝というように宮廷と国家とが明確に区分されている政権はまれである。一五世紀から一六世紀にかけて、東南アジアや琉球・日本において、交易に依拠した政権が数多く生まれる。これらの政権は、王権が私的に養う取り巻き集団によって、交易を行い、繁栄を謳歌した。明朝の永楽政権もまた、こうした王権の一つであると見ることも可能であろう。

海に浮かぶ帝国

鄭和が率いる艦隊

鄭和が乗り込んだ艦隊の旗艦《きかん》は、宝船《ほうせん》と呼ばれた。永楽三年（一四〇五）六月に南京を出航した旗艦を中心に、その年の冬には江南の港町である瀏河港《りゅうがこう》の水面に大艦隊が結集し、そこから長江を下って外洋にむかった。その後三〇年間で七回にわたって行われた南シナ海・

インド洋に向けた大遠征が、このとき開始された。総勢二万七〇〇〇人以上の兵士・船員・水夫を統帥し、数百の艦船を統轄する総司令官が、雲南のムスリムとして生まれた鄭和であった。

しかし、この壮大なプロジェクトについて、明朝の公式な記録は、ほとんど何も伝えていない。『明実録《みんじつろく》』には永楽三年九月に皇帝が都指揮使に「海船を改造して、西洋に使節として派遣するために備えよ」との指示を出したことが記されているだけで、いつ大艦隊が出発したのかすら明確な記載を残していない。正式記録のなかで、鄭和が皇帝に命じられて行った事業に関する記載は、抹殺されている。その理由は、公式文書を管理していた官僚たちが、この内廷主導の事業を、こころよく思っていなかったところに求められるであろう。

鄭和の遠征の全貌を明らかにする作業は、断片的に残る痕跡をつなぎ合わせて、その間隙を推測で補うものとなる。その結果、鄭和の艦隊がコロンブス以前にアメリカ大陸に到達していたという仮説なども生まれることとなった（ギャヴィン＝メンジーズ著、松本剛史訳『1421――中国が新大陸を発見した年』ソニー・マガジンズ、二〇〇三年）。この仮説を支える知見の数々は興味深いものではあるが、本書では史料の伝える範囲を越えないように心がけたい。

一九三〇年に福建省長楽県南山寺《ちょうらくけんなんざんじ》（三峰塔寺《さんぽうとうじ》）で、一つの石碑が出土した。高さ一六二センチメートル、幅七八センチメートル、厚さ一七センチメートルの石碑で、額には「天妃霊応之記《てんぴれいおうのき》」と篆字《てんじ》で刻み込まれ、三一行一一七七文字の碑文が記されている。なお、天妃とは航海を守護する女神、媽祖のことである。碑文によると、この石碑は宣徳六年（一四三一）

仲冬《ちゅうとう》（旧暦一一月）の吉日に、鄭和が航海の安全を祈願して建てたもので、それまでの六回にわたる航海の概要が記載されている。

遠征の実施者である朱棣はすでに死去し、次の皇帝となった朱高熾《しゅこうし》（洪熙《こうき》帝）の下で遠征プロジェクトは中断され、一〇年の空白期間をおいてようやく鄭和は海に出ることができた。この航海が最後のものになるという予感があったのであろうか、碑文としては長文に属する石碑を見ると、六一歳となっていた鄭和が王朝の正規の記録に残らないことを恐れて、壮年期の事績を石に刻ませたのではないかとさえ思われてくる。鄭和は宣徳六年に艦隊の結集港であった瀏河港の天妃宮《てんぴきゅう》に「通蕃事績《つうばんじせき》」碑も建てている。これは長楽の天妃碑と姉妹碑に喩えられるもので、碑文の内容も近かったと考えられている。

鄭和が記させた「天妃霊応之記」は、次のように始まる。

大明皇朝が天下を統一した。その功業は夏・商・周の三代や漢・唐の両朝を凌駕し、遠く天辺地際に及び、臣下として我が王朝に帰順しないものはなかった。……海外のいくつかの蕃国《ばんこく》（中華の文明が及ばない国）は、遠い僻地ではあるが、その使者は珍宝を捧げ礼物を携え、通訳を通して来訪して朝貢してきた。皇帝陛下はその忠誠心を喜び、〔鄭〕和に命じて数万の官吏・軍官・兵卒を統率させ、百余艘の巨艦に乗り、財宝を携帯させて〔蕃国に〕下賜させ、朝廷の恩徳を宣揚して教化し、遠方の人民を安んじようとした。永楽三年に命を奉じて西洋に使いすること、いまに至るまで七回を数える。歴訪した蕃国は占城《せんじょう》国（ヴェトナム南部）・爪哇《かわ》国（ジャワ島東部）・三仏斉《さんぶつせい》国（マラッカ海峡地域）・暹《せん》羅《ら》（タイ）から、南天竺《みなみてんじく》（インド南部）・錫藍山《しゃくらんさん》国（スリランカ）・古里《こり》国（カリカット、現在のコジコーデ）・柯枝《かし》国（コーチン）に直航して、さらに西域の忽魯謨斯《ふつろもす》国（ホルムズ）・木骨都束《ぼくこつとそく》国（モガディシュ）など大小三十余国になり、遠く海洋を重ねて航行すること、十万余里に及んだ。

　このあと碑文は、航海での苦難を述べ、天妃の霊験によって救われたことを感謝し、南山の地に天妃宮を造営し修築してきたことを記す。

遠征の記録

　最後の航海に先立つ宣徳六年（一四三一）春、艦隊は長江の瀏河港に結集したあと福建省長楽にあった太平《たいへい》港に来航した。いま南山に立っても眼前には家屋が建ち並ぶばかりで、海を望むことはできない。これは明代中期以降に港が土砂に埋まり、平坦な土地になってしまったからで、鄭

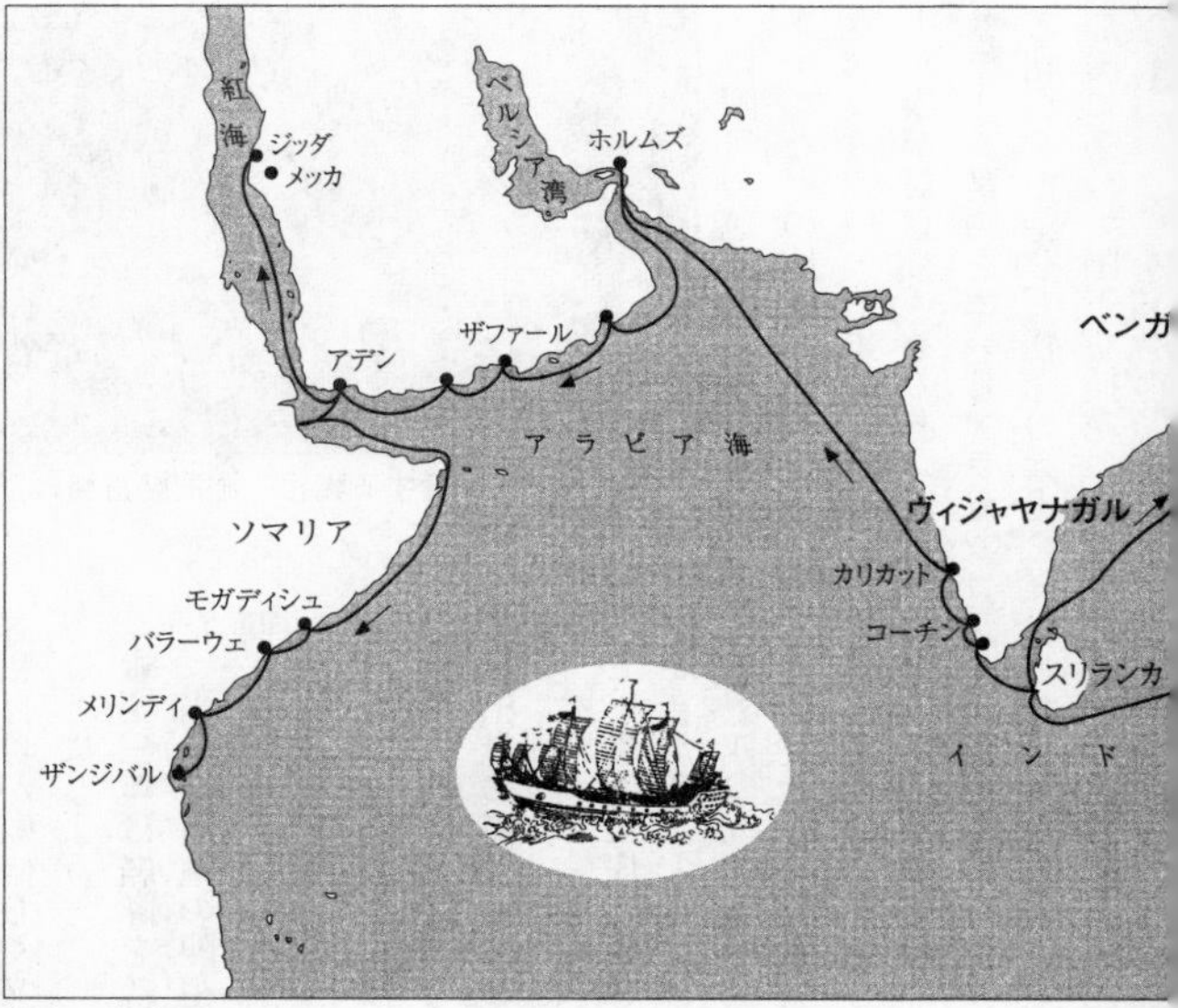

鄭和の航海図

和らが来航した時期には、巨大な艦船を停泊させることができる港湾が広がっていた。海港の南北両岸にはそれぞれ山地が連なり強風を防ぐ、天然の良港であった。この年、鄭和の艦隊は太平港で数ヵ月のあいだ停泊し、モンスーンの風が南西風から東北風へと向きを変えるときを待った。その間に天妃宮《てんぴきゅう》を増築改修し、鐘《かね》と鼓《こ》などを奉納したのである。

碑文は最後に「神の功徳を石に顕し、諸蕃《しょばん》とのあいだで往来した年月を並び記し、永遠に留めて記念する」として、永楽三年（一四〇五）から始まる遠征の概略を記す。

鄭和の遠征を守護する媽祖　湄洲媽祖廟の壁画。筆者撮影2006年

鄭和自身が監修した文章にしたがって、遠征の概略を述べることにしよう。

永楽三年は艦隊を統領してカリカットなどの国に向かった。当時、海賊の陳祖義《ちんそぎ》がパレンバンで手下を集め、外国商人を掠奪していた。鄭和の艦隊も襲われたが、（媽祖がつかわした）神兵が陰で支援してくれたおかげで、たちまちのうちに海賊を壊滅することができた。永楽五年（一四〇七）に航海を終えて帰国する。碑文に見られる陳祖義は広東出身の海賊であり、マラッカ海峡を航行する船舶を掠奪していた。一四世紀後半にパレンバンは、新興のマジャパヒト勢力に圧迫されて弱体化していた。そこに中国系の航海者たちが入り込む余地が生まれたと思われる。

二回目の航海は永楽五年から七年（一四〇九）まで。ジャワ・カリカット・アユタヤ・コーチンなどの地域を巡り、各国の王は珍宝・珍鳥・珍獣を貢納した。第三回は永楽七年から九年（一四一一）まで。スリランカは当時、仏教を奉じるシンハラ族とヒンドゥ教徒のタミール族が対立し、そのあいだにイスラーム勢力の拡大をねらう地方領主が台頭していた。イスラーム勢力を率いるアラガッコンナラ（碑文には亜裂苦奈児《あれつくなじ》と記される）は、明朝に対する朝貢を拒絶し、艦隊の兵士を謀殺した。天妃の神は霊験《れいげん》を現してその陰謀を見破り、その加護によって国王を捕虜にすることができたと碑文は記す。永楽九年にスリランカは朝貢することになり、皇帝の恩を蒙り国王は帰国した。

永楽一一年（一四一三）に始まる第四回目の航海は、ペルシア湾のホルムズ国を目指した。インド洋を航行してイスラーム世界の中核に及ぶその航海には、それまで以上に周到な準備がなされ、これまで編成された艦隊よりも規模が大きかった。この航海には、馬歓《ばかん》という名のムスリムの青年が乗り組んでいた。彼は、鄭和の艦隊が赴いた諸地域の情報を『瀛涯《えいがい》勝覧《しょうらん》』という著作にまとめ、東南アジア研究に欠かすことのできない史料を残している。碑文によれば、このときの航海では、スマトラにおける内紛に軍事介入し、王位簒奪者を捕虜にして永楽一三年（一四一五）に帰国した。この年にはマラッカ王国の国王が自ら妻子を率いて朝貢したとある。

第五回の航海は永楽一五年（一四一七）に始まり、鄭和が率いる本隊はホルムズ国を目指した。この航海は、それまでの航海の投資を回収するような成果を挙げた。永楽一七年（一四一九）に帰朝した鄭和の艦隊は、イスラーム世界の使節をともなっていた。そのときにはホルムズ国がライオン、金銭豹《きんせんひょう》（チーターか）などの珍獣を貢納し、アラビア半島のアデンは現地で「祖剌法《そらほう》」（ジラフ）と呼ばれているキリンを貢納し

キリンの図　鄭和が持ち帰った珍しいものの中にキリンもいた

た。現在のソマリアのモガディシュからは「花《か》福禄《ふくろく》」（シマウマ）とライオンが、卜剌哇《ぼくらわ》国（ソマリアのバラーウェ周辺）からは千里を行くといわれるラクダとダチョウが届けられた。これらの珍獣は南京で飼育されたと考えられる。なおキリンが貢納されたのは、これが初めてではない。永楽一二年（一四一四）にベンガルからキリンが中国皇帝に贈られ、その姿は絵画に残されている。

永楽一九年（一四二一）に始まり永楽二〇年（一四二二）まで続く第六回の遠征では、ふたたびホルムズ国を訪れている。そして、一〇年の期間をおいて、最終回となる航海に旅立つことになった。艦隊の乗組員は天妃宮に詣でたあと、宣徳六年一二月九日（西暦一四三二年一月一二日）に、太平港から次々と出帆していった。彼らがもどったのは宣徳八年（一四三三）の夏であった。その艦船の上には、鄭和の姿はなかった。彼は航海の途中で、息を引き取ったと考えられている。

遠征の目的

鄭和が乗る艦隊の旗艦、宝船の船形については、江南の南京で建造されたから沙船《させん》であったという説と、南シナ海の航行に適した福船（福建式ジャンク）であったという説が対立している。その規模について史書は、長さ四四・四丈（一二五・六メートル）、幅一八丈（五〇・九メートル）と記す。長さと幅の比率は二・四六対一となり、これは泉州で発掘された宋代の福船の二・五五という比率と近い。宝船を、ここでは仮に福船だとして計算してみると、その最大排水量は一万四八〇〇トン、積載量は七〇〇〇トン前後となる。中央には三本の主マストが聳えて推進力を生み出し、その前後にそれぞれ三本の補助マストが立ち並んで方向を定めた。帆はその組み合わせで、さまざまな風に対応し、東シナ海からインド洋にいたるモンスーンを確実に捉えることを可能にした。鄭和からおよそ一世紀のちに大西洋を航海したコロンブスの旗艦サンタ－マリア号の全長は、二五メートル程度、宝船の五分の一である。

舵《かじ》の重量は、一三トン程度だと見積もられる。四本爪の鉄製の錨《いかり》の重量は一一トンであり、巻き上げるためには数十人の船員が必要であった。この巨艦を操舵《そうだ》するためには、最低でも二〇〇名の船員が必要であると考えられる。

コロンブスの旗艦サンタ－マリア号と鄭和の旗艦宝船の大きさ比較（単位：フィート）
鄭和の宝船は全長125m、サンタ－マリア号（下）は25.5m。『華夏人文地理』2004年４月号の特集記事「海上史詩——鄭和下西洋」より

造船技術史家である山形欣哉氏は、技術は飛躍的に変化するものではないという視点から、鄭和の宝船はこれほど巨大であったはずはないとして、船の全長を四三・四メートルと推定している（山形欣哉『歴史の海を走る：中国造船技術の航跡』農山漁村文化協会、二〇〇四年）。排水量一万トン級の巨船か、あるいは全長五〇メートル級の船であったか、判定することはで

きないが、宝船は一五世紀の世界において、最大の船舶であったと考えて間違いない。

宝船を旗艦とする艦隊は、もっとも規模が大きかった第四回の場合で二〇〇艘を超える大小の船舶から構成されていた。各船には清和《せいわ》・恵康《けいこう》・長寧《ちょうねい》などの名称とともに、番号が付されていた。艦隊の編成に関する史料は、残っていない。少し時代が下った艦隊に関する史料などを総合して推定してみると、鄭和の艦隊には海戦や馬・兵士の運搬など多彩な機能を果たした馬船《ばせん》(快船とも称された)の他に、食糧運搬を担った糧船《りょうせん》、飲料水を積載した水船《すいせん》など特定の機能に特化した船舶も参加していた。船舶は外洋を航行するとき、両翼を広げて天を舞う燕のような形の編隊を組んでいたと考えられる。

朱棣《しゅてい》が遠征艦隊を東南アジアとインド洋に派遣した理由は、どこにあったのであろうか。『明通鑑《みんつうかん》』は南京落城の際に生死を確認できなかった甥の朱允炆《しゅいんぶん》(建文帝)の行方を探索させるために艦隊を派遣したと述べるが、この目的だけでは艦隊の規模の大きさを説明することはできない。

鄭和の旗艦が宝船と呼ばれたことから、遠征の目的は貿易にあり、朱棣の目的は南洋の物産を入手するためであったとする見解もある。確かに鄭和の遠征の結果、キリンを始めとする珍奇な物産が中国にもたらされた。こうした遠方の物産は、宮廷とそれを取り巻く宦官らには多大な利益をもたらしたであろう。

しかし、帝国全体の収支を考えると、完全な出超である。鄭和は航海に先立ちその巨大な船体に、陶磁器・絹織物などの中国特産品を満載した。これらは遠征先の王侯貴族らに惜しげもなく与えられたのである。その見返りとして貢納された物産は、まったく引き合わないものであった。貿易として遠征を理解しようとすると、この事業が内廷主導のもので、外朝が埒外に置かれたことを前提にする必要がある。

帝国全体の事業として見た場合、遠征の実質的な成果は、これを契機として南洋の諸政権が次々と朝貢《ちょうこう》使節を明朝に送ってきたという点である。そこから考えると、朱棣が遠征を行った目的は、明朝を頂点とする朝貢メカニズムを海域世界へ広げようとするものであったとも考えられる。

鄭和には皇帝の印璽《いんじ》を押した白紙が与えられていた。これがあれば、船上で皇帝の資格で命令を発することができる。中国を出帆した鄭和の艦隊は、その規模と権限とにおいて、まさに海上を行く帝国とでも呼ぶことができる偉容を備えていたのである。

艦隊の姿が水平線上に出現したとき、東南アジアやインド洋沿岸の住民たちは、はるか東方に大明《だいみん》という盛大な帝国が存在していることを実感したに違いない。しかも艦隊は各地の紛争に軍事的な力を示しながら介入し、明朝が考える国際秩序を形成しようと試みている。艦隊が遠征を行っていた時代に、数多くの政権が明朝に朝貢使節を派遣した。これは艦隊の偉容が及ぼした効果であったことは、間違いない。

海域世界から見た遠征

海上で朱棣《しゅてい》の代理人として行動した鄭和は、海賊行為を働く華人を懲罰し、各地の勢力のなかから明朝の価値観に照らして正統な政権を選び出し、朝貢を促すとともに使節団をその貢納品とともに中国まで運んだ。鄭和の活躍によって、朱棣が意図したように東南アジア海域世界は明朝を頂点とする朝貢体制のなかに組み込まれたのであろうか。

一四世紀後半の東ユーラシアでは、わずか半世紀のあいだに、陸においても海において
も、新しいタイプの政権が簇出《そうしゅつ》した。日本列島の室町政権、沖縄本島の尚氏《しょうし》政権、朝鮮半島
の李朝《りちょう》、ヴェトナムの陳朝《ちんちょう》、チャオプラヤー川流域のアユタヤ、マレー半島のマラッカ王
国、ジャワ島のマジャパヒト王国などの政権名を、即座に挙げることができる。これらの政
権は、国内を一つの経済圏にまとめあげ、対外的な交易に参加した点で、それまでの政権と
は性格が異なる。明朝もこうした政権の一つである。

モンゴル帝国のもとで生まれた銀を軸とした経済システムが瓦解したあとの世界で、これ
らの諸政権は互いに共鳴しあいながら歴史を形づくっていく。鄭和が南シナ海・インド洋へ
向かった一五世紀前半という時代は、分水嶺を越えた諸地域が新たな交易システムを模索し
始めた時期にあたる。

一四世紀の分水嶺を境にして、東南アジア海域世界の政権は入れ替わる。分水嶺以前に栄
えたチャンパなどの政権は、西アジア・インドと中国とのあいだの交易を仲介することで存
立した。これに対して分水嶺以後の政権は、中継交易を担う港市《こうし》国家《こっか》としての性格に加え
て、河川によって港市と結びつけられる内陸部との関係を深め、内陸から熱帯多雨林に産す
る香料などの物産を手に入れるとともに、港市を支える人口を養う米穀の供給を仰ぐように
なる。

時代が下るとジャワ島内陸部やチャオプラヤー川流域では治水灌漑が進み、港市向けの米
穀生産に特化するようになる。水田耕作を行う小農経済と交易を担う港市経済とを結びつけ

ようとしたところに、新しい政権の共通点がある。
一四世紀後半に成立した諸政権は、その建国の神話を王統記として書き残している。そのなかに鄭和の遠征について言及したものは、一つの例外を除いてほとんどない。つまり、鄭和の遠征は、新しい政権の形成に対してほとんど影響を与えなかったと考えられる。

マラッカ王国と鄭和の遠征

唯一の例外が、マラッカ王国である。マラッカ海峡の要衝に位置するマラッカは、アユタヤの勢力に圧倒されていた。建国者のパラメスワラはアユタヤの圧迫に対抗するために、明朝の権威を利用しようと考え、永楽三年（一四〇五）に使節を派遣して朝貢し、満剌加《まらか》国王に封ぜられた。永楽六年（一四〇八）に鄭和が赴いて、その軍事力を背景にしてマラッカのアユタヤからの自立を促進したのである。

鄭和がこうした積極的な関与を行った背景として、この地を鄭和の遠征における中継地点に、確保する必要があったことが挙げられる。第四回以降の遠征に参加した馬歓《ばかん》は、その著作『瀛涯勝覧《えいがいしょうらん》』のなかで、中国の遠征隊はマラッカに城塞のような四つの門と時を告げる物《もの》見櫓《みやぐら》を備えた柵を設け、倉庫を建てて交易に必要な物資を保管したと述べている。遠征隊が帰国する際に、ここマラッカにおいて西風が南風に変わるのを待って、五月中旬に中国へ船首を向けた。

マラッカは遠征艦隊に寄港地を提供し、鄭和は艦隊の拠点を維持するためにマラッカを支援したものと考えられる。マラッカ王国は港市の人口を支える食糧を、主にアユタヤに仰いでいた。小農経済との結びつきを持たないマラッカ王国は、他の一四世紀に成立した新興の国々とは性格を異にし、どちらかといえば古いタイプの港市国家に近い。もし鄭和の遠征がこの地に拠点を置かなければ、マラッカがアユタヤの属国になっていた可能性はきわめて高かったものと考えられる。

マラッカ王国は明朝の威光を利用して、アユタヤからの自立をはかった。永楽年間二二年のあいだに一五回も朝貢使節を送り出し、朱棣もマラッカ側の主張を受け入れて、アユタヤに対してマラッカに圧力を掛けないように諭している。しかし、マラッカの国王が入貢を受け入れた明朝に感謝したという形跡はない。

マラッカに伝わる王統記には、中国の皇帝が一五世紀なかばのマラッカ国王から足を清める水を贈ってもらい、皇帝がそれを飲んだところ慢性の病が治癒し、皇帝がマラッカの国王に感謝したという話が記載されている（弘末雅士『東南アジアの建国神話』山川出版社、二〇〇三年）。中国の皇帝は中華文明を慕って使節を送ってきたと思っていたかもしれないが、使節を送った側はそれとは異なる価値観のなかで行動していたと考えられる。

鄭和と馬和のあいだ

鄭和自身にとって、遠征はどのような意味を持ったのであろうか。福建省の泉州《せんしゅう》に、鄭和に関わる石碑がある。その碑文には、

欽差《きんさ》総兵太監《そうへいたいかん》の鄭和は、西洋のホルムズなどの国に赴き、公務を行うこととなった。永

楽一五年五月一六日（西暦一四一七年五月三一日）に、ここにおいて香を焚き、霊聖の加護を望んだ。鎮撫《ちんぶ》の蒲和日《ほわじつ》が記して碑を建てる。

とある。この石碑から第五回の遠征に先立ち、鄭和が泉州のモスクで礼拝し、イスラームの聖人の墓を参拝したことが明らかとなる。鄭和が三宝つまり仏・法・僧の三つの徳を備えていると称されたことから、朱棣の宮廷のなかでイスラームを信仰することをやめ、仏教を奉じていたと考えられる。しかし、ホルムズを目指した第四回以降の航海で、鄭和は自分自身がムスリムの家系に生まれたことを、明らかに意識し始めていた。最後の航海で、高齢の鄭和本人はメッカに至ることはできなかったが、その分遣隊とおぼしき艦船は一四三二年夏にジッダに入港し、一行がメッカに向けて旅だったことを窺わせる記録が、西アジアの史料から見いだすことができる。

第一回の遠征に赴く前に、父の墓前の石碑に誇らしげに、父もそのまた父もメッカ巡礼を果たしたハッジであることを刻ませた鄭和は、泉州において自らの本名が馬和であることを想起していたのかもしれない。ちなみに中国のムスリムに多い「馬」という姓は、イスラームの預言者ムハンマドの中国音に由来するという。

とするよう積極的に朝貢体制を発展させようとしたのである。

永楽から宣徳へ

朱棣《しゅてい》は靖難の役に勝ち、西暦一四〇二年夏に南京において即位すると、朝貢を促す使節を諸外国に派遣した。朱元璋が晩年になるにしたがって対外関係に消極的になったのに対して、その年号にちなんで永楽帝《えいらくてい》と呼ばれる新しい皇帝は、積極的に朝貢体制を発展させようとしたのである。

外交使節を接待するとともに交易を行う市舶司《しはくし》も、洪武七年に廃止されていた寧波《ねいは》・泉州・広州の三ヵ所を永楽元年（一四〇三）に復活させた。また、鄭和の艦隊を南シナ海・インド洋に派遣し、各地の政権に朝貢を促した。その効果が現れ、永楽年間には多くの国々から使節が中国に来訪する。そのなかに琉球《りゅうきゅう》と日本が含まれていた。琉球は泉州（のちに福州《ふくしゅう》）、日本は寧波、東南アジアの国々は広州に寄港することが定められていた。

朱棣は一四二四年に死去、その跡を継いだ長男の朱高熾《しゅこうし》（洪熙帝《こうきてい》）は、年号を洪熙と定め、祖父の朱元璋にならって父の朱棣とは正反対の政策を採り、対外的には消極策に回帰して鄭和の遠征も中止した。ところが洪熙帝は在位一〇ヵ月ほどで急死し、帝位はその子の朱《しゅ》瞻基《せんき》（宣徳帝《せんとくてい》）に引き継がれ、年が替わると年号も宣徳（一四二六―三五）と改められた。祖父に可愛がられて育った朱瞻基は、基本的に祖父・朱棣の政策を踏襲し、鄭和もその最後となる航海に出発することができた。

永楽から宣徳にいたる一五世紀前半、海の世界ではどのような交易が行われていたのであろうか。尚氏《しょうし》が中山王《ちゅうざんおう》として治めた琉球王国を、取り上げてみよう。

数奇な運命をたどって、現在に伝えられた史料がある。「歴代宝案《れきだいほうあん》」と呼ばれるものである。一四世紀の分水嶺の時代を経て、沖縄本島に琉球王国が成立した。この王国は発送・受領した外交文書の写しを二部作成し、琉球王国の中心であった首里《しゅり》王府《おうふ》と那覇《なは》港《こう》を望む天妃《てんぴ》宮《きゅう》（媽祖を祀る廟）とに保存していた。

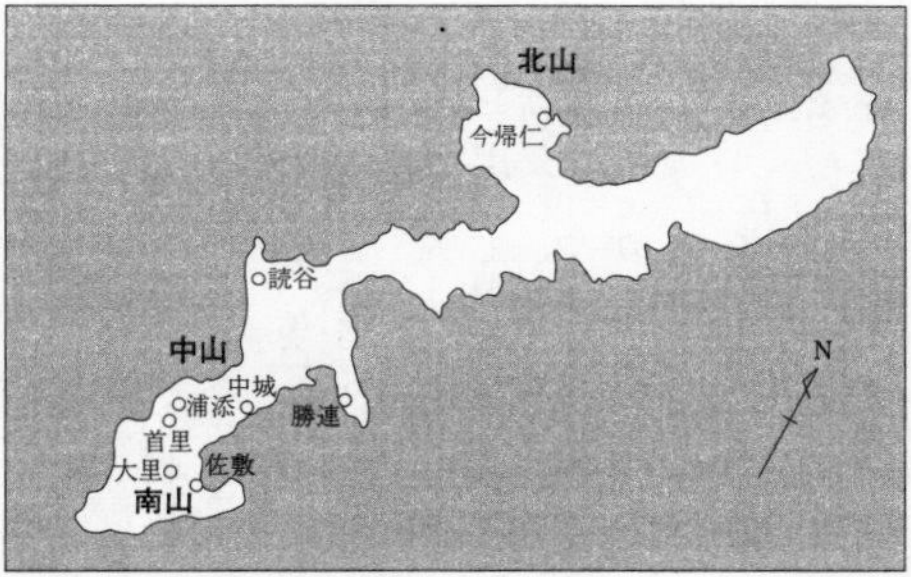

14世紀後期の琉球

王府に伝えられたものは、日本の明治政府が琉球を併合したときに没収され、東京に移管されて関東大震災で焼失した。天妃宮に伝来していたものは、県立図書館に保管されていたが、太平洋戦争末期の沖縄戦により失われた。幸いなことに、後者の写本や影印本が残っており、それらをもとに近年、沖縄県が校訂本・訳注本を編集している。それを読むと、一五世紀から一九世紀にかけてシナ海でどのような交易と外交が展開していたのか、つぶさに知ることができる。

琉球の外交文書

「歴代宝案」には、一四二四年から一八六七年までの文書が収められている。そのなかの一つを、まず紹介することにしよう。

琉球国の中山王が朝貢の件で。近ごろ使者の佳期巴那《かきぱな》と通事の梁復《りようふく》とが、共同して報告するところによると、「永楽一七年(一四一九)に、出張命令を受けた使者の阿乃佳《あのか》などは、外洋船三隻に乗り、礼物を携えて、暹羅国《せんら》(アユタヤ)に到着して〔礼物などを〕献上した。出張がおわって帰国して報告するところによると、「先方の役所は、礼物が少ないと称して、〔琉球国からアユタヤに運んだ〕磁器を役人に買い入れさせ、しかも禁止条例を出して現地で蘇木《そぼく》を自由に購入することを許さなかった。〔磁器と蘇木の売買を〕いずれも役人に委ねることになれば、〔琉球からアユタヤまでの往復の〕船舶の費用をまかなうことができない」ということである。

このような書き出しで始まる文書は、永楽の次の年号である洪熙《こうき》元年(一四二五)の日付を有する。

文書によると、琉球とアユタヤとの往来は、洪武年間から始まり永楽年間まで続いていた。ところが永楽一七年に琉球の使節団が自由に物産を取り引きすることをアユタヤによって禁止されたため、琉球は多大な損害を受けたとある。琉球とアユタヤとの往来については、永楽一八年(一四二〇)から琉球は礼物を増やしてアユタヤの懐柔をはかったが成功せず、交易はいっそう制約された。永楽二二年(一四二四)には、ついにアユタヤ向けの船舶を出すことを停止した。空白期間をおいて再度の交渉に臨むときに用意されたのが、次の文書である。

琉球側はアユタヤ側に次のように申し入れている。

これまでの経緯を参照すると、洪武より永楽にいたるまで、〔いまの琉球国王の〕曽祖父および祖父、先代の国王から現在にいたるまで、毎年のように使節を派遣し、礼物を携えて貴国に赴いて献上すること、いまでは多年になっている。貴国は親愛にして「四海をもって一家となす」の理念にもとづくとともに、珍しい贈り物を届けて下さり、遠くからの来訪者を寵愛していただいた。常に〔自由に〕貿易することを受け入れ、役人が〔低く抑えた公定価格を決めて〕買い入れるといったことはなかった。感激のきわみである。いま〔使節からの〕報告により、貴国と相談しなければならない。願わくは、前例にそって遠方からの来訪者の航海の苦労を憐れみ、磁器を役人に買わせることを免除し、蘇木やコショウなどの物産を買い付けることを認めて、帰国させて欲しい。

この朝貢の一件に関する琉球の申し入れをした使節は、「進貢の件」と題された文書も携えていた。それには、「正使《せいし》の浮那姑是《ふなこし》などが、仁字号《じんじごう》の外洋船に乗り、磁器を積んで貴国の生産地に赴き、コショウ・蘇木などの物産を買い入れる。帰国して大明の御前に進貢するのに備えるためである」とあり、贈り物のリストには、絹織物・刀剣・硫黄《いおう》にならんで、青《せい》磁《じ》の大皿二〇枚、小皿四〇〇枚、小碗二〇〇〇個が挙げられている。

この外交交渉は成功したようで、その翌年一四二六年からほとんど毎年のように、琉球からアユタヤに進貢のための船舶が送られている。「歴代宝案」には六年後にアユタヤから琉球国王あてに送られた返礼の文書が収められており、その礼物リストには、蘇木三〇〇〇斤が挙げられている。

この史料を読み解きながら、一五世紀前半の海の世界を見ていこう。最初に文書を作成した琉球の事情を押さえたうえで、シナ海をめぐった蘇木に注意を注ぐ。

琉球王国の成立

東シナ海の中ほどに浮かぶ沖縄本島では、一二世紀ごろから数多くの地方政権が分立し、グスクと呼ばれる城塞を拠り所にして割拠していた。一四世紀になると佐敷《さしき》・浦添《うらそえ》・中城《なかぐすく》・勝連《かつれん》・読谷《よみたん》・今帰仁《なきじん》などの港を有するグスクが、積極的に日本や中国・朝鮮との交易を行い、農具や武器のために欠くことのできない鉄などを手に入れるようになり、他のグスクを圧倒するようになった。優位に立った首領は按司《あじ》と呼ばれ、同盟関係を結んで安全を保障しあいながら、海外との交易に積極的に参入するようになったと考えられる。

沖縄の統一に向けた動きに弾みをつけたものが、洪武五年（一三七二）に明朝が諸外国に送った朝貢を促す招諭文《しょうゆぶん》であった。中国から派遣された使者の楊載《ようたい》は琉球へ至り、浦添を中心に勢力圏を広げていた中山王の察度《さつと》に朝貢をするように促した。その返答として同年一二月に察度は弟泰期《たいき》を明朝へと派遣し、朝貢関係を結ぶ。洪武一三年（一三八〇）には大里《おおさと》を中心とする南山王《なんざんおう》が、洪武一六年（一三八三）には今帰仁を中心としていた北山王《ほくざんおう》が入貢した。

中山は進貢貿易の初期段階で遠洋航海の可能な大型船舶を自前で一隻、明からの下賜や貸与で二隻ほど保有していたと推定される。南山・北山は大型船舶をもてなかったことから、当初は中山の船に便乗することがしばしばあった。このことが中山を中心に琉球王国が形成される契機となった。「歴代宝案」の史料で見たように、中山王は洪武年間にはアユタヤに使節を派遣し、交易を行っていた。そうした東南アジアとの交渉にも、中山王が保有していた外洋船が活躍したのである。

守礼門　ペリーの航海記録に描かれた琉球首里城の城門「守礼門」

永楽二年（一四〇四）に、明朝皇帝は中山王の武寧《ぶねい》および南山王の汪応祖《おうおうそ》のもとに使節を派遣し、それぞれ君主として任命した。こうした手続きを冊封《さくほう》といい、琉球は中国皇帝を頂点とする礼の秩序に組み込まれたことになる。

中山王の王権のシンボルは、冊封を受け入れたときに明朝から与えられた印章と皮弁冠《ひべんかん》と皮弁服《ひべんふく》である。礼の秩序とは尊卑《そんぴ》・長幼《ちょうよう》の序列をあらかじめ定め、当事者たちがその上下関係を意識しながら正しく行為を取り交わすことから生まれる。この序列を目に見えるようにしたものが、印章や冠や衣服である。

皇帝が冊封のときに中山王に与えた印章は、「鍍金《ときん》銀印《ぎんいん》」であった。これは、皇帝の孫が任命される郡王《ぐんおう》のランクに与えられるものである。冠は「七旒皂皺紗皮弁冠《しちりゅうそうしゅうさひべんかん》」と呼ばれるもので、「皂《そう》」すなわち黒い紗でつくられた冠の上部に七列の玉飾りが並んでいた。明朝の規程では皇帝の冠は一二列、皇帝の息子である皇太子や親王は九列、そして孫の世代である郡王は七列と決められていた。これらのことから、皇帝の孫の序列に位置づけられたことが明らかとなる。なおこの皮弁冠は、沖縄の言葉で「ピーヒャククヮン」と発音される。一四二九年に中山王の尚巴志は南山・北山を統一し、琉球王国を建てた。

明朝皇帝は、朝鮮半島の李朝や日本列島の室町政権に対しては子の世代に相当する親王ランクを、ヴェトナム安南国王には郡王のランクをそれぞれ充てている。朝鮮や日本に与えられた印章は金印である。冊封体制に入ることは、単に中国皇帝に対して臣下《しんか》の礼をとるということだけではなく、他の冊封されている政権とのあいだにも、ランクに応じた序列関係が生まれることを意味した。この礼の秩序が実践されれば、「四海をもって一家となす」ことを目指した国際関係が生まれることになる。琉球王国もアユタヤと交渉するときに、この理念を拠り所としている。

琉球王国を表す言葉に、一五七九年に首里の城門に掲げられた「守礼之邦《しゅれいのくに》」というものがある。この言葉は琉球王国が平和外交に努めたことを示すと、一般には理解されている。しかし、この「礼」とは単に礼儀正しいという意味ではない。中国から冊封を受け、親族関係になぞらえて中国皇帝を頂点としてつくられた朝貢体制の優等生として行動することで、他の諸国との外交交渉をねばり強く進め、交易の利益を獲得しようとする、海洋の小国の国家戦略が込められているのである。

明朝の側も琉球に信任を与えた。たとえば後述する符勅《ふちよく》と勘合《かんごう》を諸外国に支給する際にも、朝鮮とならんで「琉球国は入賀・謝恩のさいに使者が往来して、公式文書が相互に行き来しているので、符勅や勘合を支給しなくても信頼できる」（『皇明外夷朝貢考《こうみんがいいちょうこうこう》』）とした。つまり証明書がなくても朝貢船を派遣することができる特別待遇を、琉球は享受できた。こうした特典を得て、琉球はシナ海交易の要として、一五世紀に中継貿易によって繁栄することができたのである。

閩人三十六姓と久米村

「歴代宝案」はすべて漢文で書かれている。いったい誰が外交文書を起草したのであろうか。そもそも明朝が国家の根幹とした礼を、正しく実践するように琉球の人々にアドバイスしたのは、誰だったのであろうか。

　第二章で述べたように、礼は浙東の同族集団のなか、日常的な親族のあいだの関係で養われ、同族集団がパトロンとなった義塾の教師を通じて、国家理念へと磨き上げられた。つまり、尊卑・長幼の序列を身体に刻み込んだもののみが、正しく礼を実践することができる。朝貢体制における交渉には、漢文の外交文書を起草し、中国の礼を身体的に身につけ、中国側と対等に交際できる人材が不可欠であったのである。

　琉球の王府が開かれた首里の近く、那覇港から徒歩で一五分ほどの土地に、久米《くめ》村《むら》（クニンダムラ）と呼ばれる地区がある（現在の那覇市久米）。かつてこの区域は唐栄《とうえい》とも呼ばれ、一五世紀から一九世紀にかけて、中国出身者とその子孫が居留していた。彼らは航海、造船等の技術を持ち、進貢に不可欠な外交文書の作成、通訳、商取引にあたり、琉球王国と中国や東南アジアとの海外貿易を担った職能集団である。

　久米村の精神的・社会的な中心地は、永楽年間に建設された天妃宮であった。そこに「歴代宝案」が保管された。天妃宮は明治時代の地図を見ると、船着き場に面した広場の片隅にあり、上下二つの廟に分かれていた。そこに祀られていた神は、航海安全をかなえる媽祖（天妃）であった。アユタヤに向かった人々も、出航を前にしてこの天妃宮を詣でたに違いない。かつて天妃宮が建っていた場所は、現在、天妃小学校となっている。天妃小学校の東南角には石門だけが今でも残されている。

　琉球側の史料によると、洪武二五年（一三九二）に明朝は福建省出身者を琉球に派遣したとされる。彼らは、閩人三十六姓《びんじんさんじゅうろくせい》と称される。これに対応する記録は中国には残されていない。彼らの祖先は同時に派遣されたものではなく、おそらく異なる時期にさまざまな事情で琉球に渡来した中国人が、集住させられたものであろう。

　そうした一人に、家譜《かふ》に永楽年間に琉球に渡来したと記す梁嵩《りょうすう》がいる。その出身地は福建省福州の近くにある長楽県《ちょうらくけん》である。彼の祖先にあたる梁復の名は、アユタヤ向けの外交文書に見ることができる。

　閩人三十六姓のなかには、梁氏のほかに洪武年間から琉球に入っていた蔡崇《さいすう》（泉州府南安県出身）・金瑛福《きんえいふく》（福州府閩県出身）・鄭義才《ていぎさい》（長楽県出身）の子孫、永楽年間に移住した林《りん》喜《き》（閩県出身）・紅英《こうえい》（同）・陳康《ちんこう》（同）の子孫などの名が挙げられる。彼らの名は、長史《ちょうし》・通事《つうじ》としてしばしば「歴代宝案」に登場する。長史とは朝貢に関わる事務を統括する役職

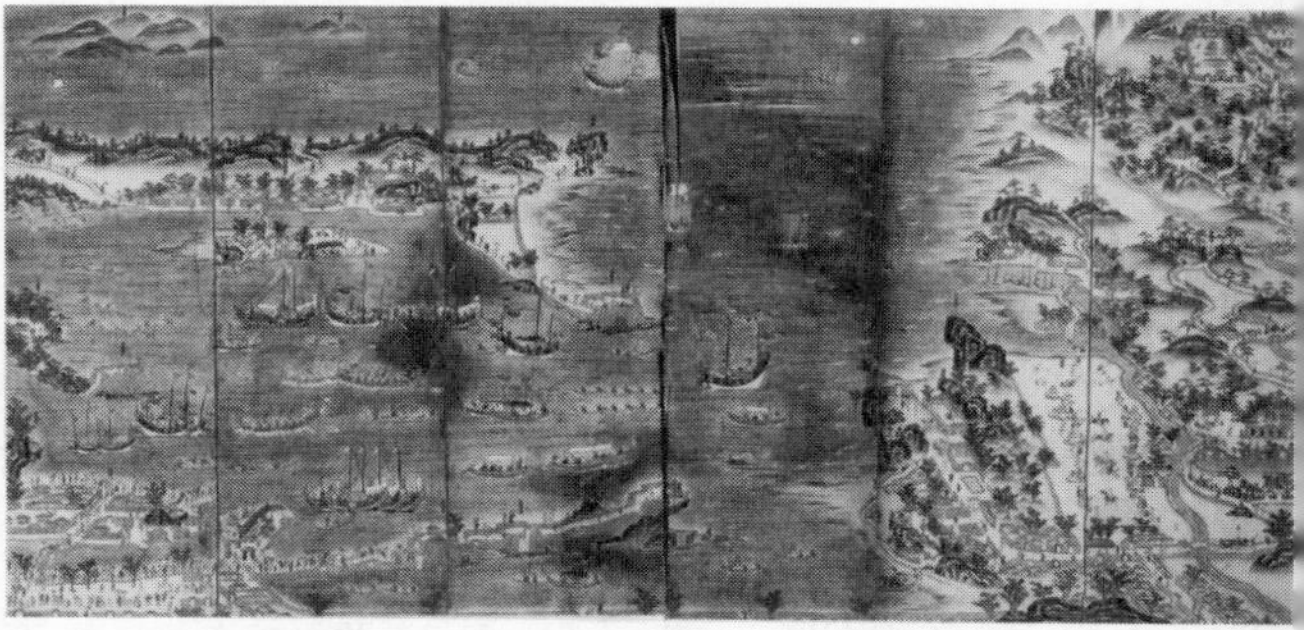

琉球の港と久米村　『琉球貿易図屛風』（上）とその久米村部分を拡大（左）。滋賀大学経済学部附属史料館蔵

で、朝貢使節として外国に赴いたときには、琉球人が任命される正使《せいし》を補佐した。清朝《しんちょう》の成立とともに長史の派遣はなくなり、もっぱら久米村の行政を担うこととなる。通事も久米村の中国系の人々に与えられた役職で、通訳・外交交渉を担当した。

　中国から琉球に派遣されたあと、福建の郷里に帰ったものもいた。宣徳《せんとく》六年（一四三一）の年号を有する文書に、洪武二三年（一三九〇）に水夫として命令を受けて中国と琉球とを往復する外洋船を操り、のちに船長に昇格した潘《はん》仲孫《ちゅうそん》に関わる一件がある。それによると、潘は年が八一歳と高齢になったために郷里の長楽県に戻りたいと願いでたので福建に送り届ける、彼は正規に明朝政府の命令を受けて派遣された人物であるから、よしなに取りはからってもらいたいとある。当時、海禁政策のもとで勝手に海外に出た中国人は犯罪者として扱われていた。そのために、琉球国王がその身元を保証する必要があったのであろう。

久米村の中国系住民は、明代には中国本土の住民と同じ服装をしていた。のちに大陸で清朝が成立し、中国住民が辮髪《べんぱつ》を強制され満洲族《まんしゅうぞく》風の服装になると、久米村の人々は琉球風の衣装を選択し、その生活習慣もしだいに現地化していった。一七世紀以降の久米村では、祖先は中国人であるものの中国語を操れないものも少なくなかった。

シナ海をめぐる蘇木

先に掲げた文書は、琉球の使節がアユタヤで自由に蘇木《そぼく》などの物産を購入できるようにと申し入れたものであった。蘇木とは、マメ科のスオウ（学名：*Caesalpinia sappan* L.）と呼ばれる木の心材である。この木は熱帯アジアに広く分布する常緑の小高木で、高さ五―一〇メートルに達し、葉は二回羽状複葉《にかいうじょうふくよう》で幹や枝に小さなトゲがある。五―六月に、黄色の五弁花を咲かせるという。日本ではスオウはほとんど見られない。スオウとはマライ語のスパンに由来するという。煎じると赤い染料となり、また漢方の薬剤としても利用された。中国には古く晋《しん》代にはもたらされていた。中国・朝鮮・日本ではスオウは自生しない。

鄭和の艦隊とともに東南アジア一帯をめぐった馬歓《ばかん》は、その『瀛涯勝覧《えいがいしょうらん》』暹羅《せんら》の項で「蘇木などは薪のようにたくさんあり、その色合いは他国産のものよりも勝っている」と述べており、当時アユタヤが蘇木の産出国であったことがわかる。

明朝が成立した直後、海上航路の要衝であった蘭秀山で反乱が起き、その残党が朝鮮半島に渡ったことは前章で述べた。この頭目の一人が蘇木を携えていた。蘇木は商品としてかさばらず、取り扱いにも特別の配慮を必要としない。わずかであっても取引が成立し、ときどきに必要な量を商うことができた。こうした条件を備えていたため、シナ海の航海者たちは、蘇木を取扱商品の筆頭に挙げていたのである。

洪熙《こうき》元年（一四二五）に琉球から中国に進貢船が出航した。前年に死去した朱棣の葬礼に香を捧げるとともに、新たに即位した朱高熾（洪熙帝）に慶賀を述べ、さらに前例にならって中山王を冊封して皮弁冠・皮弁服を頒賜《はんし》するよう願うことが目的であった。その船には数量は不明であるが、蘇木が積まれていた。

明朝の礼部《れいぶ》あてに琉球国中山王の尚巴志《しょうはし》の名義で出された外交文書には、「いま各船に附《ふ》抬《たい》（正規の贈答品とは別に交易のために積載すること）する蘇木などの物産がある。願わくは税金として一部を抜き取ることなく、価格に相当する紙幣を供与して、〔進貢船に乗り組んだ〕各人に平均に分配してほしい」とある。同様の文面はその後の文書にもしばしば現れ、朝貢のために中国に向かった琉球の船が、交易のために蘇木を大量に積んでいたことを窺うことができる。

蘇木は中国で歓迎された。明朝の規程によると、時価として大きなものは銀八分、小さなものは五分とし、平均は七分と査定された。琉球のほかにアユタヤ・マラッカなどの東南アジアの国々、さらに後述するように日本が、中国に蘇木をもたらした。永楽年間に明朝はヴェトナムに侵攻して領土に組み入れているが、直接に支配していた時期には租税の一部として蘇木の納入を命じている。蘇木は官吏の俸給の一部としても支給されていたようで、「宣徳八年(一四三三)、京司《けいし》(北京と南京の役所)の文武官《ぶんぶかん》の俸米《ほうまい》は、鈔《しょう》(紙幣)に換算して支給していたが、今後はコショウ・蘇木を発給することになった」(『明宣宗実録《みんせんそうじつろく》』宣徳九年一一月丁丑)とある。

日本の勘合貿易

琉球からアユタヤに向かった船には、中国との朝貢貿易によって入手した絹織物や磁器のほかに、日本の物産と思われる刀剣や扇などを礼物として積載していた。硫黄も日本の物産である可能性が高い。琉球の船舶がなぜ日本の物産を積んでいたのであろうか。少し時代をさかのぼり、日本の動きを通観しておこう。

南北朝の混乱を終息させた足利義満《あしかがよしみつ》は、銅銭を軸にして一四世紀後半以降に活況を呈し始めた日本の経済状況を前にして、中国から銅銭などの物資を輸入する必要に迫られていた。中国の物資を得て、みずからが中国風の権力者であることを示すことが、他の諸勢力よりも一頭地を抜くために有効な手段であったからである。

足利義満は靖難の役のさなかにあった朱允炆(建文帝)のもとに使節を送り、建文四年(一四〇二)には明朝の使節が日本に来航した。年が改まった一四〇三年に義満は答礼《とうれい》の使節を送り、新たに皇帝となった朱棣に国書を提出した。永楽二年(一四〇四)に明朝は日本に対して勘合を支給し、明朝と室町政権とのあいだの朝貢交易が始まった。日本が朝貢する港は、浙江の寧波《ねいは》に限定された。明朝の側は、日本を朝貢体制に組み込むことで、中国沿海を荒らしていた倭寇を禁圧するように日本に求めることができるようになった。

朝貢《こう》のために来航した船舶としか交易を認めない方針を、明朝は国初から貫いていた。貢船《せん》であることを証明するために、明朝は相手国にあらかじめ割り印を押した証明書を発給し、中国の港で底簿《ていぼ》の印と照合することにした。これが勘合制度であり、洪武一六年（一三八三）にアユタヤやチャンパなどに発給されたのが最初である。

日本に対して勘合が渡されたのは、永楽年間が最初で、その後五回にわたって発給されている。鄭樑生氏の研究にもとづいて、その具体的なかたちを見てみよう（鄭樑生『明・日関係史の研究』雄山閣出版、一九八四年）。

勘合は三連の用紙の真ん中の部分で、長さ二尺七寸（約八四センチメートル）・幅一尺二寸（約三七センチメートル）という大判の証明書であった。このように大判であった理由は、その裏側に船舶の数や乗組員数、積載した貨物などをすべて記載する必要があったからである。その右と左の隅と底簿とのあいだに割り印が押された。「日本」の二字を分けて、「日」字勘合を一〇〇通、それに対応する「日」字底簿が二冊、「本」字勘合が一〇〇通、それに対応する「本」字底簿が二冊作成された。

日本に発給された勘合は、「本」字勘合であり、日本から中国に向かう貢船が携帯した。「本」字底簿は礼部と浙江布政司《せっこうふせいし》が保管しており、寧波に着いた日本の船舶は携帯した勘合を提出し、浙江布政司の底簿と照合して真偽を確かめられることとなっていた。「日」字勘合は明朝の礼部が保管し、日本に向かう船舶が携帯した。これに対応する「日」字底簿は礼部と日本が保管しており、中国の船が日本の港に着いたら「日」字底簿と照合することになっていた。礼部が保管する「日」字・「本」字底簿は控えである。

永楽年間には日本の勘合を携えた貢船は、足利義満の死去を挟んで六回にわたって派遣された。明朝との約束を果たしていることを示すために、倭寇を捕らえて身柄を中国に送っている。しかし、義満の跡を継いだ足利義持《あしかがよしもち》は、一つには父の義満に対する反発、そして倭寇取り締まりを行うという約束を果たせる見込みがなかったために、永楽九年（一四一一）に明朝との国交を断った。

それから二〇年あまりの年月が過ぎた。宣徳七年（一四三二）に日本の足利義教《あしかがよしのり》が中国へ派遣した船が、浙江の寧波に到着した。この使節は明朝の皇帝に対する進貢物として、ウマ・鎧甲《がいこう》・刀剣などを持参していた。二〇年ぶりの日本の来貢を喜んだ朱瞻基は、義教とその妻に白金をはじめ最高級の絹織物、朱色の漆に彩色が施された輿《こし》などおびただしい下賜品を与えた。

儀礼的な贈答品のほかに、交易を目的にしたさまざまな物産を、使節はたずさえてきた。そのリストを見ると、蘇木一万六〇〇〇斤・硫黄一万二〇〇〇斤・紅銅《こうどう》四〇〇〇斤・刀剣二振などで、蘇木は一斤（六〇〇グラム弱）につき銭一貫文という価格になっている（『明英宗《みんえいそう》実録《じつろく》』景泰《けいたい》四年一二月癸未《きび》朔甲申《さくこうしん》）。

硫黄などは日本で産するものの、交易物産の筆頭にあげられている蘇木は、日本では産することがない。日本は琉球に刀剣や硫黄などの物産を輸出し、その見返りとして琉球がアユタヤなどから仕入れた蘇木を手に入れていた。その背後には、シナ海をめぐる交易のネットワークが存在していたのである。

塩が支える帝国

海塩の生産

黄海の沿海部に塩城《えんじょう》という都市がある。市街地を抜けて東へと海を目指して走ると、南北に連なる土手をいくつも越え、広大な綿花の畑を通り過ぎてようやく黄色く濁った黄海にいたる。海岸線には塩分に強い植物が深い藪《やぶ》となり、現在はツルが飛来することで知られる自然保護区となっている。長江《ちょうこう》や淮河《わいが》、それに南流時期の黄河《こうが》が押し出した大量の土砂は黄海沿岸に堆積し、少しずつ陸は海に向けて拡大し続けてきた。いまは内陸に連なる土手は、かつての海岸線に築かれていたものである。かつてこの海岸線には塩田が連なり、海水から作られた海塩の一大生産地となっていた。

塩城の八景として挙げられている風物詩の一つに、「塩嶺積雪《えんれいせきせつ》」というものがある。塩城にはかつて伍佑場《ごゆうじょう》と新興場《しんこうじょう》と呼ばれる二つの塩の集積場があり、沿岸の塩田で生産された大量の塩がここに運び込まれた。炎暑の夏が終わり、秋晴れが続く仲秋のころになると大量の塩が搬入され、露天に大小の山と積まれていた。塩の山はうずたかく積まれ、明月の光を受けて白く輝き、あたかも雪の山嶺が連なっているかのような光景であったと伝えられている。

一五世紀の中国における塩の主要な産地は、海塩を生産する黄海沿岸の両淮《りょうわい》（淮北《わいほく》と淮《わい》

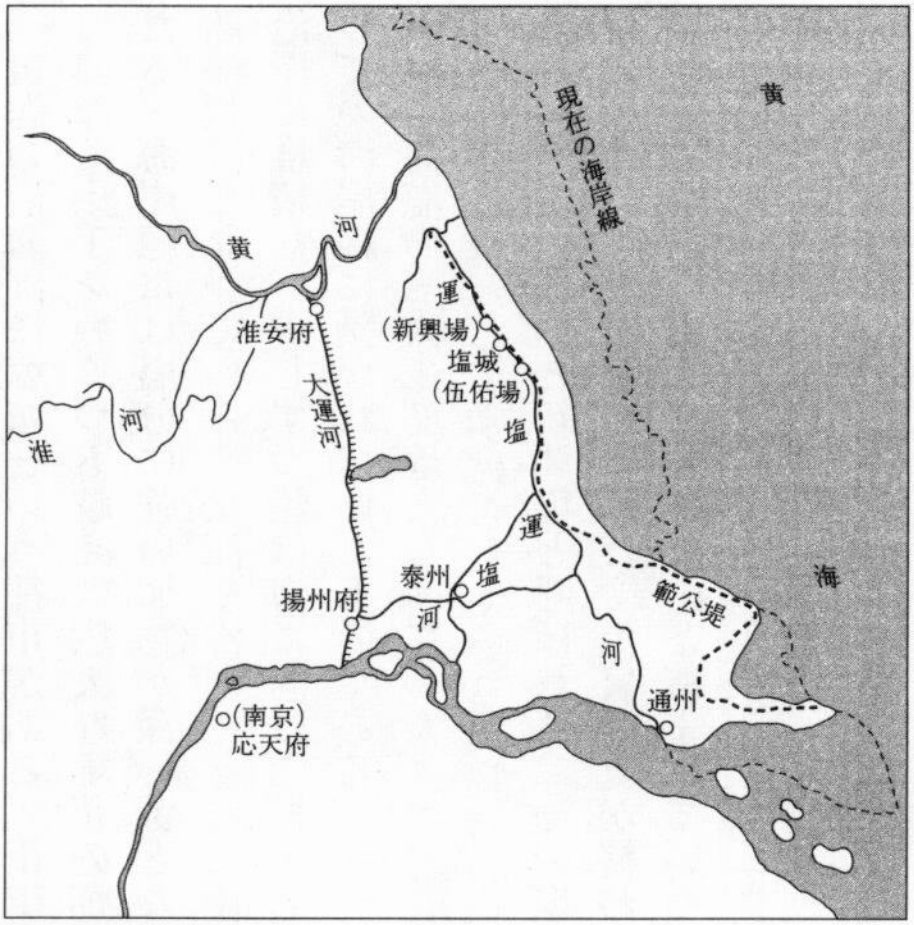

塩城周辺

南《なん》、淮河の北と南の地域）、浙江の沿岸部の両浙（浙東と浙西、浙と呼ばれた銭塘江の東と西の地域）、それに福建、広東《カントン》などのほかに、「塩池《えんち》」つまり塩分の多い湖沼から塩を生産する河《か》東《とう》・陝西《せんせい》、さらに「塩井《えんせい》」つまり塩水を地中からくみ出して生産する四川《しせん》・雲南などが挙げられる。四川の自貢《じこう》では塩水とともに噴出する天然ガスを利用して、塩水を煮詰めていた。これらの産地の中で、両淮の塩は「淮塩《わいえん》」と呼ばれ、良質であることで知られ、しかも生産量が多く中国全体の生産量の約三割を占めていたとされている。そして、この塩が明朝の帝国支配の基となっていたのである。

一四世紀前半に、海塩の生産工程を図解した『熬波《ごうは》図《ず》』と題された資料が編纂された。そこに示されている製塩技術は、一五世紀にも引き継がれている。この資料からは、当時の塩の生産が、いかに苦労の多いものであったかを、うかがい知ることができる。

生産の工程を簡略に述べる。海に近い塩分を多く含んだ土地に塩田を開き、潮が満ちてき

製塩の図　海水を引き入れる（右図）、塩水を鉄盤で煮詰めて、塩を結晶化させる（左図）。吉田寅『元代製鹽技術資料『熬波圖』の研究』汲古書院より

たときに海水を引き入れたり、あるいは水車を用いて人力で海水を揚げたりする。海水を塩田全体にまんべんなく撒《ま》き、太陽に晒して水分を蒸発させる。灰をこの塩田に撒いて烈日にさらし、塩分が濃縮された海水をしみ込ませてから、かき集めうずたかく積む。次いでその灰を、「灰淋《かいりん》」と呼ばれる深さ七〇センチメートル、直径二メートルほどの穴に運び入れて堅く踏み固め、柄杓《ひしゃく》で塩分が濃縮された海水を注いで灰の中の塩分を溶かし込むと、穴の底に差し込まれた竹管から濃厚な塩水が得られる。この塩水を鉄盤で煮詰めて、塩を結晶化させるのである。

　塩の生産に従事した人々は、「竈丁《そうてい》」と呼ばれ、「竈《そう》戸《こ》」という戸籍に編入され、一般の民戸《みんこ》とは区別されていた。塩田に灰を撒いて烈日に晒す作業を描いた絵には、つぎのような詩が添えられている。

　海に風が無く天気がよい。竈丁は早朝より声をかけあって塩田に行き、少しの休む間もなく、灰を撒き烈日にさらす仕事をする。若い女性までが一心に働いているのはまことに気の毒で、草のあいだには冬であるのに赤子が寝かされており、空腹でごろごろとおなかを鳴らしている。やっとのことで、食事をあたえるために母親がやってきた。（吉田寅『元代製鹽技術資料『熬波圖』の研究：附『熬波圖』訳注』汲古書院、一九八三年）

濃厚になった塩水を煮詰める鉄盤は、一〇枚程度の鉄片を寄せ集めて作られる。それぞれの竈戸が保有する鉄片を持ち寄り、大きな盤とすることで、大量に塩を生産することが可能になる。いっしょに作業をする竈戸は「団《だん》」と呼ばれる組織に編成され、各団の「総催《そうさい》」と呼ばれる総責任者が一〇人の「甲首《こうしゅ》」と呼ばれる現場監督を率いて、塩の生産に必要な設備や塩の納入義務などを記した台帳を作成して管理し、国家に納める塩の徴収にあたっていた。明朝は元代の製塩組織を整備・強化し、戸《こ》メカニズムにもとづいて運営した。各塩田で生産された塩は団の倉庫に納められ、倉庫に貯蔵量が増えてきたらまとめて都市に置かれた倉庫に運んだ。本項の冒頭に紹介した塩城は、まさに塩の城として黄海沿岸地域で生産された海塩の集散地として栄えたのである。

開中法と雲南進攻、ヴェトナム侵攻

明朝がモンゴル勢力を華北から駆逐したのち、一四世紀に行った最大の軍事活動は、雲南進攻であった。大軍を支えた軍糧は、塩を介した制度に裏付けられて調達された。その制度を「開中法《かいちゅうほう》」という。

中国から見た辺境地帯に軍需品を運ぶ際に、明朝は銀や銅銭などの貨幣をもちいて物資を調達するのではなく、商人たちが軍糧を運んで所定の衛所《えいしょ》や地方行政府に納入したら、代金の替わりに塩の販売権を与えることとした。具体的には、有事《ゆうじ》の際に戸部が掲示を出して商人を募集する。応募した商人が軍糧を運ぶと、納付先の役所は勘合（割り印を押した証明書）とそれに対応する台帳を作成する。証明書と台帳には、それぞれ商人の姓名・納入量およびそれに対して支給される塩の販売許可証（「塩引《えんいん》」という）の数などが記入される。勘合は商人に発給し、台帳は塩の生産地の役所に届けておく。ちなみに許可証一通につき塩二〇〇斤（約一二〇キログラム）の販売が許可された。

商人は指定された塩の生産地に赴き、塩の運送・管理業務を担当する塩運司《えんうんし》などの現地の役所に勘合を提出する。役所は台帳と照合し、割り印と記載事項とが合っていれば、塩を発給する。商人はこうして仕入れた塩を、所定の区域（「行塩地《ぎょうえんち》」という）内で販売するのである。商人は塩を販売する際に、常に許可証を携行していなければ、塩の密売人として処罰され、塩は没収される。塩を販売して得た利益で、商人は再び軍事活動の前線や辺境に搬入する物資を買い入れた。

開中法にもとづく物資納入の行政手法は、洪武三年（一三七〇）にさかのぼる。この年にモンゴル勢力に対する最前線となっていた山西省《さんせいしょう》に糧食を運んだときに、米一石三斗につき淮塩の許可証一通が発給された。胡惟庸《こいよう》の獄のあと戸籍制度が整備され、塩の生産地における竈戸に対する管理体制が確立すると、開中法にもとづいて物資を前線へ搬入するメカニズムが整えられ、大規模な軍事活動が可能になった。こうした背景のもとで、朱元璋は雲南攻略を発動する決断を下したものと考えられる。

洪武一五年（一三八二）に雲南に米を搬送して納めた場合、二〇〇斤の塩の販売許可証一枚を受けるために、比較的近い四川省の塩であれば米一石、生産量が多い淮塩であれば六斗、浙江の塩であれば五斗を納める必要があった。雲南進攻の当初は、外地から軍糧を搬入しないわけにはいかなかったと思われる。しかし、運搬ルートが長くなればそれだけ費用が掛かる。雲南では明朝の支配は安定せず、一度は土司《どし》に指名された少数民族の指導者が反乱を起こすことが絶えなかった。そのため駐留軍は雲南から引き揚げることができなかった。駐留の長期化が予測される状況の下で、商人たちは農民を募集して雲南に送り込み、穀物の生産拠点を作るようになる。これを「商屯《しょうとん》」という。

開中法のもとで軍事活動を行うと、帝国は財政支出を行わなくても軍糧をその前線に搬入し、さらに前線の後背地における農業開発を促進するという連鎖が生まれる。このメカニズムを最大限に活用した人物が、朱棣である。

永楽四年（一四〇六）、明朝はヴェトナムを雲南と広西《こうせい》の二方向から侵略した。中国が靖難の役で混乱し、その西南への締め付けがゆるんだとき、ヴェトナムでは急速に整備された中国的な官僚制度を背景にして、中国とも対抗しうる政権を作ろうとする動きが見られた。顕官《けんかん》の黎季犛《れいきぼう》は陳朝の王位を奪い、雲南方面への進出をはかった。しかも、明朝に対しては事実を秘して朝貢を行った。こうした動きは朱棣の逆鱗に触れ、侵略する口実を与えた。

永楽五年（一四〇七）に明朝はヴェトナム北部を占領して安南《あんなん》を交阯《こうし》と改称し、布政使司などの役所を置いて地方官を派遣した。ヴェトナム人は抵抗した。黎《レ》利《ロイ》らが中国支配に対する反旗を掲げ、インドシナ半島内陸部で勢力を拡大しつつあったタイ系の人々の後押しを受けて一〇年に及ぶ闘争を展開し、一四二八年に黎朝《れいちょう》として独立を果たす。

北京への遷都

軍事活動と辺境開発とを塩で結びつけるメカニズムは、西北のモンゴル高原に対する軍事介入においても発揮された。

元朝崩壊後その皇室はモンゴル高原に引き揚げ、中国側が北元《ほくげん》と呼ぶ政権として存続していた。しかし、一世紀にわたる中国支配のなかで、すでに遊牧民としての気質は失われ、高原をまとめる力を持たなかった。ところが永楽六年（一四〇八）に、西方のティムールのもとに身を寄せていたチンギス＝ハン後裔のオルジェイ＝テムルが舞い戻りハーンに推戴されると、フビライの血統を引くモンゴル族の部族であるタタールが結集し始め、モンゴル高原の一大勢力となった。他方、高原の西部ではチンギス＝ハンとは系統を異にする部族であるオイラトが、勢力を伸張していた。そのためモンゴル高原の支配権をめぐり、この二つの部族が争うという状況となった。

永楽七年（一四〇九）に朱棣《しゅてい》は一〇万ほどの軍隊を動かし、モンゴル高原に対する軍事活動を開始したが、機動的な遊牧民の戦略の前で全軍が壊滅した。朱棣は翌年に自ら五〇万ともいわれる大軍を率いて、タタールを攻略した。その軍事活動を見ると、タタールとオイラトとのあいだの覇権争いに巻き込まれて、単に翻弄されただけであるといってもよい。北元の勢力を抑えるという点では、ほとんど成果を挙げられなかった。しかし、この軍事活動はモンゴル高原に臨む西北部の開発を促進し、張家口《ちょうかこう》や大同《だいどう》などは商業都市としての活況を呈し始めた。

モンゴル高原に対する軍事活動を指揮するためには、南京はいかにも遠い。中国の内地とモンゴル高原とを結ぶ要衝に、皇帝自身が座する必要が生まれた。その要衝として選ばれた地は、モンゴル帝国が中国を支配するために建設し、朱棣がかつて燕王《えんおう》として拠点としていた北平《ほくへい》、つまり現在の北京《ペキン》である。

朱棣は即位してまもない永楽元年には北平を北京順天府《じゅんてんふ》と改称し、南京に次ぐ副都に定めた。穀倉地帯として食糧の生産能力を高めてきた長江下流域デルタの物産を、元朝と同じく海運によって北京に運ぶとともに、華北平野に山西などから多くの農民を入植させて、戦乱で低下した生産を復活させた。

北京を首都とする構想は、無用な混乱を避けるため、秘密裏に動き始めた。大運河を改修し、江南と北京とを直接に結ぶルートに付け替える土木事業が着手された。最大の難問は、この東寄りルートの最高地点である山東《さんとう》サミットに、いかに十分な水量を供給するか、という点であった。

元朝の水利技術者は、この問題に解答を見つけられず、大運河は十分に機能を果たせなかった。明朝で運河の建築計画に携わった宋礼《そうれい》という人物が、この難題に解答を出した。大運河に注ぐ河川の水を東側に造成した貯水池に蓄え、大運河と直角になるように水路を切って勢いよく注ぎ込ませ、大運河の南北に分岐させる方法を立案したのである。一六万人以上の労働力を投入して工事を進め、ついに永楽九年（一四一一）に完成させた。

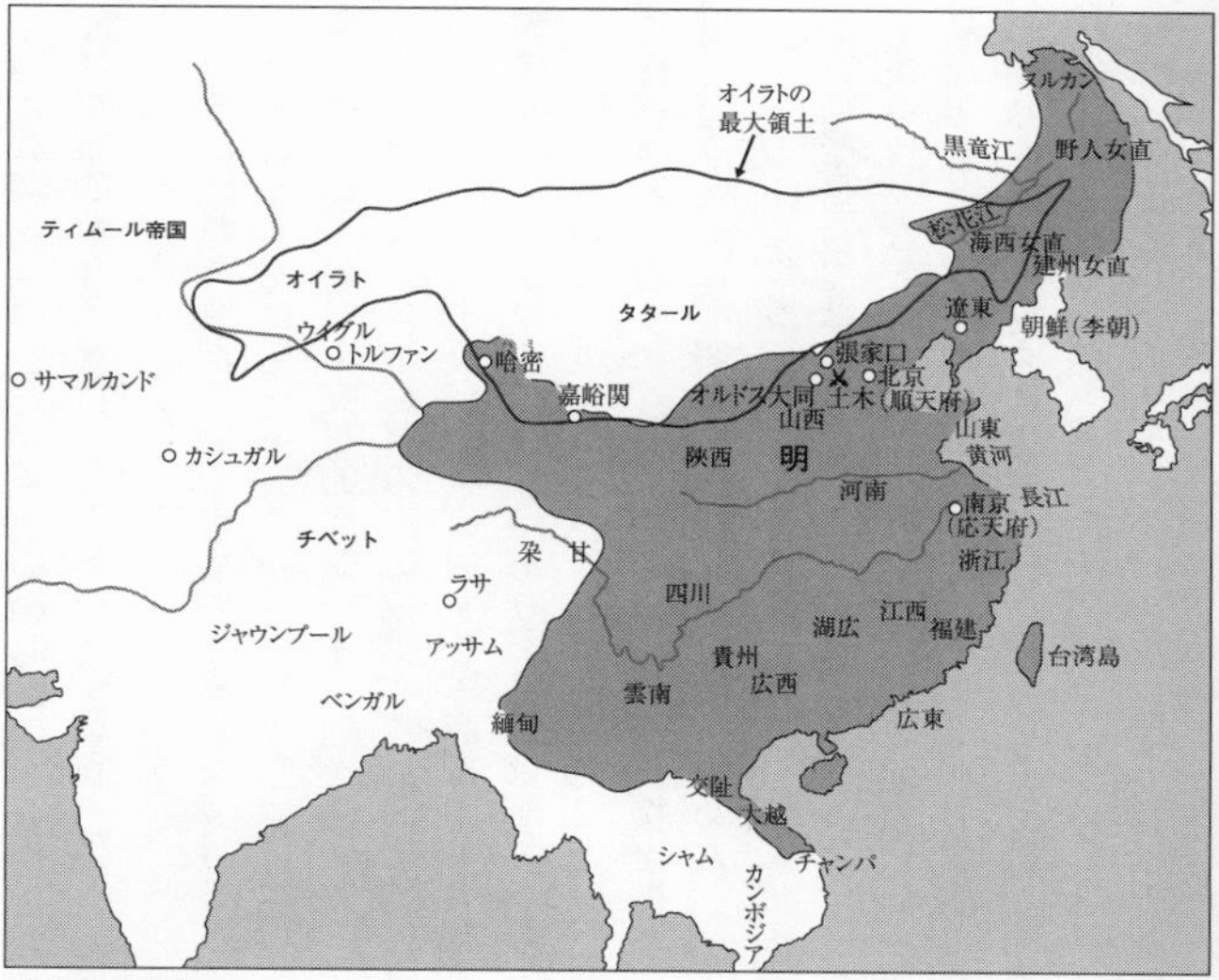

明朝の版図

永楽一四年（一四一六）には北京の宮殿の造営が本格化し、永楽一九年（一四二一）に正式に南京から北京への遷都が宣言された。名実ともに帝国の首都となった北京には、大運河を通して長江下流域デルタの糧食が運び込まれた。翌永楽二〇年（一四二二）から毎年連続して、朱棣はモンゴル高原に親征《しんせい》を繰り返している。そして五回目に出征した途上で、朱棣は病死した。永楽二二年（一四二四）のことである。朱棣六五歳の夏であった。

北辺の交易者

永楽期におけるモンゴル高原への軍事介入は、タタールとオイラトとの覇権争いで劣勢に立たされた側に有利に作用した。永楽ののち洪熙・宣徳年間（一四二五―三五）、明朝はモンゴル高原に軍事的な介入を行うことを控え、朝貢を促し高原における抗争に敗れたものを受け入れる政策に転じた。

抗争に敗れた側が中国の軍事的な支援を受けることができなくなったため、実力者が他を圧倒することを可能にする。宣徳九年（一四三四）にオイラトのトゴンは、タタールを破り、モンゴル高原を実質的に統一する道を開いた。正統《せいとう》四年（一四三九）にトゴンを継いだエセンは、モンゴル高原の南に位置するハミに勢力圏を広げることに努力を傾けた。

ハミは中央ユーラシアを貫通する隊商ルートの拠点である。西にはティムールなきあとも繁栄を続けるサマルカンドがあり、東には明朝がある。ムスリムの商人が東西を結んで交易を展開していた。エセンはハミを掌握することで、この隊商ルートを押さえ、ムスリム商人を保護する見返りに、商人から経済的な支援を得た。エセン支配下のオイラトは、中国と交易を行うために、明朝と経済的な交渉を進めた。

オイラトと明朝とのあいだの交易は、三つの局面をもっていたとされる（以下は萩原淳平『明代蒙古史研究』同朋舎、一九八〇年による）。一つは朝貢であり、オイラトがテンなどの毛皮やウマなどを携えて大同を経由して北京に赴き明朝に朝貢すると、中国は絹織物や工芸品などをモンゴル側に下賜した。オイラトの貴族たちはこうして手に入れた中国の物産で身の回りを飾って自らの権威づけに使うとともに、西方への貿易品としても用いた。

第二は、朝貢使節とともに大同に来訪するムスリム商人が担った交易活動である。ピル＝マフムードという商人がいた。マフムードはエセンに仕え、オイラトの官僚として中国でしばしば交易を展開した。正統一二年（一四四七）に大同に現れたときには、二〇〇〇人を超える大部隊を率いていたとされ、交易のために連れてきたウマは四〇〇〇頭を超え、テンの毛皮は一万二〇〇〇枚を超えていた。

彼はほぼ隔年で明朝を訪れた。おおよそ九月か一〇月ごろ中国に到着し、中央ユーラシアでは行動が難しくなる冬季を北京で過ごし、翌年の春にモンゴル高原へと引き揚げた。そしてそのまた次の年の秋に再び来訪する。北京に滞在している期間に、中国の物産を買い集め、中国に現れない一年半のあいだにサマルカンドなどの西方に赴いて交易活動を展開していたのではないかと推定される。

中国とモンゴル高原とのあいだの交易における第三の局面は、密貿易である。明朝は銅・鉄製の火器などの兵器を国外に輸出することを厳禁していた。オイラトはモンゴル高原での覇権を維持するために、最先端であった中国産の武器を必要としていた。正統九年（一四四四）ごろから火器の密輸が増大し、オイラトの使節団が帰国するときに交易するようになった。しばしば禁令が出されたものの効果はなく、密輸者には死刑という厳罰を与えることとしたにもかかわらず、密貿易を止めることはできなかった。

万里の長城　八達嶺付近

莫大な規模の朝貢に対応する明朝側の負担は大きく、密貿易を根絶するためには中国側のみならずオイラト側をも取り締まる必要が生じた。明朝はエスカレートするオイラトの交易に対する要求に応えることができず、朝貢に対しては使節の人数を制限し、手間の掛かる儀礼を強制して、朝貢の規模を縮小しようとした。こうした明朝の政策は、ユーラシアを東西で結ぶ交易に依拠していたエセン政権には受け入れがたく、ついに正統一四年（一四四九）に、山西・遼東《りょうとう》・陝西の三方面から中国本土に侵攻するに至る。

当時、中国の皇帝は朱祁鎮《しゅきちん》（英宗《えいそう》・正統帝《せいとうてい》／天順帝《てんじゅんてい》）であった。彼は宦官に勧められるままに自ら出馬して、大同まで進軍した。事態は好転せず帰途についたとき、土木堡《どぼくほ》というところでオイラト軍の急襲を受け、皇帝自身が捕虜になってしまったのである。

のちに土木《どぼく》の変《へん》として知られるこの出来事は、エセンの側でも思いもかけないことであった。彼にとって明朝は、いわば金の卵を生むニワトリであり、交易さえ認めてくれれば明朝を滅ぼす意志はなかった。捕虜とした皇帝を利用して明朝を操る可能性を探るため北京までは押し寄せたものの、明朝が朱祁鎮の弟の朱祁鈺《しゅきぎょく》を帝位（代宗《だいそう》・景泰帝《けいたいてい》）に即けたことを知り、モンゴル高原に引き揚げている。

朱祁鎮はエセンから客人として丁重にもてなされ、翌景泰元年（一四五〇）に帰国する。朱祁鎮は上皇として軟禁されたが、景泰八年（一四五七）に帝位に返り咲いている（年号は天順）。土木の変のあと明朝は、モンゴル高原に対して専守防衛の方針を取り、成化《せいか》一〇年（一四七四）には万里の長城の構築と改修を進めるようになった。私たちがいま、北京郊外の八達嶺《はったつれい》などで見る長城は、明代に築かれたものである。

戸メカニズムの矛盾

朱元璋が一三八〇年に編成した戸メカニズムは、朱棣の在位期間に鄭和の遠征・ヴェトナムへの侵攻・モンゴル高原への親征・大運河の改修・北京への遷都《せんと》などの巨大プロジェクトを可能にした。人民の労働力を直接に帝国が支配するメカニズムは、経済的合理性とは無縁なものであり、貨幣経済システムのもとで生きる私たちの目から見ると皇帝の恣意《しい》としか思えないプロジェクトも少なくなかった。

本書の「はじめに」で紹介した朱棣《しゅてい》が建てようとした石碑は、あまりに巨大であったために石材を運び出すことができず、放置された。また、北京郊外にある明の十三陵《じゅうさんりょう》のなかに、朱棣が自分の陵墓として造らせた長陵《ちょうりょう》を見たとき、あるいは湖北《こほく》・武当山《ぶとうざん》の急峻な斜面に、朱棣が建てさせた道教寺院群を目の当たりにしたとき、経済システムにもとづかない帝国の恣意性を強く感じる。しかし、編成から五〇年ほどの時間を経て、この戸メカニズムにさまざまなほころびが生じ始めた。

軍事活動と辺境開発とを可能にした開中法は、その根幹をなす竈戸による製塩の現場から瓦解し始めた。開中法に多くの商人が参加した結果、塩の生産が需要に追いつかなくなった。政府は塩の増産を進めようとしたために、竈戸の負担は増大する。負担にたえきれなくなった竈戸は、逃亡を始める。しかし働き手が減少したにもかかわらず、生産ノルマは減らされないため、残存した竈戸に負担が割り付けられ、竈戸の窮乏化に拍車を掛けることになったのである。土木の変が発生してからは、明朝は西北の辺境で警備を厳重にしたため、開中法にもとづく軍糧の搬入が求められ、開中法の矛盾が拡大することとなった。

また、塩の質の善し悪しのため、引き合いの多い生産地とほとんど引き取り手が現れない生産地が生まれた。生産地と販売区域とは組み合わされていたために、人気のない生産地と組み合わされた山東などの地域では、塩が供給されず、住民は食塩の欠乏に苦しむことになる。必然的に、私塩《しえん》つまり塩の密売が横行することになった。生産の現場の竈戸のなかにも、政府に納めず密売業者に売り払って利益を上げようとするものも出るようになる。こうした事態が塩の管理体制そのものを動揺させた。

里甲制《りこうせい》に編成された民戸も、一五世紀なかばには戸メカニズムの矛盾に巻き込まれていた。西北での防衛体制の強化は、里甲制のもとにおかれた民戸の負担を増大させた。また、農業生産力が豊かな地域では、民戸のあいだで貧富の差が開き、貧窮化した民戸が現れる。負担に耐えられなくなった民戸が逃亡し始め、里甲制が機能不全におちいるようになった。戸メカニズムは一度ほころびが生じると、連鎖的に倒壊していく。民戸が減少すると、塩生産地の地方政府は民戸が担っていた負担を竈戸に割り当て、塩業の崩壊を促進させた。次々と逃げ出した人々が向かった先は、三つあった。一つは都市の雑業《ざつぎょう》であり、無頼《ぶらい》と呼ばれる社会層を形成した。第二の流れは山地に向かった。鉱山労働者や山地開墾者として、政府の管理が行き届かない土地で生活の糧を得ようとした。そして第三の波は、海に向かった。戸を離れた人々は、次の一六世紀に多様な動きを示すことになる。

一五世紀なかばには、戸メカニズムの矛盾を背景にして、各地で民衆反乱が続発する。正統一一年（一四四六）には、浙江の山間地域の銀山労働者が反乱を起こす。その反乱を鎮圧する負担は農民に負わされ、新たに別の反乱を連鎖的に引き起こす結果となった。正統一三年（一四四八）には隣接する福建で、農民が主体となった反乱が発生している。指導者の名にちなんで鄧茂七《とうもしち》の乱と呼ばれる。少し時代が下った天順八年（一四六四）には、河南・湖北・陝西・四川の省境となっている山岳地帯で、山地流入民による反乱が勃発し、長期にわたって闘争を繰り返した。

戸メカニズムの崩壊と表裏をなして、元朝が支配していた時期に中国社会のなかに刷り込まれた銀にもとづく経済システムが復活の兆しを示し始めた。戸にもとづく財政運営が難しくなると、政府が明代初期に排除した銀に頼らざるを得なくなったためである。まず経済的先進地域であった長江下流域デルタで、宣徳八年（一四三三）には現物の米の代わりに銀で代納することが認められた。その銀は「金花銀《きんかぎん》」と呼ばれる。その後、明朝の財政はしだいに銀に侵食されていく。

一五世紀の経済体制

たびたび述べてきたように、明朝は一三世紀にユーラシアで生まれた銀システムが崩壊したあとに、東ユーラシアに生まれた帝国である。一三世紀のユーラシアは、モンゴル帝国の統制の下で、銀を軸にした経済政策がとられ、交易はかつてない範囲と規模で展開した。しかし、交易が当時の銀のストックでまかなえる規模を超えたとき、モンゴル帝国下の経済は破綻をきたす。この混乱のなかから生まれた明朝は、財政から銀を排除するとともに、貨幣経済に頼らずに交易を展開させる制度を構築しようとした。

元末の混乱期に青年期を過ごした朱元璋は、事態の本質を把握していたものと考えられる。彼が対外的に展開した朝貢メカニズムは、貨幣による価値の指標を用いずに、交易を展開させることを可能にした。一四世紀の転換期を乗り越えた諸政権は、商品の価格ではなく、礼にもとづく儀礼的な往来によって交易を遂行したのである。

明朝前期の朝貢貿易を論ずる多くの研究は、諸外国は中国に貢納した物産の見返りに、その数十倍の価値のある中国物産を手に入れることができたと述べ、あたかも中国にとって出超貿易であったかのように論ずることが多い。しかし、明朝の側から見た場合、中国が諸外国の朝貢使節に下賜した物産は、戸メカニズムにもとづいて王朝が直接に掌握していた匠戸《しょうこ》などが、役《えき》として納めていた生産物である。つまり価格が無い物産である。明朝は国内の物資を提供し、国内では生産することができない蘇木などの物産を手にしていたのであり、帝国の立場、とりわけ内廷の立場から見れば、十分に満足がゆく交易であった。

また国内においては塩を財政運営の中軸に据えることで、銀に頼らないメカニズムを構築しようとした。商人を取り込んで軍事物資の辺境への搬入を進めた開中法は、制度として機能した。雲南に塩を供給するために、雲南に近い四川の製塩業が急速に発達するなどの、副次的な産業促進効果も見られた。

当然のことながら人工的に組み立てられたメカニズムのなかには、あまり効果を上げなかった制度もある。洪武年間に明朝は宝鈔《ほうしよう》と呼ばれる紙幣を発行し、政府が買い入れた物資の代金として、社会に供給した。しかし、銀や銅銭の裏付けを与えられずに発行された紙幣はただちに暴落し、雲南進攻や永楽期の軍事活動がインフレーションを促進した。永楽期には塩を紙幣で購入させることで紙幣を回収し、紙幣の価値を高めようとする「戸口食塩納鈔法《ここうしよくえんのうしようほう》」と呼ばれる政策が行われた。しかし、紙幣は都市部でしか流通していなかったこと、また官僚が傷んだ紙幣の受け取りを拒否したため、この制度は持続できなかった。

また塩を介した財政運営は、一五世紀の後半にはいると矛盾をはらむようになった。社会で銀による交易が盛んになり、塩の供給を国家がコントロールすることがしだいに難しくなってきたからである。弘治《こうじ》五年（一四九二）に塩商は塩運使司《えんうんしし》に銀を納めれば塩引《えんいん》（塩の販売権）を受け取れるように制度が改変された。その結果、辺境に商屯《しょうとん》を設けて糧食を生産し、軍隊の駐屯地に納入しなくても、塩の取引を行えるようになり、一五世紀の銀に頼らずに物資を帝国内に循環させていたメカニズムは崩壊していく。商屯は雲南においても、また北方の防衛線上においても、しだいに姿を消す。

里甲制も地域的な偏差をともないながら、経済的な先進地域から徐々に崩壊していった。明朝はこうして一六世紀に突入し、銀中毒とでも喩えられるような社会状況へと変貌を遂げることとなるのである。

第五章　商業の時代――一六世紀Ⅰ

新安商人のネットワーク

商人の伝記

中国の数ある山々の中でも名山として知られる黄山《こうざん》の南麓に、徽州《きしゅう》盆地が広がっている。四方を山地に取り囲まれ度重なる戦乱を免れたために、多くの人々がここに逃れ定住した。この地に居を定めた移入者は、山地から盆地へと流れ出る河川を治め、耕地を開いて水田耕作にいそしむ一方で、山地に入り木材や石材を伐採した。唐代から宋代にかけて、徽州は歙《きゅう》硯《けん》、徽《き》墨《ぼく》、澄心堂《ちょうしんどう》の紙、汪伯立《おうはくりつ》の筆とならび称される文房四宝を生産することで知られるようになる。

盆地を貫く新安江《しんあんこう》は浙東《せっとう》に入って富春江《ふしゅんこう》となり、最後には銭塘江《せんとうこう》として杭州湾《こうしゅうわん》に注ぐ。南宋の時代には、首都がいまの杭州におかれた。杭州と水路で結ばれていた徽州は、皇帝の所在地として建築が進む首都・臨安に、木材を始めとする山地の物資を供給した。こうした立地と経済・文化を背景にして、一六世紀にはこの盆地から中国各地、さらには海外へと商人を送り出し、商業ネットワークを形成した。彼らは新安《しんあん》商人、あるいは徽州商人として知られる。

一六世紀初頭に財をなした商人に、黄崇徳《こうすうとく》という名の人物がいた。歴史に名を留めているわけではない。しかし、勃興期の新安商人の具体像を、彼の経歴から読みとることができる。

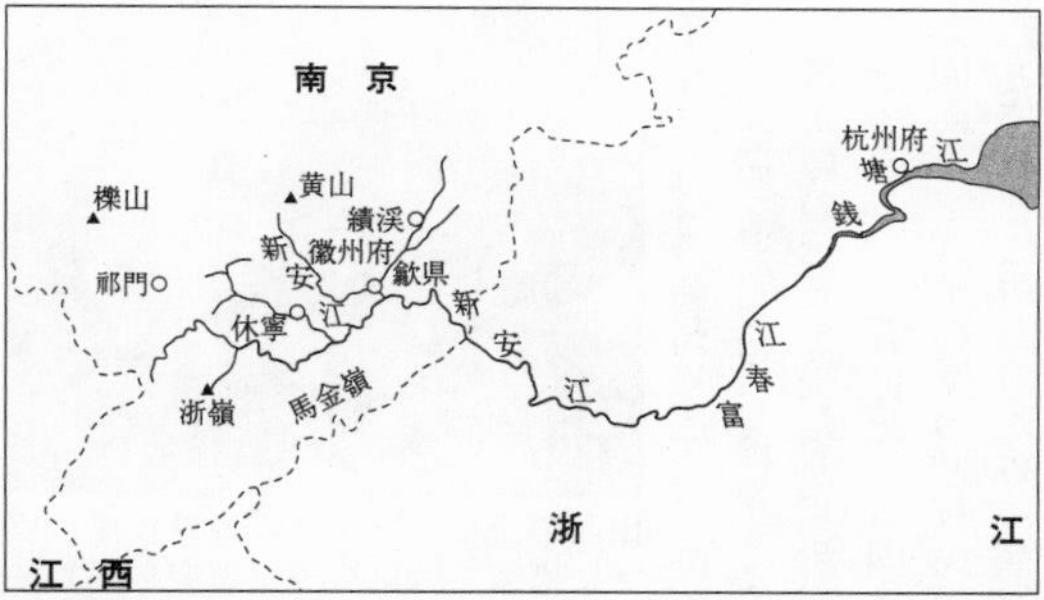

新安商人の郷里

成化《せいか》五年（一四六九）に黄崇徳は徽州盆地の中心的な都市である歙県《きゅうけん》で、学者の家系に生まれた。母は徽州の名族として知られる汪《おう》氏であった。その人となりは、優雅で寡黙であったが、利害に当たっては曹操が戦場に臨むように果敢であったという。はじめは学業を志したが、父親に「陸象山《りくしょうざん》の学では、生を治めることを先にすべきだとある」と諭《さと》され、資金を携えて山東に赴いた。陸象山こと陸九淵《りくきゅうえん》は、宋代の学者である。その思想と、まず商業に従事すべきだという言葉の意味は、後で述べる。山東は山と海とに囲まれ、豊かな沃野が広がり、人口も多く衣服も立派であった。黄はこの土地で商業に励み、巨額な資産を形成した。

大商人へと成長した黄が次に目指した土地は、黄海に臨む塩の生産地であった。山東に留まり繊維や穀物などを商ったとしても、殖財には限界がある。黄は中国古代に編纂された『管子《かんし》』や漢代の『塩鉄論《えんてつろん》』などに精通

山西の土楼　モンゴルの遊牧民の攻撃に備えて版築法で土を突き固めて築かれた土楼。筆者撮影1997年

し、塩を扱うことで国家の根幹に関わる商売を展開することができるという展望を持っていた。古典から唐代・宋代の食貨志《しょっかし》（経済政策論）、さらには明代の法令にも精通し、塩を管理していた役人たちから問い合わせを受けると、利害を箇条書きに整理して答申し、彼が提案した施策が両淮《りょうわい》（淮北と淮南、黄海沿海の地域）の塩政に反映されるにいたった。当時、淮塩の生産地で活動していた商人の多くが、山西《さんせい》および陝西《せんせい》の出身者であった。彼らも黄の言論が的確であることを認めざるを得ず、推挙して塩商のまとめ役とした。数年にして、巨万の財を築き、故郷の徽州に広大な邸宅を構え、広大な農耕地を地主として保有するようになったという（『明清徽商資料選編』より）。

　黄崇徳の伝記を読むと、新安商人が一六世紀に急成長を遂げるプロセスをうかがい知ることができる。一五世紀の帝国は塩が支えていた。そのメカニズムは前章ですでに述べた。永楽期にモンゴル高原の遊牧民の勢力と緊張関係に入った明朝は、その防衛ラインであった山西と陝西とに防衛のために軍隊を配備する必要があり、軍糧は開中法《かいちゅうほう》（前章参照）にもとづいてまかなわれた。前線に物資を運び届けるうえで、防衛ラインに近い山西と陝西の商人が有利な立地を占めていた。彼らは内地などから労働力を集め商屯をつくり、穀物を生産した。その土地は黄土高原にあり、黄土の浸食谷に横穴をうがって倉庫とし、大量の穀物を蓄えたと伝えられる。政府から指示された土地に搬入し、塩を販売する権利を得たのである。

ところが一五世紀なかばころから開中法を支えていた戸メカニズムが不調をきたすと、政府は銀で必要な物資を調達する方がしだいに有利になってくる。政府は銀を手に入れるために、民戸からの納税も、明初には現物で納めることになっていたものを、銀で納めさせるように誘導するとともに、塩についても製塩地において商人から銀を徴収するようになった。集められた銀は北辺に送られ、そこで軍糧などを調達するために使われた。

この納銀開中法《のうぎんかいちゅうほう》が一般的になると、それまで塩の販売を独占していた山西・陝西の商人の地位がゆらぎ、新たな商人グループが参入可能となる。黄崇徳はまさにこの転換期に塩の販売に乗り出して、巨財を築くことに成功したのである。

新安商人の勃興

黄崇徳は郷里を出るときに、なにがしかの資金を集めた。新安出身の商人は、自分の労働で小銭を蓄えて元手にするほかに、主に三つの方法で資金を調達したとされる。

一つは「合夥《ごうか》」などと史料に記されているもので、複数のものが平等な立場で資金を出しあい、経営に参加する。新安商人に関する画期的な研究を行った藤井宏氏は、これを合同資本と呼んでいる。

第二は委託資本であり、商才があり信用を置くに足る人物に資金を委託し、商人は出資者の代理人として殖財に努める。

第三はさまざまな人的なネットワークを通じて供給される資本であり、そのなかには母や妻の実家から提供されるケース、親族の死去にともなって獲得された遺産を資金とするケース、あるいは友人や同郷といった個人的な関係から援助を受けるケースもあった。黄崇徳の場合も、知人や母の実家である汪姓の姻戚などから資金提供を受けていたと想像される。また、彼の実直な性格を見込んで、資金を委託するものもいたかもしれない。

塩を扱うためには大量の塩を産地で購入し、指定された区域に輸送する必要がある。商売として経営を成り立たせるためには巨額の投資が必要であり、大商人でなければ手をつけることはできない。黄崇徳はすぐに塩商となることはできず、まず山東で小規模な商売から始めて、しだいに資金を殖やしていった。塩の商売に参入する資金を得たのちに、はじめて拠点を淮海に移し、すでに山西・陝西商人が築いていた商圏にくい込む。

彼が塩商として成功した理由は、広い見識にもとづき、長期的な視野に立って変転する政策の落ち着く先を見越し、経営を展開したところに求められよう。その堅実な経営手腕は、塩業を管理する官僚や先行していた塩商にも認められ、良質な塩を産する両淮で堅牢な地歩を築くことを可能にした。

銀で塩を購入することが可能になったとき、製塩地ではない徽州から出た商人が新興の塩商としての地位を確保できた理由は、黄崇徳の伝記を読むと把握することができる。一つは徽州が宋代以降、文化的な中心地となり、義塾などの文化的施設も整い、そこに住む人々が高い学識を身につけることを可能としていたという点である。こうした環境のなかで身につけた所作や教養は、官僚たちと交流するときに有利に作用した。

さらに長期にわたる歴史的な見通しのもとで、商業を展開させることもできた。また、宋代の儒学を受け継ぐ社会的風土のなかで人格を形成することで、商業人として欠かすことのできない職業倫理を獲得していたことも、見落とすことができない要素である。信用を重んじる気風は委託資本を呼び込み、経営を拡大することを可能にした。

黄崇徳は父親に陸九淵（象山）の教えを授けられ、商業の道に進んだ。宋代の儒学のなかで、徽州を本籍地とする朱熹《しゅき》が大成した朱子学ではなく、それと対抗する陸九淵の思想が、黄崇徳の人生転換における契機となっていることは、注目に値する。

儒学の倫理を沈思黙考して修得することに重きを置いた朱子学とは異なり、陸九淵の思想は、倫理を自らの心のなかに含まれているものとし、その動きを見つめることで真理にいたることができるとする。このような思想は、学問をする時間的な余裕のないものであっても、心がけさえよければ、日々の仕事に追われる生活のなかで、儒学が求める正しい人間になれるという意識を生んだ。

この意識が、商人の倫理を支えた。一六世紀にこの陸九淵を踏まえながら、後述するように王守仁《おうしゅじん》が陽明学《ようめいがく》を形成する。その思想が商人など広範な社会層に受け入れられた理由も、このあたりに存在する。

朱熹　南宋の儒学者。一時、政治的に迫害されたが、やがて朱子学として正統的地位を確立。尊称は朱子

陸九淵　南宋の儒学者。朱熹と対立し、宋代の学問を二分した。明の王陽明に繋がる一派をうちたてた

全国に広がる商圏

明代の末期に出版された小説集に、新安商人の活動が中国の各地に広がり、取扱商品も多岐にわたっていたことを示す作品をいくつか見ることができる。その一つ、崇禎《すうてい》五年（一六三二）にもっとも早い完本が発行された『二刻拍案驚奇《にこくはくあんきょうき》』をひも解くと、遼陽《りょうよう》、すなわち現在の遼寧《りょうねい》省に渡った徽州商人が成功する物語を読むことができる。そのあらすじは次のようなものである。

ときは正徳《せいとく》元年（一五〇六）、徽州商人の程宰《ていさい》は兄とともに数千金の資金を携えて、遼陽にいたって商売を始めた。扱っていた商品は、東北地方の特産である朝鮮人参やテンの毛皮、松花江の下流域で採取される淡水真珠などであった。数年にして経営は破綻し、元手も底をついてしまった。

徽州では商人が帰郷すると、同族のものや友人、妻の姻戚などが、外地から持ち帰った利益の多さばかりを見るだけで、利が多ければ尊敬し、利が少なければ嘲笑する。程兄弟は元手を失っては帰りたくとも帰ることはできず、遼陽で大きな商店を開いていた徽州出身の商人のもとで、働くこととなった。帳簿の出入りに習熟していたので、徽州の言葉で「朝奉《ちょうほう》」と呼ばれる番頭として勤め、夜には二間だけの貸家で寝起きする生活が始まった。

正徳一四年（一五一九）の夜のこと、程宰の枕元に美女が現れ、彼に金銀の幻影を見せる。程が手を伸ばしたそのとき、美女は部屋にあった碗から肉片を箸で摘み、程の顔に投げつけ、「その肉はあなたの顔にくっついたかえ」と尋ねる。程が「肉は私のものではないから、どうして貼り付くものか」と答えた。すると美女は「いまあなたの目に映る金銀は、あなたのものではない。いま手に入れようと思えば手に入れられようが、分にあわないものは、必ず災いを招く。もしあなたが金銀を必要とするならば、自ら経営して稼いでみなさい」と諭し、商機を教えることとなった。

その夏、薬材を売りに遼東に来た商人が、売れ残った黄蘗《おうばく》・大黄《だいおう》の処置に困っていたとき、美女は程に買い入れることを勧める。程は店で働いて蓄えた資金をすべてつぎ込んで、その薬材を買い占めた。すると間もなく、遼東に疫病が流行し、程は大儲けをした。その後、今度は湖南《こなん》の商人が途中で雨に遭い、売り物の絹織物を濡らしてしまった。程は美女の勧めに従って、その織物を購入した。一ヵ月ほどして江西《こうせい》の寧王《ねいおう》が反乱を起こし、遼東から派遣される軍隊の旗幟として、絹織物が必要になった。程は傷物の織物を仕入れ値の三倍もの価格で売り捌くことができた。

翌正徳一五年（一五二〇）に蘇州《そしゅう》の商人が、綿布を売りに遼東に来たが、母親死去の知らせを受けて、帰郷のために安値で売り尽くす必要に迫られた。程はその綿布をすべて購入した。明けて一六年（一五二一）に皇帝が死去、人々は喪服を着なければならないこととなった。ところが遼東では布を生産しない。程が仕入れていた綿布は飛ぶように売れ、彼の手元には四〇〇〇〇両ほどの銀が残った。こうして程は、大商人として知られるようになる。

この物語は、おそらく事実を反映しているものと考えられる。程宰は東北地方の特産で失敗する。これは、彼に商品の価格を正しく評価する眼識がなかったことに起因する。その後、彼が扱った商品は、高価な物産ではなく、日用的な物資である。東北地方では、衣料に欠かすことのできない繊維製品に対する需要が高かった。江南の絹織物・綿布を扱うことは、商業活動として理にかなっている。また、寧王の反乱は史実であり、本書第六章で紹介する王守仁の活躍で、短期間のうちに鎮圧されたことで知られている。

小説は、なぜ美女が程のもとに現れたのか説明しない。しかし、神仙である美女が、商人たるもの奢侈品で一攫千金を求めるのではなく、まっとうな商売で資産を築かなければならないと諭し、程宰がそれに応えているところに、当時の商人の気概を見ることができる。

程宰のサクセス・ストーリーは、一六世紀前半には徽州出身の商人が、北の辺境である遼東にも進出していたことを伝えている。また、塩だけではなく薬材から繊維製品にいたるまで、さまざまな商品を扱っていることを教えてくれる。実際に新安商人は、中国全域で活動し、陶磁器・茶葉・木材などを取り扱うとともに、豊かな資金に裏付けられて低利の質屋を経営し、時代が下ると染色や綿布のつや出しなどの手工業にも投資を行い、工場を運営するにいたる。

商人の類型

程宰とその兄は、最初に資金を携えて遼陽に赴き、特定の店舗を設けずに特産品の買い付けや販売を行っていた。こうした外地から訪れて交易に従事する商人を、「客商《きゃくしょう》」と呼ぶ。

程宰が美女の指示を受けて取引をした蘇州から綿布を売りに来た商人も、また客商である。

それに対して、元手を失った程宰に働き口を与えてくれた徽州商人は、遼陽に店舗を構え、現地に密着した経営を行っている。こうした商人を、「坐賈《ざこ》」と呼ぶ。坐賈は客商から貨物を引き取り、小売りを行うとともに、現地の産品を買い集めて客商を通じて他の地域に販売した。こうした現地の生産者と坐賈とのあいだに入って、仲介業務を行う商人を、「牙《が》行《こう》」と呼ぶ。坐賈・牙行の様子を、上海近郊の松江《しょうこう》に見てみよう。

長江下流域デルタの松江と呼ばれる地帯は微高地となっており、土地の水はけが良いために一五世紀ごろから綿花の栽培が盛んであり、良質の綿布を産することで知られていた。この綿布業に新安商人は深く関与していた。はやくも成化《せいか》年間（一四六五—八七）には、「松江の民の財産は、ほとんど徽州商人によって持ち去られている」といわれるようになっており、綿布を中心に徽州出身の商人が取引を一手に担っていた。

徽州の村　科挙合格者を讃える牌楼が立つ。筆者撮影1983年

一六世紀になると松江の綿布は中国全域に販路を広げ、綿布の生産地に新安商人が集まり、綿花から織布にいたる生産プロセスにまで関わるようになる。商人たちは資本を携えて店舗を開き、農家の副業として生産される綿布を買い集め、客商が買い付ける際に仲介業務を担

った。

明代の末期に、松江で丁娘子《ディンニャンツ》として知られる女性が、精緻な織布の技術を編み出した。その技法を用いて織り上げた綿布は、なめらかで保温性に優れ、宮廷にも献上され、丁娘子布として全国にその名が喧伝されるようになった。そこで周辺の農家の女性までも、その技法を学び、松江綿布の水準を引き上げたという。

農村で商品として販売する綿花の栽培が広がり、農家の副業として綿布の生産が盛んになると、農民たちは身近な土地で取引を行うようになる。商人たちも城郭都市から出て、農村に近い交通の要衝に拠点を設けて、商売する必要がでてきた。水路と水路とが交差するような場所に市が立ち、それが成長して常設の店舗が並ぶ市鎮《しちん》になっていく。一五世紀になると長江下流域デルタでは、すでに多くの市鎮が成立し、一六世紀に農村の交易センターとして急成長を遂げる。松江では南翔《なんしょう》・羅店《らてん》などの市鎮が綿布の集散地として拡大した。ここに新安商人が店を構え、交易を一手に取り仕切っていたのである。一六世紀後半に編纂された『嘉定県志《かていけんし》』には、南翔について「多くの徽州商人が寄留し、百貨が集まり、もろもろの鎮のなかでも第一番に位置づけられる」とある。

一六世紀前半における新安商人のサクセス・ストーリーを見てみると、おおよそ次のような段階を踏んで巨商へと成長していることがわかる。郷里で教養と人脈を広げ、資金を集めて遠隔地へ旅立つ。利が上がりそうな物資を扱いながら資金を蓄え、元手が形成されたのちに小さな商店を市鎮などに構え、綿布などの手堅い商品を専門に取り引きする。巨大な資金を蓄積することに成功すれば塩商となり、揚州・杭州・蘇州・南京などの大都市に拠点を設け、全国的な商取引にも参画する。郷里にも錦を飾り、邸宅を建てることも少なくなかった。徽州には明代に建てられた邸宅群が今日まで保存され、世界遺産にも指定されている。こうした建築は、商人としての成功者が建てたものである。

当然のことながら、徽州を旅立った青年のすべてが成功したわけではない。挫折して郷里に戻れば、嘲笑されたり委託資金の返済を求められたりもする。戻るに戻れず、ついには郷里の家族との連絡を絶ち、行方不明となったものも少なくなかった。また、起死回生をはかるため、まっとうではない商売に身を投じるものもいた。当時、生命の危険をともないながらも収益率が高い商売があった。それは、明代に王朝の政策が厳禁していた海外との交易である。新安商人から密輸商人にいたる道のりは、さほど遠いものではない。

中国海洋商人と日本

寧波の乱と越境者

中国の商人が密輸をもっぱらとする海洋商人へと転換する道筋には、一五世紀に現れた越境者の存在があった。最初は第二章で紹介したような元末の混乱のなかで、明朝支配下の中国に安住できず、海に向かわざるを得なくなった人々の群れが越境者となった。その後、倭寇が中国や朝鮮の沿海地域を襲う時期になると、倭寇に捕らえられ連れ去られて、日本で働かされるものが現れた。

さらに個人的な事情から、生まれた土地を離れ、海を渡るものも少なくなかった。彼らは多くの場合、当時の日本人と同じ身なりをし、日本の主人に隷属しながら生を全うしようとした。技能を持つものは、その才能を買われて大陸の技術を日本に移植するうえで重要な役割を果たし、教養を持つものは、日本の領主のもとで中国や朝鮮との交渉で欠かせない通訳として活躍した。

歴史に名を残す越境者の一人に、浙江出身でありながら弘治《こうち》年間（一四八八―一五〇五）に、未納商品の代償として日本に連れて行かれた宋素卿《そうそけい》という男がいる。

当時の日本では室町幕府の権威が失墜し、細川《ほそかわ》・大内《おおうち》の有力な守護大名を中心に分裂状況に陥っていた。それぞれの勢力の背後には、交易をめぐる日本国内の二つの商人グループの対立があった。勘合貿易の遣明船《けんみんせん》の派遣は、堺商人の後援を受けた細川氏と博多商人の後援を受けた大内氏の手に帰していたのである。

彼らは有能な交渉者を必要としていた。宋素卿は日本と明朝との交易の窓口であった寧波《ねいは》の事情に通じ、おそらく交渉能力に長けていた。その才覚が買われて細川氏の知遇を受け、中国との交渉を担当することとなったのである。正徳九年（一五一四）には細川氏の船舶に、綱司《こうし》（代表交渉者）として乗り込み、寧波に来航している。

細川側は大内側に対して不利な状況にあった。正徳元年に朝貢船を派遣した際、新しい正徳の年号が記された勘合符を大内氏が幕府に提出せずに独占していたのである。細川側は、すでに無効になった弘治の勘合符しか持ち合わせていなかった。嘉靖《かせい》二年（一五二三）大内氏は勘合船三隻を派遣した。これに対し細川氏は弘治勘合符を持たせ、実質的な交渉役として宋素卿を副史にして、遣明船を派遣した。

「倭寇図巻」部分　16世紀の後期倭寇を描いた絵巻。倭寇と明官兵との接戦の場面。東京大学史料編纂所蔵

両氏の船のうち大内側がわずかに先着し、しかも正式な勘合符を持たない細川氏は著しく不利な状況に陥った。そこで副史であった宋素卿は市舶司太監《しはくしたいかん》（宦官）の頼恩《らいおん》に賄賂を贈り、貿易品の検査を先に済ませ、宿舎も大内側の使節団を押しのけて市舶司に入り、宴会での席次も細川側を大内氏よりも上座に据えさせることに成功する。

激怒したのは、正規の勘合符を持って先に入港した大内側の使節団であった。大内側は細川方を襲撃して一二人を斬り殺し、さらに接待所とされていた嘉賓堂《かひんどう》や細川方の船を焼き討ちにし、逃げまどう宋素卿らを追ったが、捕らえられず殺略を繰り返しながら海へと逃げ去った。寧波の乱と呼ばれる事件である。

事件の後、明朝は調査に乗り出し、宋素卿が市舶司太監に渡した賄賂がことの発端であることを突き止め、宋らを獄に繋いだ。詳しい取り調べのために身柄が杭州にある浙江按察司《せっこうあんさつし》の監獄に送られた後、ほどなくして獄中で宋は病死する。一方、市舶司太監の頼恩については、その不正が糾弾されなかった。これは宦官と皇帝との密着が生んだ、一つの結末であったとも考えられる。

明朝は、この事件をもって朝貢貿易を途絶させる意図は持たなかった。しかし、寧波の乱以降、明朝は日本に対する警戒を強め、海防を厳重にするとともに、日本からの貢船に対しても、来航する年次と人数制限を厳守するように求めている。日本と中国とのあいだの交易が、強く制約されることとなったのである。

寧波の乱の事後処理が進んでいたそのとき、まもなく東ユーラシア全域を巻き込む一つの変化が日本で兆《きざ》した。

日本銀の登場

一五二〇年代、中国では嘉靖《かせい》年間の初期、日本では大永《だいえい》年間、博多《はかた》の商人の神谷寿禎《かみやじゅてい》は、銅を買い付けるため出雲に向かう船に乗り込み、日本海を航行していた。船上から見るともなく陸に目をやると、山の中腹が輝いて見える。そこで神谷は大永六年（一五二六）に技術者とともにその場所に向かうと、地表に露出したおびただしい量の銀鉱石を発見したと伝えられている。

それが石見《いわみ》銀山である。天文二年（嘉靖一二年、一五三三）、博多より、宗丹《そうたん》・桂寿《けいじゅ》という朝鮮人の技術者が石見銀山に派遣され、大陸の精錬技術であった灰吹き法が導入された。

日本の歴史著述には、灰吹き法を当時の最先端技術と記すものが少なくない。しかし、金・銀を銅などの酸化しやすい卑金属から分離する灰吹き法の原理は紀元前二五〇〇年ごろにはすでに西アジアで知られており、中国では後漢の文献に記載されている。その工程は、まず銀鉱石と鉛を溶かして合金を作り、その合金を炉内に敷いた灰の上に載せ、炉内を熱する。酸化した金属は表面張力が弱まる。高温になると酸化した鉛は卑金属を取り込んで、ともに灰に吸収されるが、酸化されにくい銀は灰に吸収されずにコロコロと灰のうえで玉となり、冷却すると銀塊として残る。

二〇〇〇年一一月、石見銀山のズリ山と呼ばれる精錬あとのカスを棄てた場所から、銀色と緑色の粒の形をなした金属が発見された。重さは五・九五グラム。X線を使い分析した結果、八〇パーセント近い銀を含み、表面から鉛、銅、鉄などが検出され、裏面には、銀精錬に使う灰の成分のカルシウムが付着していることが確認された。銀の裏面から灰の成分が確認されたことや、灰吹き法独特の表面張力で自然に銀が固まった形などから、灰吹き銀と判断された。出てきた層から見て一九世紀のものであると推定されるが、こうした銀の粒が東ユーラシアの歴史を大きく転換させたのである。

石見銀山の発見と灰吹き法の導入を境に、日本における銀の産出量が増大し、それまで銀を輸入していた日本は、一転して銀の輸出国となる。この時代に、石見を含む山陰を守護として勢力下に収めていたのは、大内氏であった。博多商人の神谷一族は、その大内氏の支配下で、明との貿易に携わるようになる。中国に流入し始めた日本銀は、東ユーラシアの交易に大きな変化をもたらした。

すでに前章で言及したように、一五世紀なかばを過ぎるころから、中国の財政と経済は銀なくしては循環できなくなっていた。どこからか銀が大量に供給されたために、こうした変化が起きたのではない。一四世紀に編成された里甲制・衛所制・開中法といった諸制度に矛盾が生じ、国家の側が銀を用いて運営せざるを得なくなったところに、原因を求めることができる。

一五世紀には浙江や雲南などで銀山の開発が進んだが、その産出量では帝国が必要とする銀をまかなうことはできなかった。一六世紀初頭には、朝鮮から中国に銀が向かった。それでも必要量をまかなうことはできなかった。事態がそのまま進めば、東ユーラシアの交易は失速し、朝貢メカニズムの枠組みに支えられて細々と続けられるに終わったことであろう。

危機的な状況のもとにあった一六世紀の三〇年代に、日本が銀の一大供給地として現れたのである。日本は銅銭や生糸などの中国物産を必要とし、中国は日本の銀を渇望していた。ところが寧波の乱以降、明朝は日本から来航した船舶を厳重に警戒し、朝貢にともなう交易にもそれまで以上に強く制限を加えるようになった。だが交易の奔流は、もはや帝国の力で抑えることはできなかった。中国と日本とのあいだの交易は、朝貢メカニズムを越えて民間の武装した海洋商人によって担われるようになる（以下は主に林仁川『明末清初私人海上貿易』華東師範大学出版社、一九八七年による）。

密貿易の拠点

日本の銀が登場する以前、明朝の海禁政策を犯して行われた密貿易は、東南アジアとの往来の比重が大きかった。中国は東南アジアに産する蘇木やコショウなどの物産を輸入し、陶磁器などを輸出した。中国の物産は、東南アジアの港市を経由して、さらに西アジア・ヨーロッパへと運ばれていったのである。

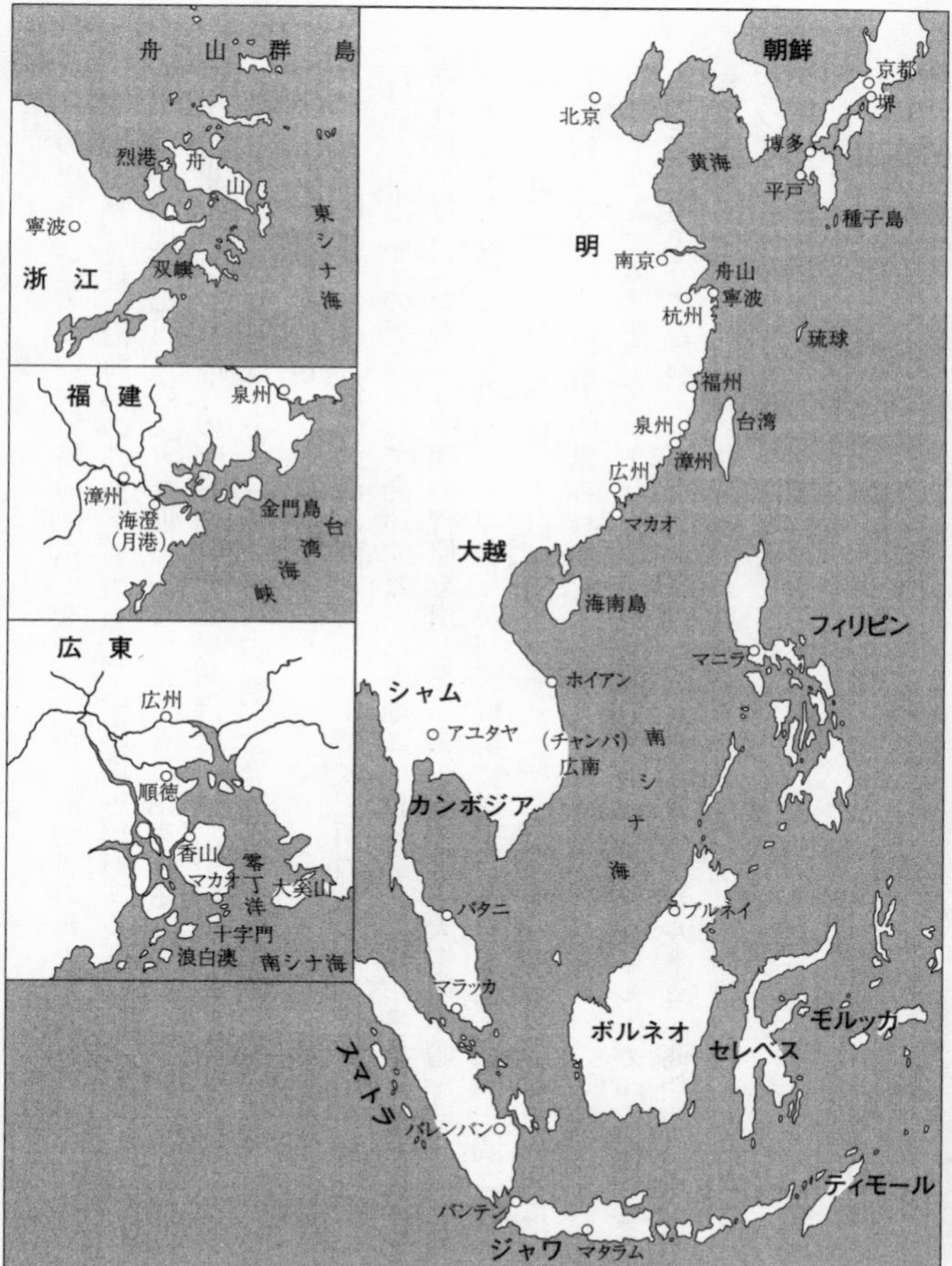
舟山群島
烈港
舟山
寧波
東シナ海
浙江
双嶼
福建
泉州
漳州
海澄(月港)
金門島
台湾海峡
広東
広州
順徳
香山
零丁洋
マカオ
大奚山
十字門
浪白澳
南シナ海
朝鮮
京都
堺
北京
博多
黄海
平戸
種子島
明
南京
舟山
寧波
杭州
琉球
福州
泉州
台湾
漳州
広州
マカオ
大越
海南島
フィリピン
マニラ
ホイアン
シャム
アユタヤ
(チャンパ)
広南
南シナ海
カンボジア
パタニ
ブルネイ
マラッカ
ボルネオ
モルッカ
セレベス
スマトラ
パレンバン
ティモール
バンテン
ジャワ
マタラム

東・南シナ海貿易の拠点

この東南アジアとの密貿易の拠点となったのが、福建省の月港《げっこう》であった。この港は別名を月泉港《げっせんこう》と呼ばれ、沿海部の都市である漳州《しょうしゅう》の東南に位置する。月港という名は、港を山が挟み、停泊地が三日月のような形をしていたことに由来するという。宋代から元代にかけて中国と東南アジア方面との交易を支えた泉州港は、一六世紀に入るころ、土砂の堆積のために港としての機能を低下させていた。泉州港に代わる新たな港として、急成長を遂げた港が、この月港であった。

一五世紀前半には、漳州の海洋商人たちはすでに王朝の禁令を無視して、海外との交易を行い、月港はその拠点として発達する。沿海地域の資産家たちは、密貿易を利殖の機会として投資を行い、なかには明朝の官僚を出した一族が、禁制の大型海洋船を造り、交易に参画することもあった。漳州の商人の多くが、密貿易に従事した。成化・弘治年間(一四六五—一五〇五)には、月港では「小蘇杭《しょうそこう》」、つまり江南の大都市であった蘇州や杭州に匹敵すると評判になるほどの繁栄が見られた。

一六世紀になると、インド洋を経て東シナ海に進出してきたポルトガル人が、この月港に姿を見せるようになる。一五一七年には後述するように、ポルトガル商船が広東で明朝の官憲によって駆逐されると、彼らは新しい拠点を求めて北上し、月港の付近に停泊するようになった。さらにスペイン人や日本人なども、交易のために訪れるようになる。

毎年夏になると、大型船舶が数百隻、風に乗り帆を掛けて月港周辺の海域を覆い、外洋に向かって行く。……福建の漳州の人々は「蕃舶夷商《ばんぱくいしょう》」(外国船に乗り組んだ外国人商人）と外国の物産を取り引きし、しばしば海上にて往来が引きも切らずに続く。（張邦奇「西亭餞別詩序」『皇明経世文編』巻一四七）

月港を拠点とした商人たちは、明朝が行う海禁にもとづく密貿易取り締まりに対抗するために、武装した。

江南の国際貿易港

月港の弱点は、中国の経済的中心地域として絹織物を生産し、外国の物産を消費していた江南地域と直結していなかったところにある。その不備を補うように一六世紀に月港をしのいで急成長を遂げた港が、江南地域の外洋に浮かぶ舟山群島の一角に位置する双嶼港《そうしょこう》であった。この港は第三章で取り上げた蘭秀山よりも南に位置する。蘭秀山が江南地域にとって黄海に乗り出す停泊地であったのに対し、双嶼港は東シナ海航路の拠点として位置づけられる。

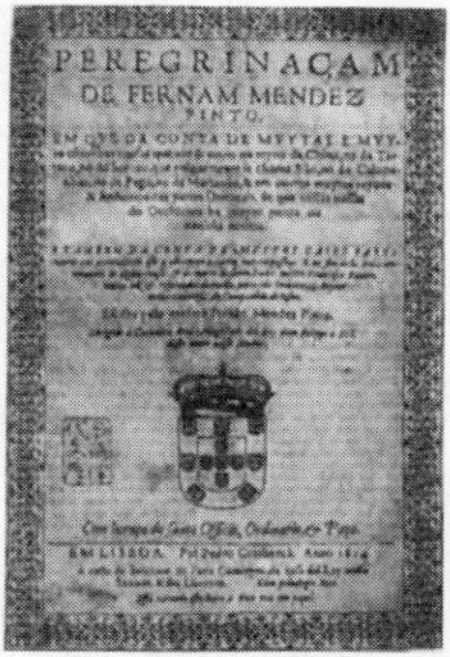

ピントが著した『東洋遍歴記』　天理大学附属天理図書館蔵

一四世紀に明朝は蘭秀山の乱を鎮圧すると、舟山群島が倭寇などの海上勢力の拠点となることを恐れ、多くの島々の住民を内地に強制移住させ、島を無人化させる政策を採った。しかし浙江沿海部などで製塩に従事していた竈戸《そうこ》は、塩を煮詰めるために必要な柴を刈り取るために島々を往来していた。そのため一五世紀に竈戸の制度が弛緩すると、過重な負担を逃れて多くの製塩従事者が舟山群島に定住するようになっていた。海洋商人が拠点を求めて東シナ海を北上していたとき、彼らの目の前に現れた島々は、明朝の支配から離脱した人々が居住する空間であったと考えられる。

一六世紀にまずポルトガル人が進出し、双嶼港を拠点に定めた。初期には、福建出身の商人たちが、ポルトガル商人を手引きしたと思われる。時期は嘉靖三―四年（一五二四―二五）ごろである。陸地から離れたこの拠点は、明朝の取り締まりを逃れて交易を展開するうえで、月港よりも優れた条件を備えていた。やがて江南を商域として押さえていた徽州出身の商人たちも、双嶼港に往来するようになる。さらに一五四〇年ごろから日本の銀が本格的に中国に向かって流れ出るようになると、江南と日本とを結ぶ海路のうえに位置する双嶼港は、中国・ポルトガル・日本などの商人が集う国際交易港の様相を呈し始める。

双嶼港が全盛を極めていた時期に、東シナ海を舞台に活動していたポルトガル人のフェルナン＝メンデス＝ピントは、リャンポーという地名を用いて嘉靖一九年（一五四〇）当時のこの港町について次のように描写する。ちなみにリャンポーは、「寧波《ニンポー》」の福建の方言の発音に由来する。

航海して、六日後にリャンポーの門に到着した。それは、当時ポルトガル人が商売をしていたところから三里《レグア》（約一五キロメートル）離れた二つの島であった。リャンポーはポルトガル人たちが陸地に作った千戸以上から成る集落で、市参事会員《ヴェレアドル》、陪席判事《オーヴィドル》、

> 地方長官《アルカイデ》、その他六、七人の共和国の裁判官《ヴァラ・ダ・ジュスティサ》と役人によって統治され、そこでは……この町には三千人がいて、うち千二百人がポルトガル人、残りはさまざまな国のキリスト教徒であった。そして、事情をよく知っている多くの人たちの言によれば、ポルトガル人の取引高は金三コントを超え、取引の大部分は二年前に発見された日本の銀であり、どんな商品を日本に持って行っても、三、四倍になって返ってきたということであった。
> （岡村多希子訳『東洋遍歴記《とうようへんれきき》』第六六章・第二二二章）

と述べている。ピントの記述は、しばしば誇張をともなうことが多いので、その描写がどこまで正確であったかは疑う余地はあるものの、この港町がポルトガル商人の日本・中国間交易の拠点として発達していたこと、さらにポルトガル人が行政機構を組織し、インドのゴア、東南アジアのマラッカに匹敵する交易の拠点に育つ可能性があったことをうかがわせるには十分であろう。

徽州出身の海洋商人

最初に双嶼港を管理した海洋商人は、李光頭《りこうとう》というあだ名を持つ福建商人の李七《りしち》であった。おそらく李は、ポルトガル人を月港などの福建沿海の交易拠点から、江南に近い舟山群島に案内した人物であったと思われる。しかし、江南との交易が活発になると、江南地域を商域としていた新安商人のグループが、勢力を伸張することとなった。

李七に次いで港の主導権を握ったのは、徽州出身の許棟《きょとう》（許二《きょに》）である。倭寇に関する記録集『日本一鑑』には、許棟は四人兄弟の二番目で、先に弟の許三《きょさん》とともにマラッカに赴いて交易ネットワークを構築し、中国に残った許四《きょし》、許一《きょいち》らと協力して密貿易を展開したと述べる。また、のちに倭寇取り締まりで名を揚げる胡宗憲《こそうけん》の著述によれば、許棟は福建で逮捕され繋がれていた獄から脱出し、倭寇と結びついたという。二つの説を総合すれば、許棟は東南アジアと中国とのあいだの密貿易に従事し、交易拠点であった福建に戻ったところを逮捕、拘禁されていたことになろう。

海に乗り出した許棟のグループは、陸に根をおろした新安商人と商取引の慣習を共有しているため、ポルトガルや日本の商人が必要とする中国物産を容易に入手することができた。海と陸とのあいだに、人材と物資と通貨としての銀がめぐるチャネルが形成された。このチャネルを伝わって海洋に身を投じ頭角を現した海洋商人の代表者が、のちに倭寇の大頭目として名をとどろかせる王直《おうちょく》である。

王直は、汪直《おうちょく》と表記されることもある。許兄弟と同じく徽州の出身で、青年のときに塩商となろうとして商業の道に入ったものの、国家の統制下に置かれていた塩の商いには不正が生じやすく、王直も明朝の禁令を犯し、塩商として成功する前途を閉ざされた。やがて嘉靖一九年（一五四〇）に広東に赴き、漳州の海洋商人グループに参加し、大型外洋船を建造して密貿易に従事するようになった。福建の海洋商人は、東南アジアとの交易で活躍していたところから、王直も当初はアユタヤやマラッカと中国とのあいだを往復していたものと推定される。

ちょうどその時期に、種子島《たねがしま》に鉄砲が伝来した。後世に書かれた『鉄炮記』は、「大明の儒生《じゅせい》の五峰《ごほう》」なる人物が、ポルトガル人を乗せた船舶の船主であり、彼がポルトガル人と種子島領主とのあいだに入って筆談による交渉を行ったと記す。五峰は王直がのちに名乗る号であるところから、この人物は王直であるという推定もなされている。もしこの推定が正しいとすると、王直は日本との交易ルートを開拓するという目的を持って、九州沿海に接近したとも考えられる。ただし、王直が五峰を名乗るのは、一六世紀なかば以降であり、王直が鉄砲を日本に伝えたと即断することはできない。

嘉靖二三年（一五四四）に王直は、その前年から双嶼港を差配していた許棟の配下に入る。許棟のもとで「管庫《かんこ》」としての役割を王直は果たし、海洋商人グループの財務を総轄した。こうした重要な地位を確保できた背景には、彼が徽州出身者として財務管理の技量を身につけ、商人として信用するに足る資質を備えていたからであろう。インターネット上で倭寇に関する詳細なレポートを公開している「海上史事件簿」の編者は、「直」という名は本名ではなく、海上活動者が彼につけた異名であり、「直＝まっすぐ、正直」といったイメージを含むのではないかと推定している（二〇〇五年閲覧）。十分に可能な推定である。銀を産出したことでにわかに重要性が増した日本との交易ルートを開拓する役割を、王直は許棟のもとで担った。

この時期、寧波に日本の使節が滞在していた。寧波の乱以降、明朝の日本使節に対する制限は厳しくなり、ついに北京に赴けずに帰途につこうとしていた。王直はこの日本使節と接触し、嘉靖二四年（一五四五）に日本に渡航したとされる（『籌海図編《ちゅうかいずへん》』）。そしてこの年、博多商人の日本人、名を「助才門《すけざえもん》」というものを含む三人が、王直に案内されて双嶼港を訪れる。これを契機に、中国と日本とのあいだの交易は、急速に発展することになったのである。

海洋商人から倭寇へ

繁栄を遂げていた双嶼港《そうしよこう》に、突如、終焉が訪れる。嘉靖二七年（一五四八）四月、浙江巡《せつこうじゆん》撫都御史《ぶとぎよし》の朱紈《しゆがん》が軍隊を派遣し、双嶼港に拠る交易商人を掃討する挙に出たのである。この軍事的な作戦は熾烈を極め、軍船で港を包囲して島を孤立させ、夜の暗闇に乗じて攻撃を仕掛けた。

この突然の攻撃により、許棟の商人グループの重鎮であった李光頭・許六《きよろく》などは逮捕され、許棟と許四は東南アジア方面に退去せざるを得なくなった。さらに戦闘のなかで惨殺されたり混乱のなかで溺死したりしたものは数百人、海の男たちが信仰していた媽祖を祀る天妃宮や多くの船舶が焼かれた。戦闘が終結したあと五月に、朱紈は自ら港を望む丘の上に立ち、四十余日が過ぎた後も一草も生えず、かつての繁栄のあとを一片も残さない廃墟を見たと自ら記している。

この事件を契機に、海洋商人たちは明朝と敵対せざるを得なくなる。双嶼港を拠点としていた海洋商人は王直のもとに結集し、舟山と大陸とのあいだに位置する烈港《れつこう》に新たな拠点をつくり、日本とのあいだの交易を続けた。王直は他の海洋の勢力を吸収しながら勢力を拡大し、東シナ海を制圧するにいたる。嘉靖三二年（一五五三）官軍により拠点の烈港を攻撃され、王直は中国沿海から退いた。この事件を契機に、「嘉靖大倭寇《かせいだいわこう》」と呼ばれる事態に発展する。

大倭寇と呼ばれる状況は、中国沿海で海上勢力を統轄するものが姿を消したことで統制がきかなくなり、一部のグループが暴走したために発生したと考えられる。とくに目立った活動を展開した徐海《じょかい》は、王直とたもとを分かったあと江南地域での掠奪を繰り返した。もともと徐海は無頼的な性格の持ち主であり、たまたま叔父の徐銓《じょせん》が王直の古くからの仲間であったために、その縁を頼って海の世界に入ったのであり、海洋商人であったわけではない。

徐海などのグループは、交易にもとづいて利益をあげることよりも、掠奪で手っ取り早く富を獲得することに専念した。日本から連れて来られた武士は、都市を攻撃したり官軍と対峙したりするときに隊伍を指揮し、統率した。このことは単なる盗賊ではなく組織的な軍事的集団として、倭寇が内陸奥地まで掠奪の範囲とすることを可能にした。倭寇の活動には、中国各地の無頼や、官憲に不満を抱く人々が参入し、掠奪を行った。沿海地域の村のなかには、男たちが出稼ぎのように倭寇に参加し、鹵《ろ》獲《かく》品を満載して凱旋してくると、村民によって歓迎されるといったところもあったという。

五島市福江町の六角井戸

一方、双嶼港を退いた王直は、どのように変化したのであろうか。一つは海上活動の拠点を、明朝の官憲の手が届かない日本の沿海に定めたことである。九州の五島《ごとう》列島および平戸《ひらど》（長崎県平戸市）が王直の根拠地となった。長崎県五島市（五島列島）の福江《ふくえ》町の市街地に

辮髪（右）と月代（左）　北と南から漢族を挟撃した東アジアの特異な髪型

は、王直が使ったとされる六角井戸が残っている。また王直が平戸に拠点を定めたのち、それまで双嶼港に来航していたポルトガル人が、多く参集するようになったと伝えられる。

　中国沿海を荒らし回った倭寇は、日本の武士にならった髪型をしていた。時代劇などで見慣れているチョンマゲである。頭髪の一部を剃り落とした髪型は、平安後期に始まったものである。もともと武士が戦闘に臨むとき、甲冑を身につけた身体に熱がこもって頭がのぼせるのを防ぐために、そのつど髪を剃った。応仁《おうにん》の乱以後に戦争が持続すると、本来は戦闘の身支度であったものが、武士の身だしなみとなり、ひとつの風俗となったとされる。

　一四世紀には、月代《さかやき》はまだ風俗となっておらず、日本人であることを示す指標ではなかった。一四―一五世紀の記録に登場する倭寇は、「倭服」を身にまとっていたとされ、頭髪について言及するものがない。ところが一六世紀後期に猖獗《しょうけつ》を極めた倭寇については、中国出身者も頭髪を剃り、あるいは髷《まげ》を結っていたことが、各種の記録に示されている。倭寇に捕らえられた中国住民は、強制的に頭を剃られ、その隊伍に加えられた。倭服は着替えることもできるが、頭髪はにわかには変えられない。官軍に捕らえられれば、倭寇として処断される可能性が高く、倭寇に付き従わざるを得ない。髪型は、倭寇が勢力を拡大するための手段

倭寇の上陸（「倭寇図巻」部分）　16世紀の後期倭寇を描いた「倭寇図巻」は旧題に「明仇十洲台湾奏凱図」とあり、明末の画家仇英の筆とされる。倭寇船の出現、上陸、形勢の観望、掠奪放火、民衆の避難、明の官兵との戦闘、明側の勝報、海防堡塁より明官軍の出撃という８画面で展開する。ここで取り上げた部分では、倭寇は頭を月代にし、日本刀・長槍を携えている。後期倭寇には多くの中国人も加わっていたことが明らかにされているが、いでたちはまさに日本人のものである。また倭寇船を見ると、女性も乗り組んでいることがわかる。縦31.7cm。東京大学史料編纂所蔵

となった。官軍が頭髪の薄い一般人を捕まえ、倭寇だと称して功績をあげようとすることもあったとあり、髪型は生死を分ける一大事であったのである。

一六世紀に明朝がおかれた状況を、「北虜南倭《ほくりよなんわ》」と呼ぶ。北からは次章で言及するように、フビライの系譜を引くタタールが明朝に交易の拡大を求めて軍事的圧力を加えていた。これが「北虜」である。タタールもまた、モンゴル族の風習として頭髪を一部剃っていた。つまり、視覚的にイメージするならば、北虜南倭とは頭髪を残した明人が頭髪を剃った異形の軍勢に悩まされている状況、という構図となる。

たかが髪型と軽視してはならな

い。頭髪を剃る行為は、明朝の定めた礼の秩序を否定する意思表示であった。一七世紀に満洲族が清朝を建てて中国を支配したときに、彼らの髪型を漢族にも強制して髪を剃らせた。髪型をめぐる政治史は、一六世紀から清朝支配下の中国を経て、清朝支配が終わる二〇世紀まで続く。

冒険商人と宣教師

ポルトガル人の東方進出

東ユーラシアの海の世界において商業活動が活発化しはじめた時期、ユーラシアの西端でも海へと乗り出す動きが見られた。一四九四年にローマ教皇アレクサンデル六世は地図に線を引き、ポルトガルとスペインの植民地獲得の勢力範囲を定め、西経四六度三〇分を境に東がポルトガル、西がスペインの勢力範囲と定められた。このトルデシリャス条約のもとで、ポルトガル人はヴァスコ＝ダ＝ガマやインド総督アフォンソ＝デ＝アルブケルケなどの冒険商人を先頭に、インド洋と東シナ海とを結ぶ既存の商業ネットワークに参入したのである。

なぜユーラシア大陸の両端で、ほぼ同時期に海へと乗り出す気運が生まれたのであろうか。一四世紀にモンゴル帝国が支えた交易システムが解体し、ユーラシア各地が複数の政権によって分断された。その結果、一五世紀のユーラシアは交易下降期であった。一〇〇年あまりの模索の時期を経て、モンゴル帝国の遺骸から滋養を摂りながら、新しい交易システムが生まれようとしていた。この大きな流れが、西ユーラシアを起点とするいわゆる「大航海時代」と東ユーラシアにおける海洋商人の時代とを同調させたものと考えられる。ただし、商業の時代が始まる一六世紀前半には、のちにこの時代を彩る銀はまだ登場していない。ユーラシアにおける商業の時代を牽引した地域は、東南アジアであった。一四世紀の分水嶺の時代を越えて、東南アジアがユーラシアの東と西とが求める物産を供給するようになったことを見落としてはならないであろう。

中国商人が海外に求めた物産のひとつに、コショウ（学名：*Piper nigrum* L.）がある。もともとインド原産のこの香辛料は、東南アジアに導入されて一五世紀ころから盛んに栽培されるようになった。コショウを栽培する内陸部と海に連なる港市とが結ばれることにより、海洋を通して世界各地にコショウを供給することが可能となったのである。コショウはユーラシアの東西を同時に魅了する商品となった。ヨーロッパのみならず中国と朝鮮でも需要が高まり、東西の商人が東南アジアへと向かう動機を与える商品となった。

コショウ　ヨーロッパ人を東ユーラシアに引き寄せた香辛料

中国には海洋商人が国禁を犯して東南アジアに赴き、コショウを仕入れた。また、朝鮮には琉球や日本を経由してコショウが入った。もしアメリカ大陸原産のトウガラシが東アジアにもたらされなければ、中国料理も朝鮮のキムチも、コショウで味付けされていたに違いない。日本がコショウをほとんど求めなかったのは、モンゴル帝国の支配下に組み込まれず、肉食が広がらなかったためである。他方、一六世紀初頭の一

アルブケルケの肖像　第２代インド総督。リスボン国立古美術館蔵

五〇六年のリスボンでは、一キンタル（五〇・八キログラム）のコショウが、二二クルザードで販売されていた。その東南アジアでの原価はわずかに六・〇八クルザードであり、売上高利益率は実に七二・三パーセントにのぼる。香辛料の魅力は、ポルトガルの野心家たちを海に引き込むには十分であった。

一五〇五年から一五年にかけて、ポルトガルは副王フランシスコ＝デ＝アルメイダ（初代インド総督）の指導のもとでインド洋に進出し、その商業網を築いた。二代目のインド総督アフォンソ＝デ＝アルブケルケは、一五一〇年にゴアを占領、翌一一年に東南アジアの交易センターであったマラッカを占領する。そこには多くの中国系商人がおり、ポルトガル人は中国との交易に利があることを知る。たとえばコショウを中国に持っていけば、三倍の利益が得られる。遠路を経てリスボンに香辛料を運ぶよりも、中国に向かえば手っ取り早く利益をあげられる。彼らの眼前には中国があった。

一五一三年、ジョルジェ＝アルバレスはポルトガル領マラッカを出発し、ジャンク船で珠《しゅ》江《こう》河口を航行し、マカオと香港の間のタマオ島に上陸した。彼が中国に上陸した最初のポルトガル人となった。中国の年号でいえば、正徳《せいとく》八年である。正徳一二年（一五一七）に国王の使者トメ＝ピレスが広州に入港し明朝に国交を求めた。各方面に賄賂を贈るなどの手段を講じて可能性を探り、ついに正徳一五年（一五二〇）五月に宦官トップの内庭太監《ないていたいかん》・江彬《こうひん》を介して、南京に巡幸していた皇帝の朱厚照《しゅこうしょう》（武宗・正徳帝）に謁見することができた。そして皇帝に従って首都・北京に入ったのである。

しかし、ポルトガル人の行動は中国的な礼に沿わず、いたるところでトラブルを引き起こした。ピレスにとっては間の悪いことに、一五二一年に朱厚照が死去、仲立ちになっていた宦官が処刑されると、後ろ盾を失ったピレスは北京から駆逐され広州で投獄された。この事件のあと、ポルトガル人は広東からも追い立てられ、以後、中国海洋商人と結びつき、月港・双嶼港などを拠点に活動するようになるのである。

冒険商人の世界

一五三七年、リスボンの波止場をアジアに向けて旅立った男がいた。名をフェルナン＝メンデス＝ピントという。彼はその後二一年ものあいだアジアの港から港へと渡り歩き、冒険海洋商人として東ユーラシアの海の世界を見聞した。帰国後に書き上げたものが先に引用した『東洋遍歴記』である。

この書のなかで、ピントは歴史的な大事件に遭遇することになっている。その極めつけが、彼自身が日本の種子島に漂着し、鉄砲を伝える現場に居合わせたとあることである。これは歴史的な事実ではない。こうしたホラ話に満ちた書であるが、彼が実際に東南アジアと中国・日本とのあいだを往復して財産を築いたことは、宣教師が残した記録から確認することができる。

『東洋遍歴記』はピント自身の経験を基礎に、当時のポルトガル人のネットワークで語られていた伝聞を素材として、フィクションを織り交ぜながら描き出された冒険小説として読むべきであろう。訳者の岡村多希子氏が解説のなかで指摘するように、ピカレスク小説として位置づけることも可能であろう。しかし、そこに描き出されていることは、「あったこと」ではないかもしれないが、「あり得たこと」である。一六世紀の海域世界を垣間見る上で、これほど刺激に満ちた史料はほかにはない。海の世界が持っていた雰囲気を伝えるエピソードを、紹介しておこう（第三六章—第五七章）。

ピントはマレー半島東岸のパタネ（パタニ）でアントニオ＝デ＝ファリアという商人と出会い、その一行に加わる。この商人は架空の人物であり、いわばポルトガル冒険商人の理想型として描かれる。ファリアの代弁人《フェイトル》の一行は、ムスリム海賊に襲われて商品を奪われてしまう。ファリアは海賊に対する復讐を決意し、ジャンクを強奪して東南アジアから北上してチャンパ・海南島《かいなんとう》を経て中国のリャンポー（双嶼港）を目指して行く。

その途上で偶然にもレキオ（琉球）からパタネへと向かうジャンクと出会う。その船は、「ポルトガル人と大変親密で、ポルトガルの習慣と服装をひどく愛好するキアイ・パンジャンというシナ海賊のものであって、三十人のポルトガル人が乗組んでいたが、いずれも彼が手当を払って連れ歩いている精鋭の兵であり、手当のほかに彼らは彼から絶えず他の多くの利益を蒙っていたので、みな富裕であった」。この海賊船はファリア一行のジャンクを掠奪しようと、大砲を放ちながら接近してくる。あわや海戦となろうとしたとき、互いにポルトガル人が乗り組んでいることに気づき、意気投合する。

中国人海賊のパンジャンは、自分は「かつては沢山持っておりました。……〔しかし〕幾つかの不幸な災難のために富の大部分を失ってしまったので、妻子のいるパタネに戻って行くのを恐れているんです。なぜなら、王の許可なく出国したため、……〔無断出国〕を犯罪に仕立てあげるであろうということが確かにわかっているからです」と身の上を話し、ファリアにジャンクと部下と大砲・鉄砲を貸す代わりに、手に入れたものの三分の一を渡すように求め、その場で契約を取り交わす。ファリアは「間違いなく実行することを聖福音書に誓い、すぐに署名入りの書類を発行し、十ないし十二人のきわめて廉直な人が立会った。そして、この契約に従って彼らは両人とも、そこから五里《レグア》（約二五キロメートル）先にあるアナイという川に入り、そこで、町の司令官の役人《マンダリン》に百クルザドの賄賂を贈って必要なものをことごとく調えた」。

その後、ファリアの一行は、パンジャンの忠告にしたがって福建の港町シンシェウ（漳州か？）に投錨し、そこでスンダ・マラッカ・チモール・パタネから来たポルトガル人から、リャンポーに関する情報を集める。それは、当時、この地域に次のような噂が流れていたからである。中国の皇帝は「ポルトガル人が、以前聞いていたほど誠実でも平和的でもないと新たに知らされたため、自国に置いておきたくないところから、リャンポー在住のポルトガル人を逮捕し、そのナウ船と集落を焼払うために、シナ王の命により十万人の兵が乗組む四百隻のジャンク船から成る艦隊がリャンポーに向かった」。情報収集の結果、中国官軍は別の方面に向かったらしいと知り、ファリアたちはリャンポーに向けて出帆した。

このあり得た物語から、さまざまなことを読みとることができる。まず、ポルトガル貿易商人は、東ユーラシアの交易に参入する際に、ほとんど資本を持たないで乗り込んでいるということである。彼らは海賊を行ったり、中国海洋商人に雇われたり、あるいは中国商人などから投資を受けたりするなかで、商品を買い調える資金を獲得し、一五四〇年以前は東南アジアと東アジアとのあいだを往復し、四〇年代以降は日本と中国とのあいだをもっぱら往復して、利殖をはかっている。のちにスペイン人勢力が、アメリカ大陸で産する銀を手にして中国との交易に参入してくるプロセスとは、その点が大きく異なる。

中国人の船主パンジャンは、中国と東南アジアとのあいだで活動する商人かつ海賊であり、海禁政策下の中国国内には拠点を置かず、東南アジアの港市に妻子を持って、そこの統治者の支配を受けている。そのジャンクは大砲などの火器で武装し、傭兵としてポルトガル人が乗り組んでいた。種子島に到着し鉄砲を伝えた船舶も、おそらく同じような人員構成を採っていたと推定されよう。彼らは海上で状況に応じて他の船舶を掠奪し、あるいは商談を取り交わす。そしてポルトガル人に停泊すべき港の所在を教え、陸上では現地の役人とポルトガル人のあいだに入って、交渉役を務めていた。

宣教師の進出

一攫千金《いっかくせんきん》を夢見る冒険商人のあとを追うようにして、一六世紀なかばに、福音を伝える使命に憑かれた宣教師が東ユーラシアの海に進出してくる。『東洋遍歴記』によると、ピントは日本から武士アンジロ（弥次郎）をともなってマラッカに戻り、フランシスコ＝ザビエルに彼を引き合わせたことになっている。

ザビエルの足跡を、簡単に整理しておこう。彼はスペインとフランスの国境近いナバール王国のザビエル城主の子として生まれ、イグナチウス＝ロヨラとともにイエズス会の創建に努めた。ポルトガル王ジョアンの王命により布教を志し、一五四二年にインドのゴアを中心に活動したあと、マラッカに移り布教していたときにアンジロと会い、日本で伝道する可能性があることを知る。日本布教を決意し、ジャンクに乗り一五四九年に鹿児島に上陸した。日本滞在二年三ヵ月でゴアに戻り中国布教を志し、一五五二年に中国布教のために広東《カントン》港外上川《じょうせん》島に着いたものの入国を許されず、マラリアと思われる病のために同地で急死した。遺体はゴアに移送されて葬られた。

ピントがイエズス会に宛てた書簡によると、ピントはザビエルに日本での活動資金を貸し、その資金で日本最初の教会が建てられたという。マラッカからゴアにザビエルの遺体を運ぶ船の上で、神父の遺体に接したピントは感銘を受け、ついにイエズス会の修練士となり、資財の多くを寄付した。さらにザビエルの跡を継いで日本布教に赴くベルシオル＝ヌネスの渡航費を提供し、ピントは副王の使節として日本に向かったのである。これは彼の誇張ではなく、他の史料からも裏付けられている。

ピントとザビエルとの関係を見ると、宣教師たちは冒険商人たちが東ユーラシアで展開したネットワークを通じて情報を集め、布教の可能性を探っていたことが明らかとなる。さらに、布教に必要な資金は、冒険商人からの貸し付け、あるいは寄付として集められていた。冒険商人たちは寄付行為によって、資財を形成するプロセスのなかで犯したさまざまな悪行を贖罪し、精神の平安を求めていたのである。

東ユーラシアに宣教師を派遣していた修道会は、イエズス会だけではない。のちに『中国誌』を著すガスパール＝ダ＝クルスはポルトガルに生まれ、ドミニコ会の宣教師として一五四八年にリスボンを出港してゴアに向かい、五四年にマラッカに移る。五五年にカンボジアで布教を試みたが失敗、この地でポルトガル人のネットワークを通じて、中国で布教の可能性があることを知る。

一五五六年にマカオ西方に位置するポルトガル人の交易拠点・浪白澳《ろうはくおう》に到達している。そこで彼は中国人に対して街頭で説教した。しかし、そこでも布教の成果は上がらず、五七年に中国から撤退してマラッカに戻る。彼の出した結論は、官僚の監督が厳しい中国では、民衆に布教して改宗させることは難しく、まず宮廷に宣教師を受け入れさせ、社会の上層から浸透をはからなければならない、というものであった。

こうした感触は、当時の宣教師たちが共有していたものであろう。そしてその企図《きと》を初めて実現させた宣教師が、イエズス会のマテオ＝リッチである。イタリアに生まれたリッチは一五八二年にマカオに入り、一六〇一年についに明朝の首都・北京に永住する許可を得た。中国名を利瑪竇《りまとう》として知られるこの人物については、第七章で触れることにしたい。

交易港マカオの形成

ポルトガル人貿易商人にとっても、嘉靖二七年（一五四八）における双嶼港の壊滅は、重大な転機となった。ポルトガル人から見た密輪取り締まりのプロセスは、宣教師クルスの

『中国誌』において詳細に記されている。江南沿海部での拠点を失ったあと、ポルトガル人は日本の長崎に拠点を置くとともに、中国における拠点として広州に近いマカオの地を選んだ。

　ここには陸地と砂州《さす》でつながったマカオ半島があり、その南の海上にはタイパ島とコロアン島という島が浮かんでいた。現在は埋め立てが進み、二つの島は一つになっている。半島と島に囲まれた水域は十字門と呼ばれ、半島の西南、現在の珠海《しゅかい》市南水鎮《なんすいちん》の沖は浪白澳と呼ばれ、それぞれ外洋船の停泊域となっていた。当時の行政区画では、マカオ半島は広東省香山県《こうざんけん》に属し、二つの漁村があるだけであった。

　嘉靖三二年（一五五三）にポルトガル人が所有する船舶が座礁し、朝廷に納めようと考えていた物品が濡れてしまったと申し立て、乾かすために陸に上がりたいと要求、中国側の管理部局であった海道副使《かいどうふくし》の汪柏《おうはく》に賄賂を贈り、半島に上陸してしまう。嘉靖三六年（一五五七）ともなると、役人も既成事実を認めざるを得なくなり、暫定的な居住地を設ける許可を与えた。これが歴史年表などに「一五五七年、ポルトガル人がマカオ居住権を得る」などと記載されていることの実際のいきさつである。その強引さは、冒険商人ならではのものかもしれな

1630年頃のマカオを描いた図

い。

ポルトガル人は建物や城塞を築き、三巴門《さんぱもん》・水坑門《すいこうもん》・新開門《しんかいもん》をつくり、中国とポルトガル居住区との境界とした。一五六三年にはマカオに居住するポルトガル人は、九〇〇人を数えるようになった。万暦《ばんれき》元年（一五七三）に、明朝は正式にポルトガル人がマカオに居留することを認め、その見返りとして毎年地租《ちそ》五〇〇両を納めさせることとなった。万暦二年（一五七四）に明朝政府は半島と陸とをつなぐ砂州に関門を設けて官兵を配置し、ポルトガル人の往来を監視するようになる。門を開放する時間も決められ、そのあいだに住民と食糧などの取引を行うように定められた。

ポルトガル人が東方へ進出してきたさい、その船団長はカピタン－モールと呼ばれ、のちに居留民首長に対する呼称として用いられるようになった。一五五六年に中国と日本との交易の総責任者であったカピタン－モールに、マカオの統治責任者としての役割が与えられた。一六世紀後半になると、マカオ統治者としてのカピタン－モールの役職は、競売で落札されるものに変わる。

カピタン－モールが交易の責任者として長崎に赴くと、マカオは統治責任者を失うことになる。この空白を埋めるように、有力商人が政庁内で権力をもつとともに、イエズス会の宣教師たちがマカオ社会のなかで絶大な権威を発揮した。こうした事態は、一六二三年まで続く。冒険商人と宣教師、その二つの勢力が手を結んでいた空間が、一六世紀のマカオだったのである。

第六章　社会秩序の変容——一六世紀Ⅱ

地域社会の形成

山地の流民

正徳一二年（一五一七）正月一六日にひとりの官僚が、江西省南部に着任した。官僚の名は王守仁《おうしゅじん》、号は陽明《ようめい》という。その赴任地は福建・広東・湖南にまたがる山地のなかにあり、山々は鬱蒼とした常緑広葉樹の森林に覆われていた。任命にあたって王守仁に与えられた役割は、この省境地帯でしきりに発生していた盗賊を取り締まり、治安を回復することであった。

朱元璋が洪武年間（一四世紀後半）に定め、朱棣が永楽年間（一五世紀前半）に活用した戸メカニズムは、一五世紀なかばごろから変調を来し始め、自壊し始める。国家から与えられる負担の大きさに耐えかねて逃げるものが現れると、その負担は残ったものが背負わなければならない。いっそう重くなった負担は、さらに破産するものを生みだし、逃亡者を増やす結果となる。王朝の側も徭役《ようえき》制度を部分的に改革したが、いったん自壊し始めたメカニズムを再編することはできなかった。

国家は戸メカニズムにもとづいて直接に労働力を組織できなくなると、銀によって代納させるようになる。貨幣経済がなかば強制的に進展するなかで、人々のあいだの貧富の差が拡大する。商品取引に成功して成り上がり、他人の耕地を買い集めて大地主になるものが現れる一方で、生業の経営に失敗して資産を失い、家族はもちろん自分自身が生きる糧すら持てないものも現れる。生計がおぼつかなくなった人々は、戸籍に登録された土地を離れ移動し始める。

戸籍を離れた人々の流れは、三つの方向を目指した。

一つは海である。製塩に従事させられる竈戸《そうこ》という戸籍から逃れた人々は海に乗りだし、一部は海賊となって船舶の強奪をもっぱらとし、他のものは勃興し始めた海洋商人のもとに身を寄せた。

第二の流入先は、長江下流域デルタや首都圏で勃興し始めた都市であった。手工業の労働者となったり、港湾労働者や運搬労働者として働いたりして、生活の場を確保した。塩の密売に加わるものも少なくなかった。

そして第三の流れは、帝国の支配が及びにくい省境の山間地域であった。

山地に定住して開墾にいそしむうちに、地元の住民とのあいだに紛争も多発するようになる。自衛のため武装した移住者のなかからは、近隣を掠奪してまわる盗賊も現れる。山地に砦を築き官憲の取り締まりに抵抗するようになると、帝国も手をこまねいているわけにはいかない。王守仁が赴いた江西省南部の山地は、まさに流民の受け入れ先として、帝国が手を焼いた地域であったのである。

王はその赴任地の様子を、次のように述べている。

私が管轄する地域は、境界が四つの省（江西・福建・広東・湖南）にまたがり、山谷は峻険、林木は茂り深く、盗賊がそのあいだに潜んで、しばしば出没しては掠奪をはたらく。取り締まろうと東に追えば〔省境を越えて〕西にのがれ、南で捕らえようとすれば〔省境を越えて〕北に走る。各省の盗賊取り締まりの役人たちは、互いに責任を押しつけあって傍観するだけで、追跡・逮捕に協力しようとはしない。ついに事態は放置されたままになっていた。（『王陽明全集』公移「巡撫《じゅんぶ》南贛《なんかん》欽奉勅諭通行各属」）

王陽明とその書　王守仁（1472—1528）は、明代中期の学者・政治家。朱子学にたいして陽明学をはじめた。左は「安可以陋之。斯孔子所謂欲居」とある

王が都察院《とさついん》左僉都御史《せんとぎょし》の肩書を与えられ、江西省南部から福建省にいたる山間地域の治安維持を担当する巡撫南贛汀漳等処《ていしょうとうしょ》を命じられたのは、前年正徳一一年八月のことである。都察院は中央の監査機関で、官吏の行政を監督して考査する役所で、その事務官としての肩書が都御《とぎょ》史《し》である。都御史は官僚を弾劾する権限を持ち、官僚のランクに応じて左・右都御史（正二品）、左・右副御史《ふくぎょし》（正三品）、そして王が与えられた左・右僉都御史《せんとぎょし》（正四品）などがあっ

た。南贛とは江西省南部の南安府《なんあんふ》と贛州府《かんしゅうふ》、汀漳《ていしょう》とは福建省南西部の汀州府《ていしゅうふ》と漳州府《しょうしゅうふ》である。巡撫とはいくつかの県にまたがる地域を巡視して、治安維持などを担当する役職である。

任命から着任するまでに四ヵ月ほどの時間が経過している。おそらくその期間に、王は管轄する地域の情報を集め、山間に砦を築いて抵抗する流民に対する方策を練り上げていたに違いない。この南方の山間地域は、王守仁にとって自らが到達した思想を実地に試す最初の舞台であった。初舞台を踏もうとする気負いをもって、彼は任地に登場した。着任早々の正徳一二年(一五一七)正月一八日には軍隊を動かして盗賊と交戦し、頭目を斬るとともに山地に建てられていた房屋《ぼうおく》を焼き払った。その後、三月まで続く掃討《そうとう》作戦で、ほぼ山間地域を制圧することになった。

秩序再生の過程

王守仁がその本領を発揮するのは、平定後に地域の秩序を再構築するプロセスであった。王の分析によれば省境の山地に流入した盗賊が急増している理由は、行政の不備にあるという(『王陽明全集』奏疏「申明賞罰以励人心疏」)。

盗賊の被害にあった地域の住民は、最初は行政機関の威令をたのんで役所に訴え出ていたが、官庁は対策をとらず事態を放置していた。盗賊たちは官庁が住民の側に立たないことを知ると、ますます横行するようになる。官府が頼りにならないと身をもって知った住民は、ついには盗賊に従うしか方法が残されていない。住民は日頃から徭役として働きに出たり物資を運搬したりする激務に苦しんでおり、盗賊の側に立てば思いもかけない褒美を得る機会もある。戸籍に留まっているよりは、盗賊に加わった方が実り多い。そのためにあるものは盗賊の本隊に加わって戦い、またあるものは盗賊の道案内や情報収集に力を貸す。

一方、盗賊を鎮圧するための正規軍は、ほとんど教練を受けず士気が衰え、出動命令を受けてから実際に部隊が集まるまでに一〇日もかかる。そのあいだに盗賊は逃げ隠れてしまう。いざ盗賊と対峙すると「群羊を駆り立てて猛虎を攻める」といった有り様で、治安維持には役に立たない。

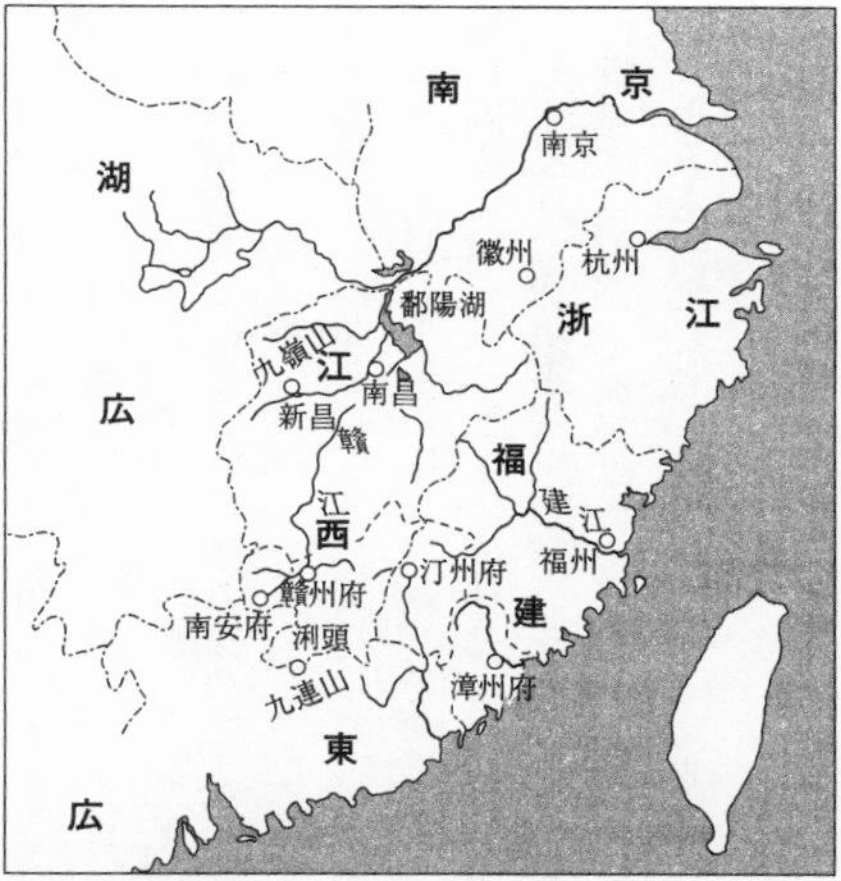

王陽明の管轄地

その代替として投入されていたものが、狼兵《ろうへい》と呼ばれる傭兵部隊である。その多くは華南の広西に居住している壮《チワン》族の出身で、勇猛果敢であることで定評があったが、手当たり次第に掠奪を行う。そのために「狼《おおかみ》」にたとえられた。狼兵の起源は永楽年間にさかのぼるが、軍戸制にもとづく衛所制度が機能しなくなるにしたがって、明代中期から軍役に投入されることが多くなった。傭兵であるので動員すると多大な出費となり、長い期間にわたって駐留させることはできない。盗賊の側もこの弱点を熟知し、狼兵が来ると山中奥深くに逃げ込み、狼兵が撤退すると再び現れるといったことが繰り返された。

こうした事態を打開するために、王守仁は地域住民を主役とする施策を採った。住民のなかから精鋭を二〇〇〇名あまり集めて訓練を施し、治安を維持するために用いた。その民兵の効果は、翌正徳一三年（一五一八）に現れる。広東省と江西省との省境地帯にある九連山《きゅうれんさん》脈の奥深く、浰頭《りとう》と呼ばれる天然の要害に盗賊の最大の拠点があった。王はにわかに編制した民兵を動員してこの地を攻略、その結果、軍事費が不足するという財政のもとで、比較的短期間に盗賊を破ることに成功した（『王陽明全集』奏疏「浰頭捷音疏」）。

なぜ民兵の利用が効果を挙げたのか。一つは王自身が指摘しているように、王が命ぜられた役職に、軍務を提督する責任とともに賞罰を決定する権限が与えられていたからであろう。しかし、着任後わずか二年ほどのあいだで山中の盗賊を制圧できた理由は、制度だけに求められるものではない。

地域の住民が郷里の秩序回復に参画する道筋を開いたことで、それまでは盗賊の側に立たざるを得なかった人々が、帝国の側に与《くみ》するようになったことを見落としてはならない。腕に覚えのある村の青年たちは、盗賊に身を投ずるよりも、民兵として褒賞を受けることが有利であると考えたに違いない。盗賊は新たな兵力を確保する手だてを狭められ、さらに情報収集のネットワークを失った。こうして、山中の盗賊は周囲の地域社会から孤立し、実戦の経験をほとんどもたない民兵に敗北したのである。

施策の思想的背景

浰頭への攻撃を始めるまえ、正徳一二年五月に王守仁は「浰頭に巣くっている賊に告諭する」という投降勧告文を盗賊の頭目に送り届けている。そのなかで、王は次のように諭す。

〔お前たちが盗賊となるまでの〕そのあいだの想いは、やむを得ないものがあるだろう。あるいは官府から圧迫を受け、あるいは大戸《たいこ》（地主）から搾取されて、一時の迷いが生じて盗賊に身を投じ、ついにそこから足を洗うことができなかったのであろう。……お前たちは悪に従ってはいるが、もとは朝廷の赤子《せきし》であった。たとえていえば、父母が一〇人の子どもを産み、そのうち八人は善人となったが二人は反逆して兄弟を殺そうとすれば、父母の心は二人を除去して、八人の生を安んじるしかないであろう。みな自分の子であるのに、父母の心がどうしてあえて偏って二人を殺そうと欲するのだろうか。それは、やむを得ないからである。私のお前たちに対する気持ちも、まさにこのようなものである。……お前たちが盗賊を働いているときの勤勉と精力とを農業や商業で用い、裕福になって安らかで楽しい生活を送り、思いの通りに暮らし、都会を遊覧したり田野でゆったりと遊んだりしようとは、なぜしないのか。

盗賊が投降するように情に訴えようとした文章であると読むことは、確かに可能である。しかし、王守仁は投降した人々を、「新民」として地域社会のなかに定着させる努力を行っており、彼が盗賊となった人々の心情をくみ取り、その心中に秩序を受け入れる素地があることを信じていたと考えて間違いはない。どのような境遇に置かれた人の心にも秩序を見定める理があることを、彼、王守仁は思想の根拠としていたからである。

王守仁は浙江の余姚県《ようけん》の出身で、その父も登用試験を首席で合格し、高官にまで上り詰めた人物であった。一五世紀も終わりに近づいた弘治《こうち》一二年（一四九九）、二八歳のときに官僚登用試験に合格した。もともと物事を突き詰めようとする性格が強く、友人の記した墓誌銘には「初めは任俠に溺れ、二つ目は騎射の習いに溺れ、三つ目は辞誦の習いに溺れ、四つ目は神仙の習いに溺れ、五つ目は仏氏の習いに溺れた」とあるように、武術や文学、道教などと関心の赴くところさまざまな領域に手を出しては満足ができず、思想的な遍歴を重ねた。

一五〇五年に皇帝となった朱厚照《しゅこうしょう》（武宗・正徳帝）が宦官を重用するようになると、官僚たちは宦官を弾劾する運動を行った。王守仁もこの政治の動乱に巻き込まれて下獄、貴州《きしゅう》省龍場《しょうりゅうじょう》の宿場の長というポストに左遷され、正徳三年（一五〇八）三七歳のときに着任した。

少数民族が住民の大半を占める土地で、従者が次々と病に倒れていくなか、王はみずから薪を採り、水を汲み、粥を炊いて食べさせることに専念し、故郷の俗曲を囃したり冗談をとばしたりして精神の瓦解をくい止めた。

「もし聖人がこのような境遇に置かれたら、いったいどのようにするのだろうか」と考えていると、ある夜半、誰かが語り聞かせるように悟るものがあった。「初めて聖人の道を知る。わが性のなかにすでに備わっているのだ。いままで理を事物に求めていたことは間違いであった」。この転機は「龍場の頓悟」と呼ばれ、陽明学の誕生を告げ、儒学のターニングポイントとなった。

儒学はもともとさまざまな関係のなかで、尊卑《そんぴ》・長幼《ちょうよう》といった序列を正しく認識して、その序列に従って行動することを求める思想である。宋代の儒学は「理」という概念を核にして、序列と行動との関係を普遍的・法則的に整理しようとした。宋学の大成者である朱熹《しゅき》にいたると、人間の行為と宇宙とを貫く秩序を想定して、それを理と呼ぶようになる。朱子学《しゅしがく》はさまざまな現象のなかに存在する理を窮めることで、宇宙からわが身まで一貫する理を把握することができると考える。そして理を把握できた人は、他者を教え導くことが期待される。まだ理をわかっていない人々を諭す役割は、儒学の古典を読み事物を考察する時間的・経済的なゆとりと能力とを兼ね備えた士大夫に割り当てられた。つまり日々の生業に追われて理を窮めるゆとりを持たない人々は、士大夫から教えられ導かれ、諭される存在として位置づけられたのである。

明代初期に礼の帝国としての枠組みを造った宋濂ら義塾の元教師たちは、こうした朱子学の思想を帝国の根幹に据えた。士大夫を登用する試験である科挙は朱子学にもとづいて行われ、試験によって理を捉えていることが形式的にではあれ証明された官僚たちが、人民に守るべき秩序を外側から与えることになる。里甲制《りこうせい》にともない民衆の教化を任とする里老人《りろうじん》という役職が置かれ、朱元璋の定めた六諭《りくゆ》を人々に伝達し、秩序を整える役割を担った。しかし、戸メカニズムの自壊にともない、社会が流動化するに従い、秩序をどのように再編するのかが時代の課題となった。そこに登場したのが、王守仁の拓いた陽明学である。

王守仁は「心即理《しんそくり》」つまり「心のなかに理が最初から備わっている」と言い切ることで、秩序形成の役割を士大夫の独占から解放し、生業に余念のない人々にまで拡大することに成功した。しかし、このことを個人の確立といった近代的な枠組みで捉えてはならないであろう。「たとえば父に仕えるというとき、父という事物に孝の理を求めて行くことは成り立たない。君主に仕えるというときに、君主という対象に忠の理を求めて行くこともあり得ない。……すべてはただ心即理なので、心が私欲に覆われていなければ、とりもなおさず天理がそこに存在するのであり、外面に何か付け加える必要はない。この天理に純粋となった心を父に仕えるときに発すれば、それが孝である。君主に仕えるときに発すれば、それが忠である」（『伝習録』上）と王が述べるとき、人々が自発的に忠孝といった上下の序列にもとづいた秩序を形成することが期待されていることが明らかとなる。

盗賊に投降を呼びかけるとき、王守仁は父母とその子との関係をたとえとして持ち出す。肉親のあいだの感情が、心即理のスローガンのもとで帝国と人民とのあいだの関係に敷衍されていく。彼の思想が体制維持の側面をも兼ね備えていたことを、そこに見ることは難しくはない。

里老人から郷約へ

盗賊を平定したあとに、王守仁はその思想にもとづいた施策を展開する。その代表的な成果が、「南贛郷約《なんかんきょうやく》」として結実する。郷約とは郷村の規約であるとともに、その規約を共有する社会組織である。盗賊から投降してきた人々を、新民として地域社会のなかに再編するために、王は郷約を編成するマニュアルを作成した。これが「南贛郷約」と呼ばれるもので、のちに各地で編成される郷約にモデルを与えた。郷約の起源は宋代の呂氏郷約《りよしきようやく》（一〇七六年に編成）にさかのぼるが、明代に郷約が復興するきっかけを作ったものは、王守仁である。

郷里の人民は自発的に郷約を編成し、徳のあるものを約長とし、構成員の名簿を作成する。約をともにする人々は、毎月の満月の日に開かれる集会に参加し、善を明らかにするとともに、悪は穏やかに自首するように奨励して善なる気持ちが生まれるようにする。外地から流入し、いまは良民にもどった新民に対しては、けっして復讐しようとしてはならない。約長などが騒ぎの起きないようにする責任を負う。新民は善の気持ちを持っているので、その罪は許されている。みずから過去を改めて新たに耕作や織布に精を出し、公正に商売を行わなければならない。もし過ちを繰り返すものがいたら、約長らが官に訴え出よ、と王は述べる。そのほか集会のときの手順などが、こと細かく記されている。

王守仁が示した郷約マニュアルは、里甲制が弛緩して里老人による秩序の形成が困難になっていた地域で、ひろく受け入れられた。徽州《きしゆう》盆地に位置する祁門県《きもんけん》では、明代の初期から山地の利用をめぐる紛争を解決し、無秩序な伐採を禁止するときに、里老人が果たす役割が大きかった。ところが一六世紀もなかばになると、その機能が低下した。その空白を埋めるように郷約が結ばれるようになる。嘉靖二六年（一五四七）に結ばれた郷約を、紹介しておこう。

徽州の郷約

この郷約では七つの村落に属する家を一二のグループに編成し、それぞれに甲総《こうそう》とよばれる責任者を立てていた。グループごとに名簿一二部を作成し、一二名の甲総がすべてのグループの名簿を一冊ずつ保管すると定められている。

規約の第一条は、次のような内容である。郷約に参加する各家は大人から子どもにいたるまで、ひとり一本ずつの番号を記した天秤棒を衆人の前で支給する。もし天秤棒が損壊したら、その家が保有する山地から天秤用の木材を伐り出し、所管の甲総に申し出て同じ登録番号を記してもらう。もし番号が記されていなければ、木材を盗伐したと見なして処罰する。

中国では薪や柴あるいは丸太の搬出に、天秤を用いた。並の男ならば、約九〇キログラムにもなる柴を天秤に振り分けて肩に乗せ、杖を反対の肩に置き、首の後ろで天秤棒と交差させて荷の重さを両肩に分散させる。天秤を乗せた側の肩が麻痺すると、天秤にはずみをつけて反転させ、うなじを渡らせて逆の肩に移す。休息するときも天秤は地に降ろさず、杖の上に天秤棒を置き、バランスを取りながら立ったまま休むのである。

その規約から推測すると、天秤棒の番号と住民とは名簿の上で対応しており、もし山中で見回りをしているときに不審なものを見つけたら、肩にした天秤棒を調べたのであろう。もし郷約に属しているものであれば、その天秤には番号が刻印され、どのグループの誰であるかが照合される。不正に伐採した木材を運んでいたら、すぐに違反者として特定できるのである。天秤棒はいわば入山許可証であったのである。

規約によると、瓜棚《うりだな》などを建てる際に用いる木材を自分の家の山から伐り出す場合でも、甲総にあらかじめ届け出ることになっており、検査したとき来歴が不明な木材が使われていたら処罰される。また木材を扱う商店も、購入したことが明らかな製材や柴を除いて、丸太やマツ・スギなどの苗を仕入れることを許さない、もし違反したら売買した双方ともに処罰するとある。最後の規約では、一年に四回集会を開き、違反したものに罰金を支払わせて名簿に記載しておき、没収した木材などは貯蔵し、有事に備えるとある。

この郷約は県の行政府に届け出され、県は人が集まる場所や市が立って取引が行われるところなどに貼りだし、周知徹底がはかられた。具体的な規約を定め、定期的に集会を開き、県政府の支援を得ることで、この郷約は維持されたのである。

天秤を器用に操る現代の農民　16世紀当時を彷彿とさせる農村の光景。筆者撮影1985年

徽州の契約書の変遷から地域社会の秩序維持の変化を調べた中島楽章氏の研究によると、徽州では隆慶《りゅうけい》年間（一五六七―七二）から万暦《ばんれき》初年（一五七三年ごろ）を境に、里老人制に代わって、しだいに郷約などが紛争処理を担うようになっていったという。その傾向は一七世紀に入っていっそう顕著となり、清朝支配下においても継続される。

税糧と徭役の銀納化

郷約が一五七〇年前後から普及する背景には、税制の合理化が深く関係する。里甲制のもとで民戸に編成された人々は、税糧として穀物などの現物と、徭役《ようえき》として労働力を国家に提供することが求められた。すでに述べてきたように一五世紀なかば以降、しだいに税糧と徭役の銀納化が展開した。

徭役のなかでまず銀納化が進展した部分は、遠隔地に赴いて堤防の建設など国家的な建設プロジェクトに従事する「雑役《ざつえき》」である。こうした徭役は銀に換算して徴収し、建設現場で労働者を雇用して進めれば、遠隔地から強制的に集められた農民などを駆り立てて行うよりも効率的であった。一六世紀前半には、雑役はほぼ完全に銀納化される。税糧は一五世紀なかばから徐々に銀納化が進み、換算された銀額は金花銀と呼ばれた。一六世紀のなかばになると、日本から大量の銀が中国に流入するなかで、銀納化はいっそう加速される。税糧のほとんどの項目にわたって銀に換算して納める方法が一般化するとともに、徭役も在地の生産基盤の整備に関わる里《り》甲正役《こうせいえき》のなかの一部を残して、銀で換算して納入するようになった。

徭役と税糧の双方で、それぞれ段階的に銀納化が進むと、その来源は異なっていても、手に取ってみればすべて同じ銀である。それならば、それぞれ別個に納付するのではなく、一括してまとめて納めさせて手間を省こうとする動きが生まれることは、自然な流れである。まず「投櫃《とうき》の法」と呼ばれる方法が導入された。この納税方法は、納税者が直接に県の役所が管理する「櫃《き》」（頑丈な木箱）のなかに紙に包んで封をした銀を投入するというものである。

さらに合理化が進むと、一条鞭法《いちじょうべんぽう》と呼ばれる徴税法が現れた。これは県ごとに銀の額で表示される徭役と税糧とを合算して、それを県全体の丁《てい》（徭役負担の義務のある成年男性）と田地に割り当てて、納税者から一括して徴収しようとするものである。この改革の結果、県

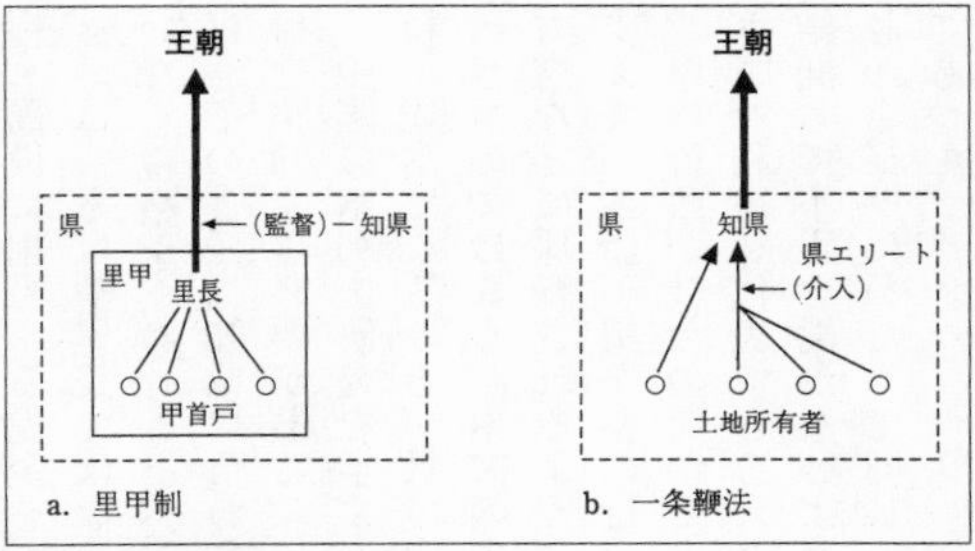

徴税の責任の所在の変化

の行政機関が徴税の責任を帝国に対して負うことになり、県の長官である知県の責務は重いものになった。一条鞭法は浙江省で嘉靖四四年（一五六五）に施行され、一六世紀後半期にしだいに全国的に波及していった。

一条鞭法の導入は、税制合理化を進めた官僚が予測しなかったことであるが、社会の編成に大きな変化をもたらすこととなった。一条鞭法が施行される以前のメカニズムでは、帝国にたいして米や麦などの税糧を納め、国家が指定した労働を行う徭役を担ったものは、里甲であった。そこでは、県の行政官は補助的な立場に置かれ、管轄する区域の里甲がとどこおりなく義務を行っているかを監督し、里甲がうまく機能していないときに障害を取り除いて介助するに止まる。里甲の内部は輪番制で運営された。里甲が実務を担い、里老人が帝国から与えられた六諭にのっとって里のなかの紛争を解決し、礼《れい》の秩序を整えた。里長は国家から与えられた責任を果たすため、里甲正役というカテゴリーの労働義務を組織して、用水路の浚渫《しゅんせつ》や堤防の修築、耕地の整備など生産の基盤を支えた。

一条鞭法が施行されると、このメカニズムは大きく変化する。住民はもはや里甲を経由せず、銀に換算された税糧・徭役に相当する税金を、直接に県の役所に支払う。帝国に対して税金徴収の責任を負うものは、もはや里長ではなく、県の長官である知県へと代わった。知県は管轄区域から間違いなく税金を、取り立てなければならない。水害や旱害などが多発して徴税が困難になれば、その責任は知県に負わされる。大過なく任期を全うするためには、自ら率先して生産基盤を整備する必要がある。

中国の水利史研究を学ぶと、一六世紀後半以降に急に具体的な水利事業の様子を伝える史料が豊富になることが見て取れる。これはこの時期に急に水利事業が盛んになったと解釈すべきものではなく、事業の主体が行政官に移ったことで、記録が公的な機関に保存されて地方志などに採録されるようになったからである。これを住民の側から見ると、自らの生活を支えている諸事業を県の行政によって握られたということになる。

県の行政が社会のなかで占める比重が増すと、県行政に対して意見を述べ、地域内のさまざまな利害を代表できる人々の存在が重要になってくる。明代には地方官が在地の有力者と結託して不正を働かないように、官僚の出身地には赴任させないという回避《かいひ》の制が行われ、しかも長期にわたって同じところにあると腐敗するというので、知県などの任期は三年程度であった。

多くの地方官は、その任地の実状にはうとい。そのために地域の内情に精通したものが、県行政の側でも必要とされた。県という地域社会と県行政との仲介役として、一六世紀に存在感を増してくるものが、県を基盤とする地域エリートであり史料に郷紳《きょうしん》と記される社会層であった。

県全体の公議

話題を再び江西省の山間地域にもどそう。王守仁が赴任した土地から北上したところに、九嶺山《きゅうれいさん》と呼ばれる山地がある。湖南省との省境に近く、標高一四四五メートルの石花尖《せっかせん》を中心に、標高一〇〇〇メートルほどの稜線を描いて丘陵地が広がる。史書によると九嶺山はもともと無人の山地であったわけではなく、明代初期には四つの姓の住民が六つの戸を編成し、百有余頃《けい》の田土を耕していた。耕地面積を単純に換算すれば六〇〇ヘクタールほどである。この広大な耕地を六世帯で耕していたとは考えられない。おそらく、六戸といっても六世帯という意味ではなく、一戸が一つの同族集団であったと推定されよう。

そこに「多くの福建人が藍《あい》を栽培し、小屋掛けして住むようになった。さらに飢えた民が合流し、付近の村々を蚕食するようになった」（陳泰来「東郊破賊紀略」、同治『新昌県志』）とあり、福建からの移民を皮切りに、多くのよそ者が流入したのである。これらの人々は、「棚《ほう》」すなわち木枠の棚にアンペラを掛けたような簡単な仮設小屋で寝起きしたので、「棚民《ほうみん》」と呼ばれた。

万暦二年（一五七四）、この地に潜入した李大鑾《りたいらん》が棚民を組織して蜂起し、勢力を拡大しつつ、数年にわたって反乱を持続させた。反乱鎮圧後、王朝政府は、この山が官憲の力が及びにくいために反乱の起点になったとの認識をもった。住民を立ち退かせた後、兵士を駐留させて山地への立ち入りを禁止し、それ以後、山地への居住や開発を禁止する「封禁《ふうきん》」政策を実施した。つまり手続きとして、山地内の土地にかかわる諸権利を抹消したのであり、あえて現代的に表現するならば国有地にしたということになろう。

こうした耕地を抹消しても、税額は減額されない。明朝の税制改変に特徴的に見られる原額主義とでもいうべき原則のためである。そのために封禁政策は、もともと山地の居民が負担していた税糧を、県全体の田地に均等に割り当てるという当地の土地所有者に痛みを強いる処置をともなった。こうした処置を実行するためには、地域エリートの支持を得る必要があった。したがって封禁は政府が強制的に進めたものではなく、九嶺山の周辺のいくつかの県の地域エリートがこの政策を支えたものと推定される。大土地所有者でもある地域エリートは、地域社会の治安維持を必要としており、地域の外部からの人口流入に対して警戒心を抱いていたために、封禁を支持したものであろう。史料は次のように記す。

隆慶・万暦年間（一五七〇年前後）に賊寇は険しい地形に立てこもって、両省（江西省と湖南省）に害を与え、掃討することが困難を極めた。そのために〔棚民の反乱を鎮圧したあと〕県全体で公に議論し（原文＝「合県公議」）、山中の居民を移出させて、その耕地に課せられていた税糧を県全体に均等に割り当てて、県全体で負担することとし、石に刻んで永遠に許可なく入山することを禁止し、違反者は必ず懲らしめることとした。これは災いを防ぎ、謀反者を防ぐ方法なのである。もし禁令を奉じて反乱を終わらせるのでなければ、山中の住民はどうして生業を棄てて移出することを受け入れたであろうか。また県全体の里逓《りてい》（村落の指導者）もどうして税を負担することに甘んじたであろうか。（同治『新昌県志』）

郷紳たちは知県の機能を支える必要から県全体の利害を議論して世論を形づくりながら、上から秩序の編成を探り、村落の里遞たちはそれぞれの郷里において郷約の編成を率先して進め、新しい秩序を下から編成しようと試みた。こうした動きを、県レベルの行政官もバックアップした。郷村の住民たちが自らの心のなかに秩序を生み出す契機が内在していることを自覚しつつ、王守仁の示した郷約マニュアルなどを手本にしながら、戸メカニズムが自壊して流動化しはじめた社会の状況に対処しようとするなかで、一六世紀から一七世紀にかけて、中国各地で自律的な地域社会が生まれようとしたのである。

中央政府と地方官

戸メカニズムの崩壊とともに地方官の役割が大きくなると、地域社会の側で赴任した官僚を取り込もうとする動きが見られる一方、中央政府の側でも地方に赴任した官僚をコントロールしようとする傾向が現れた。つまり地域社会と中央政府とが、地方官をめぐって対立する局面となったのである。政治の場において、二つの力は地域社会の言論を官僚を介して中央政治に反映させようとする立場と、官僚の勤務評定を厳しく行うことで中央の政策を地方で確実に実行させようとする立場との対立として現れた。

中央政府のなかにあって、上から地域社会を統制しようとする政策を担った役職は、内閣《ないかく》大学士《だいがくし》である。明朝を開いた朱元璋は、皇帝の独裁体制を確立するために宰相を廃止して、六部《りくぶ》を皇帝に直属させた。しかし、皇帝一人で帝国のすべての状況を把握し、すべてについて判断し、裁決することは不可能に近い。靖難の役で正規の官僚機構を持たずに皇帝となった朱棣は、彼を個人的に補佐する人材を必要とした。一四〇二年に即位してほどなく、皇帝の秘書として内閣大学士というポストを設け、機密を要する案件にも参与させるようにした。

ただし当初その官位は低く、その身分は皇帝個人の信任によって維持されていた。この点で官僚機構に支えられ、ときには皇帝の意のままには動かない明朝初期の宰相とは異なっている。明の中期に幼い皇帝や政務に熱心でない皇帝が続くと、このポストの比重はしだいに高くなり、首輔《しゅほ》と称される大学士のトップは、六部の長官である尚書《しょうしょ》を押さえつけるほどの実権を握るようになった。

隆慶六年（一五七二）に朱翊鈞《しゅよくきん》がわずか一〇歳で皇帝の座につく。神宗《しんそう》・万暦帝《ばんれきてい》である。幼い皇帝の学問の師であった内閣大学士の張居正《ちょうきょせい》は、万暦元年（一五七三）に首輔に任命された。張がまず行った改革は、内閣による官僚の勤務評定を制度として定めたことであった。考成法《こうせいほう》と呼ばれる新しい制度では、皇帝が批准した事柄について、問題の緊急度と地方の状況に応じて期限を定め月末に点検を行い、もし地方官の執行に遅れが見られた場合、最終的に内閣が摘発して評定するということになる。つまり皇帝の秘書に過ぎなかった内閣に勤務評定の権限を与えることで、そのトップである内閣大学士首輔が官僚機構の頂点に立つことになる。幼い皇帝は、張の提案をそのまま認めた。

制度的に官僚機構の頂点に立った張居正は、中央から地方をコントロールする政策を強圧的に進めた。特筆される施策は、銀経済の進展とともに立て直しが必要であった財政収入の確保である。万暦六年（一五七八）に張は、勤務評定で縛り上げた地方官を駆り立てて、全国的な農地の実地測量を実施した。登録されていない農地を摘発し、帝国が把握する農地を拡大することができれば、財政収入は確実に増える。丈量《じょうりょう》と呼ばれる実測によって登録された耕地面積は、実に三〇パーセントも増加したといわれている。この政策は全国に広がりつつあった一条鞭法を、いっそう進展させた。戸という実態を失いつつあった単位で税を徴収するのではなく、課税対象である農地面積を政府が把握することができるようになり、徴税を確実に行う条件が整ったからである。

しかし考成法は、弊害ももたらした。税糧を徴収する責務を負わされ、額面どおり徴収できなければ降格されるとなれば、地方官は天候の不順で地域の住民が苦しんでいようが、まったくお構いなしに取り立てようとする。治安維持を目的に囚人の定額が設けられ、どれだけ犯人を逮捕して処刑したかが勤務評定の対象になったために、地方官は罪のない住民を容疑者に仕立て上げ、苛酷な裁判を行い、自白を強要して犯罪者として処刑するようになった。地域社会の側に立つ官僚は、こうした張居正の独裁的な政策運営を批判するようになる。

万暦五年（一五七七）に張の父親が死去する。儒学を国の根幹に据えた明朝にあって、父に対する孝を尽くすために官僚は喪に服して職務から離れ、郷里に戻ることが義務づけられていた。張の場合は、二七ヵ月のあいだ離任する規程である。ところが実権を失うことを恐れた張は朝廷内で工作を行い、国のために離任を認めないという命令を皇帝に出させた。喪に服することを許さない「奪情《だつじょう》」と呼ばれる処置である。この処置をめぐり、官僚のあいだで議論が生じた。張におもねって賛成する官僚が出る一方で、離任を張の退陣を迫る機会と見た批判派の官僚は、人民の手本となるべき官僚は喪に服すべきであるとの意見を展開した。張は奪情を批判した官僚に、苛烈な弾圧を加える。

廷杖《ていじょう》と呼ばれる刑罰がある。皇帝が恣意的に、棒で臣下を打ち据えさせる。手加減を加えなければ、死に至らしめることも可能である。張は奪情を批判した五人の官僚に、廷杖を加えさせた。この事態の推移から、張が皇帝の個人的な信任を背景に、独裁的な権力を握っていることが明らかとなる。

地方官をめぐる内閣大学士と地域社会との葛藤は、張居正が万暦一〇年（一五八二）に死去したあとも続き、一七世紀になると政界を二分する派閥抗争へと発展して行くことになる。このあとの展開は、次章で取り上げることとしよう。

士農工商の溶解

農村手工業の展開

税制の合理化は、地域社会の形成を促進したばかりでなく、農村における手工業を発展させた。その例を長江下流域デルタにおける綿布生産に見てみよう。

長江下流域デルタは水郷地帯として知られているが、その東には微高地などと呼ばれる地形が連なっている。長江の沖積作用でデルタが形成されたとき、海潮のまきあげる土砂がこの微高地を造ったといわれる。現在の地名でいえば、嘉定《かてい》から上海《シャンハイ》を経て松江《しょうこう》にかけて広がる一帯である。水はけがよく、しかも海岸に近いために土壌に塩分が含まれている。そのために水田耕作には適さず、明代には塩分に比較的強いワタの栽培が盛んに行われていた。綿布の原料となるワタ（学名：*Gossypium*〈ワタ属〉）はインドを原産地として、そこから東と西とに伝播した。中国にワタの種子が伝わったのは一〇世紀であるが、当初は観賞用であったという。他方、西へは西アジアを経てアフリカに入った。東に伝わったワタは繊維が太く、それで織り上げた綿布は厚手であったため、作業服や冬の衣類として普及した。それに対して西に伝わったワタは繊維が長く、綿布は薄手になるために、下着の原料として普及したという。綿布は世界の歴史を大きく突き動かした物産の一つである。しかし、その商品としての性格がユーラシア大陸の西と東とでは異なっていたことは、記憶に留めておいてよいだろう。

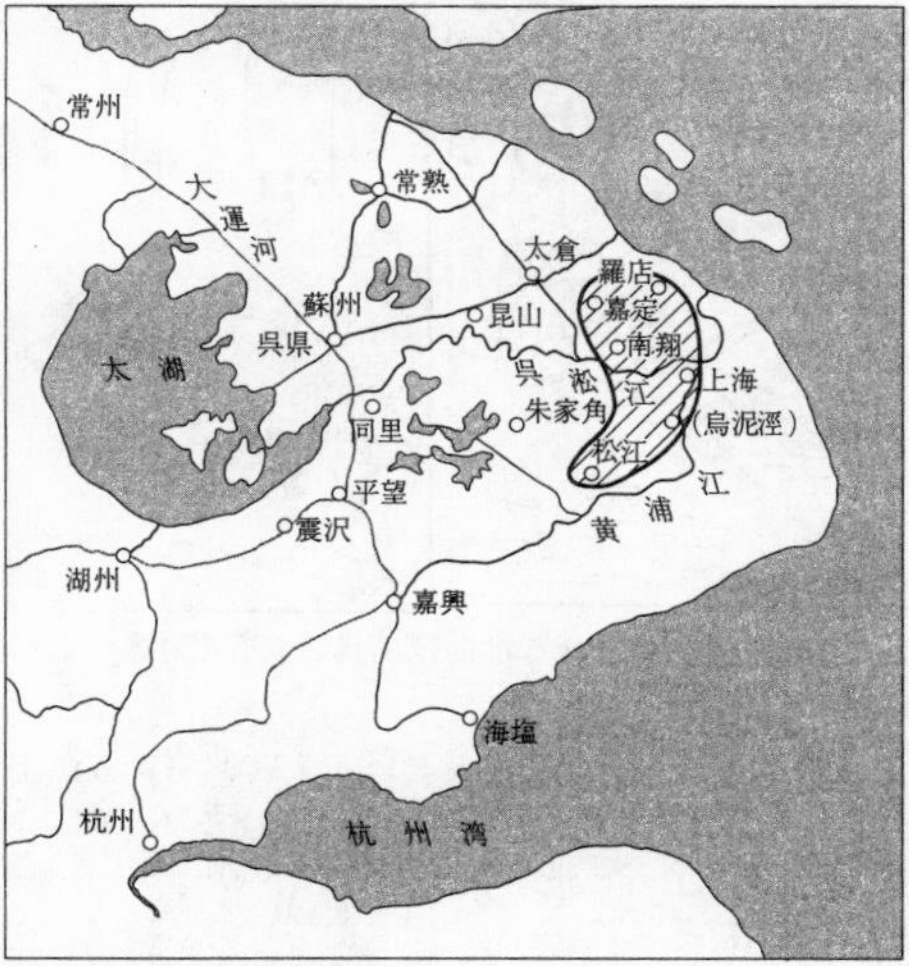

長江下流域デルタの綿作

　中国に入ったワタはその後、華南で広く栽培されるようになり、綿織物に関わる技術が発達した。伝説に

明代の農村　中央の図は竜骨車と呼ばれる水揚げ用具。『天工開物』より

よると、一三世紀末に黄道婆《こうどうば》という名の女性が、南方の海南島から微高地に位置する烏泥涇《うでいけい》という地に移り住んだとき、綿花から種子を取り除き、糸を紡ぐ道具と技術とをもたらしたという。人々は争って技術を習得し、黄道婆も教えることに熱心であったために、烏泥涇は高級な綿布の産地として知られるようになり、人々は富裕になったと伝説は語る。綿布生産の技術は、ワタと同じくインドから海を渡り、東南アジアを経由して華南に入った。その進んだ技術がモンゴル帝国の支配する時期に、長江下流域デルタに伝播したと考えることができる。

　宣徳《せんとく》八年（一四三三）に松江などの地域で、耕地に課せられた税糧を一定の比率で綿布に換算して納めることが公認されると、綿布の生産が農村の主要な産業となり、綿花の栽培も拡大した。帝国も兵士に支給する衣料を確保するために、大量のしかも均質な綿布を必要としていた。綿布を直接に農家から徴収していたのでは、質をそろえることがむずかしい。そこで史料によると弘治《こうじ》一七年（一五〇四）に、綿布を銀に換算して徴収し、その銀で質がそろった綿布を購入することが始まったとされる。

ワタの栽培から綿布を織り上げるまで、いくつかの工程が必要となる。秋に収穫された綿花は、まず軋車《あつしゃ》と呼ばれる機具を用いて種子と綿毛とを分ける繰《く》り綿《わた》の作業を施し、乾かされる。これを竹に巻き付けて筒状に形を整えたあと、片側からほぐしながら紡車《ぼうしゃ》にかけて紡いで糸にする。足で車を動かし片方の手で同時に三本、ないしは五本の糸を紡いだ。縦糸には糊付けし、乾燥したあとに織機に渡し、糊付けしない横糸を用いて布に織り上げる。一六世紀にはこうした工程の一つ一つが、別々の農家によって担われた。つまりワタを栽培する農家は綿花を市に出すと、繰り綿の作業を行う農家がその綿花を買い付ける。種子を取り除いて乾燥された綿花は、市に出され、糸を紡ぐ農家が仕入れる。そして糸を購入して綿布を生産する農家が、最後の工程を担うのである。

市鎮の叢生

一六世紀初頭の史料には、つぎのように描かれている。

農村の老婦は朝になると綿の糸を抱えて市に入り、綿花に換えて帰る。翌朝には再び糸を抱えて村を出る。〔夜なべをして糸を紡いだのであり〕休む間もない。布を織るものはだいたい一日に一疋を織り上げる。夜を通して寝ることもない。農家の収穫は官に税糧を支払い〔借金の〕利息を埋め合わせると、まだ一年が終わってもいないのに家〔の蓄え〕は尽きてしまう。その衣食はすべてこれ（紡織の夜なべ仕事）に頼っているのである。

（正徳『松江府志』所収）

この史料から、農家は市とのあいだを往復しながら、綿織物の各工程を担っていること、主な働き手は農家の主婦であったこと、そして重い税金のために夜なべ仕事を夜を日に継いで行わなければ生計が成り立たなかったことを読みとることができる。

工程は空間的な移動をともなっている場合もあった。海塩県《かいえんけん》では綿花が十分に生産されていないので、農家は松江から運ばれてきた綿花を購入して糸を紡ぎ、生産された糸を再び松江に供給していたという。松江には、少し離れた地域から「棉紗船《めんさせん》」という糸運搬専用の船が行き来していた。

綿布を市で売ろうとする農民の苦労も、並大抵のものではなかった。「布賦《ふふ》」と題された一六世紀なかばの詩がある。

機を織る婦は寒さを抱え、亀のように荒れた手を顧みるゆとりもない。夫は空腹を抱えて遠路を小走りに行く。そそくさと市に入ると〔綿布の〕精粗《せいそ》が規格に合わないのではないかと兢々としている。口では出来の良さを飾り立て、風や露に当たらないように護り持つ。肩や腕が擦れ合えばその手を取り、口を極めて私の布を買ってくれと説く。代金を得ようという思いは奪うような激しさで、買い手に媚びること父親につかえるような丁寧さ、幸い買い手に選ばれれば重荷を降ろしたよう。軒の下に腰を下ろし、夜明けの道を振り返る。（徐献忠「布賦」、崇禎『松江府志』所収）

綿花や綿布が取り引きされる市は、急速に発達して常設の店舗が建ち並ぶ鎮《ちん》と呼ばれる町へと発展していく。綿花が収穫される秋ともなると、各地の鎮ではまだ暗い内から市が立ち、多くの牙行《がこう》と呼ばれる仲買人が秤を掛けて、売り手と買い手が集まってくるのを待っている。彼らは綿花の品質を見きわめ、重さを量って取引を成り立たせ、手数料を懐にする。なお牙行綿花の価格が低ければ大量に買い入れ、値上がりを待って販売することも行った。なお牙行になるには、官庁の許可が必要であった。

上海の近くの朱家鎮《しゅかちん》は、綿布取引のセンターとして一六世紀に急成長し、巨鎮《きょちん》と呼ばれるまでになった。そこには布荘《ふそう》と呼ばれる大規模な綿布の問屋が軒を連ね、外地から来た商人と取り引きした。おもに北京などを拠点とする北方の商人が、綿布を買い集めた。いわゆる山西《さんせい》商人である。前章で取り上げた新安商人は、こと綿布については後塵を拝していた。綿布が北京の富裕層や西北の辺境に配備された軍隊へ供給されたこと、また山東省で生産された綿花を搬入して、その帰りに綿布を仕入れたことなどが、山西商人が綿布取引で活躍する理由として挙げられよう。新安商人は長江の中流域や華南に向けた取引を行い、作業着などに用いられる低級品を主に買い付けた。

機織りの図　『18－19世紀羊城風物』上海古籍出版社より

一六世紀には、ここで紹介してきた綿布の他に、手工業が盛んになる太湖《たいこ》周辺のクワの葉の生産、養蚕、生糸の紡績など絹織物に関わる諸工程が農村で展開している。こうした手工業は、王朝が進めた税制の合理化がきっかけとなり、海外からもたらされた銀をめぐって展開したものであった。農民たちは常に受け身であり、税糧を銀納するのに必要な貨幣を手に入れるために、手工業に巻き込まれたに過ぎない。物資は農村から都市へと向かう。その道筋も、決して平坦なものではなかった。

無頼という仕事

一六世紀後半の嘉定県では、綿花が市に出る季節になると、仲買を行う牙行が多くの「少《しょう》年《ねん》」を集めて手足のように使い、まだ日の出る前に灯籠を照らして綿花を担いできた農民たちを集めた。農民はどこに行けばよいのか迷っていると、引きずり回されることになり、甚だしいときにはせっかく運んできた貨物を失うといった有り様であったという。史料に少年として登場するものは、いわゆる無頼《ぶらい》である。

秩序が変容する時代にあって、士農工商という言葉に集約される伝統的な職業観にもとづく正業には従事せず、暴力を手段とする仕事によって生活するものが現れる。一六世紀前半には、原籍地で罪を犯して逃げ出した無頼が、郷村に住む富豪の家に数多く寄宿していた。呉《ご》県で郷村に邸宅を構えた大地主に、朱津《しゅしん》という人物がいる。彼は父から継いだ資産を増やすとともに、県内の賢者と呼ばれるような人と交際を広げ、人望を得た。任侠の人であったらしく、また、賭け事を好んだという。こうした人柄を慕って、少年や食客が常にたむろしていたという。おそらく有事の際には、無頼たちはその腕力を発揮したに違いない。

一六世紀も後半にはいると、郷村に住む大地主の多くが、県政府が置かれた街に移住するようになる。一条鞭法などの一連の税制改革の結果、地主としての経営を有利に行うためには、知県と密接に交流してその意見を県の行政に反映させる必要があったからである。村に居を定めて周囲の住民を指導するよりも、小作料として得た収入を商業に投資して利殖を図ることに精力を使うようになると、都市に住むほうが何かと有利であった。

富豪が農村から姿を消すと、無頼たちは行き場を失う。富裕者の安全は、官憲が守るようになり、都市の富裕者は、日常的に暴力を振るうことに慣れたものを常に家に養う必要がなくなったからである。

行き場を失った無頼たちは、独自にグループを編成し、さまざまな仕事に従った。杭州では、万暦の初頭（一五七〇年ごろ）から、少年が武勇を競い合うようになり、一〇人から一〇〇人のグループを編成するようになった。そのグループの数は、三〇〇を数えたという。一つのグループのなかには、計画をよくするもの、足の速いもの、筆の立つものなどがおり、それぞれの特技に応じて役割を分担した。事が起こると、グループのものが集まり、人を捕らえて金銭を奪ったり、行き倒れの死体を担いで都市に住む金持ちの家に投げ入れ、金銭をもって和解したりと悪行を繰り返した。こうして得た金銭で飲み食いしたという（支大綸『支華平先生集』「送巡按督鹺孫滸西序」）。グループを構成した都市の無頼は、当時「打《だ》行《こう》」と呼ばれていた。「打」とは暴力を振るうこと、そして「行」とは同業仲間という意味である。

組織化された無頼たちは、許可も取らずに勝手に牙行を名乗り、農民が綿花や綿布を担いで市に入ってくると、取引をじゃまして強引に値引きさせようとした。あるいは、村から市に向かう道で待ちかまえ、農民からその貨物を強奪し、「なにがしの店に行って代金を受け取れ」と言う。しかたがなく行ってみると、日暮れ時になるまで待たされ、挙げ句の果てに半値しか渡されず、徒手で泣く泣く帰る羽目におちいる農民も少なくなかった（崇禎『太倉州志』）。

打行の活動は、生活の糧として金銭を得るところに目的があった。金銭さえ出せば、どのような社会層のものでも、打行を雇うことができた。たとえば墳墓《ふんぼ》の造営をめぐり、風水を損ねるとして墓を造らせまいとする側、造営を強行しようとする側の双方が、それぞれ打行を雇った。男子が結婚しようにも高額な結納金を用意できないときに、打行を雇って娘のいる家に押し入り、女性を掠奪して結婚を迫るということもあった。もちろん有力者たちが表沙汰にできないことを強引に進めるために、打行を雇うこともしばしばあったであろう。こうした打行は、銀の流入にともなって展開した貨幣経済の鬼子《おにご》であった。

市人と民変

一六世紀後半は、都市が勃興した時期に当たる。海洋商人の手によって輸出された絹織物の産地であった蘇州・杭州の繁栄はめざましいものがあった。海外から流入した銀は、物資の流れをさかのぼりながら帝国の諸都市にも波及し、福建の沿海部の福州、あるいは大運河の要衝の揚州《ようしゅう》や山東省の臨清《りんせい》などにおいて、人口が急増し、市街地が整備され、繁華街が誕生した。

拡大した都市へ農村部から人々が移住し、みずからの身体だけを拠り所に、あるものは打行に加わり、織物に関わる作業場で働き、港で積み降ろしされる貨物を運んで日々の糧を得ていた。あるものは資本を築いて、作業場を経営する側に回った。塾の教師として、街の子どもたちを教えて糊口をしのいでいるものもいた。生員《せいいん》と呼ばれ科挙試験を目指して学ぶ学生たちのなかにも、都市で生活するものが少なくなかった。こうしたさまざまな職業・階層の人々は、当時、市人《しじん》・市民《しみん》と呼ばれた。

一六世紀も末期に近くなるころから、彼ら市人たちは都市に固有の問題の解決のために団結して動き始める。市人の運動が官憲に受け入れられず、暴動に発展したとき、それは民変と呼ばれた。杭州で一五七〇—八〇年に見られた、市人の運動を取り上げてみよう。

当時、杭州では都市の住民に対して、官庁修繕などの労役を課し、市人の大きな負担となっていた。一六世紀なかばに、家屋の間口数と横棟数とを課税基準とする間架税を徴収して、職のないものを雇って労役に従事させることになった。しかし、夜間に柵門に宿直したり見回りしたりする夫役は、あいかわらず市人に負わせられていた。ちなみに柵門とは、「巷《こう》」（路地）から大通りにでるところに設けられた門で、日暮れとともに閉められることになっていた。

間架税の負担を軽減し夜間巡回の労役を廃止しようとする運動が、塾の教師であった丁仕《ていし》卿《けい》を中心に始まる。知識人であった丁は、市人の要求を整理し「省城内外夫宿免役録《しょうじょうないがいふしゅくめんえきろく》」という要望書にまとめ官庁に陳情した。苦労を重ねて要求を勝ち取り、その成果を石碑に刻んだ。しかし、数年後に労役が復活すると丁は再び陳情したが、受け入れられず逮捕され、枷をはめられてさらし者にされてしまう。背後にあって丁の陳情を踏みにじり、彼を逮捕させたものは、労役を逃れようとするものから口利きの金銭を取り立てていた郷紳《きょうしん》であったらしい。

市人たちは事態がここにいたると、万暦一〇年（一五八二）に蜂起し、丁を奪い返すと黒幕と見なされた郷紳の邸宅を焼き討ちにし、柵門を打ち壊した。杭州は作業場が多く、第三章で紹介した明初の「織工対」にも見られるように、労働者たちは日が暮れても働いていたので、夜間に柵門が閉鎖されることは、不便きわまりないものであった。市人にとってより良い都市空間を生み出そうという思いが、その障害の除去という行動に走らせたものと考えられる。民変は数日続き、長い竿を掲げて奪ってきた肌着を引き裂いて旗とし、白刃を手にして役所に向かうものが、二〇〇〇人あまりであったという（『張大司馬定浙二乱志』）。しかし、市人は闇雲に暴動に参加したのではなく、指導者のもとで組織だった行動をとった。なお焼き討ちにあった郷紳の家の一つに、陳三謨《ちんさんぼ》という高官の邸宅があった。この陳は、先に言及した張居正の奪情の際に、張におもねって皇帝の服喪《ふくも》停止の命令を賞賛した人物である。官僚として内閣大学士の側に連なる郷紳が、民変において市人の恨みの対象として攻撃されたことになる。

この民変は鎮圧されてしまうものの、その後一七世紀にかけて展開する市人の義憤にもとづく民変の先駆として位置づけられる。さらに一八世紀になると、市人たちは都市在住のエリート層のもとで公共的な事業を担うようになる。

知識人の模索

士農工商という生業にもとづく枠組みが溶解し社会が流動しはじめると、士大夫と呼ばれた知識人たちも、それまで確保されていた庶民を指導する役割に安住することが許されなくなる。士大夫が儒学の聖人の示した経典を読み、事象を体験して究めた秩序の原理をもって、庶民を教え導くという朱子学的な思想が、時代に即応しなくなってきたのである。また、経済的な利益を求める活動が社会を突き動かし始めた一六世紀にあって、士大夫自身も利益に対して敏感でなければ、生計を立てることが難しい。もはや朱子学が求めるような禁欲では、対応できなくなっていた。

彼らが直面していた課題は、おそらく二つに集約することができるであろう。一つは、秩序形成の能力を士大夫の独占とせずに、広く庶民にも開きながら、正しいとされる方向に誘導すること。そして二番目の課題は、経済や社会で活動する主体の私的な行動と、利を求める欲望を、秩序のなかに位置づけること。この課題に対する解答の出し方をめぐり、一六世紀後半の知識人は、多様な思想的軌跡を描き出している。

庶民と共通の土俵に立ち、私的な欲望を秩序のなかに繰り込もうとした動きが、士大夫による功過格《こうかかく》の実践であった。功過格とはさまざまな行為について、あらかじめ決められた基準に照らし、善行であればプラスのポイント数、悪行であればマイナスのポイント数をそれぞれ加算して計算する。たとえば女性の貞節を守ればプラス一〇〇ポイント、道路や橋・井戸などを修繕すればプラス〇・一ポイント、他人を流浪させればマイナス五〇ポイントといった具合である。本人は私欲を実現するためにポイントをいくつためるのか願をかけ、日々の行動を点検して善行を積む。自分の運命を自力で切り開くことができるという信念を、善行という秩序に即応した行為に合致させるのである。

功過格そのものは一二世紀にさかのぼり、道教の集団のなかで実践されていたものであった。隆慶三年（一五六九）に江南の嘉興《かこう》県出身の知識人・袁黄《えんこう》（号は了凡《りようぼん》）が、雲谷《うんこく》禅師という僧侶から功過格の教えを受け、自ら実践したことが契機となり、一六世紀後半以降、広く社会に広がることになった。

彼は男児の出生を祈願して三〇〇〇ポイントの善行を積もうと決意し、日常生活を送った。すると翌年に男児が生まれた。目標のポイントに達したのはその二年後であった。次いで科挙で進士になろうと、一万ポイントの善行を決意し、二年後に合格する。しかし、なかなか一万ポイントに達しない。すると官僚として赴任した県で、税糧を減額し地域の住民の負担を減らせば、その獲得ポイントで目標値に達すると夢のお告げがあり、その通り実践したと伝えられる。

功過格は最優先しようとする私欲を実現するために、自らの行為を秩序だて、社会的な調和を形成するという方向性を持つ。袁黄はその功過格の教えを『陰騭録《いんしつろく》』という自伝的な著作にまとめ、功過格が狭い宗教教団から広く社会に広まる契機をつくった。こうした庶民から士大夫までを含む善の実践を勧める書物は「善書」と呼ばれ、一七世紀から今日に至るまで華人の世界で広く流布する（以上は奥崎裕司『中国郷紳地主の研究』汲古書院、一九七八年）。

他方、庶民の心にも理が備わっているという、王守仁が示したテーゼを引き継いだ陽明学からも、一般人と聖人とのあいだの距離を縮めようとする思想の系譜が生まれた。有名な言葉としては、王とその弟子とのあいだの問答集『伝習録』に登場する「街中の人はみな聖人である（満街人都聖人）」が挙げられる。こうした思想は、都市の民変を肯定的に見て、市人の側に立って運動に参画する知識人を生み出す。

王は庶民でも聖人と同質の心を持つが、私的な欲望のためにくもらされているという立場に止まり、聖人の絶対性は疑わない。一六世紀後半の思想家である李贄《りし》（字は卓吾《たくご》）となると、聖人の絶対性そのものを問題とし、「聖人もまた人であり、利を求める心がある。盗跖《とうせき》（伝説上の大泥棒）であっても仁義の心がある」（『道古録』）と述べ、庶民の側に聖人を引き寄せようとした。李はまた「衣服を着て食事をする（穿衣吃飯）」ことがそのまま理であるとし（『焚書』）、やむにやまれぬ欲望から出発して秩序を造るべきであると主張した。しかし、こうした思索は、当時はまだ受け入れられるものではなく、李は投獄され自殺することになる。

李贄は、海外貿易の拠点として繁栄した泉州《せんしゅう》で生まれた。その祖先は林姓を名乗り、もとはムスリムであったとも伝えられる。元朝末年に泉州に定住し、海洋商人として琉球などに赴いて貿易活動を展開していた。誣告《ぶこく》されて逃亡した際に李姓に改めた。李贄の祖父のころには没落して商業活動から離れていたが、彼の親族のなかには商業に従事するものが少なくなかったという。こうした李の身辺にあった雰囲気が、利を得ることを是とする思想を生みだしたと想像される。

海禁から互市へ

海禁解除の要求

長崎県の平戸《ひらど》には、六角形の石組みの井戸がある。これと同じ形の井戸は、五島《ごとう》列島の福《ふく》江《え》にも見られ、いずれも倭寇の大頭目であった王直《おうちょく》にゆかりがあると伝承されている。この伝承の当否は確かめようもないが、一六世紀なかばに平戸と五島に王直の拠点があったことは間違いがない。

一五四一年に王直が平戸に来航したとき、領主の松浦隆信《まつらたかのぶ》は賓客を迎えるように応接し、自ら屋敷を明け渡したという。松浦家に伝わる『大曲記《おおまがりき》』には、

平戸《ひらど》津《つ》へ大唐《だいとう》（中国）から五峰《ごほう》（王直の号）というものが来て、印山寺屋敷に唐様に館を建てて住み着いた。それを手がかりとして大唐の交易船が絶えず、さらに南蛮《なんばん》の黒船も初めて平戸津に来航するようになり、南蛮の珍しい物産が毎年のように到着し、京や堺の商人をはじめ各地のものがみな集まり、西の都と人々が呼ぶようになった。

とある。日本に交易拠点を設けると、東南アジアと中国、日本とを結ぶ交易をほぼ独占した。王直は中国・ポルトガルの商人を呼び寄せ、平戸に交易港としての繁栄をもたらした。王直は単に利益を求めて活動するだけでなく、明確なヴィジョンを持っていたと考えられ

る。徽王《きおう》と名乗り一つの政権であることを他に示すとともに、王直は明朝に海禁を解かせ、海洋商人たちの交易を公認させようとした。嘉靖三一年（一五五二）以降、巨艦を率いてしばしば官軍を破るようになると、明朝の側でも倭寇の被害を鎮めるために、王直の要求を受け入れ、投降させようとする方策が出された。その立案者は、王直と同じく徽州出身の浙江・福建都御史の胡宗憲《こそうけん》（号は梅林《ばいりん》）であった。

嘉靖三四年（一五五五）には、胡が派遣した使節に福江で面会し、王直は「日本は生糸と綿布が乏しく、交易を開くべきである。そうすれば海患もおさまる」と述べ、古くから腹心であった葉宗満《ようそうまん》などを使節に随行させて海禁解除の可能性を探らせた。嘉靖三六年（一五五七）、王直はついに舟山群島に戻り、胡宗憲に対して通商の要求を出す。その際に、「上疏《じょうそ》」を明朝に対して提出した。そのなかで、王直は海洋商人として活動していたのであり、海賊を率いて国を乱そうとしたのではないこと、彼自身は海賊を捕らえて中国の官憲に身柄を送っていたことを述べ、帰順の意図を示している。

明朝の側にも、海禁解除の動きはあった。胡宗憲は海禁を解除しようとプランを練り、その後の交易を統轄させる人材として、王直を投獄はするものの丁重にもてなした。胡の議論に答える「復胡梅林議処王直書」を著した唐枢《とうすう》は、王直の要求に従った場合には五つの利点と五つの問題点、拒絶した場合には四つの利と四つの問題点があるとしたうえで、「華と夷とは同体であり、互いに有るものと無いものとを融通するのは、まさに理の勢いが必ずそうさせるものである。中国と夷とは、それぞれ特産物があり、貿易を途絶することは難しい。利のあるところに、人は必ず向かうものである」（『皇明経世文編』巻二七〇）という議論を展開している。

唐枢が示した視点は、新しい。それまで明朝の建て前は、中華の皇帝を父としその他の国々とのあいだに親族になぞらえた尊卑の秩序があり、朝貢メカニズムを通してこの秩序を実践し、それに付随して交易が展開するといったものであった。これに対し、唐は「華夷同体」といい、交易とはそれぞれの欠けたところを補い合う必要があると指摘する。

ところが朝廷では、王直や胡宗憲が期待したように事態は進まなかった。官僚の大半は、海禁を解くことに消極的であったためである。その危惧は、日本が明朝の朝貢メカニズムのなかで常に問題を引き起こしてきたということに集約され、日本との交易を公認した場合に生じるトラブルであった。胡はついに王直を杭州において斬首せざるを得なくなった。嘉靖三八年（一五五九）一二月のことである。

互市システムの胚胎

王直の死後、倭寇が終息に向かうと、明朝もまた海禁の緩和に向けて動き始める。ついに隆慶元年（一五六七）に「東西二洋」、すなわち華南からヴェトナム・マラッカ方面に向かう西洋航路と、中国から台湾・フィリピンを経てブルネイ方面に向かう東洋航路について、対外交易を行うことが認められた。

ただし、日本との交易は依然として厳禁され、日本からの密輸品であった火薬の原料である硫黄・銅などの輸入も禁止されていた。東南アジアと中国とのあいだを往復する交易船は、交易許可証にあたる号票文引《ごうひょうぶんいん》を所持し、そこには貨物の明細、乗組員の氏名・風貌・戸籍などを記載し、海防官が検査することになっていた。

海禁緩和にともない中国側の交易拠点となったのが、福建省漳州の月港《げっこう》であった。舟山群島の双嶼港《そうしょこう》に繁栄を奪われ、王直の時代には日本と中国との交易路から外れていたために発展できなかった月港は、一六世紀後半から一七世紀にかけて勢いを盛り返す。一五六七年には、港の管理を行うために県の行政機関が置かれ、海上交易が公明正大に行われるようにと海澄県《かいちょう》と名づけられた。海防館（のちに靖海館と改称）という海上での治安維持にあたる官署が置かれ、港を出入りする商船を検査し、税金を徴収し、密輸品を摘発したのである。

月港における交易は、朝貢を管轄していた礼部の統制を受けない。朝貢メカニズムでは、国ごとに船舶が寄港する港が指定され、入貢する期間も規定されていた。たとえば安南《あんなん》（ヴェトナム北部）は三年に一回、暹羅《せんら》（タイのアユタヤ）などの東南アジア方面の諸国に対する朝貢の窓口は広州と決められていた。また朝貢は儀礼的な贈答であり、明朝に進貢された物産に対して、明朝が恩寵としてそれ以上の価値のある下賜品を渡し、附抬《ふたい》（正規の貢納品以外で付帯した）の貨物については、市舶司の管理のもとで取引を行い、税は貨物を官に物納することになっていた。

これに対して月港における交渉では、こうした規程がない。日本を除く国から出帆した船舶が寄港することができ、商船がもたらした貨物はすべて商品として扱われ、水餉《すいしょう》・陸餉《りくしょう》と呼ばれる関税として銀で支払うことになっていた。税金を支払うことと引き替えに、交易許可証にあたる号票文引が発給されたのである。商品として輸入される銀には、加増餉と呼ばれる付加税が課されていた。税金を支払って陸揚げされた商品は、自由に取り引きすることが許された。

つまり朱元璋が定めた朝貢メカニズムとは異質な交易が、一六世紀後半に追加されたことになる。この新しい仕組みを、互市《ごし》システムと呼ぶことにしよう。このシステムの導入は、朝貢そのものを変質させる契機となった。表面上は、日本との交易は禁止されていたが、東南アジアの諸港において日本の商船と中国の商船が出会い、取引を展開することまでも取り締まることはできない。これ以降、日本と中国の海洋商人は、いわゆる出会い交易を組織し、ヴェトナムのホイアン、タイのアユタヤなどにいわゆる日本人町・唐人《とうじん》（中国人）町が形成されるようになる。海域世界は新たな段階に入ったのである。

互市システムは、朝貢を否定して生まれたものではない。朝貢メカニズムにもともと存在していた交易活動を、礼の秩序の体系から独立させて運営しようと言うものである。そうすることで中国との交易を切望する海外の諸勢力を満足させ、倭寇のような武装勢力の経済的な基盤を奪い、福建などで密貿易に関わっていた地域有力者をも満足させ、さらに帝国を運営するために銀を必要としていた明朝は関税収入を得ることができる。しかし、もし海外の勢力が明朝と政治的な交渉に入ろうとすれば、背後に隠れていた朝貢メカニズムが作動し、礼が求める序列に従って動かざるを得なくなる。

互市システムは一八世紀になると、東ユーラシア世界の全域を覆う交易システムへと発展することになる。内陸に目を転じると、一五世紀後半にモンゴル高原で勢力を挽回したモンゴル族は、ダヤン＝ハーンとその孫のアルタンのもとで明朝に対して交易の拡大を求めてしばしば明朝領域内に侵入した。とくに嘉靖二九年（一五五〇）には、北京を包囲するという緊迫した情勢になった。これは庚戌《こうじゅつ》の変と呼ばれる。

隆慶四年（一五七〇）には、アルタンと明朝とのあいだの和議が成立し、大同《だいどう》などに場所と期間を定めて交易を行うこととなった。モンゴル側からは金・銀・ウマ、中国側からは絹織物・糧食・鉄製品などが取り引きされた。この交易もまた互市であり、海と陸との二つの局面は連動したもので、明朝は隆慶年間に現実の経済活動に対応した政策を採り始めたと考えることができる。

太平洋を越えた銀

中国が海禁を緩和し互市システムが胚胎した時期に、東ユーラシアの海域世界にもう一つの新しい動きが重なった。スペイン勢力が太平洋を渡り、フィリピンに拠点を築いたことである。

一五二一年に大西洋から南アメリカ大陸の南端を経由して太平洋を横断してきたマゼランが率いるスペインの艦隊は、フィリピン諸島のセブ島に到達している。一六世紀なかばにスペイン人は、この島々を国王のフェリペ二世にちなんでフィリピナスと呼び、アジア進出の拠点としようとした。その実現のためにフィリピンの遠征隊は一五六五年にまずセブ島に拠点をつくり、そこから東に艦隊を派遣し、太平洋を横断してアジアからアメリカ大陸にいたる航路を発見させた。アメリカとアジアとを結ぶ往路と帰路とが確保されることで、スペインのフィリピン植民地化はようやく本格化する。一五七一年にスペイン領フィリピンの拠点として、天然の良港であったルソン島のマニラに根拠地が建設された。

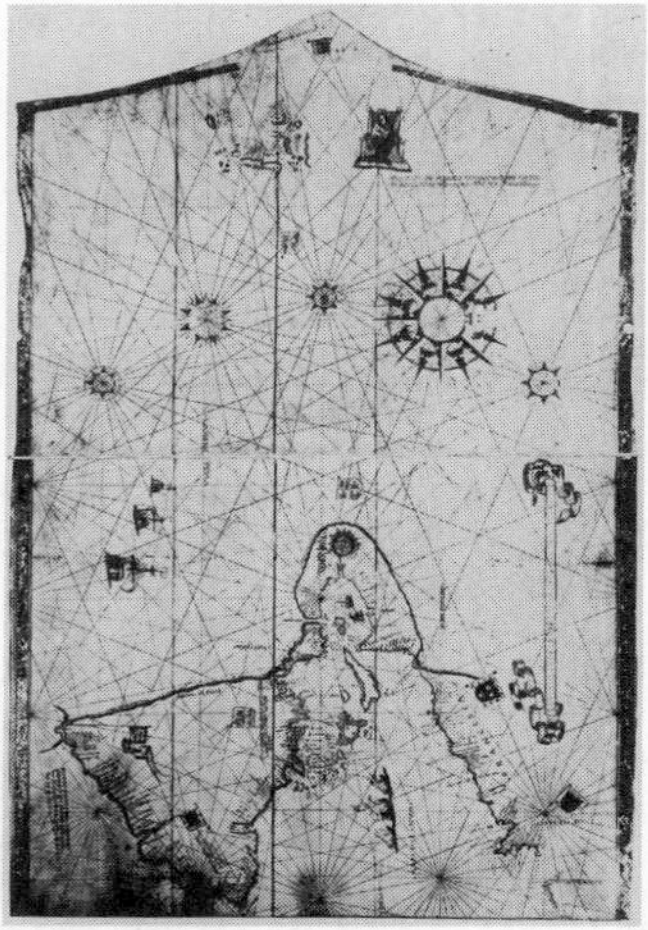

羊皮紙に描かれたマゼランの太平洋発見図　京都大学蔵

　話は少しさかのぼる。一五四五年に南アメリカの現在のボリビアに属する山中で、リャマを連れて山に入っていたグアルパという名の先住民が、偶然に銀の鉱脈を発見した。銀発見の知らせは直ちに広がり、またたくまにスペイン人と鉱夫として働く先住民が集まった。王室に献金して国王フェリペ二世から「帝国町ポトシ」の名を授かり、一五六二年の正月にポトシの市会が成立した。この銀鉱脈は、ポトシ銀山と呼ばれる。

　先住民を酷使した採掘の結果、一五七〇年ごろに銀山の良質な鉱脈はあらかた掘り尽くされ、ポトシは不況に陥っていた。そこに、水銀アマルガム法という新しい銀抽出法が導入される。鉱石を粉砕して塩水と水銀を加え攪拌したあと、泥を洗い流すと銀と水銀の合金が沈殿している。この水銀アマルガムを加熱して水銀を蒸発させると銀が分離される。この新技術の導入によって、低品位の鉱石からも銀を抽出できるようになり、ポトシ銀山の産出量は急増した。

　メキシコの太平洋に面した港町アカプルコにマニラからの第一船が到着したのは、まさにポトシ銀山が水銀アマルガム法導入によって再生しようとしていた一五七三年であった。ア

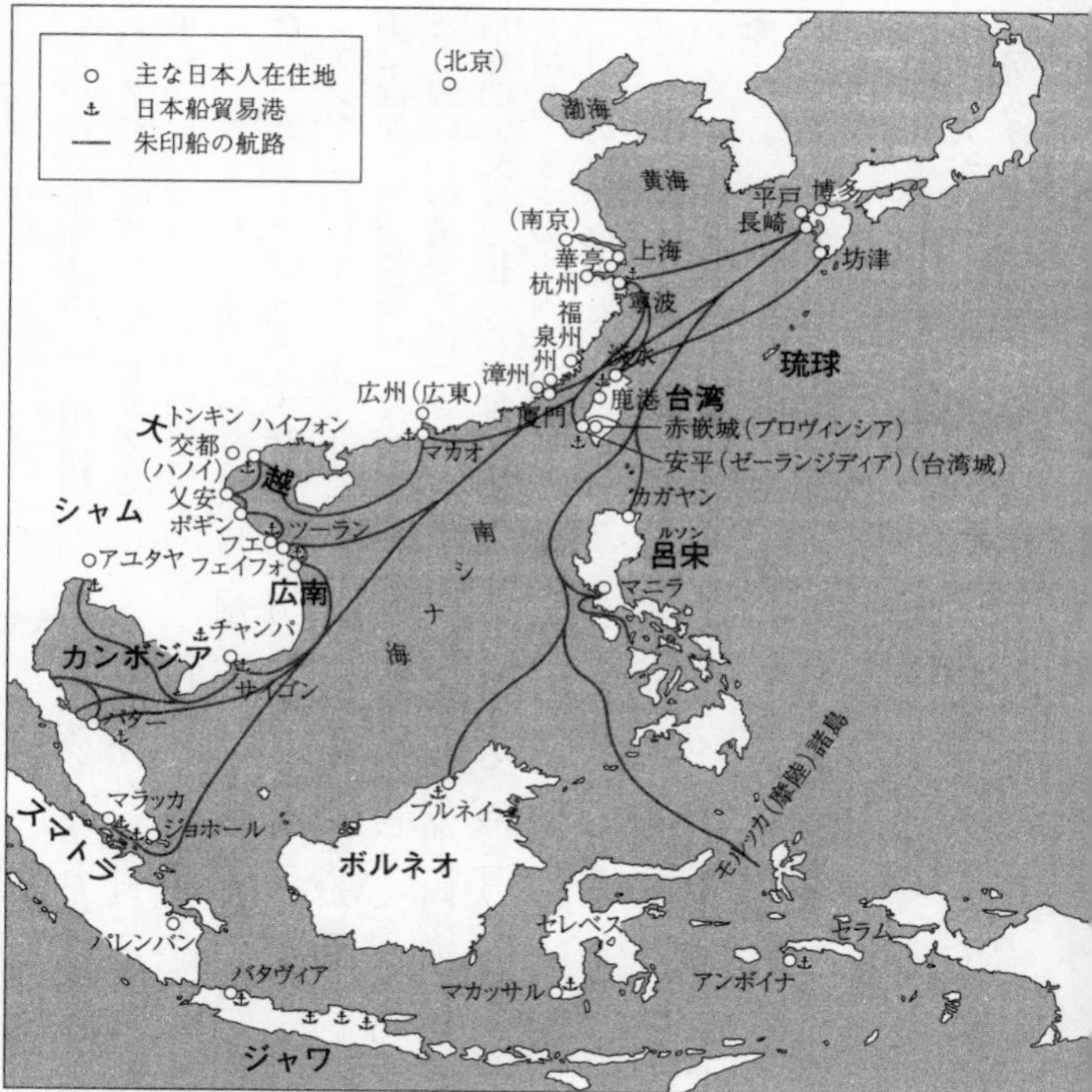

主な日本人在住地
日本船貿易港
朱印船の航路
(北京)
渤海
黄海
平戸
博多
長崎
坊津
(南京)
上海
華亭
杭州
寧波
福州
泉州
漳州
淡水
琉球
台湾
鹿港
廈門
赤嵌城(プロヴィンシア)
安平(ゼーランジディア)(台湾城)
広州(広東)
マカオ
トンキン
交都
(ハノイ)
ハイフォン
大越
乂安
ポギン
ツーラン
フエ
フェイフォ
シャム
アユタヤ
広南
チャンパ
カンボジア
サイゴン
パタニ
南シナ海
カガヤン
呂宋《ルソン》
マニラ
マラッカ
ジョホール
スマトラ
ブルネイ
ボルネオ
モルッカ(摩陸)諸島
セレベス
セラム
アンボイナ
パレンバン
バタヴィア
マカッサル
ジャワ

東南アジアの日本人町

ジアからの船舶は中国の絹織物と陶磁器を満載し、それがアメリカのスペイン人を魅了した。スペイン本国のセビリアを経由したものと比べ、格段に安かったためである。絹織物の場合、一〇分の一ほどの価格であった。本国の商人を保護しようとしたフェリペ二世は、アメリカとフィリピンのあいだの交易を制限しようと試みたが、ほとんど実効性を持たなかった。一五八〇年からガレオン船に大量の銀が積まれマニラに向かった。

アジアにおいても、太平洋を越えた銀を吸収する条件が整っていた。マニラを出港して中国に向かった交易船は、互市が行える海澄港と名を改めた福建省の月港にまっすぐに向かった。銀はこの港で陸揚げされ、帰路には大量の絹製品と陶磁器が満載された。このマニラ―福建間の交易を担ったのは、中国人の商人である。マニラは海域世界のなかで急速に重要性を増し、多くの中国人が定住するようになった。

日本の海洋商人たちは、スペインがマニラに拠点を築く前からフィリピンと往来していた。マニラが中国との交易拠点になると、中国に来航することが許されなかった日本人商人も、マニラに赴いて中国産生糸などを仕入れるようになり、ここにも日本人町が形成された。

一五八四年にマニラを出港したスペイン商船は、長崎に向かうポルトガル船を尾行して九州に至り、ポルトガル人との衝突を避けて長崎ではなく平戸に入港した。領主の松浦《まつら》鎮信《しげのぶ》は沖に出てこの商船を迎え歓待し、フィリピンの長官に宛てて交易を求めた。これが日本にスペイン人が来航した最初である。しかし平戸とマニラとの交易が軌道に乗る前に、日本の情勢が大きく変化する。

日本の朝鮮侵略

中国で互市システムが胚胎した時期から少し遅れて、豊臣政権が成立する。一五八六年に豊臣秀吉が軍を率いて九州に入ったとき、肥後八代《ひごやつしろ》において他の九州諸大名よりも先に、平戸の松浦隆信《たかのぶ》らと面会したと松浦側の史料は伝えている。豊臣秀吉が対中国の交易センターであった九州を統合し、海域に対する統制を強化しようとし、平戸の松浦も小藩の生き残りを賭けてその意向を率先して引き受けたのである。

豊臣秀吉が日本を統一すると、日本の領主は海外への支配を拡大しようとした。はやくも万暦一六年（一五八八）には九州南部の領主であった島津義久《しまづよしひさ》は、琉球に対して、

まさに今、天下が統一され海内（日本国内）は風に向かっているが、ひとり琉球だけは〔この統一事業に〕参加していない。関白《かんぱく》（秀吉のこと）は水軍に命じて、まさに汝の国を屠ろうとしている。ときここに及び、まさに使いを遣わして謝罪し、貢納して職を納めれば、国は安泰であろう。

と圧力をかけている。その三年後には豊臣自身が直接に琉球国王の尚寧《しょうねい》に書簡を送り、翌年に朝鮮を侵略する意図を明らかにするとともに、兵を率いて参加しろと命じている。

万暦一九年（一五九二）には豊臣はフィリピンのスペイン総督に対して、マニラと日本のあいだを往復していた商人の原田孫七郎《はらだまごしちろう》に託して、入貢を促す書簡を出す。漢文で記された

書簡のなかで、

私の誕生のときに際しては、天下を治めるという奇瑞があり、壮年になって国を領して、一〇年たらずのあいだにわずかな土地も残さず、域内をことごとく統一した。これにより三韓《さんかん》（朝鮮）と琉球などの遠い国々は、ねんごろに入貢してきている。いま大明国を征服しようとするのは、私の為すところではなく天が授けたものである。

と述べ、もしすぐに入貢しなければ、かならず討伐すると脅迫している。

書簡のなかで奇瑞とあるのは、豊臣が母胎に宿ったときに日光が周囲を満たしたという吉祥を指す。豊臣が台湾の先住民族に宛てた服従を迫る文書には、「それ日輪が照臨するところ、海岳・山川・草木・禽虫に至り、ことごとくその恩光を愛せざるはなし」という冒頭の一節に続いて、この吉祥にまつわる物語が、詳細に語られる。日本は異文化の人々に対して、その支配の正当性の拠り所を、こうした太陽と関わるパラノイア的な言説でしか示せなかった。

朝鮮に対して豊臣は、一五八七年から三回にわたって、日本に朝貢して中国侵攻の先導を務めるように求めたが、拒絶される。一五九二年に本営を北九州の名護屋《なごや》に設け、四月に一五万八〇〇〇の軍勢を朝鮮半島の釜山《プサン》に上陸させた。この第一回目の侵攻は、朝鮮側の準備不足もあり五月には首都の漢城（現在のソウル）を占領した。

明朝は初め朝鮮のあっけない敗退を知り、朝鮮が日本軍と内通しているのではないかという疑いを持ち、すぐに援軍を出すことはしなかった。しかし、平壌《へいじょう》も占領され、朝鮮国王が中国との国境に近い義州《ウイジュ》にまで逃れ、そのあとを追うように日本軍が迫ってくると、対策を講じなければならなくなる。最初に投入された遼陽《りょうよう》に駐屯していた部隊は、小西行長《こにしゆきなが》の軍勢に大敗する。

ここで日本との交渉役として沈惟敬《しんいけい》なる人物が、遊撃将軍という肩書を帯びて登場する。この人物は素性が知れない。兵部尚書《へいぶしょうしょ》（軍事大臣に相当）が対策に苦慮し人を派遣して状況を把握しようとしていたとき、応募してきた浙江の嘉興《かこう》出身の「市井の無頼」であると『明史』には記されている。また、明末のさまざまな情報を伝える随筆集『万暦野獲編《ばんれきやかくへん》』には、沈惟敬は浙江の平湖《へいこ》の出身であったとある。彼のもとには、さらに得体の知れない人物が出入りしていた。浙江南部の港町・温州《おんしゅう》の人であり、日本から逃げ帰って沈惟敬のもとに身売りした人物である。沈惟敬はこの人物に自分の姓を与え、沈嘉旺《しんかおう》と名乗らせた。

ところが、『万暦野獲編』の作者が耳にした伝聞によると、この沈嘉旺はもともと漳州人で、日本

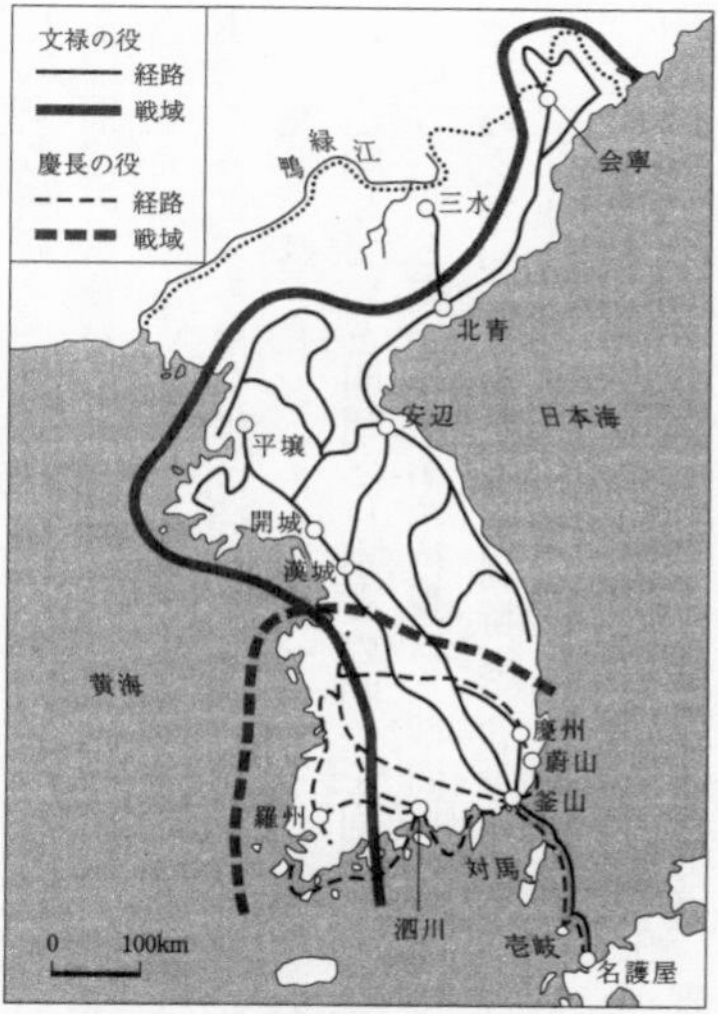

「文禄の役」と「慶長の役」の日本軍の侵攻

にわたり倭寇として中国に来たところを捕らえられ脱獄した人物であったという。漳州といえば福建の密貿易の拠点であり、倭寇との接点をそこに見ることは十分に可能である。彼が名を変えたのも、脱獄犯としての素性を隠すためであったということになろう。この話が事実であるとするならば、沈惟敬は倭寇のネットワークから日本に関する情報を入手し、日本との交渉の落としどころを探っていたという推測が成り立つ。沈が日本側に出した妥協案は、途絶していた明朝と日本との関係を回復し、交易を再開させるというものであった。

他方、沈と交渉した小西行長は、堺商人《さかい》の次男でありクリスチャンでもあった。明朝が日本のみを互市システムから排除している状況を、小西は打開したいと考えていたと思われる。

交易再開という沈が示したプランは、日本国内の海洋商人に連なる小西にとっても魅力的な案であった。その後、中国と日本との交渉は、戦場となった朝鮮の頭越しに、沈と小西とのあいだで進められることになる。こうした小西の動きは主戦派の加藤清正《かとうきよまさ》の疑念を招き、両者は対立する。

沈が時間稼ぎをしているあいだに、明朝は新たな軍隊を投入し平壌を奪還、漢城の北で両軍が対峙する状況となった。海上は李舜臣《りしゅんしん》が率いる朝鮮海軍が制圧していたため、日本軍は補給線を確保できず、戦争が長期化することは不利であった。そこで両軍は和議を結び、日本軍は撤退した。以上が日本で「文禄《ぶんろく》の役《えき》」、朝鮮では「壬辰《じんしん》の倭乱《わらん》」と呼ばれている戦争である。

戦争と交易

戦争に勝ったわけでもないのに、日本は沈が派遣した使節に対して、七条にわたる講和条件を示す。そのなかで明朝の皇女を日本の天皇に嫁がせ、朝鮮半島の南部を割譲することなどを要求するとともに、第二条で「両国はながらく疎遠になり、勘合（にもとづく交易）も近年は途絶している。いまこれを改めて、官船・商船が往来できるようにすること」とある。沈と小西との交渉は、この第二条を軸に展開した。

交易を再開するためには、まず明朝と日本とが政治交渉を正式に始める必要がある。ところが、政治交渉を始めようとすると、朝貢メカニズムが作動する。つまり、日本は中国皇帝に恭順の意思を伝え、豊臣家を日本の統治者として皇帝に認めてもらい、冊封（第四章参照）を受けることを願う「降表《こうひょう》」という書類を出さなければならない。

沈は小西と密議のうえ豊臣秀吉の降表を偽作し、明朝に豊臣を日本国王に冊封することを認めさせる。もし沈・小西の工作が成功すれば、貿易にもとづく政権として、豊臣家の治世は長く続いたかもしれない。

しかし、実際の事態は予想外の方向に転回した。一五九六年に大坂城に明朝の冊封使を迎え、冊封の儀式も滞りなく行われた。その直後、小西と対立していた加藤清正は豊臣秀吉に、日本が出した講和条件のほとんどが無視されていることを告げた。当時パラノイア的な言動をしていた豊臣は激怒、ただちに朝鮮の再侵略を命じたのである。

翌年二月に日本軍一四万は、再度、朝鮮を侵攻した。しかし、二回目は明朝がただちに出動し、朝鮮も防衛態勢を整えていたため苦戦した。一五九八年八月、豊臣秀吉が死ぬと、両軍は講和し、日本軍はその年のうちに朝鮮半島から撤退した。日本でいう「慶長《けいちょう》の役」、朝鮮でいう「丁酉《ていゆう》の倭乱」である。

日本の無謀な戦争は、朝鮮に深い傷を残した。日本軍は行く先々で歩けないものは即座に殺害し、働けるものは捕虜にして日本に送った。戦争に駆り出されたため人手が足りなくなった日本内地の農村で、強制的に働かされるものが少なくなかった。その数は六万人にのぼったともいわれる。陶磁器などをつくる技術を持つものは、日本にその技術を移植することが求められた。

朝鮮の国土は荒廃し、登録されている耕地面積は戦前の五分の一以下に激減した。朝鮮の人々に日本に対する反感を抱かせることとなった。明朝もまた、莫大な財政負担を強いられた。交渉の当事者であった沈惟敬は、日本との交渉失敗の責任を取らされて万暦二五年（一五九七）に処刑され、小西行長はその後、関ケ原の合戦で豊臣側に立ち、徳川家康《とくがわいえやす》の命令で一六〇〇年に斬首されている。

歴史的にはこの戦争を、どのように位置づけるべきなのであろうか。戦後に明朝の朝廷では海禁を復活すべきであるとの議論が出た。しかし、海禁こそが嘉靖大倭寇の原因であるとの認識があり、互市システムは継続された。東ユーラシアの安定は、日本をどのような形でシステムのなかに組み込むかに係っていること、戦争が多くの犠牲を出した末にもたらした結論は、その一点であったともいえよう。

日本側でも互市システムに向かう動きはあった。一五九二年に豊臣は、海外交易を認める朱印状《しゅいんじょう》を京都や長崎・堺の商人などに発給したとされるが、史料で裏付けられていない。徳

明軍の兜と太鼓　平戸を本拠とする松浦氏は、壬辰倭乱・丁酉倭乱（文禄・慶長の役）に小西行長の軍に参加して朝鮮に布陣し、朝鮮を支援する明の軍隊と戦った。平壌での激戦では多くの一族郎党が戦死した。兜と太鼓は戦利品として日本に持ち帰られたもの。兜には竜の文様が刻まれ、軍鼓には麒麟の模様が施されている。平戸市、松浦史料博物館蔵

川家康は一六〇四年に東南アジアに向かう交易船に朱印状を発給した。この朱印船制度は一六三五年まで続く。海洋商人が担っていた交易を国家が組織化して統制下に収めようとする方向性を、この制度に見ることができる。

平戸の松浦《まつら》史料博物館には、領主の松浦鎮信らが朝鮮から戦利品として持ち帰った明軍の兜と軍太鼓・ラッパが保管されている。松浦は豊臣秀吉の対外拡張政策に便乗し、平戸を交易港として発展させようとした。一五九二年に豊臣の命令を受けた原田孫七郎がフィリピンに向かうとき、松浦は添え状を付して、マニラの商船が平戸に来航するように求め、翌年にマニラからフィリピン総督の特使が、平戸に寄港し松浦の案内で名護屋の本営を訪問している。朝鮮での戦争では松浦は三〇〇

〇人ほどの兵を率いて参戦し、一五九三年の平壌における明軍との激戦で、多くの兵士を失った。かつて王直を招いて交易拠点として発達した平戸も、国家の統制に組み込まれようとしていた。

第七章　王朝の交替――一七世紀

自壊する明朝

宣教師と宦官

一七世紀の到来まであと半年と迫った一六〇〇年六月、宣教師マテオ＝リッチは長年の希望が実現するかというときに、最大の困難にぶつかっていた。

一五八二年にマカオに上陸したリッチは、はじめ広州の近くで布教を始め、内地に居住することが許されると、肇慶《ちょうけい》・韶州《しょうしゅう》と居を移し、九五年には南昌《なんしょう》に落ち着いた。すでに十分に使いこなせるようになっていた中国語を駆使して漢文で著作をものし、高官や皇族にまで交友関係のネットワークを広げていったが、布教についてははかばかしい成果を挙げることはできなかった。

中国社会を観察したリッチは、庶民に対する布教が一定の成果を挙げた日本とは異なり、この中国では社会の最上層に信徒を獲得しなければ布教は成功しないと判断し、帝国の首都である北京に居住することを目指すようになる。一五九八年秋に一度は北京に入ったものの、居住する許可は得られず南京に戻らざるを得なかった。南京でリッチは、思想家として名声を博していた李贄《りし》と面識を持っている。

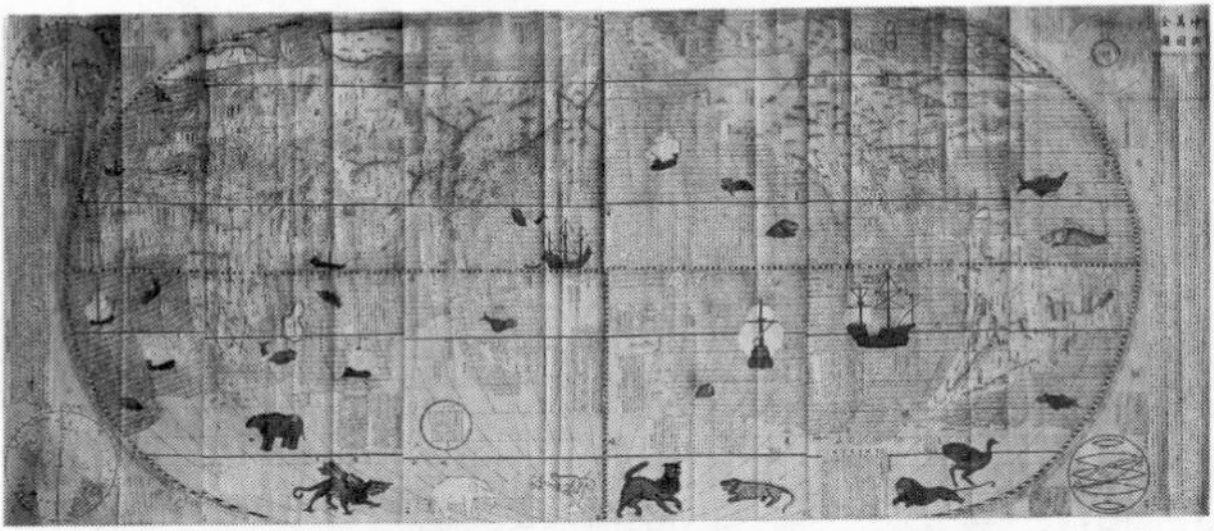

マテオ＝リッチの地図　中国名、利瑪竇が作成した『坤輿万国全図』万暦30年（1602）製。写真は南京博物院蔵のもの

リッチは再度の北京行きのために奔走し、皇帝に献上するために持参した時計などを南京に取り寄せた。すると珍しいものを一目見たいと、多くの中国人が殺到したのである。南京の役人たちは、この献上品の噂が皇帝の耳にはいると、リッチを足止めしていた咎を責められるかもしれないと恐れ、ついに上京する手続きを進めた。

一六〇〇年五月一八日、リッチの一行はついに南京を出立し、大運河を北上した。山東省の済寧《せいねい》で李贄と再会し、その紹介で大運河を通過する漕船の総元締にあたる総理《そうり》河漕《かそう》と知り合う。この高官の支援を得て、大運河のなかで最も標高が高い難所、山東サミット（第四章参照）を順調に越えることができた。あとは華北平野を北上するばかりとなったとき、思いもかけない災難がリッチを襲ったのである。

皇帝が通行税を徴収するために派遣した馬堂《ばどう》という名の宦官が、臨清《りんせい》に配属されていた。臨清は、首都圏への物資輸送の大動脈であった衛河《えいが》と、山東サミットを越えてきた会通河《かいつうが》とを結ぶ大運河の要衝である。皇帝に信頼されていた馬は数百人もの無頼を従えて臨清に赴任し、白昼に人々の財産を奪い始めた。抵抗するものは財産を没収され、多くの家が破産した。

　万暦二七年（一五九九）に商人たちはストライキを行い、地域の住民たちは蜂起し、馬の役所を焼き討ちにして悪辣な配下の無頼を倒すという事件が発生していた。非は馬堂の側にあることは明らかであった。しかし、皇帝は首謀者の逮捕と処刑を命じた。街に王朝佐《おうちょうさ》というものがいた。かれは衆人を救うために、自らが首謀者であると名乗り出て処刑された。臨清の住民は王のために祠《ほこら》を建てて、その霊を祀ったという。この臨清での蜂起は、庶民も義を貫こうとする民変の一つである。不祥事があったにもかかわらず、リッチがその翌年六月に臨清に到着したとき、馬はその地に居座っていた。

マテオ＝リッチの旅程

　神父の一行が珍しい献上品を携えていることを耳にしていた馬堂は、リッチの一行を足止めした。口実を設けて自らの邸宅に招待して献上品を持参させる一方で、皇帝に対して贈り物を持ってきた外国人を、自分の船で皇帝のもとに送り届けたいという陳情書を北京に送った。馬は神父たちの所持品を調べ、神父たちが献上品として報告していないものが出てくると、まるで自分から盗んだものを見つけたように激怒し、気に入ったものは別の場所にしまった。こうして多くのものが奪われた。

リッチは北京にいる友人に手紙を出して事態を打開しようとした。しかし、その返事は「皇帝に陳情書を出そうとは思わないことです。いまや皇帝は宦官の言うこと以外は何もしないからです。いちばん良いのは同じ宦官に助けを求めて、所持品を失う代わりにあなたご自身の命を助けることです」というものであった。もはや神父たちには、神の助力を求めるしか術《すべ》がなかった。季節は冬になり、北京にいたる大運河は結氷した。西暦の新年が訪れ、世紀が変わった。すべてが絶望的だと思われたとき、皇帝から外国人を帝都に迎え入れることを許可する決定が臨清に届いたのである。リッチが陸路で北京に入ったのは、一六〇一年一月二四日であった。

宦官と官僚

リッチが足止めされていたとき、日本では関ケ原の合戦があり、イギリスでは東インド会社が設立されていた。ユーラシアの東西で、明らかに新しい体制が生まれようとしていた。一方、明朝は帝国を新しい政治体制に引き継ぐ準備を急ぐように、自壊のプロセスに突入していた。

　リッチはこの事態を正確に把握していた。彼の記述に従うと（川名公平訳、矢沢利彦注『中国キリスト教布教史1』岩波書店、一九八二年）、日本との朝鮮半島における戦争が終結したとき、戦争に多額の費用を注ぎ込んだために、国庫は空になっていた。皇帝の朱翊鈞《しゅよくきん》（神宗・万暦帝）は窮乏を埋めるために、新たな資金源を求めた。ただし目的は、官僚が管理する国家の収入を増やすことではなく、皇帝が個人的に使用できる宮廷の収入を増やすところにあった。万暦二四年（一五九六）に宦官を各地に派遣し、銀を産出する鉱山を開発し、交易の要衝で商業税を徴収することを目論んだ。

　鉱山を探しに行った宦官は山に向かわず、町なかに出かけた。そこで金持ちの家を見つけると、家の下に鉱脈があると言って家を壊そうとする。災難に見舞われた住民は、家屋をそっくり失わないために、やむなく多額の銀を宦官に差し出した。商業税を取り立てるために派遣された宦官は、馬堂のように無頼を引き連れて商人や住民から資産を奪い取った。リッチの表現を借りるならば、「商品を積んだ船が税の支払地を通るということは、旅先で人殺しに出会うことにほかならなかった」。

定陵　明の十三陵の一つ、第14代の万暦帝の陵墓

　こうして収奪した富の多くは宦官が着服し、北京に送られた資金は贅沢になった宮廷の消費生活をまかない、万暦二四年、二五年と相次いで焼失した宮殿を再建し、さらに朱翊鈞の墓である定陵《ていりょう》

を造営するために使われた。宮廷のための宦官による収奪は、中国史で「鉱税の禍」と呼ばれ、朱翊鈞が死去する一六二〇年まで続いた。内廷の肥大化は、当然のことながら外朝に属する官僚の抵抗を引き起こした。その先頭を走った官僚に、李三才《りさんさい》がいる（以下は小野和子『明季党社考』同朋舎〈京都大学学術出版会〉、一九九六年による）。

北京に近い通州《つうしゅう》が、李の出身地である。通州は大運河を経由して北京に送られてきた物資を陸揚げする漕運の要衝であり、李の父親はここで商業を営んでいたという。万暦二年（一五七四）に科挙で進士に合格し、官僚の道を歩み始めた。宦官が通州に派遣され、商人たちを収奪するようになると、李は無関心ではいられなかったと考えられる。しかも、当時、李は塩の集散地であった淮安《わいあん》と揚州《ようしゅう》を管轄する役職にあり、宦官と直接に対峙する立場にあった。

リッチら一行が臨清で宦官の馬堂に苦しめられていたとき、李は皇帝に対して三回にわたり鉱税を停止するように上奏する。このなかで李は、宦官を派遣した皇帝自身の責任を追及した。

さらに言論で批判するだけではなく、宦官の横暴を実際に阻止しようと努力した。鉱山を開発せよとの皇帝からの命を受けて山東省に派遣された宦官の陳増《ちんぞう》は、当地の地方官が強引な収奪に抗議すると、皇帝の意向に逆らったとして逮捕し拷問を加え、商人などを連座させて家産を没収した。この陳と姻戚関係にあった無頼がその威光を笠に着て、李三才の管轄する淮安や揚州で、当地の資産家に無実の罪を負わせて財産を没収していた。李はこの無頼が私財を蓄え陰謀を抱いていると陳に告げ、累が及ぶことを恐れた陳自身に無頼を密告するように仕向け、陳に対する皇帝の信頼を傷つけることに成功する。皇帝の信任を失った宦官は、生命を断たれる運命にある。陳はついに自殺するにいたるのである。

こうした李の華々しい活躍は、宦官の横暴に憤っていた官僚を引きつける。そのリーダーは江蘇の無錫《むしゃく》（江蘇省の南部）出身の顧憲成《こけんせい》であった。父親は無錫の商人であったと伝えられる。思想的に見ると、顧は個人中心的な傾向を強く持っていた陽明学派には批判的で、政治活動と学問とが結びつかなければならないとする立場をとった。

万暦八年（一五八〇）に任官した顧は、内閣大学士首輔として独裁的な政治を行っていた張居正《ちょうきょせい》を批判し、張の死後も地域社会を強圧的にコントロールしようとする内閣と対立、皇帝の怒りを招き、官職を辞して郷里に戻っていた。

郷里の無錫では多くの同志や弟子が集まるようになり、政局などについて「講学《こうがく》」（討論会）を行う場所が必要になった。宋代に開かれた東林書院《とうりんしょいん》を、地方官の支援を受けて再興し、万暦三二年（一六〇四）に在野の知識人の結集拠点となる東林書院の講学が開始された。この東林書院を中心とするネットワークは、宦官に批判的な党派となり、東林党《とうりんとう》と呼ばれるようになる。

官僚と地域社会

毎月三日に開催された講学には、遠近から数百人の人々が集まったといわれる。また東林書院にならって、各地に同じような書院が生まれた。その一つに、万暦三五年（一六〇七）常熟《じょうじゅく》で整備された虞山書院《ぐざんしょいん》がある。この書院の建築を積極的に担った官僚が、当時、常熟県の長官（知県）を務めていた耿橘《こうきつ》である。耿自身は思想的には顧憲成とは異なり、陽明学の流れに属していた。しかし、地域社会の利害に関わって行こうとする政治姿勢は顧と共通しており、東林書院と連携して常熟で講学を展開したのである。この耿の官僚としての事績を紹介し、東林ネットワークに連なった官僚の具体像を描いてみたい。

蘇州の北西に位置する常熟は、典型的な水郷地帯である。虞山の上から水田地帯を見下ろすと、そのありさまは水路が縦横に走るというよりも、太湖という江南の湖に連なる水面に島のように巨大な農地が並んでいるといった様相である。一五世紀なかばごろまでは、里甲制にもとづいて耕地を取り囲む土手の補修と管理が行われていた。とくに在地の地主は、水掛かりが良く、収穫の搬出にも適した土手に接した耕地を集中的に持つとともに、自らの耕地に接した土手について管理責任を負うという慣習のもとで、精力的に在地の水利事業を担っていた。

ところが銀経済の進展にともない、社会的に上昇した地主は都市に居を移し、没落した自作農の土地を都市在住の資産家などが買い集めるようになったため、在地地主を軸にした水利維持システムが崩壊してしまった。農村から離れた地主は小作料の取り立てにしか興味が無く、水路に囲まれた農地の実状を把握していない。現地に残った農民たちは、多くの小作料を納めなければならず、土手を補修し水路を浚渫する経済的なゆとりを失っていたからである。

一七世紀ともなると新たなメカニズムの構築が、急務となる。そのような時期、万暦三二年（一六〇四）に赴任してきたのが、耿橘である。島のような耕地を詳細に見ると、土手に接した周辺が高く、中心に向かうに連れて低くなっていた。そのために水路の水かさが増すと、島の中心に水が溜まり、じわじわと耕地を浸す。在地のシステムがしっかりと機能していれば、地主の指導のもとで排水を行い、耕作を続けることができたが、不在地主が多くなると、それはかなわない。そこで耿は万暦三〇年代（一七世紀初頭）に、大きな島のような耕地を分割しクリークを開削し、浸水する耕地を減らそうと試みている。

耿橘が実施した抜本的な改革は、水利維持の負担の原則を変えたことである。その原則は、当時の言葉を用いると「照田派役《しょうでんはえき》、業食佃力《ぎょうしょくでんりき》」、つまり「田に照らして役《えき》を派し、業戸《ぎょうこ》が食を出して、佃戸《でんこ》が力を出す」となる。つまり、里甲制の原則ではなく、耕地面積に照らして水利維持の負担を均等に分け、「業戸」つまり地主が在地であろうと都市に在住していようと、保有する耕地面積に応じて「食」（労賃）を支払い、在地の「佃戸」つまり小作農民がこの労賃をもらって、土手を補修し水路を浚渫するということである。

この原則は一六世紀なかばには、すでに江南で実施に移されていた。しかし、官僚経験者などいわゆる郷紳と呼ばれる人々には、優遇処置として水利維持の負担を軽減させるという抜け道があった。この「優免《ゆうめん》」と呼ばれる壁が立ちはだかり、新しい原則は十分に成果を挙げることができなかった。地主たちが負担を逃れるために、自分の耕地の名義を郷紳に移したからである。このため、水利事業を行うに必要な資金を集められなかったのである。そこで耿橘は、優免の廃止を徹底させた。こうして照田派役にもとづく水利システムは、はじめて実効を持つようになった。

こうした耿橘の改革は、県の全体の利害を考えようとする地域エリート層の支持を集めなければ、実行することはできない。不在地主にとっても、水利が維持できず連年のように水害などで不作が続けば、経済的な打撃を受ける。なんとか対策を取らなければならないという動きは、県の公議を形成して改革を推進する地方官を支え、改革に必要な情報を提供した。他方で水利維持メカニズムの構築に自らは関わらず、優免の廃止に反対する有力者もいた。地域社会のエリート層のなかに、亀裂が走っていたのである。

耿橘が常熟の町を見下ろす虞山に書院を建てたのは、この書院に改革に共感する地域エリートを結集し、講学のなかで地方官を支える公議、つまり世論を形成しようと考えたからである。一方、こうした地方官の政策に危機感を抱いたエリートたちは、地方官の動きを牽制するために、内閣大学士に連なる中央政府の人脈にネットワークを広げていった。

官僚と宣教師

図式的に一七世紀前半の官界の状況を示すならば、つぎのようになるであろう。対立の軸は、二本あった。一つは財政の基礎となった県の行政をめぐる対立で、地域社会の公議を背負った地方官と、地方官に対するコントロールを強化しようとする内閣とのあいだの対立である。この対立軸に、鉱税の禍をめぐる官僚と宦官とのあいだの対立が加わった。

宦官の収奪の対象となった地域社会の世論は、当然、反宦官派を支える。こうした状況は、地域社会に依拠した政治を目指す官僚を反宦官派に押しやることになり、これが東林党と呼ばれる党派を生みだした。内閣に連なる官僚たちは、この東林党の勢力拡大に危機感を覚え、宦官との結びつきを強め、東林派から「閹党《えんとう》」と呼ばれるようになった。「閹」とは去勢するという意味で、宦官を差別する言葉である。

中国の政界でしばしば見られる「敵の敵は味方」という政治原理が働いたことで、二つの対立軸は、政界を二分する抗争へとエスカレートした。事態を決定的に悪化させたのは、一六二〇年に一六歳で皇帝に即位した朱由校《しゅゆうこう》（熹《き》宗《そう》・天啓帝《てんけいてい》）が、自分の乳母と夫婦に似た関係にあった宦官の魏忠賢《ぎちゅうけん》に信任を与えたことであった。

魏は東林党に弾圧を加え、書院を破壊した。地域社会の実状を訴える官僚は、東林派と見なされ、政治的生命、場合によっては生物的生命をも奪われた。一六二七年に朱由校が死去し、その異母弟である朱由検《しゅゆうけん》が皇帝（毅《き》宗《そう》・崇禎帝《すうていてい》）に即位し、後ろ盾を失った魏が自殺するまで弾圧は続いた。

図式的に解説を加えることは容易だが、実際の官界では内閣大学士のなかにも宦官を批判する行動をとった人物もおり、東林派とみなされる官僚のなかにも密かに宦官と連携したと思われる人物もいる。しかし、内閣の権限の来源は皇帝の個人的な信頼にあり、宦官と大差はない。すなわち事態をさらに簡略化すれば、政治に関心を持たない皇帝と、それでも政治を担わざるを得ない官僚とのあいだの対立が、明朝末期の混乱の原因であった。こうしたなかから明代末期には皇帝権力そのものの正当性を問う思想が生まれ、清代へと引き継がれて行くことになる。

さて、北京に到着したマテオ＝リッチたちは、その後どうなったであろうか。宣教師たちはかなり難しい立場に置かれていた。外国人との交渉を担当する礼部の官僚は、彼らを朝貢使節とみなし、献上品を納めたら皇帝からの下賜品を受け取らせ、すみやかに北京を立ちさらせるべきであると、皇帝に具申した。

その背景として、リッチたちが正規の交渉手続きを踏まずして、宦官の馬堂を通じて北京に来たことを強調することで、宦官が礼部の職務に介入した罪を問い、宦官を批判しようとする意図があったと、リッチは記している。しかし、皇帝の朱翊鈞はリッチが献上した「自鳴鐘《じめいしょう》」（置き時計）に興味を持ち、時計を調整できる宣教師たちを北京に居留させたかった。そこで皇帝は、礼部の上奏を無視し続けたのである。

中国語を正確に操り、鋭利な観察力を身につけていたリッチは、事態をかなり正確に把握していた。宦官を通して手を回すという方法もあったかもしれないが、リッチはそのような対応を採れば中国の知識人とのあいだに溝が生まれると危惧したようである。ある日、リッチのもとに曹于汴《そううべん》という名の高官が訪ねてきた。彼は東林派の重鎮となる人物である。のちに北京に講学の場を作るときに名を連ね、宦官の魏忠賢に睨まれて左遷される。年号が崇禎に変わり、新しい皇帝の朱由検が宦官を抑制する政策を採ると、曹は中央政界に返り咲き、魏の残党を粛清したことで知られている。

リッチはどうして訪ねてきたのかと曹于汴に尋ねたところ、「神父がすぐれた人物であり、「正しく生きるための真の教義を教えていると聞いたからだ」と答えたという（『中国キリスト教布教史1』）。曹は宣教師のために尽力した。礼部の官僚が、宣教師たちが宦官を通じて贈り物を献上した点を非難したところ、曹は激怒して、「馬堂は旅人を殺害しているのに、高官でさえこの宦官の横暴を抑えられないではないか、あわれな一外国人に、彼に逆らえというのか」と怒鳴りつけたという。こうしたことが契機となり、宣教師が北京に滞在し布教する道が開けたのである。

東林派の官僚が宣教師に興味を抱いた理由として、三つの項目が挙げられている（沈定平『明清之際中西文化交流史』商務印書館、二〇〇一年）。一つは、宣教師の清廉な生活態度に、共感するものがあったからである。第二に、社会政策に必要な実学を、宣教師から学ぼうと考えたからである。そして第三に儒学者でもある知識人として、仏教に対する共同戦線を張ろうという意図があったとする。宣教師は東林派知識人とのあいだに、ネットワークを広げて行くことになる。

毛皮と帝国

クロテンと交易

明末の随筆集『万暦野獲編』に、北京の冬にまつわる次のような一節がある。「毎年、いてつく寒さが訪れるころ、皇帝は臣下にテンの毛皮を賜る習わしがあり、その次の日には下賜された毛皮の耳当てを着けて、宮中にお礼の挨拶に行くことになっていた。ところが近年（一七世紀のはじめごろ）、皇帝は〔毛皮を下賜するという〕詔を出すことをやめてしまった。……毛皮を支給するために、多大な出費を必要とするためである」。宮廷では臣下に支給するために、毎年、テンの毛皮を約一万枚、キツネの毛皮を約六万枚も必要としたという。この毛皮はどこから、どのようにもたらされたものなのであろうか。そして、一七世紀に皇帝から毛皮を臣下に下賜するという行事がなくなったのは、なぜなのであろうか。実は

クロテン　イタチ科の小獣。ユーラシアの北方森林地帯に生息。毛の色は淡い粘土色から黒褐色まで一定しない。毛皮は陸生動物中、最高級品とされ、セーブルと呼ばれて珍重される

その背後には、歴史の大きなうねりがあったのである。

　皇帝が下賜した毛皮のなかで最高級の毛皮は、クロテンの毛皮であった。クロテンの毛皮はユーラシア世界でつねに珍重されており、権力者のあいだの重要な贈答品として、この毛皮が登場する。クロテン（学名：*Martes zibellina*）は、ユーラシア大陸の北部に広がる針葉樹を中心とした大森林地帯に生息する動物である。中国にもたらされたクロテンの毛皮は、おもに現在の中国東北部とロシア極東の南部、マンチュリアと呼ばれる地域から、もたらされた。

　マンチュリアは南が海に面し、東と西そして北を山脈で囲まれた地域である。海と山に囲まれて、その中央部には東北平原が広がる。その平野のなかを、モンゴル高原に流れを発したアムール川（黒竜江）とその支流である松花江《しょうかこう》が西から東に流れ、遼河《りょうが》が北から南に流れる。寒冷な大地ではあるが、西にはモンゴル高原との障壁をなすように広がる大興安嶺《だいこうあんれい》、シベリア高原との境となる外興安嶺《がいこうあんれい》、そして朝鮮半島とのあいだを仕切る長白《ちょうはく》山脈には、北の海から供給される雪と雨とに支えられて、針葉樹を中心にカバノキなどの広葉樹を織り交ぜた深い森林が広がっている。クロテンはこの森のなかを走り抜けていた。

　中国東北部では、ジュシェンと呼ばれる狩猟民族が勢力を持っていた。中国ではジュシェ

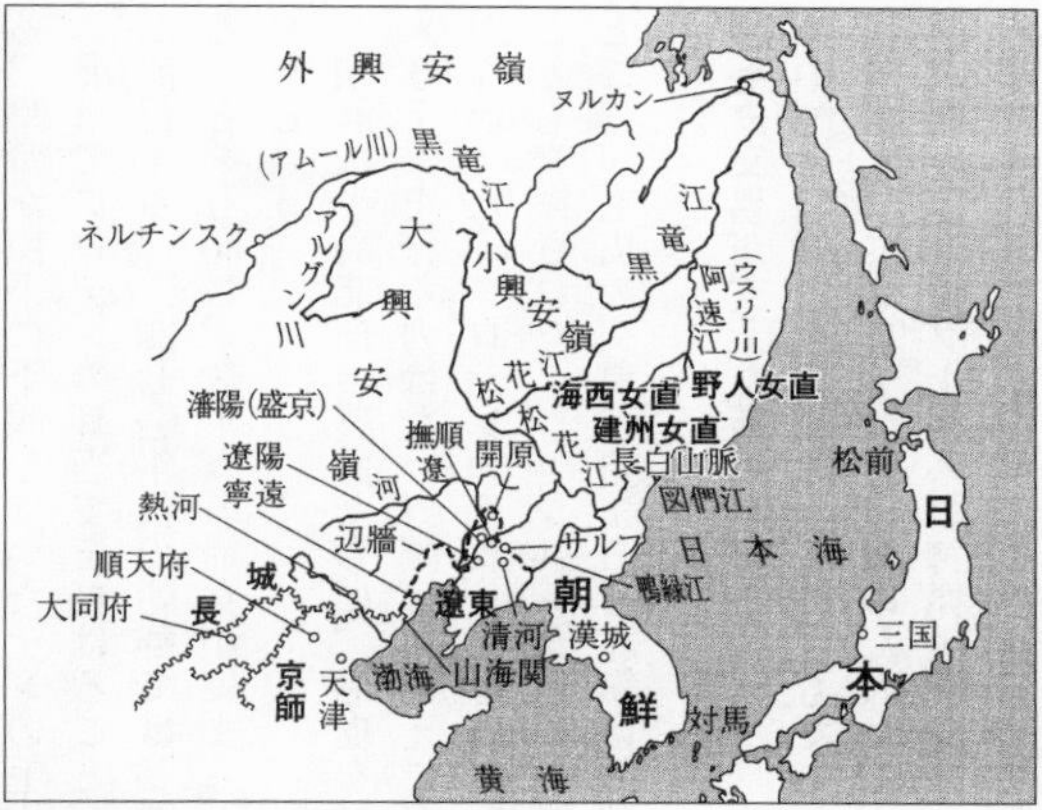

女直（ジュシェン）の配置図

ンの音に漢字を与えて、「女直《じょちょく》」あるいは「女真《じょしん》」と書き表す。明朝は一四世紀に遼陽を根拠地として東北部の押さえとし、朱棣《しゅてい》の時代にジュシェンを帰属させた。このときに三つに区分し、中国に近い土地から順番に建州《けんしゅう》女直・海西《かいせい》女直・野人《やじん》女直と呼ぶようになった。

一五世紀なかば以降、ジュシェンが明朝に朝貢しに来たときに、クロテンの毛皮を貢納品として携えてくるようになった（以下は河内良弘「明代東北アジアの貂皮貿易」『東洋史研究』三〇－一、一九七一年に拠る）。『明実録』によると、成化二年（一四六六）に建州女直が朝貢に来たとき、辺境の役人たちは貢納品を点検し、礼部の規程に従って、テンの毛皮は純黒のもの、ウマは肥えて大きなものを持ってきた使節だけを受け入れ、あとは拒否したという。さらにテンはアムール川以北に産するものであって、建州にはまったく生息していないと記している（『大明憲宗実録』成化二年冬一〇月甲寅）。

成化の初年からテン、とりわけクロテンの貢納が始まり、その後、しだいに量が拡大する。皇帝が臣下に下賜していたテンの毛皮は、このようにして確保されていたのである。

北京でクロテンの耳当てを着けることが流行し始めて間もなく、朝鮮においてもクロテンが流行する。一四七〇年代の朝鮮では、女性たちがテンの毛皮で装わなければ、人と会合することをも恥じ、数十人の婦女が集まると、誰一人としてその毛皮を着ていないものはなかったという。

朝鮮は半島北部の農民たちに、毛皮を税の一部として納めさせた。しかし、農民が森林に入りテンを狩る力はない。国境を越えてジュシェンと交易することで手に入れるしか、方法がなかった。クロテンの毛皮一枚は、農耕用のウシ一頭と交換された。また、鉄製の農具なども交換された。ジュシェンが用いた鏃《やじり》は、かつては動物の骨を尖らせたものであった。ところが毛皮の交易が始まると、鏃は鉄製に替わったという。

毛皮交易が支えた新興政権

中国と朝鮮にクロテンの毛皮をもたらした人々は、ジュシェンであった。しかし、大森林に分け入ってクロテンを仕留めた人々は、主にアムール川や松花江の流域に住んでいたナーナイ族などツングース系の狩猟民族であったと考えられる。ナーナイ族は河川の流域に小さな集落を作って、魚を捕り、獣を狩って生活していた。こうした自然に即した生き方を営んでいた狩猟民から、ジュシェンの商人が毛皮を集めたのである。

一四九一年、アムール川流域に朝鮮の軍隊が派遣されたとき、ひとりの兵士がジュシェンの捕虜となった。彼は脱出して逃げ帰り、朝鮮国王に謁見して自らの経験を報告している。

そのなかで、彼が留置された建物は「一つの梁が四、五間を通し、僧舎のように大きなものでした。大きな銅の釜が左右に据え置かれ、一つの釜で炊飯して食し、もう一つの釜で米糠を煮て粥を作り、ウマを養っていました。多くの綿布を蓄え、一人でテンの皮を三〇〇枚あまり持っているのです。私はニワトリが鳴くと起こされ、一日じゅう米をついていました。川を隔ててナーナイ族が住んでおり、毛皮を以て米と交換して行きます。その人は二、三日逗留し、米を二、三の荷駄に分けて帰って行きました」（『李朝成宗実録』二二年七月丁亥）と述べている。

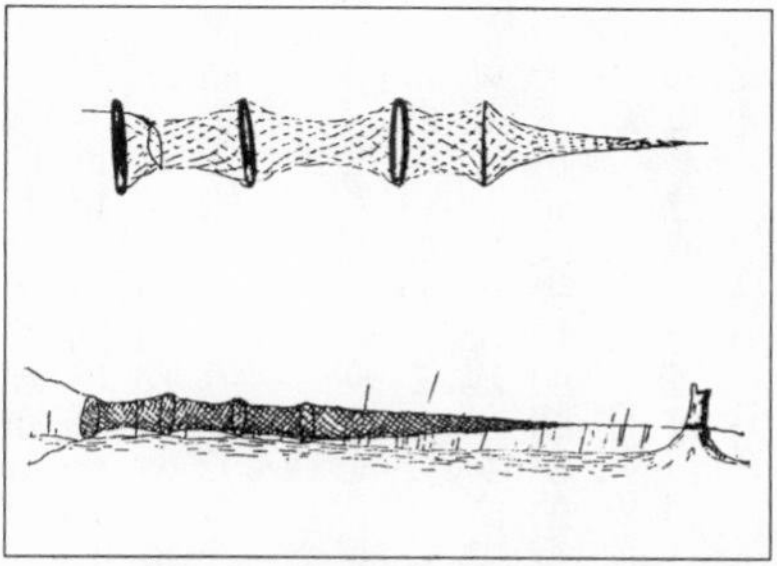

クロテン捕獲網　凌純聲『松花江下游的赫哲族』を参考に作図

クロテンの毛皮は傷をつけてしまうと価値が下がってしまう。ナーナイ族はテンが棲む木の空洞の出入り口を二つだけ残してふさぎ、一方の穴に長さ八メートルを超える長い網を仕掛け、もう一つの穴から煙を送り込んでテンを網に燻り出して捕獲したという。

河川交通の要所には、毛皮を集める拠点が置かれていた。先の朝鮮の兵士が働かされた場所である。毛皮がある程度の枚数整うと、猟師はこの拠点に運び込み、米や綿布と交換したのである。拠点にいる交易商人は、米糠の粥で精力を養ったウマで、集めた毛皮を遠方の交易地に運んだものと想像することができる。狩猟当時の中国東北部では米を作ることはなかった。

民と交換した米や綿布は、おそらく中国との交易で獲得されたものであろう。

一六世紀に中国に海を介して銀が大量に流入し都市に富裕な階層が生まれると、贅沢品であるクロテンの毛皮に対する需要が高くなった。暖をとるためというよりも、皇帝からの下賜品から始まった流行であったために、その毛皮はステータス・シンボルであったと想像される。

こうした需要の向上を背景として、朝貢貿易の枠を越えて、毛皮をめぐる交易が活発化したにちがいない。そして、この交易を掌握した政治グループは、もっとも中国と近い地域を活動圏としていた建州女直であった。

一六世紀後半に明朝が朝貢メカニズムから互市を切り離して対外的な交易を容認する方向に傾斜し始めると、建州女直と中国との境界地域に位置する開元《かいげん》・撫順《ぶじゅん》・清河《せいか》などの地で、交易場が急成長を遂げ、ジュシェン商人が財力を蓄えるようになる。こうした新興の交易者に支えられて勢力を蓄えたのが、建州女直のリーダーとして登場したヌルハチである。一方、明朝では朝貢から互市へと交易の比重が移るとともに、皇帝からの下賜品とする毛皮を確保できず、一五世紀後半から続いた恒例の行事を停止せざるを得なくなったのである。

ヌルハチは一六世紀の後半に、周囲の勢力を統合してマンジュ国を建てる。この国号は、ジュシェンの人々が信仰していたチベット仏教の仏である文殊菩薩《もんじゅぼさつ》が、その語源だとされる。文殊菩薩は東方を守護する。仏教が生まれたインドの遥か東方で生活するジュシェンの人々は、この菩薩に自分たちの運命を重ねたのである。

このマンジュはのちに漢字を当てて「満洲《まんしゅう》」となる。のちに一六三五年には、漢族からの差別的なニュアンスを帯びたジュシェンという民族名を使うことを禁止し、みずからを満洲と称するようになった。ヌルハチのマンジュ国は勢力を拡大し、中国東北地方のジュシェン全体を統治し、一六一六年ごろ国の名を「金《きん》」と改め、自らはハンを名乗るようになった。中国史では宋朝と対立した金と区別するために、「後金《こうきん》」と表記される。

ジュシェンのあいだではハラ（姓）で、所属する父系の親族集団を表した。日常生活では姓を意識することは少なく、名だけを称する。ヌルハチはギョロ姓で、のちに「金」を意味するアイシンを冠して、他のギョロ姓と区別を付けた。アイシンギョロは漢字で表すと「愛新覚羅」となる。本書で清朝の皇帝の名を記すとき、基本的に姓を省略する。

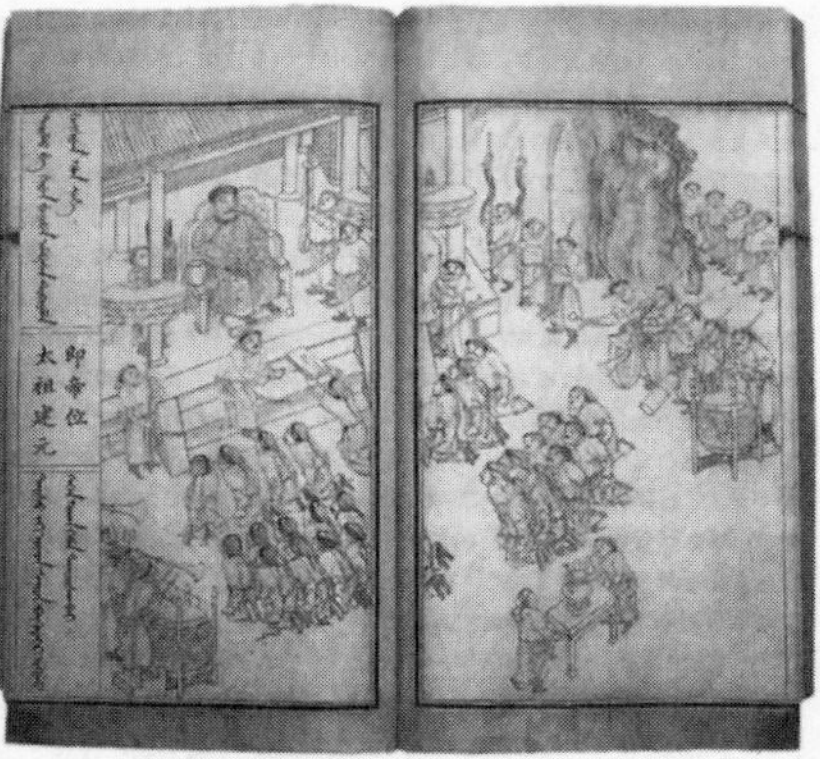

ヌルハチの即位　推戴されて即位する太祖ヌルハチ。『満洲実録』より

ヌルハチの国造りを図式的に述べると、おおよそ次のようになる。彼の政権は中国東北部の毛皮やチョウセンニンジンなどの交易を掌握し、明朝が輸出を禁止していた農具などの鉄製品を獲得、さらに朝鮮などからは農耕用のウシを手に入れる。また最初は人身売買などで、のちに明朝との戦争状態がはじまると捕虜として、漢族の農民を奴隷として獲得し、農具とウシと奴隷とを組み合わせて平野

部で農業生産も展開した。

こうした経済的な基盤のうえに、軍隊の編制と拡充が進められ、一六〇一年には四つのグサと呼ばれる軍団が編制された。その後、さらに四つのグサが加わった。各グサはそれぞれ黄・白・紅・藍の色の旗と、それぞれの色に縁取りをつけた旗を標識としていたので、中国語で八旗《はっき》と呼ばれ、これに属する人々を旗人《きじん》と呼んだ。一つのグサは、兵士となる成年男子約七五〇〇名で構成されており、八旗全体で六万人となる。また、行政や社会もこの八旗にもとづいて編成され、のちに漢族やモンゴル族が政権のなかに組み込まれると、漢人八旗・蒙古八旗も作られた。

帝国への道

一七世紀に入って泥沼化し始める明朝の党派抗争は、ヌルハチの政権にも影響を及ぼした。後金国の東に境を接する遼東は明の直轄領であり、総兵官の李成梁《りせいりょう》が数十年にわたって統治していた。戸メカニズムの崩壊とともに、軍戸に支えられていた衛所はほぼ軍隊としての機能を失っていた。その中で、李は自ら兵を養い、なかば軍閥として遼東を支配していた。その私兵を養う財源は満洲族との交易にあり、ヌルハチは李の庇護をうけて勢力を伸ばしてきたのである。

李成梁を中央政府のなかでバックアップしていた勢力は、内閣であった。歴代の内閣大学士首輔と、李は密接な関係を持っていたのである。ところが内閣と東林党の党派抗争の結果、李は後ろ盾となっていた人脈を失ってしまった。そのため、万暦三六年（一六〇八）にはヌルハチから賄賂を受けて開拓地を満洲人に渡したと弾劾され、解任されてしまう。この結果、ヌルハチの政権は中国との交易の仲介者を失い、交易を円滑に進めることができなくなり、経済基盤がゆらぐこととなった。事態の打開をはかるため、ヌルハチは閉鎖的な明朝との対決姿勢を鮮明にする。

ヌルハチはついに万暦四六年（一六一八）に明朝との国交を断絶し、まず撫順を攻撃し、翌四七年には明の大軍と朝鮮の援軍とを撃破した。激戦地にあった山の名にちなんで、サルフの戦いと呼ばれるものである。一六二一年にはさらに攻略を進め、遼河の東側の広大な農耕地を獲得し、配下の旗人に分配した。戦争の過程で大量の漢族を捕虜とし、彼らを奴隷として旗人が保有する荘園で働かせる体制が生まれた。こうした荘園は、旗地《きち》と呼ばれる。

ヌルハチは遼東の平野に進出すると、明朝が遼東支配の中心地としていた遼陽《りょうよう》に遷都した。しかし、新興勢力の後金国の首都とするには、遼陽の街は使い勝手が悪かったようで、一六二五年には瀋陽《しんよう》に遷都し、盛京《せいけい》と改称した。以後、盛京は東北地方の政治的な中心地となる。このプロセスのなかで、多くの漢族が支配下に加わり、部族的な政権から帝国へと脱皮する素地が作られていった。

ヌルハチは遼東からさらに西方へと勢力の拡大をはかったが、渤海に臨む寧遠《ねいえん》に築かれた城塞で、明朝が宣教師の指導を受けて製作したポルトガル式の大砲に行く手を阻まれ、突破することができなかった。ヌルハチは一六二六年に死去する。一説によれば、砲弾の破片で受けた傷が悪化したためであると言われる。ヌルハチの跡を継いだのは、第八子のホンタイジ（愛新覚羅皇太極・太宗）であった。

満洲族には長男が政権を継承する伝統はなく、実力をもつと見なされた人物が後継者に推挙される。ホンタイジは他の実力者を抑えて権力を確立すると、まず朝鮮に侵攻し朝鮮王に後金国のハンを兄、朝鮮国王を弟とする関係を結ばせる。朝鮮には交易を行うことを認めさせ、中国と交戦状態に陥ったために入手できなくなっていた物資の補給を確保した。

一六三四年には、内モンゴルにあったモンゴル族のリンダン＝ハーンを破った。翌年にリンダン＝ハーンの長男が後金軍に投降してきたとき、元朝の玉璽といわれる印章を携えてきた。この印章は伝承では漢代にさかのぼるものであるという。元朝最後の皇帝である順帝が北京を追われて逃げるとき、身に携えていたが、その死後に行方が知れなくなっていた。二〇〇年ものときを経て、ヒツジを追っていた牧人が拾い上げ、転々としてリンダン＝ハーンのもとに来た。印章には「制誥之宝《せいこうのほう》」と記されていた。

ホンタイジはこの印章を手に入れたのは天命であるとして、一六三六年に、満洲族・モンゴル族・漢族の三つの民族のうえに君臨する皇帝・ハーン（大ハン）を兼ねる支配者となり、国の名前もダイチン－グルン、漢字表記で「大清《だいしん》」とした。なぜ「清」なのか、諸説があり、学界でも一致した見解を出すにいたっていない。ここで確認しておきたいことは、この帝国が元朝や明朝と同じように、自称として国号を定めたという点である。

新たな帝国の支配者は、満洲族のリーダーであるとともに、モンゴル族に対してはチンギス＝ハンからの系譜を引くハーンとして、また漢族に対しては元朝から正統性を引き継いだ皇帝として、それぞれ臨む多面的な存在として誕生した。この多面性が、のちに東ユーラシアのほとんどの地域を勢力圏に収める大帝国に発展する基盤となる。ホンタイジは投降してきた漢族の官僚を政権のなかに取り込み、明朝を模範にして六部などの官庁制度を整え、それぞれのポストには満洲族・モンゴル族とともに漢族を登用するようにした。

朝鮮には皇帝として推戴することを求め、朝鮮国王がそれを拒絶すると軍隊を発動して、武力によって承伏させた。朝鮮は明朝に対する朝貢を断ち、清国へ毎年、朝貢使節を派遣することとなったのである。新たな朝貢メカニズムがここに生まれた。ただし、明朝が外国との関係において、交易を抑制することを基本としたのに対して、毛皮の交易を契機に急成長を遂げた経緯がある清は、朝貢メカニズムの運用にあたって、交易を積極的に認める姿勢を持っていた。

明朝の崩壊

ホンタイジは明に決戦を挑むが、どうしても万里の長城の東端に位置する関門であった山《さん》海関《かいかん》を突破することができず、勝敗を決するまでにいたらなかった。迂回して熱河《ねっか》から長城を越えて華北に侵入することもあったが、幹線となるルートを確保しなければ明朝を屈服させることは不可能であった。中国との交易を基盤にしていた政権であったために、長期に及ぶ交戦は望ましいものではない。平和交渉も進められたが、それも成果を挙げることはなかった。こうした膠着状態のなかで、ホンタイジは一六四三年に盛京で病死した。

皇位を継いだのは、まだ六歳の息子フリン（愛新覚羅《あいしんかくら》福臨《ふくりん》・世祖《せいそ》・順治帝《じゅんちてい》）である。清朝の初期の皇位継承は、有力者たちの合議によって決められた。明朝は儒教の原則にもとづいて、嫡長子がほぼ自動的に継承したが、清朝は異なるのである。幼児のフリンが即位できた

山海関　万里の長城の起点。南は渤海に臨み、華北と東北をつなぐ要衝の地で、「天下第一関」と呼ばれる

背後には、その母親でモンゴル族ボルジギット氏出身の孝荘文《こうそうぶん》皇后（実子の即位により孝荘文皇太后となる）とホンタイジの弟のドルゴンとが手を結んだためであると考えられている。ドルゴンは摂政として実権を握った。

　さて、山海関をはさむ膠着状態は、ホンタイジが病死した翌年に、突然、変化する。

　一六世紀末の日本の朝鮮侵略をめぐる戦争で、明朝の財政はゆとりを失っていた。満洲軍が遼東に対して侵攻を始めると、明朝は必要とする軍事費をまかなうことができず、新たな課税を行った。万暦四八年（一六二〇）には、遼東方面の軍事費として遼餉《りょうしょう》と呼ばれる税金が新たに課せられ、崇禎三年（一六三〇）にも新餉《しんしょう》と呼ばれる税が追加された。また経費削減のために輸送伝達を官営で行っていた駅伝が整理され、駅站が削減されたために、そこで働いていた人々が職を失った。度重なる搾取に苦しんでいたところに、一六二七年に大飢饉が陝西北部を襲った。これが引き金となり、大規模な反乱が始まった。

　満洲軍が長城を越えて侵攻するたびに、北京は戒厳状態におかれ、明朝は陝西や山西などで兵士を徴発するとともに、地方の軍隊を勤王軍と称して北京防衛のために移動させた。しかし、これらの軍隊は食糧欠配のために、移動の途中や駐屯地で反乱を起こし、農民主体の反乱軍に合流する事態となった。すでに明朝は反乱を鎮圧する力を失っていたのである。反乱のなかから李自成《りじせい》と張献忠《ちょうけんちゅう》という二人のリーダーが頭角を現し、反乱を指導した。

一六四〇年ごろから、李は単なる反乱軍から政権の確立を目指すようになる。「土地を均分し、三年間は免税にする」「商取引を公正にする」などの政治的な綱領を掲げ、政策を宣伝する歌謡を流布させるなどの政治工作を行っている。その勢力は陝西から河南・湖北に及び、崇禎一七年（一六四四）に、西安で政権を樹立し、国号を大順《だいじゅん》と称して官僚機構を定めた。そして北京へと向かったのである。

呉三桂（左）と李自成（右）　いずれも『中国歴史人物大図典』より

明朝の主力部隊は清の軍隊に備えて山海関方面に配置され、北京の防衛は手薄であった。皇帝の朱由検《しゅゆうけん》（思宗《しそう》、のちに毅宗・崇禎帝）は三月一九日の未明に、紫禁城《しきんじょう》の北に位置する景山に登り自殺した。李自成の政権は首都に入ったものの、明朝を倒したあと明確な目的を設定できず、内紛を起こし安定した基盤をつくることができなかった。

一方、山海関にいた明の将軍の呉三桂《ごさんけい》は北京に向かったものの、李自成軍の進行速度はきわめて速く、援軍に駆けつける途上で北京は陥落してしまった。そこで呉は、ホンタイジの死後に摂政として実権を掌握していたドルゴンに明朝皇帝の仇を討つために援軍を派兵することを求め、清に降った。この呉の動きは、彼の愛妾が李自成側に奪われた私怨に駆られたものであると伝えられている。

四月二一日、山海関において李自成が率いる大順軍と呉三桂の軍隊が戦闘を開始、ほどなくしてドルゴンが率いる清軍が呉の側について参戦し、勝敗を決した。清軍は敗走する李軍を追い、呉の先導で山海関を通過して北京に向かった。この事態を「入関」という。いったん敗走を始めた軍勢を立て直すことは難しく、李は北京を放棄した。清が北京に入城したのは、五月二日。わずか一ヵ月半で王朝は、明から清へと移行した。

中国で王朝が交替するという激震が走っているさなか、日本海を一隻の和船が航行していた。五八人が乗り組んだその船は、現在の福井県三国《みくに》（坂井市三国町）の港を四月一日に出帆、北海道の松前《まつまえ》に商いのために向かっていた。日本の沿岸に沿うように能登《のと》半島から佐渡《さど》に渡り、さらに北を目指して海に乗り出したところ、東南東の暴風に遭遇する。漂流した船は日本海を横切り、半月後に図們江《ともんこう》の河口に近い海岸に漂着した。

ほどなくして現地に住んでいた住民が、小舟に乗ってやってきた。食事を振る舞うとチョウセンニンジン三束を取り出し、手振りで料理鍋と交換したいと言う。「このようなニンジンはたくさんあるのか」と伝えると、「あの山にある」と答える。そこで漂流者は判断を誤った。

「どこに着いたとしても商売が大切、あの者たちをたらし込んでニンジンがあるところまで案内させ、採ってきてしまおう」と相談した。が、住民の案内で山に入ったところ、カヤの原で取り囲まれて矢を射かけられ、多くの者が落命した。船に残ったものも焼き討ちにあい、生き残った者は国田兵右衛門《くにだひょうえもん》など一五人であった。生存者は盛京に護送され、さらに清朝の新しい首都となったばかりの北京に転送された。おそらく彼らは新しい帝国の姿を見た最初の日本人であった。

髪型をめぐる葛藤

漂流者たちは北京に一年間留められたあと、朝鮮を経て漂流から三年後に対馬《つしま》に送り届けられた。国田兵右衛門と宇野与三郎《うのよさぶろう》は江戸に出頭し、幕府の担当者の審問に答えた陳述が、記録として残されている。

国田たちは北京へと向かう途上、満洲族の故地マンチュリアを離れ北京へと向かう民族の大移動に遭遇する。「北京へ参る時分、韃靼《だったん》（東北アジアに対する日本側の呼称）より引っ越しそうろう男女、三十五、六日路《みち》のあいだ、ひきも切り申せずそうろう」と述べている。清は北京の内城に住む漢族を強制的に移住させ、そののちに旗人たちを住まわせた。この移動のために、マンチュリアの土地は人口が激減し、農地は荒廃したことが知られている。

満洲人の身なりについて、「日本人よりは大きく、上下ともに頭をそり、てっぺんに一寸四方ほどいただきの毛を残し、長くして三つに組み、上ひげはそのままに、下ひげは剃っています。大名《だいみょう》・小名（皇族や大官たち）から下々の百姓にいたるまで、みな同じでした」という。これが満洲族の風俗として清朝に引き継がれた辮髪《べんぱつ》である。ホンタイジの統治期に多くの漢族がその支配下に編入されたとき、辮髪にすることが強制された。呉三桂も清に服属したとき、その証として髪を剃っている。

北京に清軍が入城した直後、漢族に対して「薙髪《ていはつ》し（髪を剃り）、衣冠は本朝（清朝）の制度に従うよう」に命令を出すが、漢族の反感を買う。支配が安定するまで風俗を強要することは適当ではないと判断したドルゴンは、六月末に薙髪令を緩和する。清軍の侵攻は早く、清朝の年号でいえば順治二年（一六四五）に李自成軍を打ち破っただけではなく、六月に明朝の皇族であった朱由崧《しゆゆうすう》（福王）が南京に建てていた政権を滅ぼした。清朝に対する抵抗が強かった江南を平定する見通しがつくと、薙髪令を出した。その勅令には、
この布告よりのち、京城《けいじよう》（北京）の内外は一〇日以内に、直隷《ちよくれい》（帝国の直轄地）や各省の地方では、この布告が到着してから一〇日以内に、ことごとく髪を剃れ。

とある。北京などでは布告とともに多くの理髪業者に指示を出し、道具を天秤に担いで、表通りから路地裏まで巡回させて、手当たり次第に髪を剃らせた。せめて辮髪だけは避けたいと、にわかに仏門に入って坊主頭になるものも少なくなかったという。

江南ではこの布告をめぐり、大きな混乱が生じ、多くの生命が失われた。一六世紀に地域社会としてまとまっていた嘉定県では、郷紳などの地域のリーダーを中心にして郷里を防衛するために県城に人々が立て籠もっていた。彼らは農村の自衛団を味方に引き入れるために、「清兵は人民に薙髪を強制し、髪を剃り終わると、白刃をふりかざして、自分で自分の

妻子を殺すように強制する。それから兵隊にして前線に立て、盾の代わりにして矢玉に当てさせる。絶対に生きられる見込みはないのだ」といった噂を流し、帰順よりも抵抗を選べと迫った。
他方、いち早く清軍の側についた無頼の輩は、髪を残しているものを虐殺し、その財産を奪い取った。やむを得ず髪を剃ったものも、運悪く村の自衛団に捕まると、裏切り者として惨殺されることもあった。こうした混乱のなかで、嘉定は七月に清軍に制圧される。
北京に滞在していた国田たちは、激動する中国の様子を垣間見ている。

南京も韃靼国に切り取られてしまい、討っ手の軍勢が北京に帰ってきました。ただし頭目の一人は南京に残ったと聞きました。その後、南京の人たちが北京に〔帰順することを示すために〕礼に参った様子を、私たちは確かに見ました。南京の人もみな頭を剃り、韃靼人のようになって来たのです。

髪型をめぐり、「頭を留めんとすれば髪を留めず、髪を留めんとすれば頭を留めず」、つまり髪の毛を剃らないでおこうとすると殺害されると言われた江南の混乱は、清の圧倒的な軍事力の前に、終息していったのである。

中央集権体制の確立
ドルゴンはそれまで八旗ごとに分立する傾向が強かった満洲族の体制を、かなり強引な政治的手法で中央集権的な体制へと改革した。その過程で多くの政敵を作った。中国を支配するおよその道筋がついた順治《じゅんち》七年（一六五〇）に、ドルゴンが急死すると、政敵の策謀によってドルゴンは反逆者とされるとともに、一三歳になっていた皇帝フリン（愛新覚羅福臨・世祖・順治帝）が自ら政権を執った。

若い皇帝は、その少年時代に北京に入り、朱棣による遷都から二〇〇年あまりものあいだ中国の中心となっている地に身を置くことになった。紫禁城に入ったフリンは、この地に澱《おり》のように沈殿していた漢文化に圧倒されたと想像される。親政を始めた皇帝は、漢文化を受け入れ明の体制を踏襲した。この治世は長くは続かず、天然痘《てんねんとう》のために順治一八年（一六六一）に死去し、わずか八歳の愛新覚羅玄燁《げんよう》が即位する。聖祖《せいそ》・康熙帝《こうきてい》である。

ホンタイジの後二代にわたって幼少の皇帝が即位したものの、清朝の皇帝権力は動揺しなかった。その背後にはホンタイジの妻でフリンの母、そして玄燁の祖母であったボルジギット氏（孝荘文《こうそうぶん》皇后・孝荘文太皇太后）が宮廷を掌握し、ドルゴンなどの政治的実力者とも密接な連携を取りながら幼帝を後見したためである。

女性の権威が強いことは、漢族には見られず、モンゴル族や満洲族など北方民族に特徴的な点である。清代の後期には西太后と呼ばれる女性が実権を握る。清朝の中国支配は皇太后によって始まり、皇太后によって終わるといってもよいのかもしれない。玄燁は康熙八年（一六六九）、当時実権を握っていた輔政《ほせい》大臣を排除し、自ら政治を行うようになった。

まだティーンエイジの皇帝の前には、多くの難題が山積していた。なかでも華南の三藩《さんぱん》と呼ばれる漢族の勢力に対する処遇は、大きな問題であった。三藩とは福建に駐屯し支配していた耿継茂《こうけいも》とその後継者の耿精忠《こうせいちゅう》、広東にいた尚可喜《しょうかき》（平南王）、そして雲南を支配していた呉三桂（平西王）である。

清が華中・華南を制圧する過程において、明から清に鞍替えした武将たちの果たした役割は大きかった。しかも、彼らは転戦するなかで自分の軍団を拡大し軍閥化したために、清朝の中央政府も容易に手出しできない存在となっていた。尚可喜と耿継茂の父は、ホンタイジの時代に明から清に鞍替えした武将であった。

三藩のなかでも、平西王と称された呉三桂は、独立政権といった様相を呈していた。雲南は内陸の要衝である。呉は雲南とチベットの接点に位置する北勝《ほくしょう》州《しゅう》を押さえ、チベット人やモンゴル人とのあいだで互市を展開した。チベットを経由して雲南にもたらされるモンゴルのウマは、毎年千匹、万匹を数えるとも言われる。また四川で採取できる高級な薬材を東北に運び、遼東からはチョウセンニンジンを雲南に持ち帰るといった交易も行った。鉱山を開発して銅銭を鋳造し、経済的にも自立する傾向を示していたのである。

中央集権的な体制を目指した玄燁（康熙帝）が三藩を廃止する方針を出すと、呉三桂は康熙一二年（一六七三）、清朝に反乱を起こした。呉が雲南と貴州を制圧してさらに勢力を拡大させると、翌一三年には福建の耿精忠も反清を掲げて動き始め、康熙一五年（一六七六）には周囲を呉と耿の勢力に囲まれた広東の尚可喜の長子の尚之信《しょうししん》も、呉の側についた。さらに台湾に依拠した鄭経《ていけい》（後述する鄭成功の子）も、耿と連動しながら沿海各地を攻撃した。

三藩の反乱は一時、長江以南のほとんどの地域を勢力下に置いた。しかし、反清勢力の足並みは揃わず、しだいに呉は孤立していった。湖南で呉が病没すると勢力を維持することが困難になり、康熙二〇年（一六八一）に雲南で呉の後継者が清軍に滅ぼされ、三藩の乱は終息した。

清朝は中国支配のための基礎を、こうした困難を克服しながら固めていく。

ロシアとの条約

清朝はクロテンの毛皮が生みだした東の帝国であった。ユーラシアの西にもう一つ、毛皮に支えられて発展を遂げた帝国があった。ロシア帝国である（以下は主に西村三郎『毛皮と人間の歴史』紀伊國屋書店、二〇〇三年による）。

モンゴル帝国から自立したモスクワ大公国は、一六世紀なかばにヴォルガ川とカスピ海の水運を掌握し、交易に依拠した政権として急成長を遂げる。ユーラシア北部の大森林地帯で獲得できる毛皮や木製品などをイラン・トルコ方面へ輸出し、その見返りに絹織物・綿製品などを輸入するなかで、経済的な基盤を創り上げていった。そして一五五二年にモンゴル系のシビル＝ハン国を征服し、ウラル山脈を越えて東方へと進出する。その広大な大地は、シビル＝ハン国にちなんでシベリアと呼ばれる。

ロシア帝国のシベリア開発を担ったのは、商人のストロンガノフ家である。この商人はロシア皇帝からシベリアにおいて開発を行う特権を獲得し、裁判を行う権利を与えられ、さらに私設の軍隊を保有した。ストロンガノフ家は、ヴォルガなどに居住していたコサックを私兵として組織し、シベリアのハン国を制圧した。

コサックは河川流域で狩猟・牧畜、それに船舶の掠奪を生業としていた集団であり、そのリーダーの一人がイェルマクである。イェルマク率いる軍隊はシビル＝ハン国を滅ぼし、一五八三年にロシア皇帝に二四〇〇枚のクロテンの毛皮などを貢納した。その後、ロシア人のシベリア進出は急速に進み、六〇年ほどのうちにシベリアの東端に到達した。

タイガと呼ばれる針葉樹の大森林地帯は、クロテンなどの野生動物の宝庫であった。多くの毛皮猟師がシベリアに流れ込んだ。また、徴税使は先住民の村を回って、毛皮を税として徴収した。先住民に課せられた毛皮による徴税は、ヤサークと呼ばれる。もとはロシア人がモンゴル帝国から課せられた貢納であったものを、ロシア帝国のもとで先住民に課したのである。

ヨーロッパの貴族にも、クロテンの毛皮は人気があった。西ヨーロッパの上層階級は、一着で数百匹分のクロテンの毛皮を用いたマントをはおっていた。クロテンはヨーロッパでも富と権力の象徴だったといえよう。ロシア帝国は西ヨーロッパに毛皮を輸出し、西欧文化を吸収して帝国としての体面を整えるために必要な資金を獲得したのである。

ロシア人は一七世紀なかば、ついにアムール川（黒竜江）に進出しようとした。現在の中国東北地方に広がる農耕地帯を獲得し、シベリア開発に必要な食糧を確保することが目的であった。清朝にとってはこの土地は、クロテンなどの毛皮を獲得するために欠かせない。その土地で野生動物を狩猟していたということだけではなく、アムール川流域を経由して、シベリア方面から毛皮を移入していたからである。

ロシア人の遠征隊と清朝の駐屯部隊とのあいだの小競り合いから、一六五八年には松花江とアムール川との合流点で、両勢力の本格的な戦闘が行われるにいたる。清朝の年号で言えば、順治一五年のことである。

一方、ヨーロッパでは、北アメリカから毛皮が供給されるようになったため、ロシアの毛皮の売れ行きが落ち込み始めていた。ロシア帝国は、新たな毛皮の輸出先を求めていた。そこに有望な交易相手として浮上してきたのが、シベリアと接するようになった中国である。先に紹介した国田兵右衛門など日本の漂流民の記録のなかでも、清朝の住民が毛皮を大量に用いた服装をしていたことがうかがわれる。もともと狩猟民族であった満洲族が支配するようになって、中国における毛皮の需要はきわめて高かった。モスクワの政府は中国との交易を発展させようと、一六七〇年以降、北京に使節団を送り込み交渉を続けた。使節とともに民間の隊商も北京を訪れ、一六七二年には一万三〇〇〇枚、一六七三年には一万六〇〇〇枚ものクロテンの毛皮が、シベリアから北京に運ばれた。

モスクワ政府の意向とシベリアの出先の判断は、ときとしてちぐはぐなものになった。三藩の乱のために清朝の勢力が華南に集中した時期、ロシアの遠征部隊はしばしばアムール川の下流域に進出し、要塞を建築するようになった。こうした動きに対し、康熙二二年（一六八三）、清朝はロシア人の退去を求めて軍事行動をとり、軍事衝突が発生した。

モスクワ政府は、アムール川における両勢力の武力衝突を回避させる方向で事態を収拾しようとし、康熙二八年（一六八九）に清朝とロシア帝国とのあいだで、条約が結ばれた。アムール川流域のロシアの要塞であったネルチンスクで締結されたために、ネルチンスク条約と呼ばれるものである。

この条約により、ロシア帝国は清朝がアイグン川との合流点より下流のアムール川およびその全支流域を領有することを認め、清朝の側は両国の貿易を正式に認めることとなった。その第五条には、「和平条約を締結してからは、両国は永く友好を保つ。両国の人民で護照（パスポート）を有するものは、ともに国境を越えて往来することができ、ならびにその貿易互市を許す」とある。こうして中国は、初めて条約にもとづく国境を持つことになったのである。この条約が締結された理由は、ロシア帝国も清朝も、いずれも毛皮の交易で成長した交易帝国であったところに求められる。

海域世界の終焉

海の変貌

古くからの港町・泉州に近い南安県《なんあんけん》に、石井《せきせい》という海浜の村がある。その背後にある丘の上に登る。村落の全景が見渡せる。農地はほとんどない。村の南には台湾へとつながる海洋が広がり、東には白沙の砂州を望むことができる。海原を見つめると、吹き寄せる風から身を守るように、砂州の北側には数隻の外洋船が停泊している。丘からおりる道の左右に点在する墓の墓碑銘を見ると、鄭姓のものが多い。この光景は、四〇〇年前とさほど変わったところはない。

万暦三二年（一六〇四）に、この村に鄭芝龍《ていしりゅう》、のちに鄭一官《ていいっかん》として知られる男が生まれた。一八歳のとき、外洋船に乗り込み海に出た。耕地が少ない泉州の周辺では、ごく自然な選択であった。

鄭芝龍が乗り出した東ユーラシアの海は、王直が活躍した一六世紀の海域世界ではない。海は変化しつつあったのである。まず倭寇にその活動の拠点を提供していた日本が、豊臣秀吉のもとで統一され、一七世紀には徳川家康に引き継がれた。日本を中心とする海域世界は、豊臣・徳川と続く統一政権の統制を受けるようになった。

それまで九州の領主が担っていた海洋を介した交易を、豊臣政権が統制しようとする動きが一六世紀末には現れていた。豊臣政権は日本国内の銀山を直接に支配し、日本から中国に輸出された最大の商品であった銀を掌握する。この銀を海外貿易に投資し、東南アジアなどを経由した中国との交易に対する最大のスポンサーとなった。さらに豊臣政権は、全国的な領海権を掌握した。この変化は、海辺に漂着した遭難船への対応にはっきりと見ることができる。

中世の日本では、漂流物は漂着先の沿岸住民に帰属するという原則が広く見られた。一六世紀にはその土地の領主が、漂着したものを占有するようになり、遭難船の乗組員はしばしば奴隷的な立場に置かれることもあった。ところが一五九六年、高知にスペイン船が漂着したとき、豊臣秀吉は奉行《ぶぎょう》を派遣してその積み荷を没収し、漂流民に食糧を与え、船を修繕させて帰国させている（荒野泰典『近世日本と東アジア』東京大学出版会、一九八八年）。これは、中世的な慣行が終わったことを示す。海は、統一政権が管理する公的な空間へと変化したのである。

豊臣政権は日本の沿海から中国・朝鮮半島にかけて広がる海で活動していた海賊を封じ込めるとともに、特定の商人に海外との交易を特許する方針を出した。この政策は徳川政権によって引き継がれ、一六〇四年から一六三五年までのあいだに、日本から海外に赴く船舶に許可証である朱印状《しゅいんじょう》が、判明しているだけで三五六通交付された。明朝は日本船の入港を認めなかったので、朱印状の宛先はマニラ・台湾およびインドシナ半島の港町である。

朱印状を携えたいわゆる朱印船は、行き先の港町で香木の伽羅などの熱帯アジアの物産を購入するだけではなく、中国商人とのあいだでも交易を行い、生糸などの中国物産を仕入れた。日本の船は中国に直航することはできなかったが、東南アジアなどの港町で出会い貿易を行っていた。徳川政権は朱印状を一つの手段として、日本と中国とのあいだの間接的な交易を管理するようになったともいえよう。

日本だけではない。海域世界で活躍していたヨーロッパ人たちも、しだいに交易から利益をあげればよいという体質から脱皮し、植民地経営に依拠したシステムのなかに、海を取り込むようになる。

一六〇三年一〇月に、スペインが支配するマニラで、二万人といわれる中国人が虐殺される事件が発生した。そのきっかけは中国の宦官が宮廷の資産を増やすことを名目にして、鉱山開発を進めたところにある。マニラ湾岸で採掘すれば金銀が得られるという虚偽の上奏文《じようそうぶん》が出されたため、その真偽を確かめるために使節が派遣された。この使節の来訪を、スペイン人は明朝がマニラを攻略するための情報収集だと考え、中国人に対する取り締まりを強化した。これが中国人の暴動を招き、大虐殺事件へと発展したのである。この事件の背景には、海から押し寄せる中国人海洋商人を管理しようとするスペイン政庁の意図が見え隠れする。

一方、冒険商人として海で活躍したポルトガル人は、一七世紀になると影が薄くなる。替わって東ユーラシアの海に登場してきた勢力が、東インド会社という国策特許会社のもとで活動を展開したオランダ人である。ポルトガル人が個別の海洋商人の才覚で商業活動を行ったのに対して、新興のオランダ人は組織的に交易を進めようとした。オランダ人は中国本土に交易の拠点を得ることができず、一六二三年に台湾島の南部、安平《あんぺい》（タイオワン、現在は台南市の一部）に商館を置くと、島の開発に着手している。

倭寇の後継者

一六世紀に倭寇のリーダーであった王直が徽州出身で、その商業活動は新安商人のネットワークに支えられていたことはすでに述べた。しかし、一七世紀に海域世界の変化にいち早く対応した海洋商人は、新安商人ではない。泉州周辺の出身者である安平商人と呼ばれる商人グループであった。村を出奔した鄭芝龍は、この商人ネットワークのなかで頭角を現していく。

泉州の周辺は、山が海に迫り耕地が少ないために、一〇の家のうち七軒は外地に赴いて商業に従事していたといわれる。安平商人の商業圏は南京や大運河の要所である臨清《りんせい》、江南の大都市である蘇州・杭州に及んでいた。また、日本の長崎や平戸に住み着き、日本と中国とのあいだの交易に従事するものも、少なくなかった。

鄭芝龍は、まず広東と日本とのあいだを往来していた母方の叔父のもとに身を寄せた。叔父が貨物を日本に赴く船に便乗させたとき、貨物を管理するために鄭を船に乗せた。その船

泉州石井鎮　鄭芝龍の郷里。筆者撮影1984年

は、日本の平戸に拠点を置いていた李旦《りたん》の持ち船であった。一六二一年に日本に到着した鄭は、中国商人のリーダー李旦から信任され、義理の親子の関係を結ぶ。

李旦も泉州の出身であり、鄭芝龍が海に入ったころ、海域世界で勢力を誇っていた。朱印状を獲得し、ヴェトナムのトンキンやルソンなどに船舶を派遣し、交易を展開するとともに、台湾へも朱印船を派遣し、中国と日本とのあいだの中継点として台湾を活用するための布石を打っていた。さらに、中国本土と台湾とのあいだを航行する船舶を襲って、台湾経由の交易ルートの独占をはかる。ちなみにオランダ人が台湾の安平に入港したとき、李旦の船と出会っている。李旦はオランダ人から資金を預かって中国の物産を仕入れる約束をするが、ほとんど実行していない。

鄭芝龍は風格のある容貌に野心を秘め、才覚に恵まれていた。一六二四年には平戸の日本人田川七左衛門《たがわしちざえもん》の娘マツとのあいだに子をもうけ、福松《ふくまつ》と名づけた。中国名は鄭森《ていしん》、のちの鄭成功《ていせいこう》である。その直後、おそらく李旦の命を受けたのであろう、鄭芝龍は台湾に赴きオランダ商館で通訳を務めた。

李旦が一六二五年に平戸で死去すると、その資産のほとんどを手に入れた。また同じころ、顔思斉《がんしさい》という海洋商人が台湾で死去したとき、その船団を引き継いだと言われる。わずかなあいだに、鄭がどのようにして海域世界の大勢力を築いたのかは、謎が多い。顔は李旦の別名であって、同一人物ではないか、という見解もある。鄭が成り上がる過程は、歴史小説に格好の題材を提供している。

李旦と顔思斉の海上勢力を継承した鄭芝龍は、一六二六年には中国の福建沿海地域で武装活動を展開し、競争相手を次々と吸収していく。当初は百数十隻であった配下の艦船は数を増す。翌二七年に明の都督が海上勢力を取り締まるために、台湾のオランダ長官に援軍を要請したところ、鄭は数百隻の船団でオランダ船を包囲し敗退させている。このとき鄭はすでに、七〇〇隻の船舶を支配下に置いていたと言われる。二八年に厦門《アモイ》を占領すると、明側は鄭を海防遊撃という沿岸警備の役職に任じた。その後、海賊を駆逐するという功績を挙げつつ、官位を上っていく。それは、明朝と連携して他の勢力を海から駆逐し、東シナ海の制海権を完全に掌握するプロセスでもあった。

東シナ海を航行する船舶は、鄭芝龍の旗を立てなければ安全に航海することはできなくなった。この旗を立てるために、海洋商人たちは一隻当たり銀二〇〇〇両を納める必要があった。この制度は鄭成功にも引き継がれる。鄭成功が日本の同母弟である七左衛門に宛てた信書は、牌餉《はいしょう》と呼ばれる海上通行税について具体的な情報を伝えてくれる。それによれば、大型船舶は二一〇〇両、小型船舶は五〇〇両を納めて照牌《しょうはい》を受け取る、この照牌の有効期間は一年。照牌を掲げた船舶は安全に航行できるが、照牌がなかったり、あるいは期限を過ぎていたりした場合は、拿捕され貨物と船舶は没収、船主と船員は逮捕されたという。

こうした制度を運用することで、鄭氏海上勢力は財政的な裏付けを得て、海上を警備する船団を強化することが可能となる。そして武力を背景に海上を航行する船舶の安全を保障し、その代償として商人たちから通行税を取り立てたのである。鄭芝龍が創始し鄭成功が発展させたこの制度は、もはや私的海洋商人の域を越え、公的な権力として機能する。倭寇とは異質な政治勢力として、中国・日本・オランダなどの権力と並び立つものであった。

鄭芝龍は一六三一年にはオランダの台湾長官に対し、自分が明朝から台湾に渡航する正式の許可証を得たと連絡している。台湾へ中国の物産を運ぶ役割を、鄭配下の船舶が独占したという宣言でもあった。オランダ船は中国に入港することが困難となり、オランダ人も台湾に来航する中国船に依存せざるを得なくなった。

交易基調の変化

一六世紀に東シナ海で展開した海上交易の基調は、日本が銀を中国に輸出し、中国から生糸を輸入するというものであった。明朝は日本と直接に交易することを厳禁したために、倭寇が活躍する余地が生まれ、また東南アジアの港市を経由する出会い貿易という迂回路が現れた。ポルトガル人もまた、この交易に参入したのである。

中国産の良質な生糸が大量に輸入されたことによって、日本国内の養蚕業は打撃を受けて衰退した。京都の西陣織など高級絹織物の原料は、ほぼ完全に輸入生糸に依存するようになった。ところが、一七世紀なかばからこの交易基調に変化が現れる。それは技術的な制約もあって、日本の銀の産出量がしだいに下降し始めたところに起因する。一六世紀のように銀を海外に垂れ流すということは、許されなくなってきたのである。

江戸幕府という統一政権のもとで通貨体制が整うに従い、国内の経済を運営するために も、銀を確保する必要が生じた。幕府は国内の銀通貨を鋳造する原料を確保するため、一六〇九年に純度が高く品位が一定な灰吹き銀を禁輸品に指定した。しかし、灰吹き銀は密輸のかたちで持ち出された。こうした状況への対処は、徳川家康の時期から懸案とはなっていたが、本格的に交易そのものを統制できる条件が整ったのは、徳川家光の統治期にあたる一六三〇年代である。実際に採られた政策は、日本統一の理念を確立するために幕府が進めたキリスト教徒への禁圧とも歩調を合わせて進められた。

幕府にとっての課題は、キリスト教宣教師との関係を断ち切れないポルトガル商船の扱いであった。イエズス会は一六世紀後半から、中国と日本における布教活動に必要不可欠な資金を獲得するために、中国で生糸を買い付けてマカオから日本に向かうポルトガル船に投資していた。マテオ＝リッチはその著作のなかで、一六〇三年にマカオ港内で日本に向けて出港を準備していたポルトガル船が、三隻のオランダ船に掠奪され、イエズス会は多額の損害を受けたと記している。

ポルトガル商人からすれば、イエズス会は欠かせない投資者であり、日本における商売の障害になるからといって、関係を断ち切ることは不可能であったのである。キリスト教宣教師と結びついたポルトガル商人を交易から排除することは、幕府の課題となった。しかし、ポルトガル人を退去させたあと日本が必要とする生糸をどのように入手するか、これが幕府を悩ませた。

ポルトガル人に代わるものとして浮上したものが、オランダ人であった。一時期中断していたオランダ人との関係が一六三二年に再開されたとき、オランダ人は幕府と交渉する権利を失い、将軍から温情として交易を認められた存在になる。オランダ商館長は、その恩恵に謝意を表すため翌三三年から江戸に赴くことが恒例となった。オランダ人は幕府にとって扱いやすい存在と考えられた。

平戸や坊津《ぼうのつ》（現在の鹿児島県南さつま市の一部）、博多などに来航していた中国商人の船舶は、一六三五年にすべて幕府直轄地である長崎に集中させられ、互市の場も長崎に限定された。さらに同年に幕府が日本人の海外渡航を禁止し、外国に居住していた日本人の帰国を禁止する。中国産の生糸・絹織物は、海外との交易から退出させられた日本人の商人に代わって、主に中国商人によって担われるようになる。

多数の中国船は日本に直航するのではなく台湾に寄港し、オランダ商館に売却しようとした。その結果、オランダ人は日本商人から利子を払って銀を借り、中国産品を買い整えて日本に運んだ。この実績は、ポルトガル商船に依存しなくても必要な生糸などを輸入できるとの幕府の判断材料となり、一六三九年にはポルトガル人の日本からの追放が決定された。さらに四一年になると、オランダ人自身が平戸から長崎に移され、出島という限られた空間のなかで管理を受ける立場となった。

交易ルートが幕府によって統制される体制が整ったとき、鄭芝龍は中国の生糸を直接に長崎に運び始めた。対抗できる勢力がもはや存在しなくなっていたため、鄭は生糸と銀の交易をほぼ独占することが可能となった。穿った見方をするならば、鄭は台湾のオランダ商館を手玉にとって、競争相手となるポルトガル人を日本から排除させたとも考えられる。鄭が生糸の代金として受け取った銀には、幕府が発行する純度八〇パーセントの慶長銀《けいちょうぎん》が含まれる。その品位は幕府が統制し、その鋳造所（銀座）の刻印によって保証されていた。

台湾に拠るオランダ勢力は、鄭の旗を立てた中国商船に依存しなければ、生糸・絹織物を手に入れることはできない。鄭が配下の商船に台湾に寄港せず、直接に日本に赴くように命じさえすれば、オランダ人の交易量は激減する。案の定、一六四一年以降、鄭は自分の持ち船を長崎に直航させて莫大な利益を獲得し、台湾で中国産生糸を入手できなくなったオランダ人は、新たな供給地をヴェトナム（トンキン）に求めざるを得なくなる。

遷界令から展界令へ

明の自滅と清の入関は、鄭芝龍にとって大きな岐路となった。南京の福王政権が清に滅ぼされたあと、鄭は福州において皇族の朱聿鍵《しゆいつけん》を唐王《とうおう》として擁立したが、一六四六年に福州が陥落すると清に帰順した。鄭の限界は、既存の政治権力を操ることで自らの勢力を拡大することには長けていたが、自らの政権を作ろうとする意志を持たなかったところにある。これに対して息子の鄭成功は、官僚になるための研鑽を積んでいたためであろうか、父と別れて清に抵抗する道を選んだあと、一個の政権を目指して活動を展開する。

唐王から明の皇族の姓である「朱」を賜り、厦門《アモイ》や金門島を拠点にして福建から広東にかけての沿岸地域に勢力を伸ばした。鄭成功は国姓爺《こくせんや》と自称し、政治的な求心力を獲得する。なお、鄭をモデルとする近松門左衛門《ちかまつもんざえもん》の浄瑠璃は、「国性爺合戦《こくせんやかっせん》」となっている。

鄭成功の像（左、台南市）とその書（右、台北市の孔子廟）

鄭成功はその最盛期に、厦門《アモイ》に仁・義・礼・智・信という五軒の問屋を、また杭州に金・木・水・火・土という五軒の問屋を置き、勢力圏の住民からは税金を徴収、海を航行する船舶からは通行税を徴収するとともに、資金を貸し付けて利息を取った。長崎では生糸貿易の主導権を握っていた。鄭の旗幟が鮮明になると、その父を介して鄭を懐柔しようとしていた清朝にとって、鄭芝龍の存在価値はなくなる。鄭芝龍は鄭成功と連絡を取っていたという嫌疑を掛けられ、順治一八年（一六六一）に処刑された。

清朝は鄭成功を弱らせるために、順治一三年（一六五六）には海禁令を出し、沿海地域の商船が出港して鄭の側に食糧や貨物を売ることを禁止し、さらに玄燁（康熙帝）が即位した順治一八年（一六六一）には福建を中心に、広東から山東にかけて、海岸線から三〇里（約一五キロメートル）以内の地帯の住民を内陸に移住させる政策を強行した。

沿海地域を無人化するこの遷界令《せんかいれい》は、私たち現代人の感覚からすると無謀であるように感じられるものの、福建の沿海地域で村落調査をしてみると、確かに実行されたことが明らかである。鄭の勢力は本土から切り離され、海上に孤立した。鄭は厦門から撤退し、台湾に拠点を移した。

台湾に二万五〇〇〇の将兵を率いて移った鄭成功は、康熙元年（一六六二）にはオランダ人が築いていたプロヴィンシア砦（赤嵌城《せきかんじょう》）を攻略し、ゼーランジディア砦（台湾城）を包囲し、オランダ人勢力を台湾から撤退させた。台湾を勢力下に置いた鄭は、官僚機構を整え、開発を進めるために福建や広東から移民を募った。遷界令で行き場を失っていた人々の多くが、この募集に応じて台湾に渡っている。

遷界令で中国から直接に生糸を調達できなくなった鄭成功は、マニラ経由で入手しようとした。中国人に対する迫害を続けていたスペインは、この方策の障害となる。そこで一六六二年に、鄭はイタリア人宣教師を特使として、スペインのルソン提督に対し国書を出した。そのなかで、オランダ人は中国人を虐げ、商船を掠奪したので駆逐したと述べたあと、交易を順当に行うように求め、従わなければオランダ人と同じ運命が待っていると脅している。スペイン人はこの国書を受け取ると、これを鄭の最後通牒と解釈し、中国商人を追放するという決定を下した。鄭はフィリピンで中国人が虐殺されているという情報を得ると、フィリピンへの派兵を準備する。しかし、そのさなかに病に倒れ、死去してしまう。

鄭成功を継いだ子の鄭経《ていけい》も清に抵抗する姿勢を貫き、三藩の乱に呼応して沿岸各地を攻撃した。フィリピンとの関係を修復し、マニラに船を派遣して現地の中国商人から生糸を買い取り、長崎に転売して財政的な裏付けを得ようとはするものの、遷界令による海上封鎖のもとでは劣勢を挽回することはできなかった。一六八一年に鄭経が没すると、その後継者をめぐって内紛が発生し、その間隙を突いた水師提督の施琅《しろう》に攻撃され、八三年に台湾の鄭氏政権は崩壊する。

鄭氏政権攻略の最前線に立った施琅も泉州の出身で、安平商人ネットワークに属する人物である。台湾を平定したのちに、施氏の一族は台湾中部の鹿港《ろくこう》に拠点を定め、台湾の開発を積極的に進める。また、康熙二四年（一六八五）には、施琅は自らの商船を長崎に送り、交易を求めている。

台湾平定のめどがついた清朝は、康熙二〇年（一六八一）に遷界令を解除したが、商船が海に出る禁令は続いていた。鄭氏政権崩壊の翌年、康熙二三年（一六八四）に展界令《てんかいれい》を発布、民間の海外貿易を許した。海域世界に根ざした海の勢力は姿を消し、東ユーラシアの海は、陸の政権が共同で管理する空間へと姿を変えていた。

互市システムの確立

一四世紀から一七世紀前半にかけて、東ユーラシアの海域世界では、陸の統制を受けない勢力が入れ替わりながらも存続した。中国に成立した明朝は、王朝を建てた朱元璋が採用した朝貢メカニズムを維持するために海禁政策を行い、民間の交易活動を禁圧した。そのために密貿易を行う勢力が生まれた。嘉靖大倭寇のあと一五六七年に海禁は解除され、政治的な交渉を行わないという合意のもとで売買を行う互市という交易システムが作られた。

しかし、日本はこの互市から除外されていた。一六世紀における海の交易の基調は、中国の生糸と日本の銀の交換であったため、海域世界では、出会い貿易を行う中国商人や日本商人、あるいはマカオのポルトガル人や台湾のオランダ人などが交易に参入し、互いに抗争した。抗争は海賊行為として現れる。商船は航行の安全を求めて、一七世紀に勃興した鄭氏勢力を支え、鄭芝龍・成功の父子は、海域世界をほぼ完全に掌握することになった。

一七世紀の三〇年代に、日本の江戸幕府は交易を統制するために、交易を担う人々から政治的な交渉権を奪い、中国との交易ルートを四つに限定し、幕府が統制する体制を確立していく。四つのルートとは、長崎ルート、朝鮮―対馬藩《つしまはん》ルート、琉球―薩摩藩《さつまはん》ルート、アイヌ―松前藩《まつまえはん》ルートである。長崎ルートについては、すでに論じてきた。

朝鮮―対馬藩ルートは、複雑な政治過程を経て統制が強化された。朝鮮の李朝《りちょう》と日本の江戸幕府とは、互いに相手の国を自国よりも一等下に見なしていた。李朝と徳川政権のあいだに立った対馬藩の宗氏《そうし》は、その財政基盤が日本と朝鮮のあいだの交易にあるために、やり取りされる国書を改竄し、往来が途絶しないようにしていた。この一件は一六三一年に幕府の知るところとなる。幕府はこの事件を契機にして、宗氏が朝鮮との交渉に責任を持ち、それを幕府が管理するという体制を確立する。

琉球は一六〇九年に九州の島津氏《しまづし》の侵略を受け、その勢力下に組み込まれていた。一六三三年に琉球王の尚豊《しょうほう》が明朝の皇帝から冊封され、翌三四年には島津家の領地として幕府が認めるという事態となる。琉球は中国に対しては独立した王国として朝貢しつつ、薩摩藩の領地に位置づけられることが、このときに明確になったのである。いわゆる琉球の両属と呼ばれるもので、以後、一九世紀後半にいたるまで、琉球を苦しめる体制ができあがった。これと似た状況は、アイヌ—松前藩ルートにも認められる。

中国側では明朝が滅び、清朝の中国支配が完成することで、日本と中国とのあいだの互市が確立する。清朝は毛皮などの交易にもとづいて成長した政権であるために、体質的に明朝に比べて交易を容認する姿勢を持っていた。一七世紀なかばに海禁と遷界令を実施し、海域世界を掌握していた鄭氏政権を滅ぼす。その直後に中国の清朝は展界令を発布し、中国の商人が日本に直接に赴くことを許した。こうして日本は初めて、朝貢関係を持たずに中国と互市ができるようになったのである。

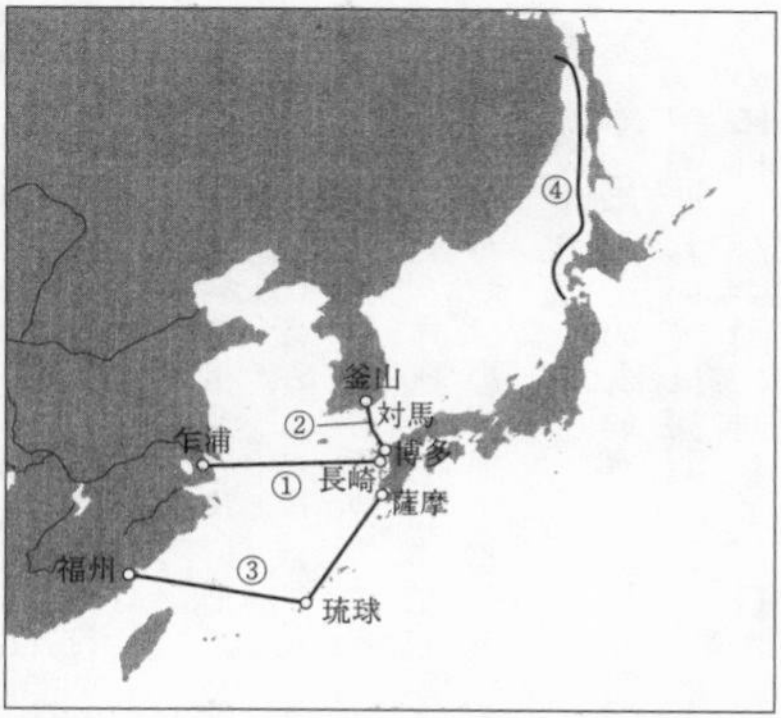

江戸時代の対中国交易４ルート　①長崎ルート、②朝鮮—対馬藩ルート、③琉球—薩摩藩ルート、④アイヌ—松前藩ルート

清朝は海外との交易を管理する海関を、江蘇・浙江・福建・広東に置いた。その設置時期と場所について、従来は二〇世紀に編纂された『清史《しんし》稿《こう》』などにもとづいて、康熙二三年（一六八四）に、江（江蘇）海関は雲台山《うんだいさん》（鎮江府丹徒県）、浙（浙江）海関は寧波《ねいは》、閩《びん》（福建）海関は厦門《アモイ》、粤《えつ》（広東）海関はマカオにそれぞれ同時期に置かれたと考えられてきた。ところが最近の研究によると、康熙二三年に閩海関は厦門に、粤海関が広州に置かれ、江海関は翌二四年にまず華亭県《かていけん》に置か

れ、康熙二六年に上海に移転され、浙海関は康熙二五年に寧波に置かれたことが明らかにされている。海関では、商船が入港すると船鈔《せんしょう》と呼ばれる入港税と、貨物に課せられる貨税とが徴収された。

遷界令発布から展界令発布までの二三年間、長崎に入港した中国船は毎年二、三十隻であった。その船のなかには鄭氏船のほかに、東南アジアの港市に拠点を持つ中国船、三藩の一つ平南王の尚《しょう》氏政権が派遣した船舶が含まれる。展界令が発布された翌年には、八五隻の船が押し寄せた。中国から日本に直航する商船の数は増加し、康熙二七年（一六八八）には一九四隻となった。銀流出に頭を痛めた幕府は、翌年からは長崎来航の中国船を七〇隻に制限することにした。

日本と中国とのあいだで交易を展開した中国船は、日本では長崎において幕府の統制を受け、中国においては海関で管理された。しかし、江戸幕府と清朝とは外交関係がない。そのために日本が中国に対して、日本に向けて出港する船舶を制限するように要請する交渉ルートは存在していなかった。日本側で来航数が決められると、交易できずに貨物を積んだまま帰帆を命じられた中国船が出てくる。こうした中国船が、しばしば「抜け荷」と呼ばれる密輸を行った。さらに日本から持ち出せる銀の量も上限が決められたため、抜け荷は絶えなかった。

ただし、この活動は陸の統一政権による交易管理の間隙を縫うものに過ぎず、一六世紀の密貿易とは質も量も比べものにならない。鄭氏政権が滅び、陸の政権による海の管理が貫徹され、四〇〇年のあいだ存続した東ユーラシアの海域世界は終焉を迎えたのである。

異文化との出会い

外の世界への関心

文化史の面から中国の歴史を通観したとき、一六世紀後半から一七世紀にかけての一〇〇年ほどの時代は、一つの転換期であったといわれている。その一つの特色として、異文化との出会いを挙げることができる。

モンゴル族が支配する元朝と対抗するなかで成立した明朝は、漢族の文化を再興しようとする傾向が強く見られる政権であった。しかも、海を介した外の世界との交流は、皇帝が私的に管轄する領域であると見なされ、官僚ではなく宦官が管理した。そのために、海の外の文化に関する情報は、宦官と敵対する官僚によって無視された。官僚となることを目指した知識人の多くも、海の外にはほとんど関心を持たなかった。一五世紀前半に展開された宦官の鄭和が遂行した東南アジア・インド洋に向けた遠征についても、王朝の正式の記録からは抹消され、知識人の思索に影響を与えることはなかった。

こうした知的状況に、一六世紀末に変化が現れる。海外からの銀の流入がもたらした都市文化の隆盛とともに、外の世界に対して関心を向けるようになったのである。一六世紀末の江南で、『三宝太監西洋記《さんぽうたいかんせいようき》通俗演義《つうぞくえんぎ》』と題された全二〇巻、一〇〇回にわたる長大な小説が出版される。その一節を紹介しておこう。ジャワに到着した鄭和が、現地の状況を問いただしている会話である。

老爺《ろうや》（鄭和）「この国はどれほど大きいのか」

夜不収《やふしゅう》（斥候の兵士）「国は四つに分かれています。ひとつは杜板《とばん》と申し、現地では賭班と呼んでおります。ここには千余の家があり、頭目が二人、我が南朝の広東人と漳州人が多く移住して家を成しております。第二のところは新村といい、もとは砂州でしたが、中国人がここに定住して村になっています。頭目が一人おり、民はとても豊かで、各国の外国船がここにきて交易を行っています。この二つの村から南に半日ほど航行すると、蘇《そ》魯《ろ》馬《ま》益《えき》の港に至ります。……この港には大きな砂州があり森が深く、尾の長いサルが数万と群れております。ボスのサルが、地元の女をさらって従えております。風俗では、子を産みたいと望む女性は、酒や肉や果物などを供え、このボスのサルに祈願します。ボスが喜んでまずその供物を食べ、のちに子ザルに分け与え、雄と雌のサルが交われば願いがかない、その女性が家に帰ると、妊娠しているのだそうです」

この小説は鄭和の遠征を題材にしてはいるものの、その内容は鄭和が道教と仏教それぞれの超能力者から助けを受け、東南アジアとインド洋とを舞台に、妖怪を征伐し宝物を集め、諸国を承伏させてゆくというものである。かつて魯迅が『西遊記《さいゆうき》』（一五七〇年ごろ成立）や『封神演義《ほうしんえんぎ》』（万暦・天啓年間に成立）などとならべて、「神魔小説」と位置づけた。荒唐無稽な内容のためか、これまで言語学的な側面から研究されることはあったが、歴史研究者によって正面から取り上げられたことはなかった。

しかし、ジャワについて訳出した部分からもその一端がうかがわれるように、海外の諸文化について、歴史や地理、民俗・宗教・医学・言語など、豊富な情報がこの小説には盛り込まれている。鄭和の遠征に参加した馬歓《ばかん》の『瀛涯勝覧《えいがいしょうらん》』、費信《ひしん》の『星槎勝覧《せいさしょうらん》』などを下敷きにしている部分もあるが、一六世紀に東南アジアに渡った中国人がもたらしたとしか考えられない知識も盛り込まれている。いわば明代の情報小説という側面があった。

小説の作者の羅懋登《らぼうとう》については、ほとんど何も判っていない。小説のなかに用いられている方言の分析によれば、南京人ないし南京暮らしが長い人物であるという。明末に科挙に合格できなかった知識人であったと考えられる。

出版文化の成立

大木康氏の『明末のはぐれ知識人』（講談社選書メチエ、一九九五年）によれば、一六世紀末から一七世紀にかけて、中国では文学の大転換が進行したという。方言を越えた共通の話し言葉で叙述された白話小説というジャンルが、この時期に急成長を遂げ、『水滸伝《すいこでん》』『西遊記』『金瓶梅《きんぺいばい》』などの長大な作品が成立し、印刷出版されたのである。その背景として大木氏は、都市を中心とする経済の興隆が出版文化を育て、知識人が小説の作者となり、また読者となったことを挙げている。

出版業は、図書を商品として販売する。印刷の技術そのものは宋代には確立し、書籍が出版されるようにはなっていた。しかし、出版には多額の費用を必要としたため、出版者は官庁と寺院が中心であった。仏典を普及させることが功徳となると寺院は宣伝し、寄付を集めて出版する資金を獲得したのである。ところが一六世紀末になると、出版した図書を販売し、その利益で出版の資金を得ることが可能になった。

この変化は文化に大きな影響を与えた。宋代の知識人は、たとえば朱子学を確立させた朱熹なども含めて、自分の思索を出版という形で世に問うよりも、知識人とのあいだの往復書簡という経路を通して、思想を広めている。ところが明代末期に活躍した李贄は、著作を出版することで読者を獲得している。万暦一八年（一五九〇）に出版された『焚書《ふんしょ》』のなかで、その内容が過激であるがために、閲覧者のなかには焚いてこれを棄てるべきと感じ、著者を殺そうと考えるであろう、それゆえにタイトルを「焚書」としたと自ら述べている。李の思想が晩年になるにしたがって過激さを増していく背景には、多分に読者を意識したパフォーマンスがある。

出版業が確立する過程で、印刷に必要な材料の産地が確立し、その品質が向上していく。紙の産地としては、福建の建寧《けんねい》が有名である。また、江西の山間地域に位置する上饒《じょうじょう》における明代の製紙業の状況を伝える史料によると、「一つの紙廠《ししょう》（製紙作業所）には二〇あまりの槽が並び、それぞれの槽には労働者が一〇から二〇人ほど立ち働いていた」（康熙『上饒県志』）という。

紙の種類も増え、高級紙の麻を用いた黄麻紙《おうまし》やクワの繊維を原料とする綿紙《めんし》のほかに、華中・華南で豊富に産するタケノコの繊維を用いた竹紙《ちくし》の生産も盛んになる。竹紙は低級紙として評価されてはいたが、この時期に品質を向上させて図書出版の用紙として多く用いられるようになった。

明代には『三国志演義《さんごくしえんぎ》』などの小説が、挿絵入りの豪華本として販売されただけではなく、『本草綱目《ほんぞうこうもく》』や『農政全書《のうせいぜんしょ》』などの実用書が大部のものであるにもかかわらず出版された。良質で安価な紙が大量に供給されたことで出版業が確立し、こうした大型出版企画を可能としたのである。

科挙試験に合格できない知識人は、新たに成立した出版業界とともに文化を創るようになる。科挙試験を目指す受験生のために参考書を編集し、さらに書店のために編集や著述を行った。また小説などの批評を行うなどの文芸ジャーナリストとしての活動も、彼ら「はぐれ知識人」たちが担ったのである。その代表的な存在が、短編小説集『喩世明言《ゆせいめいげん》』『警世通言《けいせいつうげん》』『醒世恒言《せいせいこうげん》』の編集者としてその名を知られている馮夢龍《ふうぼうりよう》である。『三宝太監西洋記通俗演義』の作者である羅懋登《らぼうとう》もまた、こうしたはぐれ知識人の一人であったと考えられる。

図書出版業は主に、長江下流域デルタの蘇州や南京を中心に発達した。一方、帝国の首都である北京では邸報《ていほう》と呼ばれる一種の官報が出版され、中央の情報を地方に伝達する役割を果たした。中央政府の動向を伝える邸報は、古くは唐代にさかのぼるものである。明代末期に印刷業が発達するとともに、北京の報房《ほうぼう》と呼ばれる民間の出版業者が、情報を即座に木活字を用いて大量に印刷し、各地に配送するようになった。毎日一〇ページほどで、皇帝が出した上諭や官僚の手になる上奏文が掲載されていた。ただし北京で出版された邸報が江南に到着するまでには、一ヵ月ほどの日数を要したとされる。

思想家の省察

明朝が自壊し満洲族の清朝へと交替した事件は、漢族の知識人にとっては一つの異文化体験として位置づけることも可能である。明代末期の儒学の伝統を批判しつつ、この衝撃を受け止めて思索を深めた知識人が現れた。

一七世紀のはじめに東林書院から広がっていった政治活動は、宦官に連なる勢力の弾圧を受けて壊滅状態に陥ったことは先述した。しかし、東林書院で確立した講学という思想形成のスタイルは失われたわけではなく、文社《ぶんしゃ》と呼ばれる科挙受験者の勉強会に受け継がれる。科挙のなかで最も難関とされる郷試《きょうし》を受けようとする生員《せいいん》が、文社の中心的な担い手である。官僚の候補生としてときどきの政治を批判する自由な気風のなかで、政治的な議論の場として文社は機能した。崇禎《すうてい》二年（一六二九）に蘇州を本拠地として成立した復社《ふくしゃ》が、文社のなかでもっとも有名である。復社は全国的なネットワークを持ち、二〇〇〇人を超えるメンバーを擁していた。

王朝交替の混乱のなかで、漢族の知識人の多くが異民族の支配に対する抵抗運動に身を投じ、清朝の支配が動かしがたくなった時点で、自殺することで明朝に対する忠誠の姿勢を示した。他方、新しい王朝のもとで任官せず、明の遺民《いみん》としての生き方を貫こうとするものも、少なくなかった。遺民となった知識人の思索を特徴づけるものは、異民族への反感だけではない。元朝という別の異民族の支配を退けて、漢族が自らの文明にもとづいて築いた明朝がなぜ滅びなければならなかったのかという自問が、彼らの思索のなかに含まれている。

講学の系譜からは、黄宗羲《こうそうぎ》が現れた。父は東林の名士として知られていたが、宦官の魏賢忠を弾劾したために逮捕されて獄死した。黄自身も復社に加わり、青年期には政治活動にも参加した。その思索は、なぜ明朝が滅亡したのかを明らかにし、どのようにすればよいのかを具体的に論じようとするところに向けられた。代表的な著作である『明夷《めいい》待訪録《たいほうろく》』のなかでは、皇帝権力の由来を尋ねている。

科挙の試験場の貢院跡　済南市の山東省博物館

　人類が始めて生じた太古の時代には、人々はめいめい自分一個のことを考え、自己の利益をはかり、天下に公共の利益になることが有っても、誰もそれを振興する者は無く、公共の損害となることが有っても、それを除去する者は無かった。（後藤基巳・山井湧編訳『中国古典文学大系57　明末清初政治評論集』平凡社、一九七一年所収）

　この公共性を担うべき存在として、皇帝権力が生まれたとする。しかし支配者が、自らの利益を図ろうとしたとき、その支配は正当性を失うと黄は議論を展開していく。こうした根源から問う姿勢に、漢族が創り出した文明そのものを突き放して見るという知的プロセスを見いだすことは容易であろう。

　黄宗羲と並び称される顧《こ》炎武《えんぶ》は、「天下」と「国」とを明確に区分した。

亡国があり、亡天下がある。亡国と亡天下はどのように分けられるのだろうか。〔皇帝の〕姓が変わり、〔国の〕名称が改まることを亡国という。仁義が塞がり、けものを率いて人を食わせ、人がたがいに食むことになれば、亡天下という。（『日知録《にっちろく》』巻一三「正始」）

顧炎武にとって天下とは文明であり、国とは政権である。この両者を区別し、天下の秩序が維持されれば、政権が交替してもよいとする。朱子学では漠然としていた国家体制と文明システムとを分け、政権ではなく文明を自己の拠り所とする姿勢が見られる。

顧炎武は、文明を根源にさかのぼって考察する方法をうち立てようとした。実証的な方法の一つに、古代の音韻を分析し、言語として経典を解読しようとする考拠学《こうきょがく》がある。『音学《おんがく》五書《ごしょ》』と『日知録』で展開された方法により、自らが属する文明を客観的に考察する道が開かれたのである。

黄宗義と顧炎武は、文明を民族と結びつけて捉えていない。これに対して王夫之《おうふし》の思索は民族主義的な色彩を帯びている。

人が自ら区別を立てて、〔自己と〕物（客体）とを分けるのではない。天だけが〔人と物とを〕分け隔てるのである。華夏が自ら区別を立てて、〔文明と〕夷（非文明）とを分けるのではない。地が〔華夏と夷とを〕分け隔てているのである。天地が人を制して、区別しているのである。（『黄書《こうしょ》』）

王がこのように語るとき、華と夷との区分は固定され、黄帝《こうてい》の子孫である漢族がそれを担うものであると意識されるようになる。その民族主義は一八世紀には忘れられていたが、清代末期に近代の民族運動家が『黄書』を再発見し、その思想から刺激を受けている。

キリスト教の受容

一七世紀に中国の知識人は、キリスト教という異文化と出会った。イエズス会のマテオ＝リッチは、中国文化を深く検討し、知識人と対話するところから中国での布教を始めようという方針を出した。まずキリスト教の神と儒学の上帝とが同一であるとして対話の糸口をつかみ、西洋の科学技術を紹介することを通して、交流をはかろうとしたのである。中国の知識人たちも、こうしたリッチの方針に従う宣教師たちを、西儒《せいじゅ》、すなわち西洋の儒学者として受け入れ、対話に臨んだ。

宣教師を通して西洋の文化を最も深く理解した知識人の一人に、上海に生まれ

徐光啓（右）とマテオ＝リッチ（左）
中国人の政治家にして科学者の徐光啓と、イエズス会宣教師のリッチ。『支那図説』より

た徐光啓を挙げることができる。生まれ育った家は豊かではなく、父は農業に母は織布に努めていたという。 徐は科挙を目指して勉学にいそしみ、広東の韶州の豊かな家に家庭教師として招かれたとき、そこで布教していた宣教師ラッザロ＝カッターネオと出会い、キリスト教を知る。

一五九九年ころに南京に滞在していたマテオ＝リッチを訪ねる。リッチは徐について「彼は文学と科学にすぐれた文人であり、すばらしい才能と自然徳を具えた人物だった。文人たちの宗教（儒教）では、来世や魂の救済について語られることがほとんどないのを知って、死後に天国を約束している偶像教《ぐうぞうきょう》（仏教）や他の宗派の多くの師についた。しかし、いずれの師にも満足できなかった」と語り、思索の遍歴を経てキリスト教にたどり着いたと述べている。一六〇三年に洗礼を受けた。翌年に科挙の最終試験に合格して進士《しんし》となり、北京でリッチから直接に講義を受ける機会を得た。

中国の伝統的な思考法は、多くの例を取り上げて、そこから法則性を見いだし、関連性を指摘するものであった。この帰納的な思考法に導かれて、たとえば月の運行が潮の満ち干《ひ》と関係していることや、体表のツボを刺激すると内臓にも反応が現れることなどを中国人は発見した。しかし中国の学は「なぜそうなるのか」という問いには答えようとはしない。これに対して西洋の思考法は、永遠で不変な神の存在から出発して、法則を導き出して個別の現象を説明しようとする。この演繹的な思考法に、徐光啓は魅了されたものと考えられる。

徐光啓は勤労を尊ぶ家で育ったためであろうか、実用の学に興味を持ち、西洋の科学技術の導入に力を注いだ。彼は満洲族の勃興に危機感を抱き、西洋の兵器を製造する技術を中国に移植し、軍備の増強をはかるべきであるとの意見を持っていた。ただし彼の関心は先進的な技術だけに向かっていたのではなく、その背後にある数学や天文学にも興味を抱いていた。ユークリッド幾何学を訳出した『幾何原本《きかげんぽん》』を一六〇七年に公刊し、宣教師とともに天文学にもとづいて暦の改修に従事するなかで、西洋天文学書を翻訳し『崇禎暦書《すうていれきしょ》』として集大成させた。実学については、中国の農書を総括したうえで西洋の水力学の知識を加える作業を進め、その成果は死後の一六三九年に『農政全書』として刊行された。

上海に徐家匯《じょかわい》と呼ばれる区域がある。いまは都市化の波に呑み込まれて高層ビルが林立しているが、かつては上海の山の手といった風情が漂っていたものである。ここは徐光啓の郷里である。徐はここにカッターネオを招いて布教させた。徐の孫娘は、洗礼名をカンディダという。彼女もまた敬虔なクリスチャンであり、清代に上海での宣教師の活動を支援し続けた。中国では男女が隔離されていたため、女性の信者のためにカンディダは女性専用の教会を上海に建てている。徐の一族ゆかりの地には、いまも天主堂がある。

宣教師との対話

中国には多くの宣教師が地元の知識人と交流しながら、布教に従事していた。福建で活動したイタリア人イエズス会宣教師のジュリオ＝アレーニ（中国名は艾儒略《がいじゆりやく》）のまわりには、中国の知識人が集まっていた。この宣教師は流暢に中国語を操り、明るくおしゃべりであったのであろう、中国人は率直に問いかけ、宣教師も豊富な話題を織り交ぜて答えている。

一一年五ヵ月のあいだに交わされた対話の模様は、『口鐸日抄《こうたくにつしよう》』という書籍にまとめられた。取り上げられている話題は、風水の是非や台風や流星の自然現象の解釈、さらには海賊の性格などと多岐にわたる。標題となった「口鐸」とは、アレーニなどの宣教師が、打てば響く釣り鐘（鐸）のように率直に口頭で答えたところに由来する。「日抄」というのは対話の内容をまとめるのではなく、日を追って対話のプロセスを書き記したためである。

北の夜空に文昌《ぶんしょう》という星座がある。北斗七星の近く、西洋でいうおおぐま座の前足のカーブにあたる六つの星がそれである。中国人は学問の神として、その星座を祀った。崇禎五年（一六三二）に、林太学《りんたいがく》という名の知識人がアレーニを福州の楼閣に招待したときのこと、林が文昌に香を供えた。アレーニが笑って「香をあげたのは、名声を求めてのことですか」と尋ねたところから、星と人間との関係について一つの対話が始まる（岡本さえ『近世中国の比較思想』東京大学出版会、二〇〇〇年）。

〔アレーニ〕「そもそも天上界の星は、ロウソクのようなものです。初めから霊覚がないのです。もし星に仕えれば、ロウソクに仕えることになります」

〔林太学〕「本来、名臣や将軍や宰相は、みな天上の星座に対応すると言われています。そのために星が墜ちるのを見ると、どちら側の何将軍や何大臣が亡くなったと言います。これはまたどのように説明しますか」

〔アレーニ〕「このような言葉を信じるなら古代から将軍や大臣の死者は、何千何万人になるか知れませんから、きっと天上の星も墜ちてほとんど尽きているでしょう。どうして昔も今も星の数は少なくなって消滅してしまわないのでしょうか」

〔林太学〕「先生のおっしゃることはまことにもっともです。ただ聖教の書のなかに、景宿は吉祥を告げ、三人の賢者が輝きをみたとあるのは、また何をいっていますか」

〔アレーニ〕「天主（イエス）が降生したときは、ただ星の光で人に示し天神がこれを導いたというだけで、星そのものに霊があったわけではないのです。たとえて言えば、国君が朝廷に臨むときは、必ずまず灯を照らして先導します。だからといってどうして、灯燎に霊があるといえましょうか」

この対話のなかに、宣教師と中国人とのあいだの根本的なすれ違いを垣間見ることができる。それは「気」をめぐる解釈であった。中国人は、天も地も一つの気の運行として捉える。また、自然と人間とは同じ気に属するところから、天と人とが感応しあい、人の行為が天変地異などの自然現象をもたらすと考えた。イエス降誕のとき三人の賢者を東方から導いた星について、中国人はそれを天と人とが呼応しあったと解釈したのである。

これに対して、宣教師は気を古代ギリシア哲学にさかのぼる四元素（水・空気・火・土）の一つである空気と解釈した。その解釈では、気は物質的な要素であり、神などの精霊はその外側にある。中国の知識人が、天界と人間界との関係を天人相関の説で説明しようとすると、宣教師は迷信であると退けるのである。神が星に働きかけて運行させているのであって、星に霊性を認めるわけではない。

宣教師と暦法

王朝が交替したとき、北京においてマテオ＝リッチが築いた教徒集団をまとめていたのは、ドイツ人宣教師のアダム＝シャール（中国名は湯若望《とうじゃくぼう》）であった。シャールは天文学に精通していた。摂政ドルゴンは中国人とムスリムの天文学者が使用していた方式に誤りが多いことから、シャールが改訂した時憲暦《じけんれき》を採用し、さらに暦の巻頭に「西洋新法」という四字を記すように命じ、さらに天文台の責任者である欽天監監正《きんてんかんかんせい》にシャールを任命した。こうして新しい王朝との関係を築いたシャールは、若い皇帝であるフリン（順治帝）とも深い親交を持つことができた。宣教師の活動が清朝の初期に認められたのは、シャールの功績が大きい。

前近代の中国において、天文を司る役職の責任は、私たちが想像する以上に重いものであった。いま故宮博物院《こきゅうはくぶついん》となっている北京の紫禁城《しきんじょう》を訪ねてみると、国家の式典を挙行した太和殿《たいわでん》の白大理石の基壇の上に、向かって左端（西側）に石造りの升、そして右端（東側）に日時計が置かれている。これは王朝が度量衡と時間とを統制する権限を持っていることを示すものである。王朝が暦を決定し帝国に行き渡らせるだけではなく、中国に朝貢する国々もまた、暦を拝受して用いることが義務づけられた。清代には朝鮮から毎年、暦を受け取りに行く使節が北京に派遣されている。

暦を作るために天体観測を行う総責任者が、欽天監監正であった。さらに帝国の行事を行う日取りを決定する上でも、責任を負った。天体の運行は、帝国の運営とも密接な関わりをもっていたのである。

アダム＝シャールはこの重責を意識しながらも、西洋の科学を学んだものとして、天体の運行と人間界の吉凶とを結びつける中国の伝統的な思惟を否定した。自分は科学的に誤りのない法則から推算された天文学だけを引き受けているのであり、迷信と考えている吉日・凶日の区分については無関係であると、機会があるごとに口頭や文章で言明し続けたのである。清朝がしだいに中国を支配する帝国としての体制を整えていく過程で、漢族のあいだに根強い天人相関の発想を採り入れて行く。清朝とシャールなど宣教師たちとは、どこかで分岐せざるを得なかった。この分岐は、宣教師にとって最悪な形で現れた。

安徽《あんき》に楊光先《ようこうせん》という名の、偏屈な男がいた。キリスト教は清朝を滅ぼす邪教であると宣伝し、西洋の天文学にもとづく暦は誤りであり、中国とムスリムの天文学者が定めた暦を復活させるべきであると、楊は主張した。楊は官僚でもなく、科挙にもとづく身分を持っていたわけでもない。影響力を持つはずもなかった。ところが、幼い玄燁が皇帝に即位した直後のこと、皇帝を補佐していた満洲族の有力者のあいだの権力抗争に、楊のキリスト教への弾劾が利用される。康熙三年（一六六四）に楊の訴えは採択され、宣教師たちへの尋問が始まった。

湯若望　イエズス会の宣教師。本名は、アダム＝シャール。西洋天文学の漢訳に力を注いだ。『支那図説』より

このとき七四歳であったアダム゠シャールは、中風に身体を冒されて立つこともままならず、言葉も不自由であった。尋問は苛酷なもので、フェルディナンド゠フェルビースト（中国名は南懐仁《なんかいじん》）の通訳のもとで進められた。宣教師たちは投獄され、西洋暦法を支持していた五名の天文官が処刑され、さらに宣教師と親交があった官僚などが喚問され、事態は深刻なものになった。清朝は楊光先を欽天監監正に任命し、正確な暦を作るように命じた。康熙四年（一六六五）、シャールに死刑が宣告された。

命がけの天文観測

一六五七年に中国に到着したフランス人宣教師は、その後の経緯を次のように記す。西暦で一六六五年一月一六日、日蝕があることが予測された。宣教師に対する尋問が始まる六ヵ月まえ、中風で観測が行えないシャールに代わって、フェルビーストが蝕の発生時間や欠ける程度などを詳細に推算し、シャールの名で礼部に報告してあった。楊はこの日蝕について、ムスリムの天文学者にあらためて推算を行わせ、宣教師たちの予測よりも実際の現象に近い推計を出させようとした。

北京にはレンガで築かれた塔の上に、天文台が置かれていた。そこで天体の運行を観測するのである。日蝕が始まる日、フェルビーストはこの天文台に連行された。三本の鎖がつけられていた手で、天文観測の準備を進めた。北風が吹き付けるなか、病に冒されたシャールがその横に立たされた。皇帝の命令で集められた多くの官僚が見守るなか、日蝕が開始する時間が迫ってきた。まず楊側の天文官が、あと一五分で始まると叫んだ。しかし、指定した時間が過ぎても、太陽には変化は現れなかった。

二人の官員が「さあ、湯（シャール）、マファ（シャールに対する満洲族の尊称）の時間だ」と告げた。そのとき、用意された紙片の上の太陽図の上辺に、小さな爪のような影が現れた。蝕の始まりである。宣教師は楊よりも正しい推算を出していたことが、このとき証明されたのである（アドリアン＝グレロン／矢沢利彦訳『東西暦法の対立』平河出版社、一九八六年）。宣教師たちに対する刑の執行は、停止された。シャールは獄中生活のために病を悪化させ、一年後に死去した。

中国の史料には、楊光先とフェルビーストとの確執について、グレロンが描いたほどに劇的な記載は見あたらない。中国側で暦獄《れきごく》とよぶ事件では、シャールに死刑が宣告され、フェルビーストにむち打ちの刑が宣告されると、たまたま北京で地震が発生したため、刑の執行は停止された。玄燁（康熙帝）が康熙六年（一六六七）に親政を始めると、彼はフェルビーストと旧暦法家に競争実験を行わせた。その結果、西洋暦法は完璧な勝利を収め、清朝の公暦は再びフェルビーストらによって作成されることになったとある。

楊光先の後ろ盾となっていた有力者が失脚し、康熙八年（一六六九）の公開観測で西洋暦法の正しさが認められると楊の地位は剥奪され、フェルビース

天体観測の装置　『清代宮廷版画』文物出版社より

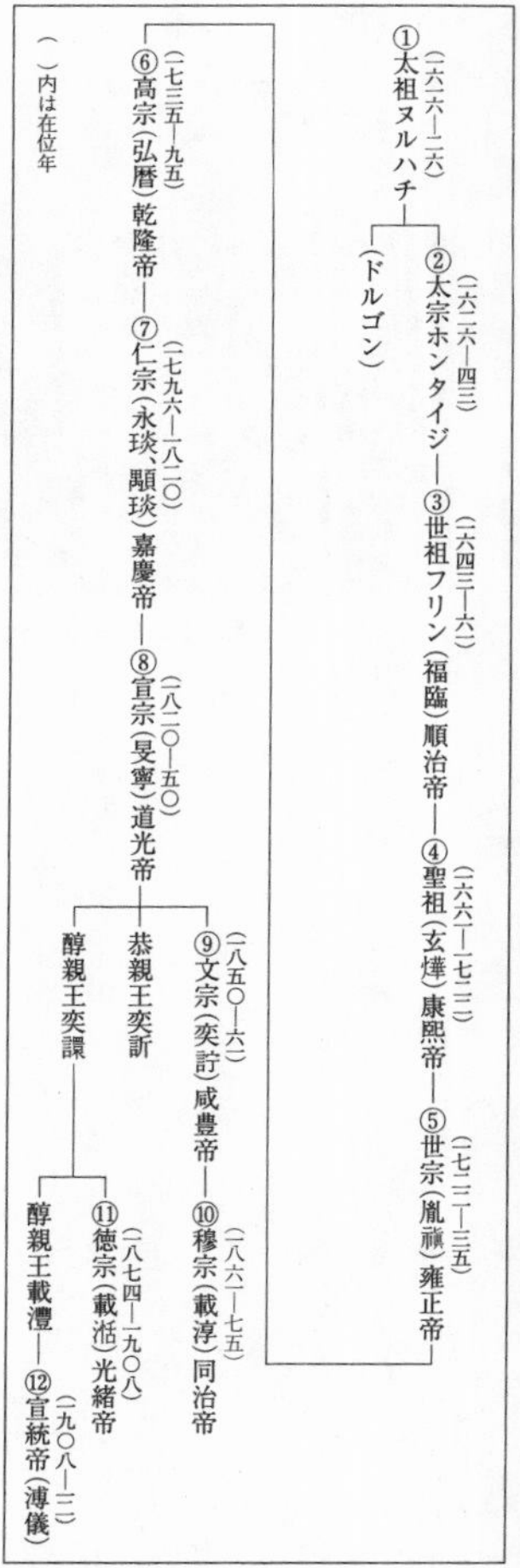

清朝系図

トが欽天監監副《かんふく》に任命された。玄燁は西洋科学に対する関心が強く、宣教師から数学などを学んでいる。宣教師もその期待に応え、ネルチンスク条約締結に向けたロシアとの交渉などで活躍した。しかし、キリスト教の布教や教会の建設は禁止された。

イエズス会の宣教師たちは、中国の文化に対する深い洞察にもとづいて、中国人の信者が祖先祭祀を行い、天を祀る行事などに参加することを認めていた。切実な問題としては、女性の信者に対する洗礼や臨終の際に塗油する儀式があった。男女の別を重視する中国にあっては、男性である司祭が女性に儀礼を行えば、淫らな宗教であると指弾される恐れがあった。イエズス会では、このような儀礼を省略することをやむを得ないとして容認した。

イエズス会に遅れをとったドミニコ会やフランチェスコ会などは、こうした儀礼の妥協は許されないとして、ローマ教皇に提訴した。一七〇四年に教皇は、中国の典礼を受け入れて布教することを禁止した。この決定に対して玄燁は、康熙四五年（一七〇六）に中国の習俗を容認する宣教師には滞在を許すが、教皇の指示に従うものにはマカオへの退去を命じた。典礼問題と呼ばれる事件である。雍正《ようせい》年間になると、キリスト教を排除する傾向はいっそう強いものになる。

清朝の宣教師に対する態度は、彼らが持つ天文学や兵器製造などの実用的な知識は活用するものの、その思想や信仰は受け入れないというものである。この実学重視の政策は、清朝を通じて見られるものであり、中国の知識人たちも一八世紀になると、文字の獄と呼ばれる思想的弾圧を受け、明末清初の思想的な展開のなかから、世に役立つ実学のみを発展させ、経世済民《けいせいさいみん》の学を生み出すことになる。

一九世紀にアヘン戦争と太平天国という大変動に直面し、洋務運動《ようむうんどう》と呼ばれる西洋の先進技術を導入する動きが見られる。この運動は思想などに配慮しない表面的な技術移転を目指したに過ぎないとされているが、そうした傾向はすでに一七世紀後半に現れていたということができよう。政権の維持のために必要な知識は民族の別を越えて受け入れようとする開明性と、少数民族が漢族を支配するという体制を揺るがしかねない思想は排除する閉鎖性とを、清朝はあわせ持っていたのである。

第八章　産業の時代――一八世紀Ⅰ

盛世と呼ばれた時代

清代のベビー・ブーム

秦の始皇帝に始まり、二〇世紀の辛亥革命《しんがいかくめい》で終わる中国二千数百年の王朝史において、「盛世」つまり盛んで平和な時代と称えられる時期は、四つしかない。漢代の文景《ぶんけい》の治、唐代の貞観《じょうがん》の治と開元《かいげん》の治、そして一八世紀の康熙《こうき》・雍正《ようせい》・乾隆《けんりゅう》の三代一〇〇年ほどの時期である。一八世紀の盛世はまず、人民の繁殖として意識された。

一八世紀の初頭、中国の各地では若い人々の姿が目立つようになった。人口の波動を見ると、一七世紀の八〇年代にベビー・ブームがあったことが推定される。

明末の反乱は華北や四川盆地で、住民を苛烈な状況に追い込んだ。とくに、一六四四年に四川に入った張献忠《ちょうけんちゅう》が地主などを殺害し、さらに清軍がこの張政権を平定する過程で、多くの住民を虐殺したとされ、四川盆地の人口は激減していた。一方、華中・華南は三藩《さんぱん》の乱が平定されるまで社会は安定せず、子を産み育てるという雰囲気ではなかった。

王朝交替から一世代にあたる時間が経過し、明末清初の混乱がおさまったとき、人々はようやく落ち着いた環境のなかで多くの子を産むようになった。このときに生まれた子どもた

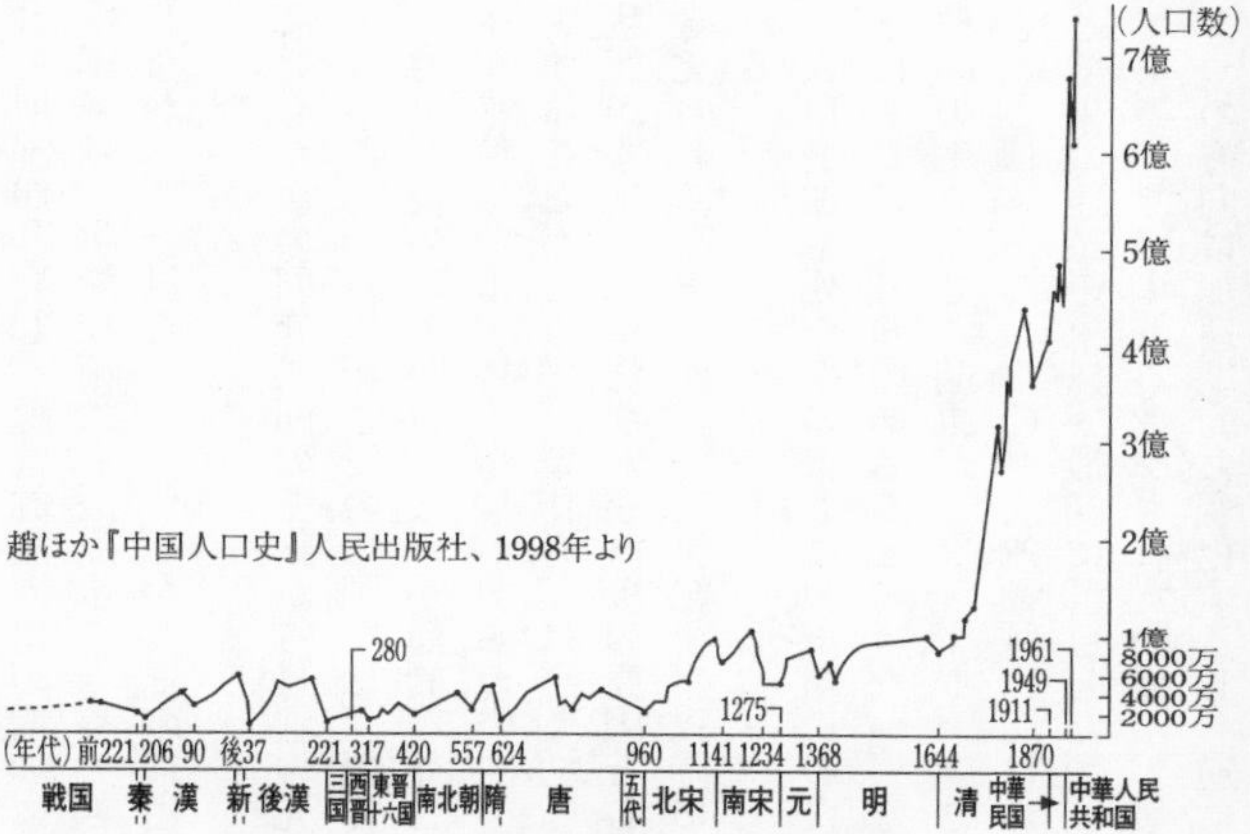

中国人口動向の推定グラフ　18世紀以降の急増に注目したい

ちが成長し、世代が交替したころになると、村では耕作にいそしみ、街では仕事に精を出すようになっていたのである。

　このベビー・ブームは一過性のものではない。第一次のベビー・ブーマーたちが次の世代を産み育て、次のブームの波をつくった。その結果、一八世紀に中国の人口は急増する。宋代に華中の開発が進んだ一二世紀ごろから一七世紀までのあいだ、中国の人口はおおよそ一億人の水準を軸にして、ときどきの社会の状況に左右されて数千万の幅で揺れていた。一七世紀の末には、およそ一億五〇〇〇万人の人口を抱えていたと推定される。それが一〇〇年後の一八世紀の末には三億人を超えた。

　ベビー・ブームはなぜ続いたのであろうか。近代を迎える前の伝統的社会では一時的な人口増加が見られても、耕地面積の拡大が追いつかず、食糧生産量が頭打ちになって飢饉が多発し、継続的な人口の増加に歯止めがかかることが多い。ところが一八世紀の中国では、生産技術にも医療水準にも大きな革新がなかったにもかかわらず、死亡率は上昇しなかったと見られる。なぜか。その理由を明らかにするためには、死亡率の問題を考察する必要がある。

いくつかの同族集団の記録から月別の死亡率を算出してみたところ、一つの傾向が明らかとなった。一六世紀までの中国では、農作物の端境期になると死亡率が上がる。ところが、一七世紀後半ごろから、この季節的な死亡率の変化が見られなくなり、一年間を通じて死亡率が平準になるという現象が見られた。一六世紀以前の中国社会は、慢性的な飢饉状態から脱することができず、豊作の年は乗り切ることができても、作物の出来が悪い年には、栄養状態が悪化して疾病などを直接の原因として、あっけなく死去してしまう確率が高かったと考えられる。それが、一七世紀後半以降に、社会が慢性的飢饉の状態から離脱したと考えられる。

人口増加や死亡率のように数十年にわたる時間のなかで進行する社会変化の原因を問うことは、さほど意味のあることではない。なぜならば、長期にわたる時の経過のなかで、ある要因の生みだした結果が、フィードバックされて原因に転じるからである。私たちが為すべきことは、ある一つの社会的領域における変化が、他の領域にどのように影響を与え、原因と結果の連鎖の末に、最初に着目した領域にいかにフィードバックされるかを分析することである。フィードバックされた効果が、最初の変化を促進する方向に働けば、社会の総体は一つの方向に加速度的に変化するし、逆に抑制する方向に働けば、最初の変化は歴史の波のなかに姿を消す。

一八世紀の中国では、ベビー・ブームが社会にどのような影響を与え、どのような連鎖反応を引き起こしたのか。第一次ブームに始まる人口増加は世紀を越えて継続し、一九世紀なかばに中国の人口は四億に達する。清朝後期には、多発した反乱のために一時的に増加に歯止めがかかるものの、二〇世紀初頭には四億を突破し、中華人民共和国のもとで加速され、二〇〇五年一月に一三億人を超えて増え続け、二〇二〇年には一四億に達した。

一八世紀の人口増加をめぐる因果のネットワークを明らかにする作業は、その後に中国が進んだ道筋を明らかにするためにも、意義のあることであろう。本章と次章の主眼は、まさにここにある。本章ではまず人口増加が社会に及ぼした影響を探ったあと、国内の流通を取り上げ、最後に海外との交易と人口増加との関連を検討することにしたい。そして、次章では帝国のシステムの全貌を解明する。

税制の改革

ベビー・ブームと直接に反応した領域は、税制である。一八世紀に進められた税制改革は、皇帝の強力な指導のもとで進められた。康熙五一年（一七一二）二月二九日、皇帝の愛新覚羅玄燁は政策の審議を行う会議の席で、次のような発言を行った（『康熙《こうき》起居注冊《ききよちゆうさつ》』）。

我が王朝は七〇年来、平和が続き人口が日毎に増え、人は多く土地が少なくなった。以前は四川や河南などの省では、まだ荒れ地があったが、いまではすべて開墾され、わずかな余地もなくなっている。口外（長城以北の地域）の土地は肥えており、山東などの省の百姓で、かの土地に移り住んで耕作するものが非常に多い。朕が去年、官を派遣して調査したところ、合わせて六万あまりであった。ところが税糧を納めているものはわずかに二万人ばかりであった。調査できたものは六万だとしても、まだ把握できないものは幾万あるものか、見当もつかない。彼らを口内（長城以南の地域）に移住させようとも考えたが、彼らは貧窮な民であり、どうやって生計を立てさせたらよいのか。これまで通り、口外に住まわせるしかないだろう。

朕が以前に巡幸《じゅんこう》して百姓を訪問したとき、一家に四から五人の丁《てい》（納税義務がある成年男子）がいるにもかかわらず、一丁分の銀しか納めておらず、七から八丁いる家では二丁分しか納税していないと耳にした。各省の巡撫《じゅんぶ》が〔戸籍を〕編纂するとき、ただ銀を納めている丁の数しか報告せず、銀を納めていない丁の数については報告しないので、実際どれくらいの丁数があるのか知ることができない。

いま国の財政は充実し、俸給などの支出にも余裕がある。各省がこれから丁銀《ていぎん》（人頭税）の数を登録するときには、永遠に額を固定して、以後に増減することは許さない。納税している民と納税していない民との数を、調査して報告せよ。これを調査するときは、各省の人民の実数を知りたいのであって、けっして丁を見つけだして課税しようという意図がないことを、特に周知させよ。

この皇帝の発言は、一八世紀の中国が置かれていた状況を、的確に伝えてくれる。まず清朝の皇帝が、中国の実状について強い関心を持ち、その実態の把握に意を注いでいたということが窺われる。明朝のほとんどの皇帝たちが、宦官に取り巻かれ、宮廷の収入にしか関心を向けなかったことと比べてみると、清朝の皇帝たちの政務に対する実直な姿勢が際立っている。

玄燁は皇帝として清朝の版図《はんと》をしばしば巡幸した。華南・華中へは、三藩の乱および鄭氏政権を平定し、清朝の中国支配が完成した康熙二三年（一六八四）を初回として、康熙四三年（一七〇二）には再び南巡している。この旅行は帝国の姿を実地に視察するという意味を持っており、単なる物見遊山ではなかった。実際に人民の家族構成を視察し、登録されていない成年男子の姿を見ているのである。

皇帝が深刻な問題として意識したことは、王朝が人民の実数を把握できないということである。領土を視察するなかで、その危機感は明確になった。漢族の居住地であった長城以南の地域では、人口が急増して農耕地が不足していた。人口過剰な地域から、内モンゴルなどに向けて、人口が流出していた。その実態を正確に認識せずに政策を行えば、いずれ民族対立など深刻な危機に直面する可能性もあろう。現実を知らなければ、漢族に比して少数民族である満洲族が、中国の支配を安定させることは難しい。このことを実感していた皇帝は、丁銀額の固定という思い切った決断をする。

正しい人口を登録しても税負担が増えないとなれば、税逃れのために隠されていた人口が表に現れ、実数を把握できる。康熙五〇年（一七一一）の調査で記載された人丁数に対応した税額で固定するという勅令が、康熙五二年（一七一三）に出された。人丁とは清代の制度において、一六歳から五九歳の成年男子を指し、丁銀が課せられる。康熙五〇年以降に登録された人丁は、「盛世滋《せいせいじ》生人丁《せいじんてい》」と呼ばれる。盛んな時代に繁殖した人口という意味であり、つまり一七世紀後半に出生したベビー・ブーマーであった。

人頭税の消滅

社会が慢性的な飢饉状態のなかにあったとき、土地を耕している農民が来年もまた生きている保証はない。豊作の年には問題がなかったとしても、不作の年には、端境期に農民は食糧の不足のために体力を落とし、ちょっとした病がもとで死んでしまう。働き手を失った耕地は、なんの収穫も生み出さない。国家が財政的な安定を求めたとき、土地に完全に依拠することは危険なことである。人間そのものを把握することが、国家にとってきわめて重要なことであった。

中国の歴史をひもといてみると、人口調査を行って人民を把握して労働力を提供させる制度は、古代から始まっている。明代初期には里甲制などの戸メカニズムを整備し、人民から直接に労働力を徴発する制度が実施された。一六世紀になると中国全体が銀にもとづく経済に巻き込まれた結果、労働力を提供する代わりに銀に換算して納めるようになる。これが丁銀と呼ばれるものである。一般的な言葉に置き換えるならば、人頭税ということになる。康熙五二年に始まる盛世滋生人丁の制度は、丁銀を固定した。しかし、まだ丁銀が消滅したわけではない。

盛世滋生人丁の制度は、その規程を見ると煩雑な手続きを必要とした。康熙五〇年に国家が把握していた全国の人丁の総数を基準にし、その後に課税対象となる年齢に達したものは盛世滋生人丁として登録し、当面は丁銀の負担を免除した。しかし、丁銀の負担を持つ男性が六〇歳になって人丁の枠から削除されると、「盛世滋生人丁」の登録簿に記載された成年男子から補充することになる。削除された男性が属する戸で補充できる場合は問題が少ない。もし戸内に成人男性がいなければ親族のなかで人丁が多い家から補充し、それでもまだ不足するようであれば、地域のなかの高額納税者の家から出させるとした。

この手続きは、弊害が多かった。五年ごとに行われる登録簿の改訂の時期になると、削除された人丁を補充する作業を行う。登録簿を管理している県の役所に勤める事務員は、勝手に手数料を定めるようになった。手数料を支払うことができれば、その家の青年に丁銀の負担を課すことはしない。皇帝の恩恵として丁銀の総額が固定されたものの、実際は手数料が丁銀の数倍にもなるといった状況になった。しかも手数料を払える富裕な家は丁銀を免除され、貧しく手数料を支払えない家ばかりに丁銀の負担が集中するようになった。

玄燁の死後、康熙六一年（一七二二）に皇帝の座についた愛新覚羅胤禛《いんしん》（雍正帝）は、各地に派遣した地方官から直接に報告書を受け取る制度を整備した。即位直後の雍正元年（一七二三）には、すでに各地から盛世滋生人丁制の弊害に関する報告が、皇帝の手元に届く。解決方法は一つしかない。丁銀を土地税のなかに繰り込むということである。新しい皇帝は、二〇〇〇年以上もの歴史をもつ人丁に対する課税を廃止するのに躊躇した。地方官の報告書に対しては、草卒な対応は避け、まずは実態をさらに詳細に調査するように指示している。しかし、事態は皇帝の意図とは別に、すでに動き始めていた。

浙江省では帝国の指示を待たずに、丁銀を土地税に繰り込んで徴収する方法が行われ、耕地を持たないものは丁銀もなく、土地を多く保有するものが丁銀を支払うということになっていた。この方法は地丁併徴《ちていへいちょう》などと呼ばれるものである。山東巡撫は報告書のなかで、山東では土地を持たない貧民が丁銀を支払う義務を負わされ、不作の年には子どもを人買いに売らざるを得ないといった悲惨な状況に陥っている、ぜひ浙江省の先例にならって丁銀を土地税に繰り込んで徴収できるようにしていただきたい、と懇願している。同年の九月、まず帝国の直轄地である直隷《ちょくれい》（現在の河北）において、地丁併徴を実験的に行い、その結果を見て全国に広げるという方針が出された。

地丁併徴は山東省で雍正四年（一七二六）に実施され、以後、条件が整った省で施行された。一番遅れたのは、山西省《さんせいしょう》である。山西省はその南北で、農業生産力に大きな格差があった。太原《たいげん》を中心とする南部は、広大な耕地を擁して豊かな収穫があり、容易に丁銀を土地税に繰り込める。しかし、北部の大同《だいどう》を中心とした地域は山が多く、農業ではなく商業に従事するものが多い。そのために省内で一律に地丁併徴を行うと、税負担が増えた土地が放棄される可能性もあり、税収入が確保できなくなる恐れがあった。そこで、地域ごとに県のレベルで調査を行い、それぞれの状況に応じてきめの細かい税制の運用を行うこととなったのである。その山西省も雍正九年（一七三一）には地丁併徴が実施され、全国に新しい税制が普及し人頭税は消滅した。新しく成立した税制は、地丁銀《ちていぎん》と呼ばれる。

景気の回復

人口の増加と経済の動向は、どのような関連があったのであろうか。清代前期の物価動向に関する研究によると、一六世紀後半から一七世紀のなかばにかけて、比較的高い水準で推移していた米価が、順治一三年（一六五六）から下降することが指摘されている（岸本美緒『清代中国の物価と経済変動』研文出版、一九九七年）。順治一四年冬から一五年春にかけて蘇州にいたある地主は、

今年の米価は、数十年来経験したことのないほどの安さである。貧しい横町の庶民も、白米を食べ、餅をついているが、我が家では大晦日にも昼飯ぬきである。

という記録を書き残しているという。

米価の下落は農村を直撃した。農家は生産した穀物を販売しても、その収入は元手を下回り、地主に小作料を納めることができない。地主の家計も逼迫し、衣服などを購入することを控えるようになる。繊維製品の売れ行きが悪化したために、綿布も価格が下落し、連鎖的に綿花の価格も低下した。物資の移出入も滞り運送業も打撃を受け、荷を担ぐ労働者も働き口を失い、賃金も下降した。都市の庶民は、米価が下落した当初は喜んだかもしれないが、しだいに収入を得られなくなり苦境に立たされるようになったと考えられる。また農産物の価格が低下すれば、当然、農地の価格も低下し、康熙初年には価格もつかない状態になった。

この経済全般の不況は、一七世紀末ごろから回復に向かい始め、一八世紀には反転して物価が上昇し始める。康熙三八年（一六九九）に江南に巡幸した皇帝は、「江南は去年、大豊

作であったにもかかわらず、米価はなぜ安くならないのか」と問うている。米価はゆるやかに上昇し始め、一八世紀の四〇年代以降に高騰し始めるのである。米価の高騰は、一七世紀後半に見られた不況の連鎖を逆にたどり、繊維製品を始めとする諸物価が連動して上昇した。ただし、賃金は米価などと比較して、上昇率がそれほど高くはなかった。

米価が下落し始めた順治一三年は、清朝が鄭氏政権を弱体化させるために海禁政策を実施し、海上封鎖に取りかかった年である。前章で述べたように、長崎に来航する中国船は、この海禁政策で途絶したわけではないが、その多くは東南アジアの諸港や台湾から日本に来航した船舶であり、中国から直接に生糸などを積載した船は減少したと考えられる。日本が輸出した銀は、直接に中国には流入しない。この銀の流入量の減少は銀を希少なものとし、その価値を押し上げる。銀は貨幣として用いられていたために、米穀などは相対的に銀両建て価格が下がることになった。また、輸出産品である生糸・絹織物の販路が制限されたため、繊維関連の諸物価も下落する基調に陥ってしまったと考えられる。

康熙二三年（一六八四）に展界令が出され、海上貿易は再開された。しかし、これがすぐに物価に影響することはなかった。日本が銀の輸出を制限しており、日本からもたらされる銀は急増しなかった。日本に代わる新たな銀の供給源が、一八世紀の初頭にはまだ現れなかった。したがって一八世紀前半に景気が回復する理由は、貿易とは別のところに求めなければならない。おそらく米価を押し上げる最大の要因は、人口の増加であったと思われる。

一六世紀には明朝が銀で税金を徴収したため、農民は綿布などの生産を行っても、その収入の大半を国家に吸い上げられてしまった。その結果、経済の活況は官僚や郷紳が住んで国家財政の余剰を放出する都市や、軍事・貿易の拠点に限られ、広範な農村には波及しなかった。

これに対して清朝は税制改革を行い、農地が生産できる範囲で徴税した。その結果、農村で農作物価格の高騰による収入の増加分、あるいは手工業による副業収入は、農民たちの手元に残る。これが農村での需要を掘り起こし、綿布などの繊維製品や鉄製農具、あるいは鍋といった炊事用品などの販路を拡大したと考えられる。

一八世紀なかばになると、後述するように広州に入港するイギリスなどの船舶が、アメリカ産の銀をヨーロッパ経由で持ち込むようになる。その結果、銀の相対的な価格が下落した。人口増加による穀物需要の増大に、銀価格の下降の作用が加わり、一八世紀なかば以降の諸物価高騰の時代を招くことになる。しかし、この物価高騰は、一時的には農村での活況を加速することになった。

アメリカ大陸原産作物

中国人口史に関する古典的な名著である何炳棣《かへいてい》氏の『中国人口史研究・一三六八～一九五三』は、一六世紀後半にアメリカ大陸原産のトウモロコシやジャガイモ、サツマイモが中国に導入されたことが、宋代におけるチャンパ米の導入に次ぐ第二の農業革命であったと評価し、一八世紀の人口急増を支えたとしている。

トウモロコシが中国に導入された経路については、諸説が並立している。おおよそ三つのルートが考えられている。一つは海路で明の嘉靖年間（一六世紀なかば）に広西か福建の交易港にもたらされたというものである。第二のルートは、同じころにペルシアから中央ユーラシアを経由して、中国西北部の甘粛《かんしゅく》に導入されたというもので、李時珍《りじちん》は『本草綱目《ほんぞうこうもく》』で「玉蜀黍《とうもろこし》の種子は西土より出る」と記している。そして第三のルートは、いわゆる西南シルクロードを経てインド洋沿岸から陸路でミャンマーに入り、雲南に招来されたとするものである。

三つのルートで入ったトウモロコシは、その入り口となった地域から周辺に伝播していった。トウモロコシが導入された直後に、中国各地に広がったわけではない。華中では浙江省に入る時期は、万暦元年《ばんれき》（一五七三）であるとされ、西北では甘粛から陝西《せんせい》に入った時期は、万暦二五年（一五九七）であるとされる。湖北・湖南・江西《こうせい》・四川など中国内陸部では、さらに導入が遅れ、康熙年間になってからである。安徽省に導入の記録が見られる時期は、一八世紀なかばの雍正年間となっている。

サツマイモについては、二つのルートが挙げられている。一つはフィリピンのルソンから、万暦のはじめ（一五八〇年代）に導入されたルートで、万暦二二年（一五九四）に福建が飢饉に見舞われたときに、福建巡撫の金学曽《きんがくそう》が救荒策《きゅうこうさく》としてサツマイモの栽培方法を普及させた。このために福建ではサツマイモを金薯《きんしょ》と呼ぶようになったと伝えられている。第二のルートは、トウモロコシと同様にミャンマー経由で雲南へというもので、福建ルートよりも早かったとされる。しかし、雲南からは周辺地域に伝播しなかった。

サツマイモが国内に普及する速度はトウモロコシよりも遅く、湖北・湖南・山東などで栽培されるようになる時期は、乾隆前期（一七四〇年代）であり、山西や安徽には一八世紀後半になってようやく栽培が見られるようになる。普及にあたっては地方官が果たした役割が

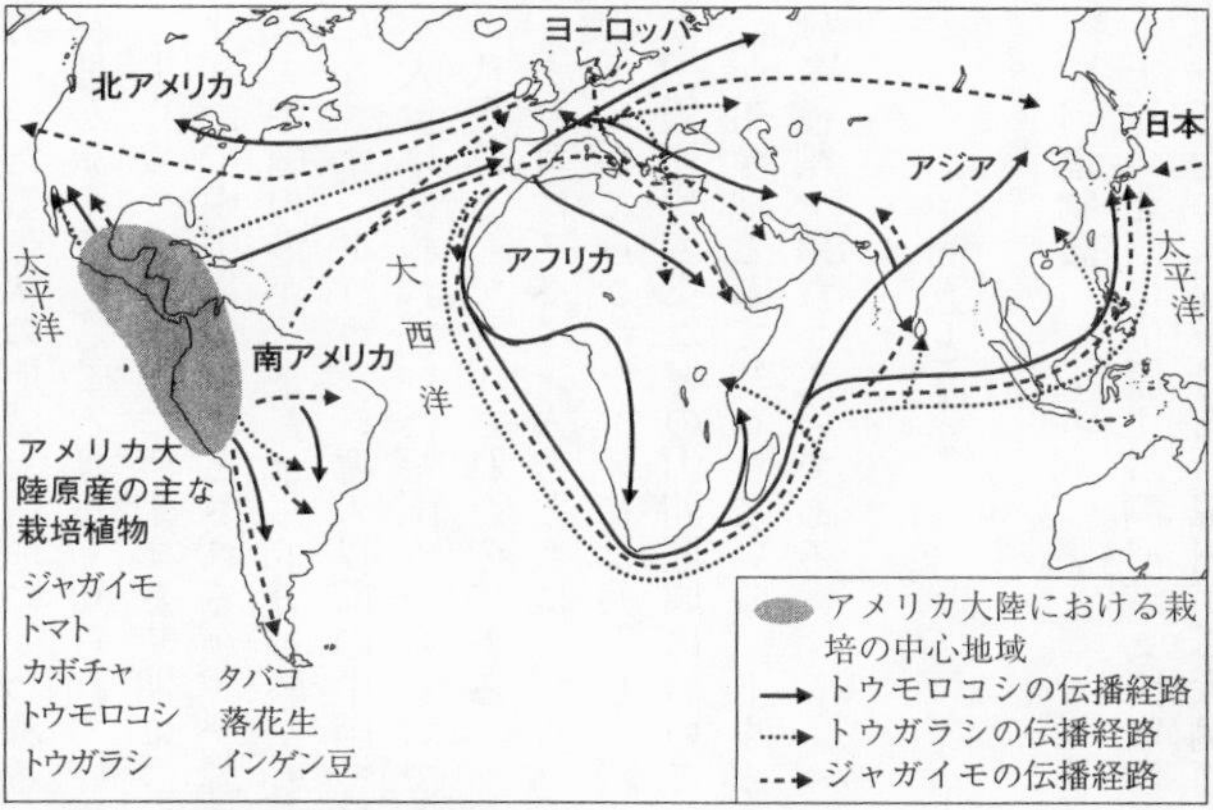

アメリカ大陸原産作物の世界伝播

大きく、農民が自主的に導入を試みたものではない。

　農民たちは新しい作物の導入については、きわめて保守的であったということができよう。しかし、これらの作物は、水稲や小麦など中国で古くから栽培されている穀物を栽培できないような山地の傾斜地や荒れ地で栽培することができた。主要作物と競合しないために、従来の農業の体系を変化させることなく食糧の供給量を増大させることができる。そのために人口の増加に危機感を抱いた官僚たちは、乾隆年間に行政的な指導を行いながら普及に努めた。つまり、アメリカ大陸原産の作物の導入は、人口増加の原因ではなく、結果であったと見ることができる。

　食糧となる作物の他にアメリカ大陸原産の作物として、トウガラシとタバコとを挙げることができる。現在の中国でトウガラシは、四川・湖南を中心に、西南の貴州から東北地方にいたる帯状の地域で料理に使われる。この地帯はホットゾーンとも呼ばれ、とくに四川料理が激辛であることは良く知られている。

トウガラシが中国に渡来する時期についても、諸説がある。一般には一六世紀後半にマカオ経由で中国に入ったとされるが、一説では一七世紀なかばであったとも言われる。日本では、中国の港から来たポルトガル船がもたらしたので、「唐《とう》（中国）芥子《がらし》」とよばれるようになった。トウガラシ導入以前の中国では、東南アジアから海を経てもたらされたコショウが大量に使われていた。国内でも栽培できるトウガラシは、高価な輸入品であったコショウの代用品として利用されたのである。

タバコはスペイン人とともにまずルソンに入り、フィリピンを経由して、一七世紀初頭に中国にもたらされた。最初は薬として紹介された。その後、一八世紀にはいると嗜好品となり、福建や広東などの山間地域において広く栽培されるようになった。現在は雲南など内陸部が生産地として知られている。トウガラシとタバコは換金作物として、農家経営の幅を広げる役割を果たしたのである。

商人と産業

瀏河港物語

上海の北西に位置する瀏河港《りゅうがこう》（劉家港）は、江南の外港としての歴史を有する。長江に面し、江南の大都市である蘇州から大瀏河《だいりゅうが》と呼ばれる河川で結ばれたこの港は、元の時代に江南で産する米穀などを首都の大都《だいと》に運ぶために用いられ、歴史にその名を現す。明の時代には、鄭和《ていわ》の遠征隊の集結地となり、この港の沖に大艦隊の姿が浮かんだ。しかし、永楽期に大運河の改修が完成し、江南物資の輸送がもっぱら大運河で行われるようになると、港の繁栄は失われ、町の名は色あせて行く。とどめを刺したのが、一七世紀なかばに清朝が出した海禁令と遷界令であった。町はさびれ、鄭和が航海の安全を祈願するために建てた媽祖を祀る廟だけが、かつてこの土地が港であった痕跡となった。

瀏河港関連図

康熙二三年（一六八四）に、転機が訪れる。江南に派遣された調査官の上奏に応える形を取って、皇帝が展界令を出したのである。清朝は航海の守り神である媽祖を天后に昇格させ、衰退した海運業に活力を与えようとした。翌年に政府は中国各地の港に入港できる船種を定め、この瀏河港には沙船を割り当てた。沙船は遠浅の海岸線が続く黄海の航行に適した船で、竜骨を持つ外洋船ではあるものの喫水が浅い。喫水が深い大型外洋船は、上海に入港するように定められた。かつてのような東シナ海を航行する船舶の寄港地としてではなく、黄海を経由して渤海と江南とを結ぶ港町として、瀏河港は再出発したのである。

清代に瀏河港で最初に海運業を開いたのは新安商人であり、続いて長江の北側の港町である南通《なんつう》や呂四《りよし》に基盤をおいていた商人であった。先駆的な商人のあとから、山東半島の膠州《こうしゅう》湾《わん》を本拠とする山東商人が進出し、最後に渤海湾に臨む遼寧省《りょうねいしょう》の各港から商人が瀏河港に基地を置いた。商人とは別に、回船業を営んでいたのは、呂四出身の業者である。

船乗りたちのあいだで語り継がれた一つの伝説がある。

瀏河港に王六官《おうろくかん》と呼ばれる男が住んでいた。海禁が解除される前には、魚を捕って業とし、妻子もなく一人自炊して暮らしていた。大漁のときには必ず友を招いて酒を振る舞い、陽気に騒いで酔いが回ればお開きにするという生活であった。康熙二三年に展界令が出されると、彼の生活は一変した。彼は当時、まだ座礁することが多かった沙船を改造し、底が浅く平たい船を造り上げた。その船は安定性がきわめて高く、操作も容易であった。

ある年のこと、王六官は自らその船に乗り込み、黄海を縦断して北上した。ところが北の港町で南に帰る風を得ることができず、船員たちは家で年越しができないと嘆き悲しんだ。落胆の色が濃くなったある日、王が突然「早く道具を片づけろ、明日の午後に良い風が吹くぞ」と言い出した。皆は何を言うのかと笑い出す始末であったのだが、日がかわると風の向きが本当に変わり始めたのである。船が錨を巻き上げ、帆を張ると、風は一段と強くなり、その夜は波が舳先を潺々《せんせん》と切り裂く音を耳にするうちに、一気に数千里を走り、夜が明けてみると瀏河港の見慣れた風景が眼前に迫っていた。

船員たちは港にはいると、感謝の気持ちを示すために王六官を宴会に招待した。ところが皆と共に陸に上がったまま、王は姿を消してしまったのである。数日のあいだ探してみて、ようやく事の異様さに気付き、船内を探したところ、岸に上がったときに王が身につけていた衣服がそっくりそのまま残されていた。ここで初めて、あの一夜の風は王の神異によるものであると信じるようになった。思い起こしてみると、王は常人とは異なる行動が多かった。毎日朝晩欠かさず天后宮に詣で、手を浄めてから焼香していたこと、残飯は出さずにすべて口に入れ、大小便は桶に出して、海に塵埃や汚物が入らないように気を配っていたことなどに、人々は思い当たり、王は真人《しんじん》（超能力を持つ仙人）であったと考えるようになったた。王の姿に似せて王六官真人像が造られ、航海に出る船乗りたちが詣でるようになったという。

この伝説を伝える『瀏河鎮記略《りゅうがちんきりゃく》』は、最後に次のように締めくくっている。

さかのぼるに明末に海に出ることが禁止されて以来、ほとんど百年になる。地元の舵取りはすでに死に絶え、誰一人として茫々とした大海に乗り出そうとするものはおらず、技術を試そうとするものもいなかった。こうしたときに真人が現れ、出発点を創り、山の端、海の隅に利藪《りそう》があること、各省の商人を呼び寄せれば、貧しい離島が財を生む土地になり、国家の収入を補充することを、人々に知らせたのである。これはまさに真人の力といえるのではないか。その像を作り、廟を建て、それを祀るのも理にかなった事である。

瀏河港の風景

瀏河港は大瀏河の河畔に位置する港町である。蘇州から太倉州《たいそうしゅう》を経て流れてきた河川は、長江に流れ込む手前で水門によって行く手を阻まれる。この水門は長江からの潮の逆流を防ぐものであり、黄海を航行する外洋船の終着点でもあった。船着き場に上がると、黒瓦・木造・白壁によって特徴づけられる二階家の建物が軒を連ね、街路には石畳が敷き詰められていた。

この港に着いたものの目をまず奪うのが、媽祖を祀る天后宮であったであろう。その一角は港町の中心地であった。海の航行の安全を祈願する商人や船員の信仰を集め、詣でる人が途絶えず、香の煙が立ち込めていた。天后宮を出て西に向かうと、鎮海関《ちんかいかん》に行き着く。石造りの倉が一棟、その上には「鎮海関」の三文字が刻まれていた。瀏河港に出入りする船舶に対する監督と徴税とが、ここで行われる。天后宮と鎮海関の背後に、三官閣《さんかんかく》がある。この建物の一角に王六官真人を祀る祠がある。お参りを済ませた船員たちは、木版印刷した札を手にしている。真人の札を船倉に貼れば、水難から船を守ってくれると信仰されていたからである。

天后宮から南に進むと、大瀏河に面した船着き場にたどりつく。船の種類に応じて乗降する場所が決められていた。南貨船碼頭《なんかせんまとう》は、蘇州から来た河川用の船が外洋船へと積み替える貨物を荷揚げするところである。貨物とは逆に、瀏河港からは銀が蘇州に向けて流れて行く。標碼頭《ひょうまとう》と呼ばれた船着き場からは六のつく日（毎月六日・一六日・二六日の三回）に、銀を積んだ標船《ひょうせん》と呼ばれる船が、蘇州を目指して出て行く。その船には山東省出身の標客《ひょうきゃく》と呼ばれる用心棒が、役人から鉄砲などの武器を借り出して、護衛のために乗り込んでいた。たまたま出港に遭遇すれば、およそ二万両の銀を積んだ四隻の船が、銅鑼が鳴り空砲が響くなか、船着き場を出て行く姿を見ることができたであろう。

外洋から長江をさかのぼり瀏河港に着いた船が、直接に船着き場に横づけになることはない。沙船と陸とのあいだは、駁船《ばくせん》（はしけ）が行き来している。天后宮の南門を直進して大瀏河に突き当たったところで東を眺めると、多くの沙船が隙間なく並んでいる様子を望むことができる。船の長さは二〇—四〇メートル、その長さとほぼ等しい高さの中央のマストを中心に、それぞれ合計五本のマストを持っている。

この沙船にはさまざまな工夫が凝らされている。小舟で近づいてみると、彩色はほどこされておらず、喫水線から甲板までは一メートルにも満たない。沙船に乗り移ろうとすると、足場となる位置が段になっており、容易に甲板に登ることができる。甲板中央に並んでいる板の一枚を持ち上げ船倉に入れば、船体が扁平な樽のような構造を持っており、高い波が甲板を洗っても、海水は凸型に湾曲した表面を流れ落ち、船倉に浸水することはない。船倉は約一メートル間隔で隔壁によって仕切られ、足下を見ると幅三〇センチメートルの竜骨が船首から船尾まで貫通している。竜骨と隔壁の構造のために、沙船は荒海を航行することが可能である。

駁船は沙船から荷を移し替えると、指定された倉庫に近い船着き場を目指して漕ぎ進む。駁船が岸に着くと、それを待ちかまえていた脚夫《きゃくふ》（荷担ぎ労働者）が、我先にと船に飛び乗り、奪い取るように荷を担ぎ上げ、商店の倉庫に運び入れる。辮髪《べんぱつ》を頭の上に巻き上げ、威勢がいい。

脚夫は脚行《きゃくこう》と呼ばれる組織をつくり、船着き場ごとに縄張りが決まっていた。縄張りを侵して働こうとするものがいると、脚夫たちは担いでいた荷を放り出して侵害者を取り囲み、追い出しにかかる。こうした独占に支えられて脚夫は、不当に高い賃金を求めることもあり、業を煮やした商人が自ら雇い入れた労働者を船着き場に差し向けることもあったが、その試みが成功することはほとんどなかった。脚夫の度が過ぎたときには、商人は役人に訴え出て、役人は脚行の頭目を逮捕し、その横暴を取り締まることもあった。

天后宮の裏手には、九龍湾《きゅうりゅうわん》と呼ばれる通りがある。ここに足を踏み入れると、娼妓がまるで雲のようにまつわりつき、左右の建物の入り口には客を呼び込もうとする女性が立っていた。横笛や胡弓《こきゅう》の音色にあわせ、ときに艶めかしい歌声も耳にすることもあったはずである。航海の安全を祈願しに天后宮に赴いたその足で、九龍湾に向かった船員たちも少なくなかったであろう。

瀏河港と商人

船荷のかなりの部分は、大豆と肥料用の大豆粕であった。瀏河港にはこれらの商品を専門に扱う商店が何軒も軒を連ね、船荷は商店の倉庫に運び込まれた。陸天益大桟房《りくてんえきだいさんぼう》という商店は、「豆行《とうこう》」（大豆部門）・「餅行《へいこう》」（大豆粕部門）・「花行《かこう》」（綿花部門）とに分かれ、「桟《さん》」と呼ばれる客商《きゃくしょう》の宿泊施設と商品を保管する倉庫を合わせた施設には、商人の貨物が預けられていた。

瀏河港では、山東半島の港町である膠州や登州《とうしゅう》などから大豆・大豆粕を携えて来航した外商と、江南各地から買い付けに来た内商とが交易する。外商と内商とは互いに面識がないことが多く、また商業習慣や度量衡を異にしており、直接に取り引きすることは難しい。両者のあいだに保税行《ほぜいこう》と牙行《がこう》が入り、商品の販売と代金の授受を請け負った。現銀が行き交うことはなく、毎月の六の日を標期として内商が支払った銀は標船で蘇州に送られ、蘇州で決済された。瀏河港は商品が集まるところであり、蘇州は金融センターとして機能したのである。

港町の基幹となる商人が、保税行である。清朝は海賊の残党が客商といつわって港に出入りすることを恐れ、「土商《どしょう》」つまり地元の商人で信頼に足る商人を、保税行に指名した。土商といっても出身が瀏河港である必要はなく、素性がはっきりしていて現地の住民と密接な関係があり、さらに山東や遼寧から来る商人とも顔見知りであることが、保税行となる条件であった。瀏河港には四軒の保税行があった。筆頭にあげられたのが、寧波《ねいは》出身の呉氏《ごし》である。呉氏は明末の戦乱を避けて瀏河に移り、この土地の富豪である季氏《きし》の家に婿入りした。季に跡取り息子がいなかったので、呉氏は岳父の資産を引き継ぎ、季長泰《きちょうたい》の屋号で保税行となった。保税行の四軒は、連帯責任を負わされていた。

外商は瀏河港に到着すると、まずこの保税行のところに赴き、来歴を明らかにする。保税行はこのことを鎮海関に報告に行き、外商の代わりに入港税を支払う。これらの手続きを終えて、ようやく外商は商品の販売を行うことができるのである。

江南各地から大豆などを買い付けに来た内商の身元保証を行ったのが、牙行である。彼らは布政使司《ふせいしし》（財政・民政・人事を扱う役所）から許可証を支給され、取り引きされる商品の品質や価格を監視し、内商と外商とのあいだでトラブルが起きないように気を配る。牙行は取扱商品に応じて、豆行・雑貨行《ざっかこう》などに分かれ、取引価格の一―二パーセントを手数料として取った。

保税行と牙行に属する商人は、港町の運営に深く関与し、劉河港の東北の外れにある顕佑《けんゆう》宮《きゅう》と呼ばれる建物に集まって会議を開いた。乾隆一七年（一七五二）に商人たちは、劉河港に入港する船から寄付を募り、教育機関である書院と孤児を養育する育嬰堂《いくえいどう》とを建設しようと決議している。

劉河港を出港した船は、江南船籍のものが六―七割を占めていた。劉河港を出る船は綿花・綿布などを積み、江蘇省北端の青口《せいこう》や山東半島の膠州の淮子口《わいしこう》、莱陽の丁字港《ていじこう》、渤海湾に面した龍口《りようこう》などの港を目指して北上した。膠州には江南や浙江、さらに福建の商人が来航し、商業活動を展開していた。丁字港は海路の交差点にあたる港であり、南は劉河港、西南は青口、東は朝鮮半島の仁川《じんせん》、北は渤海をはさんだ対岸の遼河流域の港町から回船が寄港し、活況を呈していた。山東半島の港町で船は大豆と大豆粕とを満載し、劉河港へと引き返した。風が順調であれば、数日で劉河港に戻ることができた。

一八世紀に黄海の海運業が隆盛をきわめた背景として、鄭氏政権が崩壊したことで海域世界が消えたことが挙げられよう。黄海は中国の内海となったのである。清代には江南から米穀や大豆などの糧食を海路で移出することは禁止していたが、山東半島などから江南に運ばれる大豆については、明確な規定がなかった。雍正七年（一七二九）に、「海関で大豆に課す税金は、一石あたり四分を徴収する」と決められたことで、海運による大豆の輸送は公認されたかたちとなった。海上輸送される糧食が、途中で海賊などに横流しされることを防ぐために、山東の積み出し港で船舶の登録番号や出港月日、積載される大豆の総量などを報告させ、積み下ろし港の海関に通報して照合させるといった管理方法が提案されたが、実施された形跡はない。

東北地方の産業

一八世紀前半に瀏河港を入り口にして江南に流入した大豆と大豆粕は、主に山東で生産されたものであった。しかし、一八世紀後半になると、海路で江南と結ばれた新たな地域が、供給地として勃興してくる。満洲族の故郷、中国東北地方である（以下の記述は、石田興平『満州における植民地経済の史的展開』ミネルヴァ書房、一九六四年に依拠）。

清朝が北京を首都として中国支配に乗り出した順治年間、東北地方の住民の多くは皇室とともに北京周辺へと移住し、遼河流域は荒廃した。清朝は順治一〇年（一六五三）以降、相次いで遼東に移住して開発を担うものを募集したが、効果は上がらなかった。しかし、一八世紀になり山東などで人口が増加してくると、自然発生的に東北地方への移住者の流れが生まれる。乾隆五年（一七四〇）には、移民があまりにも多くなったため移住禁止令が出されたが、ほとんど効果がなかった。

新天地を目指した漢族の移入者は、「窩棚《ウオポン》」と呼ばれる半地下式の小屋を建てた。周囲の原野に火を放ち、畑を開いて一年目にはソバを植え、二年目からはコーリャン・アワを植え、のちに大豆などを生産する。開拓地に多数の移民が住み着くと、雑貨店が進出してくる。つらい労働と寒冷な冬をしのぐために、移住民は蒸留酒を買い、木綿の作業着を買った。農民は日用品を手に入れるために、商人から掛け買いし、秋の収穫期に債務を収穫物で弁済した。冬となり大地が凍てついたころ、商人は橇《そり》に大量の農産物を満載して遼河流域の大都市を目指した。これらの都市に、雑貨店の出資者が商社を開いていたからである。そして商社は、中国の内地と連絡を持っていた。

新開地である東北地方には、江南から大量の繊維製品や華中・華南で生産された茶葉が運び込まれた。陸路で山海関を越えて運ばれる貨物もあったが、康熙三三年（一六九四）に山海関で関税が徴収されるようになると、海路が輸送の主軸になった。海船は遼東湾《りょうとうわん》の錦州《きんしゅう》や蓋平《がいへい》、あるいは渤海から遼河を遡航して牛荘《ぎゅうそう》などに入港して積み荷を下ろした。黄海航行用に開発された沙船は喫水が浅いため、遼河をさかのぼることができたのである。それらの港町から遼河の本流と支流とをさかのぼって、遼陽《りょうよう》・盛京《せいけい》・撫順《ぶじゅん》・鉄嶺《てつれい》・開原《かいげん》などの主要都市に貨物が運ばれた。

東北地方から中国に送られた農産物としては、大豆の他に米穀もある。康熙二〇年代には、ロシアの進出に備えて兵力を増強するために、東北地方での食糧増産がはかられる一方、東北地方から中国内地への米穀の移出は禁止されていた。しかし、増産政策が軌道に乗り、さらに山東などからの移民が開墾に努めたため、余剰の米穀の移出は緩和された。雍正期になると海路で米穀を天津や山東に送るようになり、乾隆期には移出量が増えた。東北地方で豊作であった乾隆五〇年（一七八五）には、天津の海運業者が八〇〇あまりの輸送船に米穀数十万石を満載して直隷（河北）・河南・山東に赴き、当地で販売したとの記録がある。

東北地方に進出した中国内地の商人は、農産物の加工業に投資した。最初に勃興した加工業は、焼鍋《しょうか》と呼ばれる蒸留酒製造業であったという。次いでサクサンによる養蚕業が移植された。サクサンはナラやクヌギなどのブナ科の樹木の葉を食べて育つ野蚕の一種であり、カイコとは異なり自然の山野のなかで飼育される。山東の山間地域でその飼育方法が開発され、一八世紀に他の地方への移植が試みられている。東北地方には山東の移民とともに技術が入り、康熙年間に商人が出資して農民が労働力を提供するかたちで広がっていった。

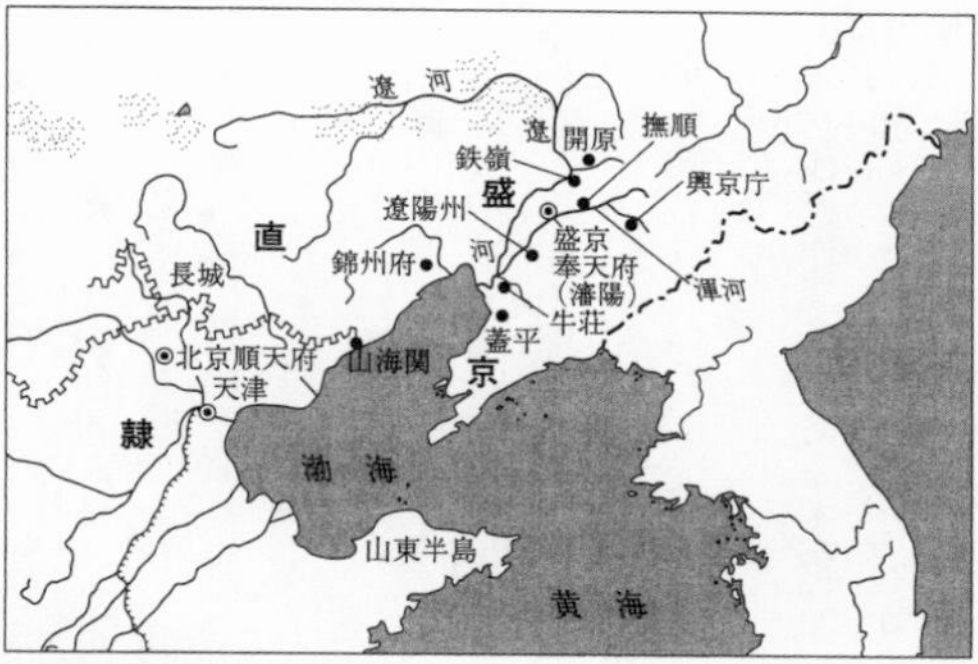

中国東北地方の地図

　大豆から油を搾る搾油業者は油房と呼ばれ、乾隆年間に急速に勃興する。油は食用にされただけでなく、灯火の燃料として、また家具などの塗料としても需要が高く、搾ったあとの大豆粕は肥料として取り引きされた。大豆粕は大豆とともに遼東湾の港町などから江南や華南に送られた。

　東北地方では一八世紀に、雑貨店、穀物や大豆の商社、酒造業・養蚕業・搾油業などが形成されて行くのであるが、個々の商人が単独で一つの事業を起こしたのではない。複数の資本提供者を結びつけ、有利な事業に次々と投資する仕組みが存在していた。この仕組みは「聯号《れんごう》」と呼ばれる。「号」とは屋号の意味で、いくつもの事業体を連ねるという意味であり、共同出資型のものやコンツェルン型のものなど多様な形態が見られた。穀物の倉庫業と油房・焼鍋などは、聯号のかたちで連携しながら展開していったのである。

山間の産業

商業資本は中国内地の山間地域にも資本を投下し、産業を興した。そのもっとも典型的な事例を、秦嶺山脈《しんれいさんみゃく》にみることができる。この山脈は標高三〇〇〇メートル級の山嶺からなり、中国の気候を湿潤な華中と乾燥した華北とに分けている。古くから森林資源の供給地としても知られていた。一八世紀なかば、山中に「廠《しょう》」と呼ばれる作業所が、数多く設置されるようになった。

木材伐採作業所である木廠は、それまで人の手が及ばなかった標高が二〇〇〇メートルほどのカバノキやモミの原生林から木材を伐採し搬出した。原生林の巨木は希少なものであり、原木のままの形で丸太材として搬出する必要がある。高山地帯から伐り出すために、商人たちは大規模な設備投資を行った。

山地の傾斜に沿って「溜子《りゆうし》」と呼ばれる軌道を敷設した。長さ三メートルほどの丸太を縦に並べ、その上に幅二メートル程度の板を横に渡し、木材を引き下ろすのである。地形に応じて切り通しを開き、谷には橋を架け、水辺までの延長距離は数十キロメートルに及んだ。

谷から山越えするためには、「天車」と呼ばれる滑車が用いられた。山の稜線に支柱を立て、八角形の滑車を取り付け、ウシであれば二頭、ロバであれば四、五頭、人力であれば二、三十人を使って、谷から木材を引き上げた。標高差が大きい場合には、こうした滑車を三段、四段も設置した。大きな木廠ともなると、木材搬出に三〇〇〇—五〇〇〇人の労働者が従事したという。

鉄廠は製鉄作業所である。秦嶺山脈には鉄鉱石の鉱脈が各所にあり、紅山《こうざん》と呼ばれた。製鉄用木炭の生産地は、黒山《こくざん》と呼ばれた。溶鉱炉は五メートル程度の高さがあり、木炭と鉄鉱石を入れて、十数人の労働者が昼夜を分かたず交替で風箱（ふいご）を用いて風を送り込んだ。黒山では炭焼きが行われ、焼き上がった木炭は人に担がれて溶鉱炉まで運ばれる。一つの炉に百数十人の労働者が必要になる。もし鉄廠に炉が六、七基あれば、製鉄職人と労働者を合わせて、一〇〇〇人を下ることはない。鉄廠のなかには精錬されたばかりの鉄で鍋や農具を生産する鍛冶部門を付設しており、その場合には千数百人の労働者を擁することになった。

溜子　木軌道の一種。写真は日本の木曽地方のものだが、中国でも同様なものが見られた。*Science and Civilization in China* Vol. VI-3より

大量の労働者を雇っても廠の採算が成り立った条件として、安価な食糧が山地に供給され、労働者の賃金を低く抑えられたことを挙げなければならない。労働者が常食とした食糧は、標高が八〇〇—一二〇〇メー

トルの山地の中腹にあたる地帯の傾斜地で栽培されていたトウモロコシであった。乾隆年間に知県として赴任した地方官は、次のような記録を残している。

私が県内を視察したところ、すべてが山地であります。……乾隆二〇年（一七五五）に、はじめて外来の移住者が現れました。業主《ぎょうしゅ》（在地の土地所有者）と契約を取り交わして山の経営権を得ると、まず山の斜面や尾根にキクラゲの栽培場と木材の搬出場を作ります。木材を切り尽くしキクラゲの栽培も終わると、トウモロコシやソバを栽培するのですが、山地は寒冷で、三月に種をまき九月に収穫するだけで、二期作はできません。……最初に開墾した山ではかなりの収穫がありますが、三、四年もすると栽培できなくなり、土地を棄てて移り住み安定しておりません。（何樹滋「稟懇山地免陞科由」『雒南県志』）

移住民たちは華中や華南を出身地とし、流入した当初は部屋を借りて住んだり、仮設の小屋を農地の近くに建てたりしていた。そのトウモロコシ栽培は生態環境に対して掠奪的で、持続できるものではなかった。移民たちは資金を蓄えると、永続的に耕作することができる田地の小作権や所有権を買ったり、商店を開いたりするようになるという。

清代に労働者が日常食としていたものは、「窩頭《ウオトウ》」と呼ばれる。トウモロコシの粉を握り拳よりも大きな円錐形に固め、熱が通りやすいように窪みをつけて蒸したものである。いまでは中華料理店で窩頭と称する菓子が供されることがあるが、本来のものは見た目も食感もまったく異なるものであった。高山地帯に展開していた作業所は、中腹地帯のトウモロコシ栽培に依拠していた。大量の労働者を必要とする木廠・鉄廠は、不作のためにトウモロコシの価格が上がると、休業となり作業は停止される。

山中の木廠・鉄廠に投資した商人も、単独の資本家ではなく複数の事業を展開する聯号の形態をとっていたと考えられる。そのために、トウモロコシ価格が高止まりして労働コストが利潤を圧迫するようになると、またたく間に資本を引き上げてしまう。労働者は別の働き口を見いだすことはできず、失業者として山地に滞留することになる。この現象が一九世紀になると大きな社会問題となり、清朝を圧迫することになるのである（後述）。

互市システムの展開

盛世の食材

珍しい食材のことを八珍と称する。もともとは単に種類が多いという程度の意味であったものが、宋代になると実際に八種類の珍味を列挙するようになる。これが清代になると八珍が拡充され、四つの八珍、つまり三二種類の珍味が集められた宴席料理が登場する。それが、満漢全席《まんかんぜんせき》である。満洲族と漢族のそれぞれの食材を集め、贅を尽くしたコース料理として知られている。一八世紀に乾隆帝として知られる弘暦《こうれき》は、しばしば江南に巡幸した。そのときに接待を担った各地の商人たちが、山海の珍味を集め、腕の立つ料理人を雇い入れ、創意と工夫をこらしながら、おそらく世界史上で最も高級なコース料理を造り上げたのである。

四つの八珍のなかには、山八珍（ラクダのこぶ・クマの掌・サルの脳など）、禽八珍（ウズラなど）、草八珍（シロキクラゲなど）とならんで、海八珍として燕巣《えんそう》（アナツバメの巣）・魚翅《ぎょし》（フカヒレ）・大烏参《だいうさん》（乾燥ナマコ＝イリコ）・魚肚（魚の浮き袋の干物）・魚骨（チョウザメの軟骨）・鮑魚（干しアワビ）・海豹（アザラシ）・狗魚（カモグチ、黒竜江などに生息する魚）が挙げられる。盛世の時代として知られる一八世紀の清代は、宴席料理が体系づけられた時代でもあった。

宴席料理の順位はこの満漢全席を筆頭に、以下、燕菜席《えんさいせき》・魚翅席《ぎょしせき》・海参席《かいさんせき》・蝦乾席《かかんせき》・三糸席《さんしせき》と続く。第二位を占める燕菜席とは、単に高級食材の燕巣が使われた料理が出るということではなく、それに引けを取らないほどの食材を集めて構成された格の高い料理だということである。最後の三糸（豚肉・鶏肉・タケノコを千切りにしたもの）を除いて、宴会料理のほとんどが、乾燥させた海産物を軸にして構成されている。

燕巣はスマトラやボルネオ、タイ、マレー半島に生息しているアナツバメ（学名：*Collocalia* 属）の巣で、ツバメが海藻を口のなかで噛んでゼラチン質に変えたものである。清代にはタイから来航した船舶が、中国にもたらした。魚翅《ふかひれ》・海参《いりこ》・鮑魚《あわび》の産地は広東・福建などの中国沿海地域もあるが、多くは東南アジア、そして日本からもたらされた。

清代に人口が急増したとはいっても、これらの高級食材を一生のうちに一度も口にしなかった人々が大半を占めていたであろう。しかし、商談に宴席は欠かせない。盛世と呼ばれた一八世紀には、中国全土をめぐる商業活動が活発になり、宴会が開かれる機会は、おそらく格段に増えたと予想される。当時の中国は、高級食材を貪欲に渇望した社会であった。大量の乾燥させた海産物を輸入し始めた中国は、海の交易の形をも変えた。

俵物の登場

日本は中国から生糸を輸入し、銀を輸出するという交易の基調を変える手がかりを、海産物に見いだした。

江戸幕府が直接に管理していた長崎貿易において、一七世紀後半に幕府は銀から銅へと輸出産品を切り替えようと試みた。一六八四年に貞享令《じょうきょうれい》を出して、中国船が持ち帰れる銀の総額を六〇〇〇貫と決めた。来航した船の出港地に応じて区分してランクをつけ、船ごとに六〇〇〇貫の範囲内で貿易額を割り付けた。

銀の輸出量に上限を設けたことで、抜け荷と呼ばれる密貿易が増加する恐れがあった。そこで、中国商人に対する管理を強化するため、一六八八年には唐人屋敷《とうじんやしき》を設立し、中国人を一人残さず収容する方針が出された。管理体制が整うと、一六九八年には中国船の来航数を、七〇隻から八〇隻に増やしている。強制的な政策は効果を現し、銅の輸出量は一七世紀後半に増大する。中国は銅銭を鋳造する原料として、銅に対する需要が高かったこともその背景に挙げられる。

しかし、後述するように、通貨となる銅の価格は中国の国内の経済システムに強く制約されていた。中国商人が買い付ける銅の価格は日本側からすると、きわめて安く設定された。しかも日本国内でも銅銭を鋳造するために、銅は必要であったので、銅は不足気味であった。

幕府は一七〇一年に大坂に銅座《どうざ》を設け、銅関係者を一括管理する体制を作り、長崎を通した銅貿易を効率的に経営し、利益が出せる体質を作ろうと試みている。これでも銅貿易は行き詰まり、一七〇九年には中国船の長崎入港数を、八〇隻から五九隻に改めている。

銀に代わる輸出品を見いだせずに貿易を制限した結果、長崎入港を拒否された中国船は、北九州の藍島《あいしま》近辺の沖合などで密貿易を展開するようになった。こうした状況を打開するために一七一五年に出された対策が、正徳新例《しょうとくしんれい》である。

このなかで、銅貿易を縮小するとともに、貿易枠のなかの銅も海産物に置き換えていくことが明記された。干しアワビ・イリコ・フカヒレの三品は俵に詰められて輸出されたので、「俵物《たわらもの》」(幕府の役人用語ではヒョウモツと読む)と呼ばれ、コンブ・スルメ・干しエビ・トコロテンなどの海産物は「諸色《しょしき》」として括られた。

俵物の登場は、高校生用の日本史教科書などでは、江戸幕府のすぐれた交易政策として取り上げられることが多い。しかし、貿易品の転換は、単に供給側の事情だけで行われるものではない。需要側、すなわち中国における盛世と呼ばれる好況が、乾燥海産物に対する強い需要を生みだしていたという事情を、考慮する必要もある。

信牌による統制

正徳新例は、日本側が東ユーラシアの交易を統制しようとする政策であった。中国船の入港数を三〇隻に限るとともに、「信牌《しんぱい》」と呼ばれる交易の許可証を交付し、それを持たないものには交易させせないとした。さらに、中国船を出港した地域に応じて分類し、地域ごとに入港できる船の数を固定したのである。

日本にとって必要な生糸は、江南を出港した船によって確保できる。そのため、幕府は南京船を一〇隻、寧波船を一一隻とし、その他の地域から来航する船の数を制限した。厦門《アモイ》・台湾・広東の船はそれぞれ二隻とされ、広南《クアンナム》（ヴェトナム中部）・暹羅《せんら》（タイ）・バタヴィア（現在のジャカルタ）の船は各一隻とされた。

正徳新例でとくに排除された船に、普陀山船《ふださんせん》と呼ばれるものがある。これは福建からその地域で生産された砂糖を満載して、舟山群島の一つである普陀山に赴き、そこで江南から来た船と取引を行って、日本向けの生糸などを入手して長崎に来航していたものである。正徳新例は中国側から見ると、寧波など江南の商人を優遇して、福建系の商人を圧迫する政令であった。

信牌　中国船に対して発行された通商交易の許可証。長崎市立博物館蔵

新例が出された年、長崎に来航した福州船と泉州船には、一枚も信牌が交付されず、入港したとたん即日に出港するように命じられた。激怒した福建の船頭は寧波に寄港すると、役所に出頭して南京や寧波の船の商人たちを訴え出たのである。その主張は、日本に行き日本の年号が記された信牌を受け取った、これは中国の王朝の威信を傷つけ、外国の年号を奉じることで朝廷に背き、日本に従う行為であるというものであった。

この訴えは官僚に取り上げられ、江南派の官僚と福建にくみする官僚とのあいだで論争が繰り広げられた。最終的には、日本からの銅を輸入する必要があったために、皇帝の裁可を得て、江南の商人も信牌を福建の商人に融通するようにという指示が出され、決着がはかられた。しかし、江南の商人はさまざまに妨害したので、福建系の商人は日本との交易から撤退せざるを得なくなった。

江戸幕府と清朝とのあいだには、外交関係はない。信牌による貿易統制という日本側の動きを見て、清朝の側ではその真意をはかりかねて議論が百出した。一方、清朝は展界令を出したあとしばらくのあいだ、海の交易にほとんど統制を加えていなかったが、康熙五六年(一七一七)から特権を与えた商人以外のものが海に出て交易することを禁止することにした。このときに利用されたのが、日本の信牌であった。清朝は信牌によって、長崎に赴く船を統制したのである。

陸の政権が海外の政権と政治交渉を行わずに海の交易を管理するという互市システムが、ここに完成したとみることができる。

日本との交易港

正徳新例のもとで江南を出帆した商船に大半の信牌が交付された結果、江南の乍浦《サッポ》が日本に向かう商船の出港地として急成長した。乍浦は寧波とは杭州湾を挟んだ対岸に位置し、福建系の商人を排斥して日本との交易で主導権を握った浙江の商人の本拠地でもあった。

雍正六年(一七二八)には、浙江と江蘇の行政を担った官僚が一堂に会して、交易を管理する体制が協議された。その結果、江蘇と浙江よりそれぞれ四名の商人を選んで商総として

寧波船と南京船　出航の港ごとに入船数が決められた。優遇されたのは、江南の生糸を運ぶ寧波船（右）と南京船（左）だった。『唐船図巻』より。平戸市、松浦史料博物館蔵

交易を監視する責任を負わせ、港町で仲介業を営んでいた牙行に、出港者の身元保証人としての役割を充てることが決められた（松浦章『清代海外貿易史の研究』明石書店、二〇〇二年）。

乍浦には牙行があった。牙行は交易を管理し、出港する船舶の乗組員の姓名や本籍などを官憲に報告する義務が課せられた。中国から貨物を積む船舶は、出港する際に税金を納める。その領収書を持って管轄の役所に赴いて出港許可の申請を行うのも、牙行の役割であった。商船が港に入るときも、牙行が乗組員の素性を明らかにし、納税地を明記した書類を役所に提出した。先に紹介した瀏河港の保税行に相当する役割を、彼ら牙行が果たしていたのである。

一七一七年以降、清朝が海洋に対する統制の仕組みを整備するにともない、中国に漂着した日本人の漂流民は、公的な権力によって保護された。漂流民は乍浦に送り届けられ、そこで日本に向かう商船の出港を待つ。一七八〇年に福建の霞浦《かほ》に漂着した紀州御《きしゅうご》坊《ぼう》の一葉丸《いちようまる》の乗組員の大坂伝次《おおさかでんじ》郎《ろう》は、次のように語っている（石井謙治

「史料紹介・大坂伝次郎船異国江漂流致し候一件」『海事史研究』一八号)。

〔安永九年(一七八〇)三月二〇日に南京のチャボ(乍浦)と申すところへ着きました。この所は日本への渡り口で、ここでは船問屋のようなところに逗留しました。この家は日本へ荷を送り、荷物を検査するところに見受けられ、裏は大きな屋敷となり、前は船問屋のようです。家には一二〇人程度がおり、そのうちに手代《てだい》などが十二、三人、丁稚《でっち》が四、五人、勝手《かって》働《ばたらき》(会計係)が五、六人、買物方《かいものかた》(仕入れ担当)が二人、料理方《りょうりかた》が二人おり、その他はみな内働きの男女です。この家へは日本へ海を渡って行く船頭が宿泊し、荷造りをしておりました。私たちはこのところで朝夕の食事を出してもらいました。

日本人が船問屋と見たものが、交易商人の管理を委ねられた牙行である。中国と日本とのあいだの交易のシステムが整備されると、大量の海産物が中国へと流れ込んだ。料理方法が工夫され、日本産のフカヒレ・アワビ・イリコは宴席料理に欠かせない食材となったのである。この流通路に沿って社会にも変化が現れた。

最高級品種の干しアワビに、吉浜鮑《きっぴんあわび》と呼ばれるものがある。これは日本の岩手県大船渡市三陸町の吉浜《よしはま》で産するもので、馬蹄銀《ばていぎん》のように肉厚で縁が盛り上がり、味が濃い。三陸の吉《き》里吉里《りきり》(岩手県上閉伊郡大槌町)と呼ばれる小さな港町で、海産物を商って財を築いた商人に、吉里吉里善兵衛《きりきりぜんべえ》こと前川善兵衛《まえかわぜんべえ》がいる。太平洋沖を経由する廻船業を営んでいた善兵衛は、一七五二年に三陸沖の漁業権を掌握し、六五年ごろからこの海で捕れるフカヒレやアワビを長崎に直送することで繁栄を築いたのである。

善兵衛という名は、数世代にわたって襲名される。前川家の繁栄をつくったアワビもまた、中国の乍浦に陸揚げされたのである。

琉球の変化

沖縄の料理にも、日本と中国のあいだの交易の痕跡が残る。結婚式などの祝いの席で出される一品に、クーブマチがある。これは地元の魚をコンブで巻いてブタのだしで煮込んだごちそうである。コンブは脂っこい豚肉料理の脇役として琉球料理に欠かせない食材であるが、しかし、沖縄周辺の海でコンブはとれない。一八世紀なかばに北海道産のコンブが、大量に沖縄を経由して中国に輸出された。この流通が沖縄でコンブを用いた料理を発達させたのである。

明から清への交替は、琉球にとって一大事であった。江戸幕府と薩摩藩は、琉球を介して中国と交易するルートを確保する必要があった。琉球は清朝との朝貢関係を維持することになった。琉球で外交を担っていた中国系の人々は、それまで明の人と同じ身なりをしていた。清朝と交渉するに当たり、前の王朝の服装では差し障りがある。中国系の人々は、このときに琉球風の身なりを選び、しだいに琉球の社会に同化していくことになる。

一六五四年に琉球国王は明朝から授与されていた中山国王《ちゅうざんこくおう》の印を清朝に提出し、清朝はあらためて尚質《しょうしつ》を初代の国王として冊封した。日本側はこのときに、琉球の住民に辮髪《べんぱつ》が強制されるのではないかと恐れている。幸い清朝は満洲の風俗を琉球には強要せず、尚氏を琉球王に封じて、福州に朝貢使節を送ることが定められた。

琉球から中国に向かう朝貢船には、琉球国が勘合を発給した。明の年号で記された最後の勘合は、崇禎一七年（一六四四）二月の「仁字第五十六号」である。その後に清の年号を用いた勘合が発給され、順治一〇年（一六五三）には「仁字第七十五号」が発給された。これが仁字号の最後のものであると考えられる。順治年間に発給された勘合の総数は、一九枚である。番号に対応する朝貢船があったとすると、一九隻がこの一〇年のあいだに中国に向かったことになる。

康熙年間になると義字号に変わり、雍正以降は礼字号となる。以下、清朝の年号が変わるたびに「号」を変えながら、同治六年（一八六七）に最後の朝貢船が向かうまでのあいだ、発行された勘合の総数は四五〇枚を超える。年平均二・二枚となる。清朝の規程では二年に一回、各回最大三隻と決められている。これで計算すると、年平均一・五隻である。つまり、琉球が派遣した朝貢船の数は、清朝の規程を大幅に超過していたことになる（松浦章『清代中国琉球貿易史の研究』榕樹書林、二〇〇三年）。

福州に到着した琉球の使節は、内陸河川と大運河で船を乗り継いで北京に向かった。一方、使節に同行した商人たちは、福州で交易を行った。福州には中国の文化を学ぶために、留学生が滞在した。留学生のなかからは、琉球王国のかたちを整えた蔡温《さいおん》などの人材が輩出している。

清朝からは琉球国王が代替わりするたびに、冊封の使節が那覇《なは》に派遣された。冠船《かんせん》と呼ばれる清朝の使節を乗せた船舶には、中国の物産が積載され、那覇で交易が行われた。清代に

火矢　先導

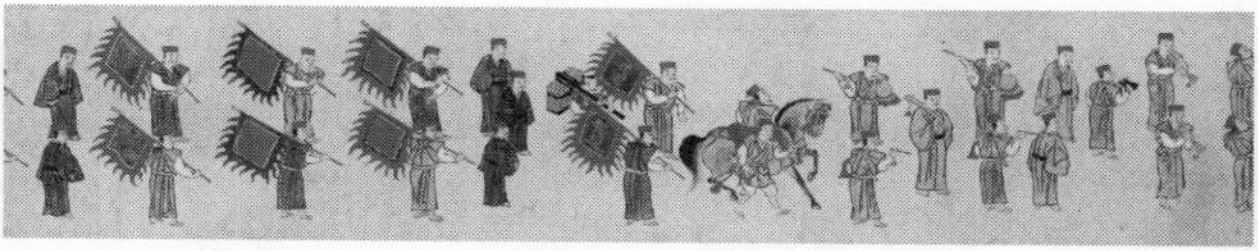

旗　路次楽

儀仗　涼傘

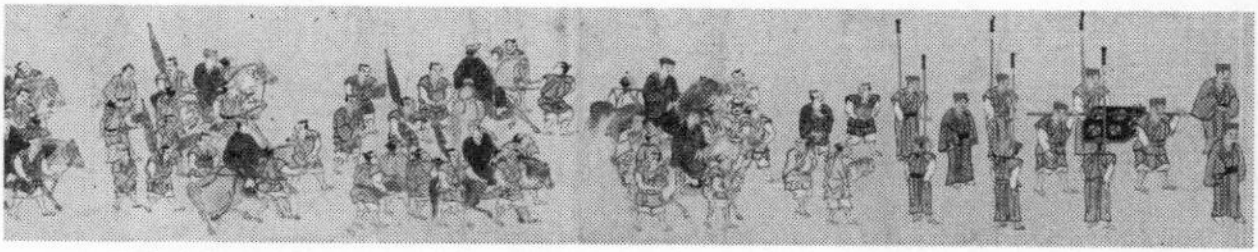

王府高官

王府高官

路次楽　儀仗

儀仗　龍旗

路次楽（琉球）　牌

騎馬武官

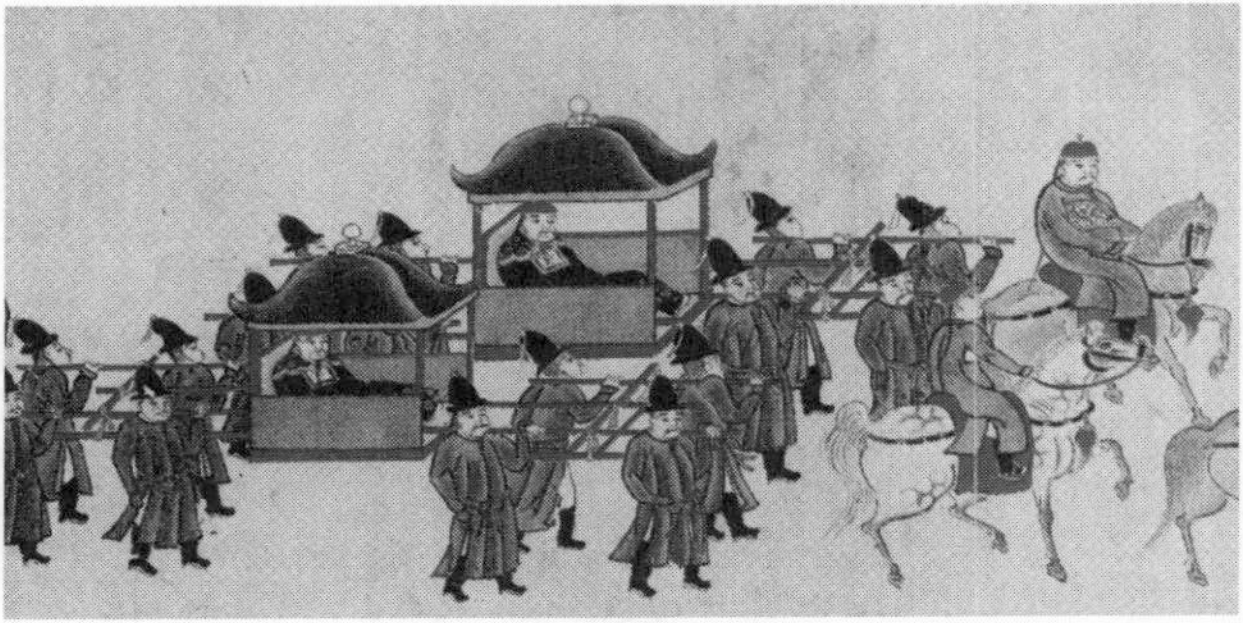

冊封正・副使

牌　（以下、冊封使一行）　旗

騎馬武官　騎馬武官

綵亭　竜亭　儀仗

儀仗　冊封正・副使

琉球に派遣された清朝の冊封使（「冊封使行列図」）　模範的な朝貢国として振る舞った琉球国には、明代から清代にかけて新しい国王を任命する使節「冊封使」が中国から派遣された。図は乾隆21年（1756）に尚穆（第二尚氏14代）の即位を認める使節。福州を6月2日に出帆し、13日に久米島で風待ちしていて座礁、琉球王府の船に乗り換えて7月8日に那覇港に到着した。琉球側の先導や楽隊、旗などが続いたあと、「粛静」「廻避」と記された牌からは清朝の使節一行となる。3つの竜亭には皇帝から下賜された「節」と呼ばれる手形、詔勅、琉球国王印が載せられ、続く2つの綵亭には国王や王妃への贈り物となる絹織物が積まれている。騎馬の武官に先導されて、冊封正使と副使とが乗る輿が進む。実際の行列は600mにも及ぶものであったと想像される。25.3×2250cm、紙本。沖縄県立博物館蔵。

冊封正・副使（右）　絵巻の一部を拡大

騎馬文官　竜旗　旗

騎馬文官

琉球に派遣された使節は、一六六三年を初回とし、一八六六年まで八回を数える。

このように琉球と中国のあいだの朝貢関係は維持されたものの、一七世紀から一八世紀の前半にかけては、琉球を経由する日本と中国のあいだの交易は、あまり振るわなかった。幕府が輸出品を統制し、琉球側も利益をほとんど薩摩藩に収奪されるために、貿易の運営には熱心ではなかったためである。

しかし、一八世紀なかばごろから、薩摩藩が大坂を拠点とする日本国内の物流に地歩を築くに従い、俵物やコンブが琉球に渡る流通経路が確立する。北海道のコンブは日本海を航海する北前船《きたまえぶね》で瀬戸内海に入り、大坂にもたらされる。大坂から再び沖縄に向けて、コンブを満載した船が出帆した。交易の基調は琉球から海産物、中国からは大黄《だいおう》などの漢方薬の薬材を主とするものへと変化した。以後、一九世紀に向かって、琉球経由の日本と中国とのあいだの交易は勢いを増す。

東南アジアへの移民

盛世と呼ばれる好景気を謳歌する中国は、東南アジアからも大量の物産を輸入するようになった。燕巣やフカヒレなどの高級食材だけではない。米穀やコショウ、ガンビール、さらに金や錫など、さまざまな物産の交易量も、一八世紀なかばに急増する（米穀については次章で取り上げる）。なお、ガンビールはアカネ科の植物（学名：*Uncaria gambir*）の葉や若枝から抽出する薬材で、中国では阿《あ》仙薬《せんやく》と呼ばれ、収斂性止瀉薬として、また口中清涼剤（日本の仁丹にも使われている）として用いられた。ヨーロッパでは、もっぱら皮をなめすのに用いられた。

これらの物産に対する中国の需要を満たすために、現地の労働力だけではまかなえなくなると、多くの中国人が労働者として東南アジア各地に移住するようになる。東南アジアの中国系労働者というと、アヘン戦争後に西洋人が経営するプランテーションで働くクーリー（苦力）が有名である。しかし、一八世紀にはすでに労働者としての移民が渡り、地歩を築いていたのである。

その先駆者としては、明朝から清朝への王朝交替期に、満洲族の支配をきらって海外に逃れた人々がいる。彼らは明の遺民などとも呼ばれるが、労働者として移住先で定住するものも少なくなかった。現在のヴェトナム南部、当時はコーチシナと呼ばれるメコン川のデルタ地域には、多くの広東人が入植し、開拓に努めた。

一八世紀に互市システムが成立し、海上交易が活発になると、労働者の移住の波は東南アジアの各地に及ぶようになる。福建を出港したジャンクには、一隻に二〇〇人あまりの渡航労働者が乗っていたとも推定されている。彼らが向かった目的地は、リアウ諸島のコショウ・ガンビール農園、バンカ島の錫鉱山、ケダのサトウキビ農園、ブルネイのコショウ農園などである（以下、主に Carl A. Trocki: A Drug on the Market: Opium and the Chinese in Southeast Asia, 1750-1880, *Journal of Chinese Overseas*, 1 (2), pp. 147-168. インターネットによる)。

中国から来た労働者は、「コンシ」と呼ばれる小さな集団を作り、そのなかで生活した。この言葉は、中国語の「公司《コンス》」に由来する。本来の意味は、家産を分けずに家長のもとで共同して経営を行う大家族のことである。それが共同経営集団という意味に転じた。のちにインドネシアを支配したオランダ人が、中国系住民の強い組織力を解く鍵として用いるようになり、広くヨーロッパ人が使うようになった。

コンシはタウケ（頭家）と呼ばれる資金提供者、タイコ（大哥）と呼ばれる現場管理者、それに数多くの労働者とによって構成され、多くの場合、郷里を同じくする人々が属する。一つのコンシが一つの村の出身者で占められていたり、同じ姓を持つ同族によって組織されていたりすることも少なくなかった。この同郷・同族的な関係があるために、タウケやタイコが労働者を搾取しているにもかかわらず、コンシの結束が揺るがない。

コンシは現地の領主に利益の一部を提供する代わりに、入植地での活動を認めてもらう。農園や鉱山で生産に従事することで得た利益は、資金提供者と管理者と労働者とによって分配される。その比率はタウケの取得分が大きく、五割に達することもあった。また、コンシで働く労働者に供給された食糧も、現地の価格よりも数倍は高く、反対に生産物の価格は、実勢価格よりも低く設定された。差額はタウケやタイコの懐に入った。それにもかかわらず、労働者から見ると、コンシで得られる手取りは、郷里で働くよりも数段は高く、郷里に戻るときにはかなりの資産を作ることができた。

一八世紀末の時点でバンカ島で錫の採掘にあたっていた中国人労働者は二万五〇〇〇人、ボルネオの金山では四万人、一七八〇年代におけるリアウ諸島のコショウ・ガンビール農園

18世紀の互市システム下の中国沿海都市と中国人の東南アジア入植先

の労働者は二万五〇〇〇〇人に達していたと、見積もられている。

広州のイギリス人

中国の南の玄関にあたる広州の町は、かつて城壁で囲まれていた。その町の外に中国人が「夷館」、イギリス人がファクトリーと称する一角があった。この土地は、清朝が設定した外国商人用の居住区となった。日本の長崎出島と同じように、外国人はここから出ることは制限されていたのである。

一六八四年に外国との海を介しての貿易が公認されると、マカオなど四つの港は外国と互市を行う場所と定められた。のちにマカオから広州に、交易の場が移され、康熙五九年（一七二〇）に外国の商人たちの身元保証を行う商人が組織された。これが公行《コホン》であり、通称で広東十三行《カントンじゆうさんこう》と呼ばれるものである。十三行といっても、一三の店が軒を並べていたわけではない。明代にさかのぼる伝統的な呼び名が、そのまま残ったものである。

「行」とは中国語で同業の仲間という意味である。公行が組織された時期は、日本の正徳新例を契機として清朝の海の管理が強化された時期に相当する。イギリスの東インド会社に属するモースによると、広州では著名な商人が神を祀る祭壇の前に集まり、鶏を屠ってその血をすすり合い、誓約を取り交わし、公行の規程を定めたという。

外国との交易をめぐり、広州は閩海関《びんかいかん》の管轄下の厦門、浙海関《せっかいかん》の管轄下の寧波と厳しい競争関係にあった。一八世紀なかばになると、中国の物産が集まる江南を後背地とする寧波が優位に立つ。当時、浙海関は寧波の行政区内になる舟山群島の定海に、西洋の船舶が寄港する区域を設けた。イギリス商人たちが定海に赴いて、そこで生糸や茶葉などを買い付けるようになると、広州の衰退は目に見えてきた。おそらく広州に利権をもつ満洲旗人《まんしゅうきじん》や官僚などの働きかけを受けたのであろう、乾隆二二年（一七五七）に皇帝は西洋人との交易の窓口を広州に限定するようにと上諭《じょうゆ》を出した。

上諭のなかで挙げられた理由の一つに、外国船を広州に限れば、その利益は広東だけに止まらず、江西省などに及ぶとされている。江南はすでに日本との交易をほぼ独占しており、それに加えて西洋人との交易までも寧波に集中すれば、華南が取り残される可能性があった。帝国全体のバランスを考えると、広州に西洋人との交易を独占させることが必要であったのである。

公行は貿易に対する税金を徴収し、外国人の商人や船員の身元保証人となった。外国人は城壁で囲まれた川沿いの一角に居住区を与えられ、隔離されていた。広東での貿易シーズンは、モンスーンの関係で、秋のはじめから冬の終わりまで。この時期を過ぎると外国人は広州に留まることが許されず、ポルトガルが租借地としていたマカオに行くこととされる。この仕組みをイギリス人は、カントン－システムと呼んだ。

中国で交易していたイギリス人は、経済的には利益を上げることはできた。いろいろと制約はあったものの、豊かな生活をおくっていた。中国から輸入する茶葉、中国に輸出するインドの綿花、それに一七八〇年代から始まるインド産アヘンの輸出で、イギリス商人の側も中国商人の側も、莫大な利益が上がったのである。公行商人とイギリス人とのあいだにも信頼関係が成り立っており、取引も口約束だけで十分だったという。

イギリス人を悩ませたことは、外国人が直接に地方の役所と交渉することができなかったことである。正規の税金はそれほど高くはなかったが、時代が下るにしたがって、さまざまな項目の追加負担が徴収されるようになった。また外国人の裁判を中国側が行うことを主張することも、悩みの種であった。

一七八四年にイギリスの船が祝日に礼砲を撃ったところ、中国の役人を死傷させてしまうという事故が発生した。中国は船の貨物を管理する職員を人質として、貿易を停止し、居留地を武力で封鎖して、大砲を放った砲手の引き渡しを求めてきたのである。イギリス側には対抗する方法が無く、砲手を引き渡したところ、死刑になってしまった。貿易を停止するぞ、という切り札を出されると、交渉の窓口を持たない外国人には打つ手がない。こうした状況をなんとか打開するために、イギリス政府は使節団を派遣することを決めた。

朝貢と外交

外国人と官僚とが直接に交渉すれば、ただちに朝貢メカニズムが発動してしまう。それを避けて交易だけを行うために、外国人と官僚とのあいだに特権的な商人を置き、彼らを外国人の保証人としたのである。これは互市システムの一つの形態である。

しかし、カントン－システムの改善を求めるとなると、互市の枠組みを越えてしまう。一七九二年、全権大使マカートニーを乗せたライオン号が、イギリスの軍港ポーツマスに近いスピトヘドの停泊所から出帆した。ライオン号はアフリカ南端の喜望峰《きぼうほう》をまわりインド洋を越え、翌九三年に広州に立ち寄らず、直接、渤海の港町である大沽《たいこ》に到着する。広州を素通りしたのは、カントン－システムを回避して清の中央政府と直接に交渉するためであった。

マカートニーは北京を経由して、万里の長城を越え、九月に皇帝の夏の避暑地であった熱《ねっ》河《か》、現在の承徳《しょうとく》で、ときの皇帝である愛新覚羅弘暦（高宗《こうそう》・乾隆帝）に謁見する。このときに問題になったのが、どのような礼を行うか、ということであった。互市の枠組みを越えたとたん、イギリス人は朝貢という壁にぶつかったのである。

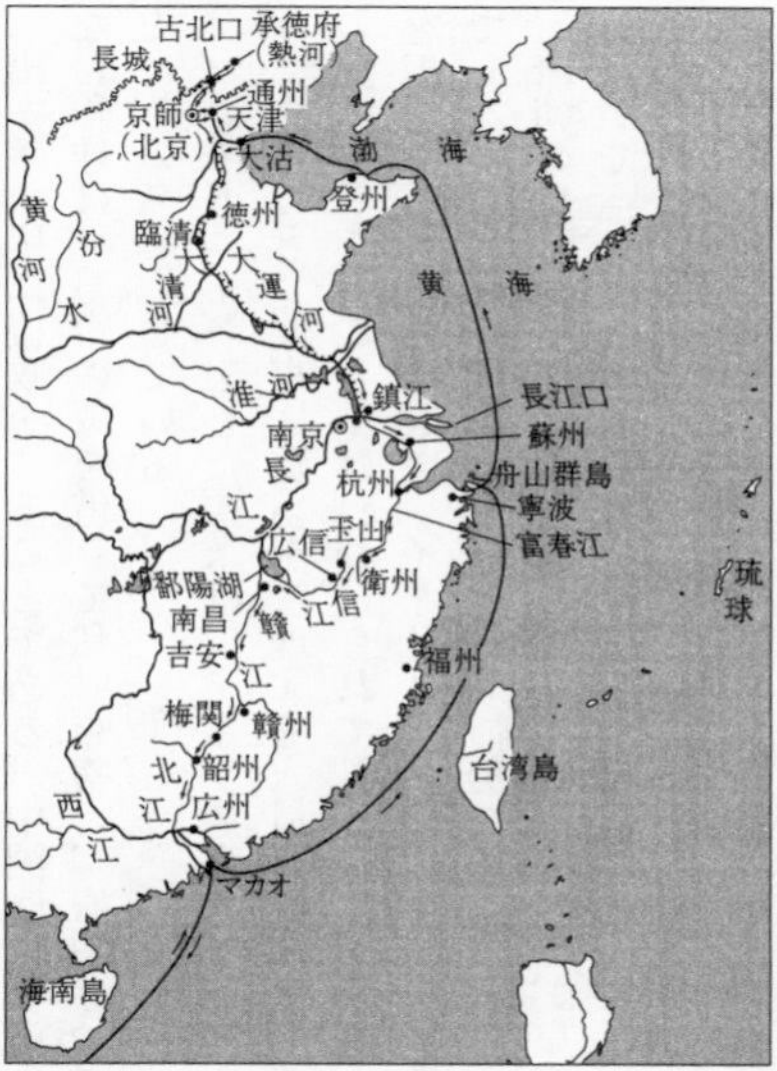

マカートニー使節団の旅程

中国側は皇帝に謁見するときに「三跪九叩頭《さんききゅうこうとう》」の礼、つまり三回跪いて、そのたびに三回ずつ地面に頭をすりつける最高級の敬意を払う礼儀を行うように求めた。しかし、その礼を行えば、イギリスは清朝の朝貢国に位置づけられてしまう。マカートニーは、朝貢ではなく対等な立場での外交を求めるという使命を持っていた。マカートニーの交渉の窓口となったのは、弘暦の寵臣であった満洲旗人の和珅《ヘシエン》である。マカートニーは和とねばり強く折衝し、ヨーロッパ式に片膝をついて跪き、礼を行うことを許された。ヨーロッパで最高の礼は、君主の差し出す手の甲に接吻をすることである。中国側は、それだけは避けて欲しいと求めている。なお和珅は、皇帝の威を借りて私財を蓄え、清朝きっての貪官《たんかん》（腐敗した役人）として、歴史にその名を残している。

マカートニーが出した要求は、イギリス商人が寧波や天津《てんしん》などを開港し、貿易を行えるようにすること、北京に貿易を管理する人員を駐在させることなどであった。しかし、これらの要求は、ことごとくはねつけられてしまう。マカートニーの最大のねらいは、北京に外交を担当する大使館を置き、イギリス人の立場を強化するために外交交渉を行うことだったのであるが、実現にはほど遠いという情勢であった。

清朝の皇帝がイギリス国王あてに出したものは、皇帝が朝貢国に与える勅諭であった。そのなかで「あなたの国の人を派遣して天朝《てんちょう》に居住させ、あなたの国の売買を管理させることを懇願する一節は、天朝の礼儀の制度と合わない」と述べ、清の徳を慕って多くの国々が朝貢しに来るので、わざわざイギリスから輸入しなければならないものは無い、と言い切っている。

イギリス使節の情報収集

マカートニーは目的を果たせなかったが、マカオから北上するときには航路を測量し、熱河からの帰り道は、大運河を経て中国国内を通過して広東に出る途上で、さまざまな情報を集め、詳細な日記を書き残している。こうして集められた情報は、そののちのイギリスが採った政策にも影響を与えた。

一七九三年一一月一八日の日記にはマカートニーが杭州から浙江省の河川を遡上する途上で、福州から北京へと向かう琉球の使節団と面会し、その様子を観察している。

彼らは中国語を上手に話すが、自国語も有している。それが日本語に近いのか朝鮮語に近いのか、私にはよくわからなかった。彼らの話ではヨーロッパの船はまだ琉球諸島に寄港したことがないが、もし来航すれば歓迎されるであろう。外国との交際に対する禁令はない。……彼らは好男子で、顔のつやもまずまず色白といえる方であった。物腰も上品で、話も面白く、口数も少ない方ではなかった。地理的位置からいうと、この諸島は当然、中国人か日本人のいずれかに所属すべきものであるが、彼らは前者の方（清朝）の保護を受けることを選んだ。……もし事情が許すならば、この琉球諸島を探検することはむだではあるまい。（マカートニー著、坂野正高訳注『中国訪問使節日記』平凡社東洋文庫、一九七五年）

この情報にもとづいたものであろう、一九世紀になってイギリスが外交交渉を始める糸口を求めてアマースト中国使節団を派遣したとき、イギリス海軍ライラ号は同使節を中国に送り届けたのち、一八一六年に琉球を訪問している。

こうしたイギリスの動きは、東ユーラシアの海に新たな風が吹き込む予兆であった。

第九章　伝統中国の完成――一八世紀II

皇帝と帝国

皇帝の多面性

中国を語るときに、しばしば「四千年の歴史を有する」といった枕詞が冠せられる。しかし、私たちが伝統的とみなすものの多くは、一八世紀「盛世と呼ばれた時代」に創られた比較的新しい伝統である。

たとえば支配領域。現在の中国、すなわち中華人民共和国の領域は、清朝が一八世紀に勢力下に収めた地域とほぼ重なる。国のかたちだけではない。経済や社会の仕組みも、一八世紀から多くを継承しているのである。本章では清朝のかたちを概観してみたい。

明朝の皇帝が儒教の理念だけに支えられていたのに対して、清朝の皇帝は四つの面をもつ多面体であった。まず満洲族のリーダーという顔を持ち、また漢族の儒教的な皇帝という姿を取る。さらに元朝の玉璽《ぎょくじ》を手にしたと主張することで、モンゴル帝国を築いたチンギス＝ハンの継承者となり、のちにチベット仏教の大施《だいせ》主《しゅ》としての役割も果たした。

その多面性は、一六三六年にホンタイジ（愛新覚羅皇太極・太宗）が清朝の成立を宣言したときにすでに見られた。後金の年号で天聡《てんそう》一〇年四月一一日の黎明《れいめい》、満洲族の王にあたるベイレ（貝勒）と満洲族・モンゴル族・漢族の官を引き連れたホンタイジは、後金の首都・盛京の門を出て天地を祀る壇に赴き、儀式を挙行した。これは先例のない儀礼であり、この儀礼を通して清朝の皇帝が三つの民族の上に、それぞれの最高の権威として立つことを宣言したのである。満洲族と漢族から見た側面を、ここでは東の姿とし、モンゴル族とチベット仏教から見た側面を、西の姿として便宜的に分けてみたい。

漢族の皇帝として、清朝は明朝から多くの遺産を引き継いだ。対外的には朝鮮や琉球は、儒教的な文脈のなかで皇帝を仰ぎ見ていた。満洲族のリーダーとして見た場合、皇帝は八旗のなかで中核を占める正黄旗《せいこうき》と鑲黄旗《じょうこうき》の指導者として位置づけられる。

ホンタイジから愛新覚羅玄燁《げんよう》（康熙帝）にいたるまで、皇帝は重要な事項を決定する際には、他の八旗のリーダーが構成する会議と合議する必要があった。皇帝の死後に新しい後継者を立てるときに、この会議の重要性がきわだつ。満洲族のリーダーは、明朝とは異なり嫡長子の系譜に自動的に引き継がれることはない。各八旗のリーダーなどの有力者が合議し、皇族のなかから有能と思われる人物を選んだ。こうした権力の性格は、皇帝が交替するときに混乱が生じやすい。

ホンタイジからフリン（福臨・順治帝）への交替では、フリンの母親の孝荘文皇太后が最有力者のドルゴンと協力して混乱を収拾し、競争相手となりうる皇族やその後援者たちが処刑されたり降格されたりした。ドルゴンの失脚後に、彼が支配していた正白旗《せいはくき》も皇帝の支配下に組み込まれた。二つの黄旗とこの正白旗を合わせて上三旗《じょうさんき》と呼び、他の五旗よりも格上とされている。皇位継承をめぐる混乱を避けるため、孝荘文皇太后は皇帝が次の皇帝を指名する方式を定めた。その結果、フリンから玄燁への交替は、順調に進んだものの、即位後に幼少の皇帝の補佐役であった有力者のあいだで激烈な抗争が生じている。

玄燁から愛新覚羅胤禛《いんしん》（雍正帝）への交替劇も、多くの犠牲者を生んだ。玄燁の子どもたちが旗王《きおう》に封じられると、それぞれをバックアップする党派が満洲族の旗人のあいだに生まれた。康熙帝は第二子の胤礽《いんじょう》を皇太子に指名し、皇帝としての教育を与えた。この皇太子は勝手な振る舞いが目立つようになり、一時的に皇太子の身分を剝奪されている。子どもたちのあいだの暗闘も激しさを増した。最終的に、康熙六一年（一七二二）に玄燁は死に臨んで、第四子の胤禛を後継者に指名したと公式にはされている。しかし遺言の信憑性に疑いを持つ研究者もおり、清朝史の謎の一つとなっている。雍正元年（一七二三）に、胤禛は後継者を指名する新しい方式を発表した。新しい次の皇帝となる皇太子の名を公表せず、その名を記した親書を箱に入れ、紫禁城《しきんじょう》にある乾清宮《けんせいきゅう》に掲げてある「正大光明」と書かれた扁額の裏に置くことを宣言したのである。この「太子密建《たいしみっけん》」と呼ばれる方式は、有能な人材をリーダーとする満洲族の指導者選出の原則のなかに、後継者をあらかじめ決定しておくという漢族の方法を取り込んだものである。

即位した胤禛は、最初は兄弟や八旗の有力者と協調する姿勢を示すものの、その支配が安定すると、有力者や競争者となりうる兄弟たちに粛清を加えた。主な兄弟は一七人を数えるが、玄燁の第二子の胤礽を含め七名が幽閉され、胤禛の死後に生きて釈放されたものは、そのうちわずかに二名に過ぎない。なお中国では皇帝の本名に用いられている漢字を避け、欠筆したり同じ発音の漢字に替えたりするという規定がある。そのため、「胤」の字を避け

太子密建と手文庫　左写真の手文庫の中に、後継者の名前をしたためた文書を納め、乾清宮に掲げられた扁額（右）の裏に置くという清朝の後継者指名の方法。「正大光明」の書はフリン（順治帝）の手になる

て、清代の文献には兄弟の名は允祁などと記されている（のちの嘉慶以降、この規定は緩和されている）。

西から見た皇帝

西のモンゴル高原やチベット高原に住む人々からみると、清朝の皇帝は中国の皇帝ではない。元朝の天命を引き継いだハーン（大ハン）であるとともに、チベット仏教を守護する大施主であったのである。

　モンゴル高原を中核にして広がる草原の世界では、モンゴル帝国を建てたチンギス＝ハンの男系の子孫だけが、ハーンを名乗ることができるという不文律が確立した。この原則をチンギス統原理と呼ぶ。モンゴル帝国が解体したのちにいくつかの政権が興亡を繰り返してきた。チンギス＝ハンの系譜から出たダヤン＝ハーンが、一六世紀後半にモンゴル高原の東部を統一すると（第六章参照）、モンゴル高原の有力者たちは、ダヤン＝ハーンの息子たちを婿として迎え、リーダーとして仰いだのである。それぞれの政権は自らの正統性を、チンギス＝ハンに求めたのである。（宮脇淳子『最後の遊牧帝国：ジューンガル部の興亡』講談社選書メチエ、一九九五年)。

ダヤン＝ハーンの直轄地は満洲族の領域と接する大興安嶺の西側であり、チャハルと呼ばれる遊牧民のグループの領域であった。ダヤンの長男の子がチャハルに入り、ハーン家の系譜を作った。清朝成立の契機を作った元朝の玉璽とされる印章は、このチャハル＝ハーンに連なるリンダン＝ハーンが保持し、その死後に後金のホンタイジの手に渡った。清朝はいわばダヤン＝ハーンの直系から、支配の正統性を受け継いだことになる。モンゴル族の王侯からはボグド＝セチェン＝ハーンの称号を奉られた。これが、モンゴルの世界で清朝が権威を高める重要な要素となった。

ダヤン＝ハーンの第三子の子アルタン＝ハーンは、モンゴル高原に新しい権威を持ち込んだ。それはチベット仏教のゲルク派であった。ゲルク派とは青海《せいかい》出身の僧であるツォンカパが一五世紀はじめに開いた新興の宗派であり、高僧のかぶりものの色にちなんで黄帽派《こうぼうは》とも呼ばれる。この宗派は体系的な教学を持ち、戒律をよく守ったために、しだいに他の宗派を取り込んで勢力を拡大していった。青海に遠征したアルタン＝ハーンは、そこでゲルク派の僧侶と出会い、感銘を受けたと伝えられる。

アルタン＝ハーンは、ツォンカパの弟子が転生したというソナムギャムツォを一五七八年に招き、この高僧にダライ＝ラマという称号を献じた。「ダライ」とはモンゴル語で「大海」を意味し、「ラマ」はチベット語で「師」を意味する。高僧の名にある「ギャムツォ」(海)にちなんだものである。ソナムギャムツォは三人目の転生者であったため、ダライ＝ラマの称号はさかのぼってツォンカパの弟子をダライ＝ラマ一世とし、彼はダライ＝ラマ三世となる。

アルタン＝ハーンはダライ＝ラマ三世と出会った際に、自らは元朝を建てたフビライ＝ハーンの転生者であると悟ったとされる。チンギス＝ハンとの血縁的な遠近を超越し、チベット仏教を仲介することで支配の正統性の根拠を得たのである。ダライ＝ラマの権威を後ろ盾にすれば、チンギス＝ハンとの血縁がないものでも、ハーンを名乗れる可能性が開けるのである。

ダライ＝ラマはハーンという称号を与える権威を確立すると、モンゴル高原にその勢力を拡大するようになった。さらにダライ＝ラマ三世は死去すると、アルタン＝ハーンの曽孫に転生したとされ、チベットで得度してダライ＝ラマ四世となった。これはチベットかモンゴルかという民族の枠を越えて、仏教の権威が広がる契機となった。

チベット仏教の高僧と世俗の権力との関係を、チベット語で「チュ―ユン」という。直訳すると「寺と檀家」となるが、世俗の権力は施主として仏教を守護し、高僧は権力に宗教的な権威を与えるという関係である。この相互関係を活用して、チベットの最高権力者となったのが、ダライ・ラマ五世である。

彼はゲルク派の勢力を確立するために、モンゴル高原の西に勢力を伸張していたオイラトのリーダーを取り込んだ。そのリーダーはチンギス＝ハンの男系ではないので、チンギス統原理からするとハーン号を名乗ることはできない。しかし、ダライ＝ラマ五世が与えた権威によって、彼はグシ＝ハーンと呼ばれるようになる。チベット王となったグシ＝ハーンの子孫は、青海を拠点に政権を作った。

ダライ＝ラマ五世は、清朝の皇帝たちともつながりを深めた。ホンタイジから招かれたダライ＝ラマ五世は代理人を送り、順治九年（一六五二）には自ら北京に赴き皇帝と会見している。ダライ＝ラマと清朝の皇帝は、称号を互いに与えあい、チュ－ユンの関係が確認された。この関係は、儒教的な文脈においてはチベットが清朝皇帝に帰順したと説明され、チベット仏教の文脈では清朝皇帝が施主となったと解釈される。

ダライ＝ラマの権威をめぐる清朝とジュンガルの衝突

チベット仏教ゲルク派の影響が中央ユーラシアに及ぶと、チベットやモンゴルの有力者の子弟はラサに留学し、教育を受けたあと故郷に戻って寺院を建てるようになった。寺院は奥地にゲルク派を広げるための拠点となり、また門前町は交易の中心地ともなった。しかし政治権力を取り込みながら展開したチベット仏教は、新たな政治的な対立も招いた。

ダヤン＝ハーンを祖先とするモンゴル族ハルハ部は、モンゴル高原で勢力を保っていた。ハルハ部のハーンの弟は、中央チベットに留学していたときに高僧の生まれ変わりと認定された。ジェプツンダムパ一世である。彼が故郷に建てた寺を中心に発展した街が、現在のモンゴル国の首都ウランバートルである。

他方、オイラトの有力者の系譜からは、ジュンガルのリーダーの息子が高僧の転生者と認定され、ラサでダライ＝ラマ五世に師事した。のちにガルダンとして知られる人物である。兄が異母兄によって暗殺されると、還俗してジュンガルのリーダーとなり、天山山脈を越えたジュンガル盆地を本拠地として勢力を拡大した。ダライ＝ラマ五世は一六七八年にガルダンにハーンの称号を与え、ガルダンはゲルク派に対抗する宗派を支持する政権を倒し、ダライ＝ラマ政権の強化に努めた。

一六八二年にダライ＝ラマ五世は死去するが、執政サンギェギャムツォは困難な政治状況を乗り切るためにその死を発表しなかった。サンギェギャムツォは大学者として歴史学や医学・音楽などの諸学の規範を造り上げたことで知られているが、政治家としては自派の勢力伸張につとめた。こうした動きは、ダライ＝ラマの権威をめぐる世俗の権力者のあいだの対立をも引き起こす。

ハルハ部の内紛を利用して、ガルダンが勢力をモンゴル高原に広げようとした。これが宗教的には、ガルダンとジェプツンダムパ一世という高僧の転生者同士の対立というかたちをとったのである。清朝の玄燁は、ダライ＝ラマ五世と協力してハルハ部の内紛を収めようと、一六八六年に講和会議を開いた。この会議においてジェプツンダムパ一世がダライ＝ラマの代理に対して敬意を払わなかったと、ガルダンが激怒した。

ガルダンが一六八七年にモンゴル高原に侵入すると、ジェプツンダムパ一世はハルハ部の王族とともに清朝の保護を求めて東に向かった。ジェプツンダムパ一世は一六九一年にドローン＝ノールにおいて、清朝の皇帝に対して帰属を願うこととなった。清朝はモンゴル族に対する影響力を保持するためにも、ジェプツンダムパ一世を保護する必要があった。こうした状況が、ガルダンが率いるジュンガルと清朝との衝突という事態を招くこととなる。

清朝皇帝の玄燁は一六九六年春と九七年春に、自ら軍隊を率いてモンゴル高原へと遠征した。ガルダンがモンゴル高原に侵入していたとき、その本拠イリでは彼の甥のツェワンアラプタンがクーデターを起こし、東トルキスタンを制圧していた。玄燁はツェワンアラプタンと連絡を取り、ガルダンを挟撃することを依頼した。孤立したガルダンは、劣勢に立たされ九七年に死去する。清朝はこの一七世紀末に展開されたジュンガルとの戦いによって、モンゴル高原の宗教的な指導者であるジェプツンダムパ一世を施主として保護下に置き、ハルハ部のモンゴル族を勢力下に収めることになった。

ダライ＝ラマの権威を手中にした清朝

一八世紀になると、ダライ＝ラマそのものの権威をめぐり、中央ユーラシアでは世俗権力者のあいだの争奪戦が激化する。執政サンギェギャムツォは、ガルダンが劣勢になりモンゴル高原の趨勢が明らかになった一六九七年、ダライ＝ラマ五世の死を公表し、ひそかに選び出していた少年をダライ＝ラマ六世として即位させた。

チベット族がアムドと呼ぶ青海には、オイラトのグシ＝ハーンの子孫がチベット王として政権を作っていた。一七〇五年にラサで開かれた公会議で、アムドのチベット王であったラサン＝ハーンはラサ側が擁立したダライ＝ラマ六世の正統性を否定する。次いでダライ＝ラマ政権に反旗を翻し、執政サンギェギャムツォを殺害し、清朝に連絡を取った。

清朝はガルダンを支持して混乱を増大させた執政に不信感を持っており、最初はラサン＝ハーンを後押しした。ダライ＝ラマ六世はラサン＝ハーンに捕捉され北京に護送される途中、青海において死去する。ラサン＝ハーンのダライ＝ラマ政権に対するこうした強引な介入は、チベット族やモンゴル族の反感を生み、東チベットで生まれた幼児が、ダライ＝ラマ七世に担ぎ上げられた。

ガルダンの死後、ジュンガル盆地から東トルキスタンに勢力を伸張していたオイラトのジュンガルのツェワンアラプタンは、こうした混乱に乗じてチベット高原も制圧しようとはかり、一七一七年に軍隊をラサに派遣、孤立したラサン＝ハーンを滅ぼした。清朝は少年に育ったダライ＝ラマ七世を公認し、康熙五九年（一七二〇）にその少年を擁してチベットに遠征軍を派遣した。ダライ＝ラマという権威の源泉を清朝に確保されてしまったジュンガルは対抗する手段を持たず、戦わずしてチベット高原から撤退した。こうして清朝はチベットを保護下に収めることとなったのである。

雲南のチベット仏教寺院の松賛林寺
筆者撮影2004年

一七世紀のチベット高原における激動の余波は、チベット文化の周縁部にも及んだ。雲南の北部では、チベット族のほかにナシ族などの民族が、それぞれの生業に合わせて生活領域を分け合っている。当時のチベット族のあいだでは、密教の色彩が強く、在家行者が担うカギュ派のチベット仏教を信仰するものが多かった。ダライ＝ラマ五世のもとでゲルク派の勢力は雲南に進出し、カギュ派と武力衝突をともなう宗教的な闘争が展開された。清朝の支援を受けたゲルク派は、一七世紀末には雲南における優位な地位を確立する。

雲南省最大のチベット仏教寺院は、ソンツェン

麗江の銅器工房　筆者撮影2004年

ゴンバ（松賛林《しょうさんりん》寺）である。この寺はダライ＝ラマ五世の発願により、雲南におけるゲルク派の宗教活動の拠点として発展を遂げたものである。本堂には、ツォンカパとダライ＝ラマ五世の像が安置されている。この寺を擁する中甸《ちゅうでん》は、雲南のチベット仏教の中心地となる。なお現在は観光客を呼ぶために、欧米人によく知られた理想郷シャングリラにちなみ、二〇〇二年に県名を香格里拉《シャングリラ》県と変更している。

宗教の激動は、雲南の政治や経済にも大きな影響を与えた。先に述べたように明代に麗江に拠点を置くナシ族の木氏が土司に指名されると、明朝の支援を受けてチベット族を圧迫していた。明代に木氏の圧政に苦しんでいた雲南のチベット族は、ゲルク派の勢力拡大に応じて、木氏土司の支配を突き崩すようになったのである。

ゲルク派最大の施主という一面を持っていた清朝が、一八世紀前半にチベットを保護下に置くと、チベットと中国との緩衝材という木氏土司の存在価値は著しく低下した。雍正元年（一七二三）に、清朝は麗江の土司を廃止し、中央から派遣された官僚がその土地を治めることとなったのである。後述するように、こうした統治制度の変更を「改土《かいど》帰流《きりゅう》」という。改土帰流のあと、雲南とチベットを結ぶ交易はこれまで以上に発展する。これも盛世の一局面である。茶馬古道と呼ばれる交易路には、交通の要所ごとにチベット族が経営する旅籠が成立し、ウマの背に荷を乗せた隊商が行き来した。中国内地や雲南の南部からは、茶葉や砂糖、綿布などの商品がチベットを目指して動き、チベットからは毛皮や麝香、薬材が雲南に向かって運ばれた。チベットが必要とする銅製品も、麗江が生産した。麗江は交易路の経由地として、繁栄を保つことができた。

明代の政治都市であった麗江は、清代に商業都市へと脱皮する。木氏土司の支配は麗江の街並みに風格を保たせ、文化的な奥行きを与えた。改土帰流以降の交易の発達は、麗江の街並みに華麗な装いを与えた。こうした歴史の厚みが、麗江が世界遺産に登録されるときに評価されたのである。

清朝と中央ユーラシア

一八世紀なかば、ジュンガルは指導者の死去にともない内紛を引き起こした。このとき清朝皇帝であった愛新覚羅弘暦（乾隆帝）は、この混乱に乗じて乾隆二〇年（一七五五）にイリに侵攻し制圧した。さらに乾隆二三年（一七五八）には、ガルダン以来ジュンガルの勢力下にあった東トルキスタンに軍隊を派遣し、翌年にはタリム盆地を制圧した。この時点で清朝は最大の版図となる。この地域は新しい領域という意味の「新疆《しんきょう》」と名づけられる。

清朝の中央ユーラシアにおける領域、つまりモンゴル高原・青海・チベットおよび東トルキスタンは藩部《はんぶ》と呼ばれ、理藩院《りはんいん》という行政機関が管轄することとなった。理藩院の前身は後金の時代にモンゴル族を管轄する蒙古衙門《もうこがもん》であり、康熙年間以降は中国を管轄する六部と

乾隆帝の像　431ページの曼荼羅図の中心部分。フリーア美術館蔵

は独立した機関となり、藩部に対する行政とロシアとの交渉を管理した。清朝の藩部に対する統治は、基本的にその土地にもとからあった統治機構を温存し、軍事的な拠点に軍隊を駐留させて、混乱が生じたときに治安の維持をはかるという体制を採った。

　内モンゴルのモンゴル族に対して、清朝は八旗制にならってホショー（旗）を設定し、それぞれのホショーに遊牧地の範囲を指定した。ホショーの指導者はザサックと呼ばれる。その後、清朝の影響力がモンゴル高原に及ぶと、各地の指導者にザサックの称号を与えた。ホショーの境界を画定することで、清朝はその範囲を越えてモンゴル族のリーダーが勢力を拡大することを抑制した。ジュンガルに、遊牧帝国と呼べるような政権が生まれなかった背景には、こうした清朝の統治があった。

　チベット高原では、清朝はダライ＝ラマ政権に統治の権限を集中させるとともに、チベットの貴族と僧侶からなる四人の大臣が合議によって政治を行うようにさせた。大臣が決定した政策は、清朝がラサに駐在させた西蔵《せいぞう》弁事《べんじ》大臣《だいじん》との協議を経て、ダライ＝ラマの裁可を受けて実施される。

　一七八八年にネパールのグルカ王朝が、チベットとインドとのあいだの交易を独占するために、チベットに侵攻した。清朝が軍隊を派遣すると、グルカ側は兵を引き上げ、ダライ＝

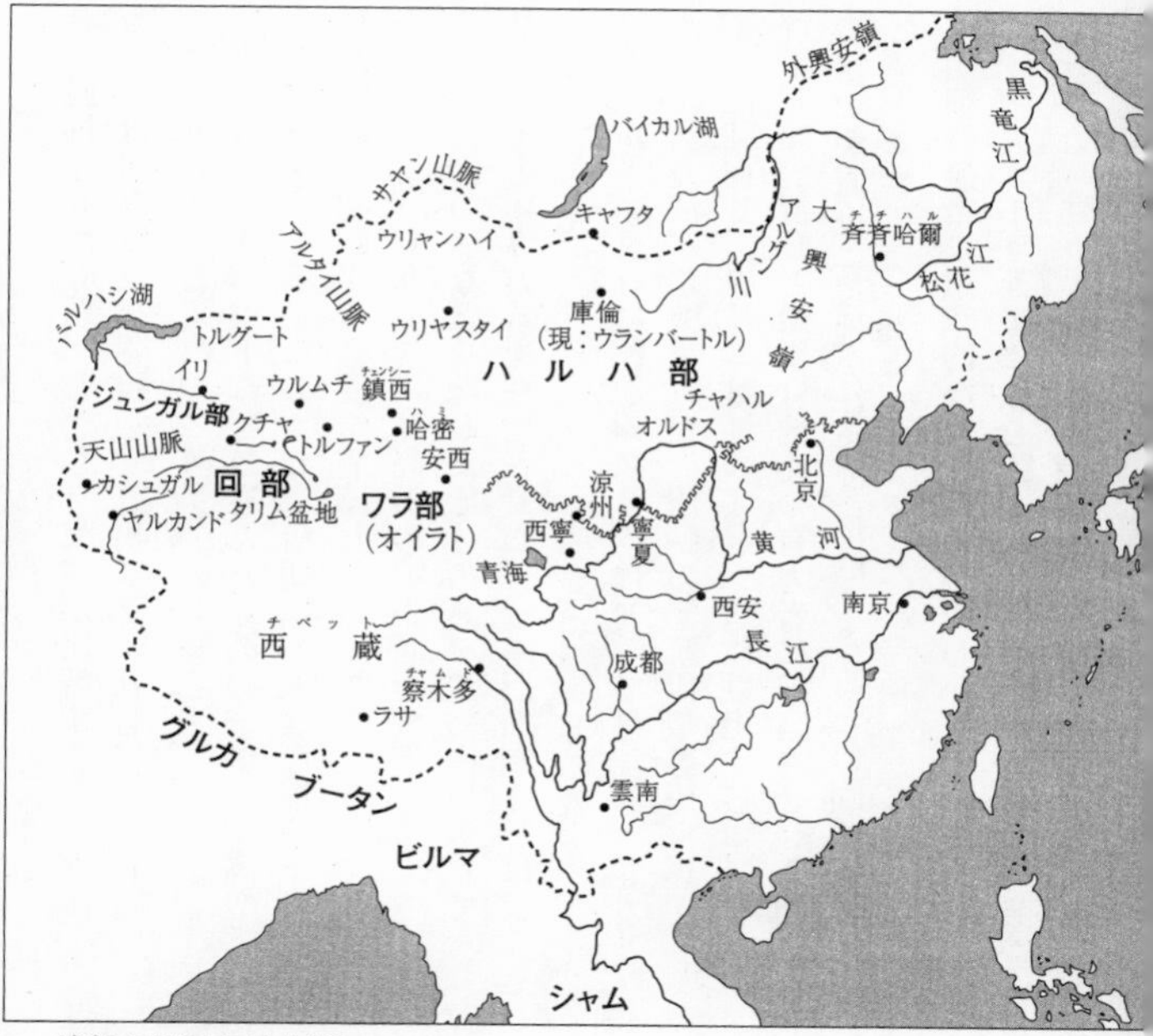
外興安嶺
黒竜江
バイカル湖
サヤン山脈
キャフタ
ウリヤンハイ
アルタイ山脈
アルグン川
大興安嶺
斉斉哈爾《チチハル》
松花江
バルハシ湖
トルグート
ウリヤスタイ
庫倫
（現：ウランバートル）
イリ
ウルムチ
鎮西《チェンシー》
ハ　ル　ハ　部
ジュンガル部
クチャ
哈密《ハミ》
チャハル
オルドス
北京
天山山脈
トルファン
安西
カシュガル
回　部
ヤルカンド
タリム盆地
ワラ部
（オイラト）
涼州
西寧
寧夏
青海
黄　河
西安
南京
西　藏《チベット》
長　江
成都
察木多《チャムド》
ラサ
グルカ
ブータン
雲南
ビルマ
シャム

清朝の版図の最大期

ラマ政権と交渉した。しかし、交渉が決裂すると、グルカ王朝は再び侵攻を開始し、清朝は乾隆五七年（一七九二）に軍隊を派遣して、グルカ軍を撃退した。

グルカ軍をチベットに呼び込んだ原因の一つが、高僧たちの身勝手な扇動にあった。清朝は、大きな権威を帯びた僧侶を制御する必要を痛感したのである。そこで乾隆五八年（一七九三）には高僧の転生者を決定するときに、候補者の名などを記した象牙の籤を金の壺に入れて抽籤するという方式を採用させた。金本巴《きんほんは》瓶制《へいせい》と呼ばれるものである。

東トルキスタンに住むムスリムに対しては、ジュンガルの統治方法が踏襲された。清朝の総統《そうとう》伊犁《いり》等処将軍《とうしょしょうぐん》がイリに駐在し、タリム盆地のオアシスに駐屯する軍隊を統率した。行政と徴税は地元の有力者に担当させ、清朝の官吏が直接に現地の住民と接触することは回避された。

明朝の皇帝は儒教的な世界の中心でしかなかったために、中央ユーラシアに住む人々に対する権威を確立できなかった。モンゴル高原に遠征した朱棣（永楽帝）が、

菩薩になった皇帝　中国最後の王朝である清朝は、中華帝国の範疇に収まらない。図はチベット仏教の仏画タンカの様式に基づいて描かれた清朝第６代皇帝の愛新覚羅弘暦（乾隆帝）。写実的な顔の描写技法は、宮廷に仕えていたイタリア人イエズス会宣教師カスティリオーネがもたらした。皇帝の右肩には剣、左肩には経巻が描かれる。これは文殊菩薩の持物である。また背景として５つの山が配され、この菩薩の霊地とされる中国山西省の清涼山（五台山）を示す。文殊菩薩の浄土は東方にある。清朝を建てたジュシェン族はチベット仏教を信仰し、自らの居住地が仏教発祥の地よりも東方にあることから、文殊菩薩には特別の思い入れがあった。初代皇帝のヌルハチは、この菩薩の名にちなんで民族名をマンジュ（満洲）に改めたとされる。このイコンは、清朝がユーラシアの帝国であったことを示す。113.6×64.3cm。絹布。アメリカ合衆国ワシントン、スミソニアン協会フリーア美術館蔵

高原を支配できなかったことを思い起こして欲しい。これに対して清朝の皇帝は、元朝の系譜を引くハーンであり、チベット仏教のユン（檀家）でもあった。そのために、中央ユーラシアにおける権威を保持し、間接統治によって一八世紀には安定的な支配を実現できたのである。

ここまでは、清朝を主に西側から見てきた。中国の内地をどのように支配したのであろうか。陳弘謀《ちんこうぼう》という名の官僚の業績を紹介しながら、以下で検討してみよう。

官僚と行政

官僚への道

北京城の北の角にあたる位置に、雍和宮《ようわきゅう》と国子監《こくしかん》とならんで孔廟《こうびょう》（孔子廟）が建っていた。孔子廟は孔子を祀った廟であり、国子監はかつて太学《たいがく》ともいった明清時代の最高学府であり、「左廟右学《さびょううがく》」という古代の制度にのっとり、孔子廟と国子監は隣り合わせにならんでいる。孔廟の前庭には、科挙の合格者名を刻んだ石碑（進士題名碑《しんしだいめいひ》）が並んでいる。元の至正《しせい》一一年（一三五一）から清の光緒三〇年（一九〇四）まで一九八基、そこに五万一六二四名の科挙《かきょ》の難関を突破して進士となった人々の名前が刻まれている。一基の石碑には、皇帝自らが行う最終試験である殿試《でんし》が開催された年が記され、その下に二五〇名ほどの人名が並んでいる。

石碑の一つに「雍正元年癸卯恩科《きぼうおんか》」と題されたものがある。殿試は通例として三年に一度行われるが、雍正元年（一七二三）に新しい皇帝の即位を記念して恩科と呼ばれる特別試験が実施されたのである。その石碑の中程より少し上の列に、陳弘謀という人名が刻まれている。彼は盛世と呼ばれた一八世紀の清朝の官界において、おそらく最も勤勉で有能な官僚の一人として知られた人物であった。その業績をたどる前に、官僚登用試験である科挙の概要を示しておこう。

清代は明代に確立した科挙の制度を、ほとんど改変することなく踏襲した。まず、明代以降は科挙の受験資格者は儒学（県学・州学・府学）とよばれる国立学校の生徒でなければならない。入学するためには、童試《どうし》を受ける。童試の受験生は童生《どうせい》と呼ばれた。受験に先立ち、三代前にさかのぼって父祖の来歴を明示する必要があった。社会的な身分が奴隷であったり賤業とみなされる場合、あるいは前科があったり懲戒処分を受けていたりした人物がいると、受験資格はない。

童試は三年に二回の割で行われ、県試《けんし》・府試《ふし》・院試《いんし》を次々と受けて行く必要があった。だいたい県試で定員の四倍を合格させ、府試で半分、院試でその半分が落とされて入学者が決まる。儒学に入学できると生員《せいいん》となる。しかし、入学すれば科挙の受験資格が得られたため、清代には儒学には学校教育の機能がなくなっていた。生員となると科挙受験の権利とともに、秀才と呼ばれ社会的に礼遇を受ける権利を持つ。科挙最終合格者がほとんど出ないような地域では、社会的なエリートとして活躍する生員も少なくない。明代末期の社会秩序の変動期には、生員が変革の担い手となることが多かった。

学校に入ると歳試《さいし》という学力試験（三年に一回）があり、清代には科試《かし》と呼ばれる資格試験があった。科試に合格すると、秋に省都で実施される郷試《きょうし》に応じることができる。試験は子・卯・午・酉と恩科の年に開催され、一週間かけて行われた。合格者は地域によって異なるが平均して一〇〇人に一人であったといわれ、難関であった。試験場は貢院《こういん》といい、独房が何千何万と長屋の形に連なったものである。受験生は三日二晩をたった一人でそこで過ごす。その合格者は挙人《きょじん》と呼ばれ、正式に任官する道も開かれた。

郷試の翌年三月に全国の挙人を集めて北京の貢院で、会試《かいし》と呼ばれる試験が行われる。なお、清代には挙人覆試《ふくし》と呼ばれる事前試験が追加され、会試の試験会場に入れるだけの人数に絞り込まれた。会試の首席合格者は会元《かいげん》、次席は亜元《あげん》と呼ばれる。合格者は殿試を受ける資格が与えられる。そして最終試験である殿試は、皇帝が自ら行った。ただし、殿試では落第者を出さないことになっていた。郷試・会試・殿試をいずれも首席で合格した者を、清代では三元と呼んだ。

殿試の首席合格者を状元《じょうげん》、第二席を榜眼《ぼうがん》、第三席を探花《たんか》と称した（明代ではこの第三席までを三元と呼んだ）。この三人は国立アカデミーに相当する翰林院《かんりんいん》に入ることが決まっていた。それ以外の合格者は、雍正年間以降は朝考《ちょうこう》と呼ばれる翰林院採用試験を受け、その第一ランクは翰林院の庶吉士《しょきつし》となった。彼らは必要に応じて要職に派遣され、将来の昇進に有利であった。第二ランクは中央政府の内閣に、第三ランクは地方政府の知県《ちけん》などに任命された。

皇帝と官僚

陳弘謀は康熙三五年（一六九六）に、広西の臨安《りんあん》で三人兄弟の次男として生まれた。その祖先は華中内陸部の湖南から、明末の混乱期に臨安県の横山村《おうざんそん》に移住したとされる。決して豊かな家ではなかったが、父親は堅実に財産を作り、息子たちに勉学をさせるゆとりを持っていた。

陳弘謀には、二二歳年上の兄がいた。その兄は科挙合格を目指して勉学に励んではいたものの、府試に合格したところで止まり、それより上級の試験には合格できなかった。村の塾で教師となり、その一生は郷里での水利事業や慈善活動に費やされた。科挙を途中であきらめた知識人のなかには、この兄のように地域社会に貢献する人が少なくない。

陳弘謀はこの兄の薫陶を受けて勉学に専心し、康熙五三年（一七一四）に生員の身分を獲得して県学に入り、数年後に広西の省都である南寧《なんねい》にある書院への入学が許された。生員時代の逸話として伝記には、陳弘謀は邸報《ていほう》（邸抄・京報）と呼ばれる官報が届くと、必ず借りて熟読したと記載されている。邸報を読むことで、官僚となったときに求められる実務的な素養を陳は身につけようとしていたのである。しかし、郷試には二回失敗した。

進士題名碑　科挙の合格者の名前の中に陳弘謀の名がある。筆者撮影2002年

雍正元年（一七二三）に恩科が実施される。通例の科挙とは異なり、一年のあいだに郷試と会試とを行う。陳弘謀は春の郷試に合格し、北京での試験を受けるために上京、会試と殿試に合格した。数え年で二八歳の秋であった。翰林院の庶吉士に充てら

れ、編集業務に携わった。やがて陳は気骨のある官僚として、皇帝の知るところとなる。

官僚登用に由来する称号の一つに、監生《かんせい》というものがある。本来は優秀な生員から選ばれて中央の国子監の学生となったものを指し、知県などに抜擢される道もあった。しかし、監生から任官しても出世できないため、監生になる生員は多くはなかった。そのために清代には、金銭で購入することもできる称号になる。当然、資産はあるけれど勉学に自信のない監生が多くなり、定期試験に代理人を立てて受験することが慣例となっていた。官吏の綱紀粛正を目指した皇帝の胤禛（雍正帝）は、この代理受験を問題として取り上げ、不正者は自首するように迫った。

このとき陳弘謀は、皇帝の施策には問題があるとの意見を具申する。皇帝に呼び出されて直接に意見を聴取された。陳は臆することなく、監生は郷里に戻ればそれなりのエリートであり、そうした人物が罪を自白すれば、その権威が失われて秩序を混乱させることになる、さらに賄賂で事を済ませようとする動きが現れ、要路にいる役人が私腹を肥やすことになる、と主張した。皇帝は綱紀粛正のために行おうとしたことが、かえって不正を招くことに気付かされた。この一件を契機に陳は皇帝に認められ、異例の抜擢を受け、課題をこなすことで官位を上っていった。

陳弘謀は巡り合わせがよかったということができよう。にわかに即位した胤禛は、前の時代を刷新することで、皇帝としての存在証明をする必要があった。康熙年間は一人の皇帝の支配が六〇年を超えて続いたために、官界の腐敗は深く進行していた。科挙に合格するためには、学業に専念できる環境が必要である。そのために資産家から科挙合格者が多く出ることは、自然の流れであるといってもよい。科挙に合格して官僚となれば、さまざまな利権に関わり、資産をさらに増やすことになる。官僚と利権とは密着しすぎていた。

科挙の試験には、官僚が派遣されて試験官となる。試験官と合格者とのあいだには、師弟の関係が生まれる。弟子となった官僚をさらに試験官として採用すれば、その合格者は孫弟子ということになる。こうして官界には人脈が生まれ、その人脈を用いてさまざまな依頼が行き交い、成功報酬が高官の手元に集まるようになっていった。

新しい皇帝が取り組んだ事業は、官僚機構の抜本的な改革であった。雍正元年正月には、すべての地方官に対してそれぞれの心得を諭した勅諭を出す。また、地方官僚の給料が低額であるために、汚職や利権をめぐる人脈が生じ、人民に対する搾取が生まれると考えた皇帝は、養廉銀《ようれんぎん》と呼ばれる手当を出すこととした。清廉な官僚を養うという意味のこの手当は、本給の一〇倍にもなった。

密偵を用いて官僚の動向を監視させるとともに、地方の官僚には、皇帝に対して奏摺《そうしょう》と呼ばれる私信を提出する義務を与えた。官印を押した公式の上奏文は、行政機構を通して出されるために、官僚の相互監視のために実状が報告されない恐れがある。奏摺は皇帝しか読まない。皇帝は事実を率直に書くことを要求し、届けられた奏摺には、一つ一つ朱筆で意見や指示を記して発信者に送り返した。この私信による情報伝達によって、皇帝は官僚を個別に掌握することが可能となった。

官僚機構の改革にあたり、皇帝は人材を渇望していた。辺境出身で資産家の家柄でもなく、高潔でしかも事の核心を把握できる陳弘謀のような人物は、得難い人材であった。官僚はその父や母が死去すると、郷里に戻って喪に服することが慣例となっていたが、陳の場合は職務を離れることを許されなかったほどである。

清朝の統治機構

陳弘謀は雍正一一年（一七三三）に雲南布政使《うんなんふせいし》に起用され、以後、長い地方官としての生活に入った。その足取りをたどる前に、清朝の統治機構を整理しておこう。

清朝は明朝の官僚機構を基本的には踏襲した。内閣があり六部がある。しかし、新たな機構も設けられた。明朝にはない清朝の特色は、言葉の問題である。清朝の公用語は満洲語であるが、官僚の大半を占める漢族は漢語しか扱うことはできない。そこで漢語文書を満洲語に、満洲語文書を漢語にそれぞれ翻訳する必要がある。もとは内閣が翻訳を行っていた。ところが雍正八年（一七三〇）にジュンガルとの戦争が始まると、この翻訳業務が滞り、しかも作業中に機密が漏れるおそれが生じた。そこで、軍務関係の翻訳を集中して担う軍機処《ぐんきしょ》と呼ばれる機関が新設された。

今は故宮《こきゅう》と呼ばれる紫禁城《しきんじょう》を訪ねると、乾清門《けんせいもん》の片隅に目立たない建物がある。これが軍機処の所在地である。乾清門は内廷《ないてい》と外朝《がいちょう》とを分けるポイントである。その立地からは、軍機処が皇帝と官僚とのあいだに立ち、情報の出入りを押さえたことが察せられよう。小屋には皇帝が任命した軍機大臣（要職を兼任）が控え、皇帝の指示に迅速に対応できる態勢が生まれた。もとは軍務に関する案件を処理する機関は、重要な政務を処理するようになり、乾隆期には人事などの一般政務も担うようになった。

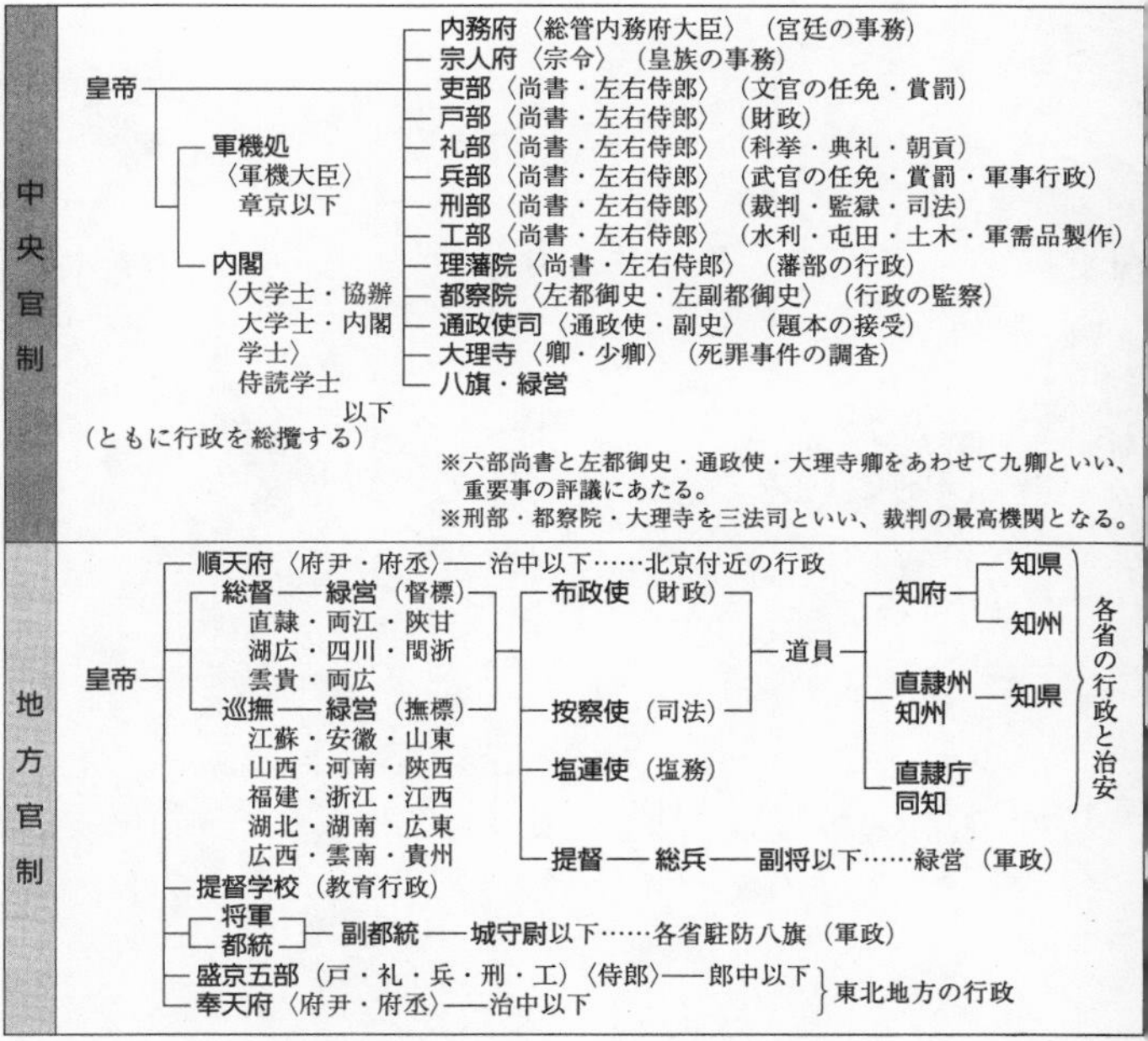

清朝の中央と地方の官制　神田信夫ほか編『世界歴史大系　中国史４明～清』山川出版社より

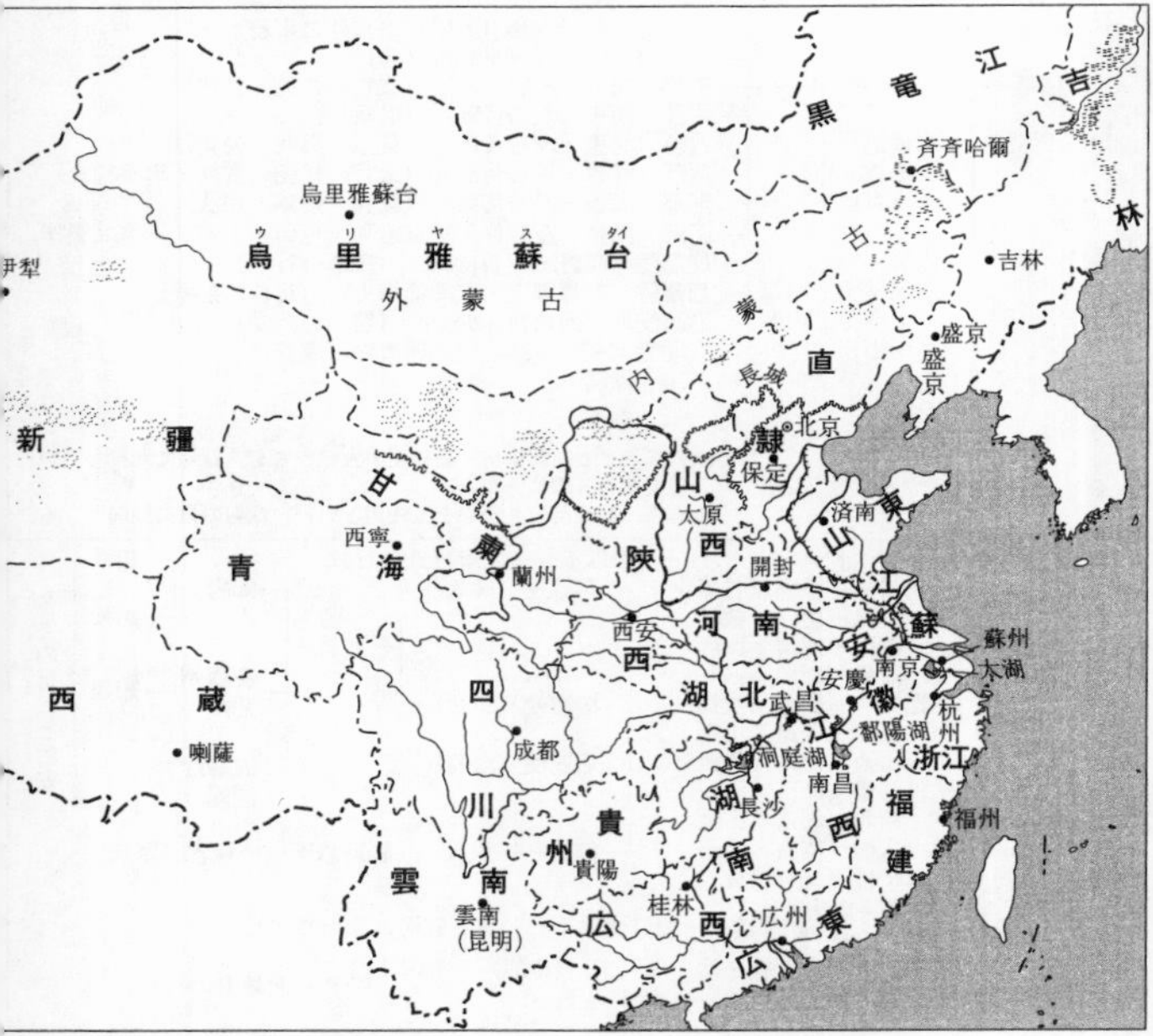

清代の省レベルの行政区図

地方の統治機構に目を転じてみよう。清朝の版図は中国本土の直省、満洲族の故郷である東北地方、そして先述した藩部の三つに大きく分けることができる。東北地方は軍政下にあり、黒竜江将軍・吉林将軍・盛京将軍が配置された。直省には一八の省がある。

直省の最高責任者として、巡撫が各省に置かれ、二、三の省を合わせて巡撫の押さえとして総督が置かれた。合わせて督撫《とくぶ》と呼ぶ。総督と巡撫とのあいだには、格の上下はあるが制度的には独立した行政長官である。若干の省では総督が巡撫を兼ねることもあり、総督が置かれないこともあった。

地方と中央とのあいだの公式なやり取りは、すべて総督と巡撫の名によって行われる。巡撫を兼ねない総督は、日常的な政務には携わらず、管轄地域の全体を把握することが任務である。督撫の下には主に財政と人事を扱う布政使と、司法を扱う按察使《あんさつし》が置かれた。布政使の役所は布政使司《ふせいしし》であり、同時代の史料には藩司《はんし》と記されることが多い。同様に按察使司は臬司《げつし》と記される。

軍機処の内部

布政使・按察使に隷属する地方官庁として、府と州・県および庁がある。州と県とでは、州の方が格式が上であるということだけで、職務内容には違いがない。ここでは県に統一して話を進めよう。県の役所は、城壁で囲まれた地方都市に置かれ、長官として一名の知県が赴任する。その他に県丞《けんじょう》・主簿《しゅぼ》とよばれる補佐官が置かれ、徴税や治安維持・水利などの特定業務を分担した。佐弐官《さじかん》と一括される県丞などは、管轄内の他の要所におかれた出張所に常駐することもあった。知県と佐弐官とが「官」と呼ばれ、その人事権は中央政府にあった。

すでに第六章でのべたように、明代の中期以降、税を県が管轄する箱のなかに納める制度が普及するにしたがって、県は財政的に肝要なポジションを占めることになり、国家に対して税を徴収する責務を負った。そのために農業生産が順調に行われるように水利灌漑にも主体的に取り組む必要が生じるなど、県行政が果たす役割は大きくなった。清代には人民に直接関わる地方行政は、この県に集約される。知県は裁判を行い、地域を守護する神に対する儀式を主催する司祭でもあった。人民が直接に対峙する官僚であるため、父母官とも呼ばれた。

府は一〇個弱程度の州県を統轄し、布政使・按察使に隷属する中級地方官庁である。その任務は州県を監督するだけで、直接に統治は行わなかった。知府と呼ばれる長官と佐弐官が置かれた。佐弐官が常駐して直轄する区域がある場合、それを庁と呼ぶ。庁の多くは辺境の新開地に置かれていた。

一八世紀末には中国全体で、人民と直接に向かい合う庁と州県は合計一六〇三あった。一人の父母官は平均して二〇万人の人民と向かい合った計算となる。州県の数は清代を通してあまり変化していない。他方、人口は一八世紀のあいだに一億の水準から三億の水準にまで増えている。父母官の責務は、日を追って重くなっていったということになる。

陳弘謀は翰林院から吏部郎中《りぶろうちゅう》・浙江道御史《せっこうどうぎょし》を経て、雲南布政使として地方行政官の経歴を始める。乾隆の初期に降格されたあと、一七四〇年に江蘇《こうそ》按察使を経て江寧《こうねい》布政使に返り咲き、一七四一年から五八年まで巡撫を、江西・陝西・湖北・河南・福建・陝西・湖南・陝西・江蘇と歴任する。

乾隆二三年（一七五八）には、広東と広西とを管轄する両広総督《りょうこうそうとく》となっている。明清時代には、地方官と地域の有力者が癒着し、不正を働くことを防ぐために、官僚の出身地には赴任させないという原則があった。広西出身の陳弘謀が両広総督に就任するに当たっては、皇帝がじきじきに裁可している。いかに皇帝の信任が厚かったか、うかがい知ることができる。

その後に江蘇・湖南の巡撫を経て、中央政府の六部の一つである兵部の長官、兵部尚書《へいぶしょうしょ》となり、湖北と湖南を管轄する湖広総督を代理した。さらに吏部尚書《りぶしょうしょ》・工部尚書《こうぶしょうしょ》を歴任、一七七〇年に病気解任を申請したが許されず、翌年乾隆三六年にようやく許されて帰郷の途中で病死した。

地方官であったころに陳弘謀は、膨大な行政文書を書いた。その一部を『培遠堂偶存稿《ばいえんどうぐうそんこう》』としてまとめている。これを読むと、地方行政の実態が生き生きと伝わってくる。その仕事に臨む姿勢は、長期的な視野に立って眼前にある問題に対処するというものであり、「遠きを培《つちか》う」という書名にも反映されている。なお、乾隆以降の清朝史料には、皇帝の名である弘暦と同じ字を用いることを避け、陳宏謀と記されている。私が指導する大学院の学生たちは、ここ数年来この著作に取り組んできた。その研究成果にもとづいて、一八世紀に陳が取り組んだ課題を見てみよう。

雲南での仕事ぶり

雲南布政使として雍正一一年（一七三三）から乾隆三年（一七三八）までのあいだ、民政に取り組んだ。雲南での彼の業績として、二つの柱が見られる。一つは先住民に儒学的な文明を伝える制度を創ること、第二に銅山の経営の合理化であった。

雲南はすでに見てきたように、元朝のもとで中国内地の政権が統治する契機が造られた。明代初期に中国に組み込まれたものの、支配は先住民の領主に委ねられ、土司制度と呼ばれる間接的な統治が行われた。清代初期には三藩の一つである呉三桂の政権が雲南を支配し、鉱山の開発やチベット高原との交易を進め、銅銭を鋳造した。開発が進むとともに、内地から多数の漢族が移入し、先住民とのあいだのトラブルが多発する。また漢族の犯罪者が、土司のもとに逃げ込む事態ともなった。

雍正八年（一七三〇）にさまざまな搾取と漢族とのトラブルが原因となって、雲南と貴州の先住民が反乱を起こした。この反乱には多様な民族が参加していたが、清朝側は「苗《ミャオ》」と一括して呼ぶ。雲南・貴州・広西の三省を統轄する総督のオルタイ（満洲族・鑲藍旗人《じょうらんきじん》）が平定に乗り出し、軍事力を背景に先住民の土司を廃して、中央から派遣された地方官が統治する体制を広げていった。この政策を、「改土帰流」という。土司を改めて、数年ごとに流れるように転任する地方官に統治を帰するという意味である。こうして三省の中核的な地域が、直接統治される領土へと改編された。陳弘謀は清朝による直接統治が始まった直後に雲南に赴任し、その内地化に先鞭を付けたのである。

陳弘謀の基本的な行政スタイルは、すでに最初の赴任地である雲南において発揮されている。彼は商業取引が公平に行われるように配慮し、漢族の商人と先住民とのあいだの交易を振興しようとした。この条件として彼が重視したことは、先住民が漢族と対等に交渉できる能力と漢族の倫理を身につけることであった。陳は初学者のための学校を、雲南で普及させることに精力を傾けた。

陳弘謀が赴任したとき、二〇〇ほどの学校が雲南に存在したとされていたが、そのほとんどは機能していなかった。陳は既存の学校を再興するとともに、地域エリートの力を借りて多くの学校を建て、運営した。その原則は漢族と先住民とを分け隔てすることなく、等しく受け入れて教育を施すことにある。陳が任地を離れるときには、学校は七〇〇近くに増えていたとされる。

この施策は、陳弘謀の確信に支えられていた。儒学的な文明を先住民のなかに植え付けることは可能であり、しかも先住民にとってもそれが望ましいことであるという確信をもって、陳は政策を進めたのである。先住民のアイデンティティの保持という点から見ると、この確信は批判されるべきものであるかもしれない。しかし、その普遍主義は、清朝にとって必要な理念でもあった。

胤禛は先代の皇帝と比較してみると、漢字で記される文化に対する理解が深い。彼は漢族が生んだ儒学的な理念にもとづいて、異民族である漢族を支配しようとした。満洲族を夷として見下し排斥しようとする漢族の知識人に対して、儒教の聖人である舜も「東夷の人なり」と経書にある、孔子がモデルとした周の文王は西夷の人ではないかと反駁を加え、その確信を『大義覚迷録《たいぎかくめいろく》』として出版し普及をはかっている。皇帝にとって儒学的な文明は、民族の差違を超えて普遍的であらねばならない。こうした胤禛の信念が、陳弘謀の確信に裏付けをあたえていたのである。

銅山の管理

清朝の経済運営において、銅銭の鋳造はきわめて大きな比重を占めていた。日本との交易のなかで、日本の輸出産品が一七世紀後半から一八世紀なかばにかけて、銀から銅に替わったことを前章で述べた。日本史では江戸幕府が銀を国内に確保するために輸出の基調を変えたように述べたものが多いが、清朝が銅を必要としていたという背景を見落としてはならない。

日本の銅は海から来たものということで洋銅《ようどう》と呼ばれ、銅銭鋳造の主要な原料供給源であったことは間違いない。しかし、日本の銅輸出量は制限されており、必要な量をまかなうことはできなかった。そこで銅の産地として注目された地域が、雲南であったのである。銅鉱山の管理は、雲南に赴任した官僚にとって重要な責務となった。

陳弘謀は次のような布告を出している。

雲南省の銀・銅・鉛・錫などを産出する廠（作業現場）では、硐民《どうみん》（鉱業労働者）は元手を費やし労力をかけて、大きな成果をあげてきた。しかし、役所に利益を奪われたり、あるいは廠の不正を調査するという口実で脅されたり騙されたりしている。さまざまな悪だくみは、徴税を妨げ、民を苦しめている。ちかごろ総督・巡撫は廠の弊害を深く理解し、厳禁令を出した。

本司《ほんし》（雲南布政使である陳弘謀）は、廠に関する業務を統轄し、ただ廠を盛んにして弊害を断ち、国に納める銅を増やし民に利益を与えようと考えている。〔布政使の役所は鉱山から離れていて〕監視が及びにくいとはいえ、〔鉱山に対する〕配慮は周到でなければならない。漫然と無自覚に監視して、悪だくみに惑わされてはならない。特に軽々しく査察のために人を派遣して、詐欺が起きないようにする必要がある。無法者が本司の家人《かじん》・親友や胥吏《しょり》の名目を騙って、廠の硐民に対して恐喝・詐欺・搾取を行うことを恐れている。以下のように布告する。客長《きゃくちょう》（鉱業労働者の班長）・課長（鉱業の現場主任）は硐民などのあいだを巡回し、今後、もし本司によって廠の視察のために派遣されたと騙るものがいれば、詐欺や搾取の有無にかかわらず、汝らが廠官（採掘を役所から請け負った責任者）に密かに通報し、身柄を拘束することを許す。（『培遠堂偶存稿』文檄巻二、吉原道夫訳）

雲南の鉱山開発には、多くの硐民と呼ばれる労働者が集まった。資本は官庁から特権を与えられた客商《きゃくしょう》が提供し、廠官と呼ばれる請負業者が布政使から採掘許可証を受領して鉱山を開発した。現場の総責任者は頭人《とうじん》と呼ばれ、客長や課長など七長と総括される鉱山の各部門の責任者が、採掘から精錬までの作業、精錬に必要な木炭や坑道の支柱の供給を分担したのである。

この布告で取り上げられた問題は、鉱業を管轄する布政使が派遣した視察官であると騙って、搾取を行う輩がいたことである。布政使のみならず地方行政庁には、中央から派遣された官僚のほかに、多くの人員が関わっていた。先に記した陳弘謀の経歴を見ると判るように、地方官は二年から三年ほどで次々と任地を替える。現地の状況に精通した事務員がいなければ、地方行政の実務を遂行することは不可能であった。

役所で働く事務員は胥吏《しょり》と呼ばれ、定員は一つの官庁で一〇〇名を超えないが、定員外の人員が数百から数千人もたむろしていたという。彼らはさまざまな口実を設けて、人民から手数料などと称して搾取を行った。地域社会のなかで、胥吏は常に不信と警戒の目で見られていた。

胥吏をあてにできない地方官が頼りにした人員は、官僚に従って任地を回る家人（長随《ちょうずい》・家丁《かてい》とも呼ばれる）であった。中央の宮廷に内廷と外朝という区分が存在したように、地方官庁には官僚とその家族の居住空間と、地域の住民が出入りする政務空間とがある。家人は官僚の手飼いの人員として、二つの空間を往来し官僚の意図を政務に反映させたのである。

官僚本人は科挙のために儒学は勉強しているが、実務には疎いものが少なくなかった。そのために、官僚に代わって文書作成を行う、実務に精通した顧問が雇われた。彼らは幕友《ばくゆう》と呼ばれる。引用文のなかで親友とあるものが、この幕友であると考えられる。財務担当の幕友は銭穀先生《せんこくせんせい》、司法担当の幕友は刑名先生《けいめいせんせい》と呼ばれ、官僚本人に管理能力がなければ、幕友が地方行政を差配し、甘い汁を吸うことも少なくない。

明代後期から清代を通して、幕友の多くが浙江の紹興《しょうこう》を出身地とし、紹興師爺《しや》と呼ばれた。彼らは同郷のよしみで情報を交換し、ときには雇い主である官僚のために官界で裏工作することもあった。中華人民共和国を創った毛沢東《もうたくとう》を実務面で支えた周恩来《しゅうおんらい》は本籍を紹興としているが、その祖父が紹興師爺として勤めていた淮安《わいあん》で生まれている。

開発と官僚

陳弘謀は人員を派遣するのではなく、自ら鉱山に赴いて現状を調査し、労働者が請負業者である廠官の苛酷な管理に苦しみ、現場に投下される資金が少ないことを知る。そこで官庁が支給する資金を増やすとともに、生産された銅についても国家に納めるノルマを果たしたあとは、残りの銅を客商が市場で販売することを許した。

この施策が実施されると、客商は利益を求めて盛んに投資し、新しい鉱山が次々と採掘され、雲南における銅生産額が飛躍的に伸びた。このために国は洋銅に頼らずに、必要な量を確保できるようになった。一八世紀の前半に、日本の中国向け輸出産品が、銅から海産物へと切り替わった背景には、こうした官僚の開発政策があったのである。

陳弘謀の開発政策は、官庁が直接に開発を推進するのではなく、客商が資金を投入しやすい条件を整え、市場の原理を引き込むというところに特徴が見られる。父母が相次いで死去したとき、胤禛は陳の帰郷を許さなかった。雲南に赴任したときに、ようやく許されて葬儀のために郷里の広西に戻ったとき、彼は官主導の開発事業に弊害が多いことを知る。

人口の急増に直面した清朝は、国策として農地の拡大をはかり、開墾事業に成功した地方官の功績を重視した。広西は開墾された土地が少なかったため、ときの広西巡撫は性急に数値を上げようとはかり、罷免された官僚などに公金を提供して開墾を請け負わせ、納税したものに官僚へ復帰させるという政策を行ったのである。その実態は、利に聡いものが官庁と結託し、荒れ地として登録されている耕地を探し出し、支給された開墾費用を着服するとともに、新たに開墾した土地だと報告して官職を得るというものであった。陳はこのずさんな開発事業を見かねて、皇帝に報告した。

胤禛はさっそく実態を調査させ、広西は土地が痩せており、開墾しても休耕させる必要があり、報告された生産量は持続できないことが明らかとなった。ところが、一七三五年に胤禛が急死し、その子の愛新覚羅弘暦（高宗・乾隆帝）が即位すると、状況は陳弘謀に不利に流れ始めた。陳に糾弾された人物は中央政界に転任し、再調査を求めたのである。

新しい皇帝は両広総督オルタイなどに再調査を命じ、喧嘩両成敗の判断を下した。すなわち元広西巡撫を降格し、開墾したと詐称して官職を得たものを罷免した。さらに陳弘謀に対しては管轄地以外のことに口出ししたことを咎め、郷紳が地方行政に介入したという罪状で降格したのである。しかし、一度は降格した陳弘謀ではあったが、その能力は弘暦も認めざるを得なかった。数年後に陳は地方長官のポストを得て、その手腕を発揮する。

乾隆七年（一七四二）、弘暦は内閣に対して次のような上諭を出した。

国家の平安が続き、人口が日ごとに殖えている。人民を扶養するために必要な源を、速やかに講じないわけにはいかない。貧しい民が利に赴く様子は、疾走するかのようである。またどうして怠けたりするものであろうか。山林川沢、天地自然の利を挙げて、棄てておくようなことがあるだろうか。資源開発の始めには、豪強が群れ争い、産業として成り立ったあとには、ずるがしこい連中がさまざまな手段で損なう。そのために地方の役人は、常に自然の資源を取るに足らないと見なして、開発政策を進めずに荒れたままに放置している。

この上諭の対象は総督と巡撫である。これらの地方長官は赴任地で産業を興すことが求められた。この皇帝の指示を実行する行政手法を、陳弘謀は持っていた。

開発の手法

乾隆六年（一七四一）から八年（一七四三）までのあいだに江西巡撫の任にあった陳弘謀は、配下の知県に対して、それぞれの管轄区域の地図と地方の状況に関する報告書を提出するように厳命する。そののちこうした報告書にもとづく施策が有効であることを知り、任地が決まるとすぐに調査報告書の提出を求め、この情報にもとづいて政策を立案するようになった。

もともと官僚が赴任すると、その任地の状況を把握することになっていたが、多くの場合は役所に所蔵された古い情報を引き写すだけで、新たに調査することはなかった。陳はその弊害を改め、地図の形式や報告の内容を細かく箇条書きにして示し、期日を限って調査報告させた。実地調査にもとづかないものには、報告書の再提出を命じる。しかもその報告を鵜呑みにするのではなく、重要だと思われる土地に自ら赴き、実地検分を行った。調査にもとづく行政の流れを、陝西での二つの事例のなかに見てみよう。

乾隆一〇年（一七四五）には、陝西において陳弘謀はサツマイモの普及に取り組んだ。「民に甘藷の栽培を勧める論」には、次のようにある。

〔私が〕陝西省に赴任したときには、この地にはサツマイモは存在せず、陝西の民もまたサツマイモが日々の食の助けとなるばかりでなく、栽培も簡単に行えることを知らなかった。もし、性急に農民に種芋を受け取らせて栽培を勧めても、農民は目先の利益しか考えないので、収穫が確かめられない作物を栽培しようとはしないかもしれない。

今年はまず官が先行して土地を探して実験的に栽培し、あるいは農民の土地を借りて試作する。多くの土地は必要とはしない。農民に参観させる。収穫があれば民間ではサツマイモが食べられることに気づくであろう。そうなれば農民は自分で栽培するようになり、苦労しなくても普及して行くであろう。肝心なことは、強制してはならないということである。サツマイモ栽培に取り組むものを奨励するが、試さないものを詰問する必要はない。（『培遠堂偶存稿』文檄巻二二、中林広一訳）

官営の事業として農民にサツマイモ栽培を強制するのではなく、段階を踏んで農民の理解を取り付けながら普及をはかっていく。ここにも陳弘謀の行政手法を、認めることができる。陳弘謀は配下の知県に、それぞれのルートで種芋を入手するように指示を出している。そののちに各地の状況について詳細な報告を受け、種芋をすでに取り寄せている州県を把握するとともに、まだ入手できていない県は、種芋に余剰がある県から融通してもらうように命じている。

第二の事例は、クスサンを用いた養蚕業である。

クスサンの繭から糸を採り布に織り上げる方法は、明代の洪武《こうぶ》年間に発見されたとされる。永楽一一年（一四一三）には、山東の人民が野蚕の糸を宮廷に献上した。しかし、この時期に用いた繭は野生のガの繭を集めたもので、飼育したものではなかった。飼育する技術が確立するまでに、二〇〇年ほどの試行錯誤が必要であったと思われる。一六世紀に山東省に神人（神のような超能力者）が現れ、飼育の方法を住民に伝えたとされる。これは無名の人々の積み重ねを、超能力者に仮託したのであろう。

陝西でも雍正年間に山東からの技術移転が試みられ、乾隆初年には山東出身の知州《ちしゅう》が産業として導入をはかった。報告によってこの先行的な取り組みを知った陳は、この仕事に着目し、クスサンによる養蚕業を陝西の山間地域に広く普及させようと考えた。

乾隆一一年（一七四六）に、陳弘謀は巡撫として養蚕業の振興に本格的に取り組み、山東から技術者を招聘し、技術を伝達するステーションを設置している。クスサンを育てるためには、カシワやクヌギなどブナ科の森林が必要となる。産業を成り立たせるために、陳は山林の保護にも乗り出している。こうした政策は、地域住民に現金収入を得る道を開き、産業の多様化をはかるものであった。

福建と台湾

乾隆一七年（一七五二）から一八年（一七五三）にかけて、陳弘謀は短い期間であったが、福建巡撫を務めた。このときに陳が直面した難問は、海に山が迫っているために平野が少ない福建で、いかに多くの人口を養うかという課題であった。

台湾に拠っていた鄭氏政権の降伏を受けて、康熙二三年（一六八四）に展界令が出されると、江蘇や浙江から米穀が海路で福建に移送された。しかし、一八世紀になると長江下流域デルタで穀物価格が上昇し、それにともなって康熙四七年（一七〇八）には、米穀を福建に海運することが禁止され、福建は食糧の不足に悩むこととなった。この窮状を救うために康熙五六年（一七一七）には、台湾から泉州と漳州へ米穀を移出することが正式に認められた。

台湾の状況を、簡単に見てみよう。鄭氏政権が投降したあと、清朝は台湾を領有することには積極的ではなく、台湾攻略の指揮を執っていた施《し》琅《ろう》が積極的に運動した結果、ようやく領有が決まった。領有初期には台湾対岸の泉州と漳州の住民だけに入植が許され、康熙五〇年（一七一一）になって広東の潮州《ちょうしゅう》や恵州《けいしゅう》などの住民が許可証を得て渡航することが認められるようになった。福建系の移民が土民《どみん》と呼ばれたのに対し、広東からの入植者は客民《きゃくみん》と呼ばれた。この時期の入植は、男性のみの単身赴任であった。入植した漢族は先住民の土地に入り、平野部から開墾を始めた。福建に移出された台湾米は、こうした入植者が生産したものである。

福建では一七世紀末から、タバコとサトウキビの栽培が拡大していた。台湾から福建に米穀が送られるようになると、福建の商人は砂糖やタバコを長江下流域デルタに送り、江蘇・

浙江から繊維製品を仕入れて台湾に移出するようになった。つまり福建の穀物生産地は商品作物の生産地となり、食糧の自給率をいっそう低下させたことになる。台湾のみに依存することは、陳弘謀に不安を与えたと思われる。

タイからの食糧輸入

陳は別の食糧供給源を求めた。それは南洋、すなわちタイであった。一八世紀前半のタイはアユタヤ王朝の後期にあたる。一七二二年に清朝はタイ米が安価であるために、広東・福建などに配給する目的で、アユタヤから米穀を輸入し、徴税を免除するという動きを示す。それを受けて一七二四年に、タイ米が初めて広州に届いた。以後、アユタヤは中国との交易関係を深め、ベンガル湾から南シナ海へと活動の舞台を移し、大臣も中国系の人物に置き換わって行く。

タイから米穀を輸入する際に障害となったのが、康熙五六年（一七一七）に出された海禁令である。これは中国人が南洋（東南アジア）に渡航することを禁止し、すでに現地に居住している中国人は三年を期限として帰国することを定めていた。この禁令は日本の江戸幕府が出した渡航禁止令ほど厳格なものではなく、その後も交易は続けられていた。中国の商人はジャンクで南シナ海を往来し続けてはいたし、外国人が船主となっている船舶の入港は認められていた。しかし、タイ米輸入を制度として安定させるためには、禁令の解除が必要とされた。

雍正五年（一七二七）には閩浙総督の高其倬《こうきたく》が海禁の緩和を求め、中国の商人と船員は二年間を限度に南洋に滞在することが認められた。乾隆七年（一七四二）には、期限が三年に延長された。外国の船舶は雍正年間に厦門に入港することが認められ、税金を免除されてタイ米が輸入された。こうした流れを受けて、陳弘謀は福建を来訪したタイ船の船長に対して、公正に貿易を拡大するように求めている。

乾隆一九年（一七五四）に陳弘謀は、南洋の風は予測しがたく、三年という期限内に帰国しようにも戻れない中国商人も少なくない、ぜひ現役の商人の在外居留を制限せず、引退後には中国に戻れるように取りはからってもらいたいという上奏を出す。この陳の提言は時宜を得たものであったため、皇帝の認めるところとなった。陳はさっそく福建に朗報を伝えている（以上は、Rowe, William T. *Saving the World: Chen Hongmou and Elite Consciousness in Eighteenth-century China*, Stanford University Press, 2001. による）。

米穀をタイから運ぶ交易で活躍した商人は、潮州《ちょうしゅう》人であった。広東省の潮州は福建省と隣接し、南シナ海の航路に臨む。しかし、外洋船を造るために必要な木材資源を確保することができず、福建の商人に遅れをとっていた。一八世紀に米穀をめぐる交易が盛んになると、タイに渡った潮州商人がタイで木造船を造り、交易に投入したのである。このタイとの交易で活躍した船舶は、船首が紅く塗られていたために「紅頭船《こうとうせん》」と呼ばれる。

清朝がタイとの交易を公認した当初は、主に米穀を運搬した。やがて交易品目も増え、タイを出帆した紅頭船には東南アジア産の香辛料やラタン、紫檀などの木材などが積まれ、帰り荷として潮州で陶磁器や絹織物、チョウセンニンジンなどの薬材が積み込まれた。この交易の担い手は、タイに永住した潮州系の人々であった。いまもタイの経済人に、この潮州商人を父方の祖先に持つものが少なくない。

通貨と糧食

銀両と広域流通

中国雑貨の商店をのぞいてみると、元宝《げんぽう》と呼ばれる分銅形の縁起物を目にすることがある。いまは金色のものが多いが、もとは元代から清代までの約六〇〇年ものあいだ通貨として用いられた銀のインゴットをかたどったものである。鋳造のときに融けた銀を型に流し込んだ形をとどめ、カップ状に中央がへこみ、両側に耳と呼ばれる張り出しを持っている。馬の蹄にも形が似ているので、馬蹄銀《ばていぎん》とも呼ばれる。この元宝は中国における富の象徴である。人生の目的を「発財」（資産形成）においた中国商人たちは、めでたい意匠の一つとして、日用品のさまざまな所に元宝をちりばめた。

銀は銀貨つまりコインとしてではなく、重さをはかって通貨として用いられた。重さの単位は両（三七・三グラム）である。ここでは銀両と呼ぶことにしよう。銀両は三つの大きさのものが作られた。大きなものが五〇両前後のものであり、これが元宝銀と呼ばれ

元宝　かつての通貨をかたどった縁起物

るものである。二キログラム弱のずっしりと重い馬蹄銀である。中は一〇両前後、小は三両前後となる。銀両はハサミで切り、重さを量って用いられることもあった。

　通貨として用いられる銀は、その純度がまちまちであった。清朝は銀両の鋳造を民間に放任し、重量や品位に規定を設けることはしなかったのである。銀の価値が含有されている純銀の量で決まるのであれば、品位と重さを掛け合わせれば決まる。日常の取引であれば、純銀量が確定できれば十分であるはずである。ところが清代の中国では、業種ごとに計算の単位となる銀両が存在していた。これを実際には存在しない架空の銀両ということで、虚銀両と呼ぶ。

　実際に目の前にある銀のインゴットについて、まず「色」（品位）を調べ、どのタイプの「平」（秤）で重さを量るかを決め、さらに「兌《だ》」（換算率）を掛け合わせて計算上の単位に変換して、はじめて通貨と取引に用いる虚銀両が算出される。品位は試金石にこすりつけて、その色を陽光にすかすことで調べられた。たとえば純銀は磁白色、九五色（純度九五パーセント）は青みがかった色を呈するという。

　虚銀両の種類と名称は、非常に多い。そのなかで最も古く広く通用したものが、康熙年間に定められた紋銀《もんぎん》である。紋銀には計算上、一〇〇〇両につき九三五・三七四両の純銀が含まれる。あらためて言うと、このような端数のつく純度の馬蹄銀が実際に存在したのではない。紋銀はあくまでも計算上の単位に過ぎない。たとえば契約書に「紋銀五両」とあったとしても、五両を大幅に超えた重量の低品位の馬蹄銀が実際には授受されていたのである。

九八規元《きゅうはちきげん》あるいは規元と呼ばれる虚銀両は、東北地方から大豆を仕入れていた上海の商人が、一九世紀前半の道光《どうこう》年間（一八二一—五〇）ごろから用いだした計算単位である。現銀が不足したときに、九八パーセントに割り引いて銀を確保したことが契機となってこの虚銀両が生まれたという。このように虚銀両は特定の商品を扱う客商たちが支え、遠隔地のあいだの交易にもっぱら用いられた。銀は虚銀両に換算することで、地域のなかの日常的な取引からは切り離されるのである。

さて視角を変えて銀を見てみよう。一六世紀には日本で産する銀、ついでマニラ経由でアメリカ大陸産の銀が中国に大量に流入した。前章で述べたように、江戸幕府は長崎経由の銀の輸出を抑制した。しかし、一八世紀には他のルートを通じて相変わらず銀が日本から中国へ流入していた。

銀輸出を制限しようとした日本は、中国からの輸入品であった生糸の国産化に努める。しかし、この政策が成果をあげ、良質な生糸が日本国内で生産されて京都西陣などの高級絹織物業の需要を満たすようになるのは、一八世紀なかば以降であるという。一八世紀前半には、対馬を経由して朝鮮を介し、銀が中国に送られ、生糸が仕入れられていた。

朝鮮は清朝に朝貢している。朝鮮は中国の暦を用いることが義務づけられ、当時は新年の挨拶を行う必要があった。毎年八月、ソウルを出発した使節は北京で暦を受け取り、一一月に帰国した。また冬至使《とうじし》と呼ばれる新年の儀式に参加する使節は、一一月に出発し翌年の四月に帰国した。この二回の使節派遣に合わせて、対馬藩は京都で銀を調達し、大坂から対馬を経由して朝鮮の釜山《プサン》に送ったのである。朝鮮の朝貢使節は、北京などで生糸を仕入れ、釜山に置かれた倭館《わかん》と呼ばれる施設で取引を行った（濱下武志・川勝平太編『アジア交易圏と日本工業化 1500-1900』リブロポート、一九九一年)。

日本からの銀の流入が一八世紀後半に停止すると、それに替わるように広州に来航したイギリスなどの欧米の船舶が、生糸と茶葉を仕入れ、その代価として大量の銀をもたらすようになった。また、マニラを経由する銀も、一八世紀にはいっても絶えることはなかった。広州やマニラ経由でもたらされた銀は、メキシコに設けられた造幣局で打刻された銀貨である。華南の一部の地域では銀貨を枚数で計り、貨幣として小口の取引に用いたものの、地域を越えて流通するときには虚銀両に換算され、鋳造し直されたり切断されたりして用いられた。

銅銭と穀物

銀が地域を越えて移動し、遠隔地を結ぶ交易を決済するために用いられたのに対して、一八世紀に地域のなかで流通した通貨は銅銭であった。同じ価値の銀と銅銭とでは、もちろん銅銭の方が重くかさばり、移動させるためには多額の輸送費を要する。銀の使用が一般的ではなかった宋代には、紐で結んだ銅銭で遠隔地交易を行っていた。元代以降になって銀の使用が広まると、銅銭は使用されなくなる。行き場を失った銅銭が日本やヴェトナムに流出し、それぞれの地域での経済活動に大きな影響を与えた。これは、すでに述べたことである。

一六世紀に大量の銀が中国に流入すると、国内の遠隔地交易を活発にした。しかし、日常生活が営まれる地域社会からみると、この銀は喩えてみれば「猛毒」として作用することがあった。たとえばある地域が不作になり、穀物が不足したとする。市場の原理、つまり需要と供給のバランスが働いていれば、不足がちな穀物の価格は上昇する。価格を見て地主は倉庫に蓄えられていた穀物を売り、商人は地域外に搬出せずに地域内で販売しようとするであろう。

ところが、価格を決定する銀が地域の外部からもたらされていると、この需給システムが働かない。生糸などを生産して銀を海外から獲得していた長江下流域デルタの穀物相場が許す限り、穀物が不足する地域からも銀の力で食糧が吸い出されてしまう。税金納入のために銀を必要とした農民たちは、自家消費分の穀物までも売却し、生存可能な限界まで追いつめられる。

大量流入して地域を越えて暴走する銀の毒性を、いかに中和するか。アメリカ大陸からユーラシア大陸に大量の銀が流入すると、ユーラシアの各地はいずれもこの課題に直面した。清朝のもとで中国社会が出した処方箋が、銅銭の活用であった。

運送費を必要とするために、相場にかなりの地域差が生じない限り、銅銭は地域から持ち出されない。穀物などの日常的な物資を売買するとき、銀ではなく銅銭を用いるようにすれば、地域社会のなかで需給システムが作用する。一八世紀なかば、乾隆年間に中国ではこの仕組みが形成された。そのプロセスを実証した黒田明伸氏の研究を、要約すると次のようになる（黒田明伸『中華帝国の構造と世界経済』名古屋大学出版会、一九九四年）。

銅銭に即して見ていこう。一八世紀の前半、銅銭は北京において戸部と工部に直属する宝《ほう》源《げん》局《きよく》・宝《ほう》泉《せん》局《きよく》と呼ばれる造幣局で鋳造され、主に軍隊への給与の支払いを通して中国全土に分配された。多くの兵士が駐屯する地域に、多くの銅銭が支給される。したがって、経済が発達し通貨を必要とする地域に、必ずしも十分な銅銭が供給されるという仕組みにはなっていなかった。

一方、民間に出た銅銭が行政機関に還流するルートは、二つあった。一つは納税である。清代には州県の役所に土地税を支払うときには、銀七割、銅銭三割の比率で行うことが通例となっていた。しかし、州県から省など上級機関に送金するときには、銅銭を用いず、すべて戸部が指定した規格に従う「庫平両《こへいりよう》」と呼ばれる銀両に両替しなければならなかった。もう一つの還流ルートは、穀物価格の調整のために穀物を廉売したときに民間から代価として受け取る場合である。

一六世紀から一八世紀前半にかけて、中国の米穀の価格は乱高下を繰り返した。一七世紀に遷界令（第七章参照）のために銀の流入量が減ると、物価全般が下落し、中国は不況に陥る。地域内の日常的な商品の取引にも、銀が用いられていたため、社会に深刻な影響を与えたのである。展界令（第七章参照）が施行されて銀の流入が再開されると、一八世紀には反転して穀物価格が急上昇し、社会問題になった。

こうした不安定な穀物価格は、社会不安を醸成する。少数民族の満洲族が支配する清朝は、何よりも人民に食を与えて社会を安定させる必要を痛感していた政権である。雍正から乾隆にかけて、穀物価格を安定させるために、穀物の長期備蓄を形成する政策を推進した。州県には常平倉《じようへいそう》と呼ばれる公立の備蓄倉庫が置かれ、また民間が運営する義倉《ぎそう》や社倉《しやそう》と呼ばれる備蓄庫の拡充を奨励した。

試行錯誤の結果、備蓄用の穀物は地域のなかで購入する方針が定められた。つまり、ある地域での価格の乱高下を沈静化させるために、他の地域から米穀を移入するのではなく、同じ地域のなかで安い時期に穀物を買い入れて、高くなった時期に売却することで価格変動を平準化させようとしたのである。

銅銭が還流する仕組みには、納税と備蓄という二つのルートがある。州県は税として銅銭を受け取るが、上級機関に送るときには銀両に両替している。備蓄においては地域の外で銅銭を用いて穀物を買い入れることはしない。つまり銅銭は州県の範囲から出ないことになる。国家が鋳造した銅銭は州県に向かい、そこで滞留していたのである。

銅銭と地域市場

地域の穀物市場で大量の備蓄用穀物を購入すると、対価となる銅銭が不足し、銅銭の相対的な価格が上昇するという結果を招いた。この傾向は乾隆五年（一七四〇）ごろに、深刻な問題として意識されるようになる。

銅銭の価格が上がれば、民間で銅銭を造ることが盛んになる。政策の選択肢としては、こうした民間の動きを公認する道もあった。しかし、清朝は民間で造られた銅銭を、私鋳銭として厳禁した。その代わりに、中央に限定されていた銅銭の発行体制から、各省における鋳造を重視する制度へと移行させた。

各省の担当部局は、雲南銅や日本銅を買い付けて、銅銭を鋳造する。駐留する軍隊が少ない省で、まず不足する銅銭を補充するために鋳造が開始され、全国に及んだ。穀物の備蓄は、州県の行政機関が行う。州県の行政機関は、省から供給された銅銭を用いて米穀を購入した。こうして、地域社会に大量の銅銭が供給されることとなった。

州県よりも上級の機関が銅銭を支出して、直接に物資を購入することはまずない。公費による物資購入は「採買《さいばい》」と呼ばれる。巡撫や布政使などの上級機関が採買を行うときには、現地の銭舗などの金融業者で銀を銅銭に兌換して調達した。銭舗が保有する銅銭が不足していると、採買業務の執行が遅らされることもあった。銅銭はほとんど州県のレベルで授受が行われ、完結していたことになる。言葉を換えて言うならば、銅銭が通貨として流通する地域的市場は、州県の行政区域とほぼ重なり合うものであった。

以上は銅銭の側から一八世紀なかばにおける通貨システムの変化を、整理したものである。これを米穀の側から、説明する必要もあろう。

米穀は食糧という消費財であると同時に、備蓄することができ、しかも誰に対しても価値を持つ。つまり米穀そのものが通貨になりうるのである。地主などの資産家は、比喩的に述べるならば、私たちが貯金するのと同じ感覚で米穀を蓄えていた。したがって、地域が不作になっても、商品として売らずに貯蔵し続けたり、他の地域で高く売れると知れば、私たちが利率を見て預金を他の金融機関に移すように、米穀を移転させたりした。

一八世紀の米穀備蓄政策は、地域の資産家が保有している預金感覚の米穀を、銅銭に置き換えるという意味を持っていた。したがって、州県を範囲とする地域市場に投入された銅銭は、地域の資産家に備蓄され、そのまま地域で流通するわけではない。地域内に実在する銅銭と、実際に流通している銅銭とのあいだには、かなりの量的な差があったのである。銭相場の上昇に連動して、銅銭は市場に再登場するとは限らなかった。

地域社会の米穀価格が高騰したとき、州県の行政機関は倉庫を開いて穀物を廉売する。政策として行う穀物販売は、古くから「糶《ちょう》」という漢字で示された。左肩に「出」という文字が含まれていることに、注意を向けて欲しい。なお、ここに「入」という文字が組み込まれて「糴《てき》」となると、政府機関が米を買い入れるという意味になる。

さて、一八世紀の清朝は、糶を行う際に、大幅な廉売はしなかった。それは、市場の実勢を大幅に下回る価格で販売すれば、相場の急落を招き、在庫保有者の売却をひかえさせて流通を阻害するという観点にもとづく。市場に対して、行政機関が一個の経済的な主体として行動したともいえよう。

州県行政機関は廉売するときに、銀換算で基準を設定するが、現実の売却はほとんど銅銭払いで行われた。市場を逼塞させないように価格を高めに設定し、死蔵されがちな銅銭を引き出す。こうして、銅銭を州県行政機関の側に還流させた。

こうした一連の政策は、銅銭と米穀とのあいだの結びつきを強め、その取引から銀両を駆逐することになった。一八世紀なかば以後、銀は虚銀両として地域のあいだの決算を主に担うこととなった。銅銭はもっぱら地域のなかで流動し、地域的な市場を形成する役割を果たすこととなったのである。

広域交易の展開

銀両が地域市場から切り離された結果、客商の活動を介して中国各地に銀が循環し、資金として投下され、地域的な特色をもつ産業が生み出された。しかも各地の産業は互いに補完しあいながら、発達したのである。その一端として、前章において東北地方における大豆を用いた搾油業、陝西の秦嶺山脈における製鉄業を紹介した。他方で、広域交易が展開した結果、それぞれの産業が相互に連関しあう局面が見られた（以下、山本進『清代の市場構造と経済政策』名古屋大学出版会、二〇〇二年による）。

一八世紀なかば、長江下流域デルタでは、明代に引き続いて絹や木綿の高級織物が生産されていた。また微高地において綿花栽培も盛んに行われ、高級綿織物に対する原料を供給していた。他方、長江下流域デルタの産業と密接な関わりをもちつつ、棲み分けをはかる地域が沿海地域および長江中流域に生まれた。デルタを先進地域とするならば、中進地域ということになるであろう。

中進地域の湖南の洞庭湖《どうていこ》周辺は、米穀を下流域デルタに送る役割を担った。山東や河北（直隷）では、綿花栽培が始まり、綿花の一部は長江下流域デルタにも移出された。福建や広東沿海部では、製糖業とタバコ生産が展開し、砂糖は江南にも販売された。湖北中東部では綿織物業が形成され、低級綿織物を生産して湖南と四川に移出し、食糧を移入した。四川の西部でも低級綿織物業が勃興し、主に雲南・貴州に販売された。また、湖南の丘陵地帯では、明代に引き続いて低級の茶葉が生産され、中央ユーラシアとの交易向けに陝西に移出されていた。

横に寝たT字形の広域交易地帯の奥には、後進地域が接続する。河南や山西・陝西は河北・山東に対して従属的な位置に立たされ、中進地域から下級綿織物を移入した。陳弘謀が陝西巡撫であったころに養蚕業を振興した背景には、この地域を中進地域から自立させるという長期的な目的があったとも考えられる。また広西は広東に従属し、米穀を移出した。

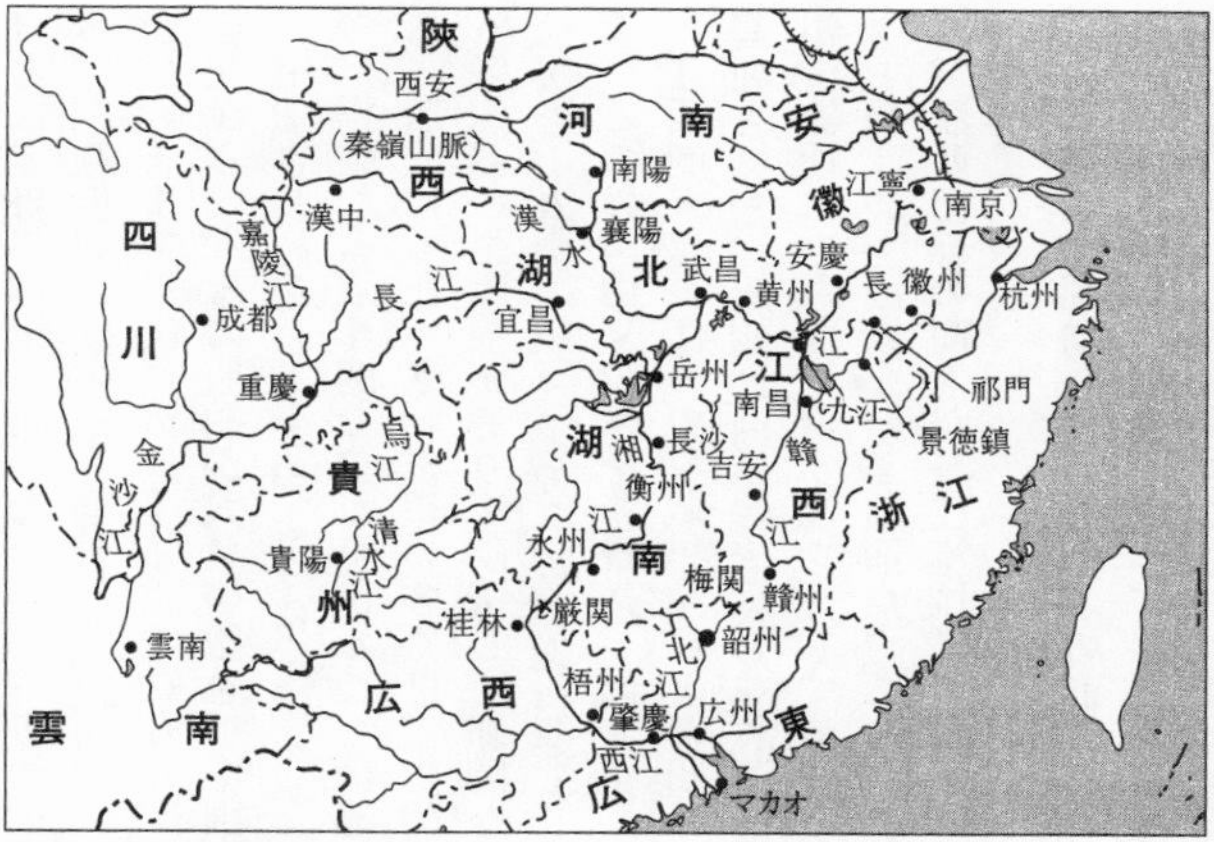

江西商人の交易の広がり

こうした中国の内地の広域交易圏の外側に、一八世紀になって漢族の植民地として組み込まれた地域が現れる。雲南と貴州は、改土帰流の政策が展開するとともに、経済的にも中国内地に従属するようになる。雲南では、銅銭の原料となる銅鉱山の開発が進んだ。貴州では、苗族などが居住する山間部で木材が伐採され、河川を用いて長江流域に供給された。

一八世紀に漢族の移民を大量に受け入れた東北地方は、内地の商人が開墾を主導し、大豆および大豆粕を内地に供給した。また、台湾は鄭氏政権が平定されたあと、福建から移民が流入して東部の平野を開発し、米穀を福建に供給した。さらに、タイのチャオプラヤー川デルタでも、潮州商人が米穀の買い付けネットワークを形成し、中国向けの輸出を行った。

中国へは一六世紀から銀が流入し続け、

ほとんど外には出て行かなかった。世界的に見るならば、中国は「銀の墓場」とたとえられる。一八世紀に銀両が地域経済の拘束から解き放たれたことで、国内に蓄積されていた銀が、いままで以上に流通するようになり、回転速度が高まったと考えられる。さらに、主に広州からは欧米の船舶が大量の銀を、中国に追加的に供給した。

　追加された銀は、どのように中国をめぐったのであろうか。統計資料のない清代の中国で、正確な産業連関モデルを作ることは難しいが、おおよそ次のように推定することができる。広州にもたらされた銀の多くは、内陸水路を用いて江西に向かう。江西には景徳鎮《けいとくちん》という陶磁器の生産地があり、隣接して祁門《きもん》などの銘茶の産地がある。ここで生産された茶の銘柄がキームン‐ティーである。陶磁器と茶葉は輸出産品である。江西では一八世紀後半から、この外国由来の銀を背景に、商人グループが形成される。

　江西商人は長江の中流域の漢口《かんこう》と黄州《こうしゅう》に、商業活動の拠点を設けた。漢口は南に湖南の洞庭湖を擁し、北西に向かう漢水を通じて陝西と接続する。長江をそのまま遡上すれば、四川・雲南にいたり、清水江《せいすいこう》を介して貴州にいたる。漢口は、先進地域である長江下流域デルタと長江の上流域を結ぶ結節点である。黄州は江西から長江への出入り口にあたる九江《きゅうこう》に近く、江西出身の商人が長江流域で活動する拠点として発達した。黄州の江西商人は黄幇《こうパン》と呼ばれた。

　漢水流域で活動していた湖北の商人グループであった漢幇《かんパン》などは、江西商人から資金の提供を受けて山林の開発を行っていた。秦嶺山脈における製鉄業に投資された資金も、江西商人に由来するものが少なくなかったと考えられる。貴州などで展開した林業もまた、江西商人の影響下にあった。江西商人は広州にもたらされた銀を、長江流域に運び出す役割を果たし、横に寝たT字形の広域交易帯を支えていたのである。

明代との比較

ここまで二つの章を費やし、盛世と呼ばれた時代を概観してきた。そろそろ前章で掲げた問いに答えを出せるかもしれない。一八世紀に中国で人口が急増し、それが持続した理由はどこにあるのであろうか、という問いである。問題点を際だたせるために、この一八世紀の盛世の時代を、一六世紀の商業の時代と比較していこう。一六世紀の中国は、同じく経済的には発達したものの人口はほとんど増加しなかった。この差はどこにあるのであろうか。

人口の動向を直接に左右する要因は、一人の女性が一生の間に何人の子を産むか、というものである。一六世紀と一八世紀のあいだで、女性の生き方に大きな変化は認められない。大半の女性は一七歳前後で第一子を産み、四、五人の子を産み続けた。おそらく大半の女性が生理で悩む間もなく、妊娠、出産、授乳そして再び妊娠というサイクルを繰り返していたものと考えられる。ただし、中国の歴史人口学は、十分に研究が進んでいない。地域や社会階層による差違、中国における避妊の有無、中国で「溺女《できじょ》」と呼ばれる嬰児殺害の頻度など、検討すべきテーマは多い。

出生のパターンに大きな変化がないとすれば、人口増加の要因は死亡率の低下に求められることになる。前章で述べたように、月別に死亡率を調べてみると、一六世紀にはまだ季節変動が顕著に見られたものが、一八世紀になると平準化される。この変化は、中国社会が慢性的な飢饉状態から離脱できたことを示すものと考えられる。食糧事情が改善され、農作物の端境期にも食糧を確保できるようになり、体力を保持できるようになったのである。なぜこのような変化が生じたのか、いくつかの要点を検討してみよう。

人口の大半を占めている農民を見た場合、一六世紀に比べ一八世紀には税の負担が大幅に軽くなっていたものと考えられる。一六世紀の重税は、明朝が北虜南倭と呼ばれる緊張関係のなかにおかれ、国費の多くを軍備に充てなければならなかったことに由来する。とくにモンゴル高原との境界には多くの兵員が配備され、物資を消費した。第四章で述べたように一五世紀に開中法が機能しなくなると、農民などから徴収した銀を辺境に送り、商人たちが食糧などを搬入して代金を受け取った。その結果、農村から商人を経由して都市と辺境に富が集中することになったのである。

一八世紀になると、この状況は一変する。康熙年間に台湾に拠っていた鄭氏政権を平定したことで、海防に費用をかける必要はなくなった。中央ユーラシアに対しては、清朝の皇帝は多面性を持っていたために、安定した秩序を創ることが可能になり、辺境の警備のために兵員を張り付けておく必要がなくなった。康熙年間の後半から雍正年間にかけて、防衛費の負担が少ないために国庫は充実し、財政的なゆとりが生まれた。こうした財政の状況を背景として、人頭税の負担する丁の数を固定し、最終的には土地税のなかに繰り込んで徴収するという税制改革が可能となった。

帝国の性格も、一六世紀と一八世紀とでは、大きく異なる。明朝の皇帝は儒学にもとづいて皇帝の存命中に嫡長子を皇太子に指名した。この皇太子制は代替わりのときに皇族のあいだの抗争を抑止するという意義はあったが、皇太子に指名された人物の周囲には利権に絡んだ人脈が形成され、その人格に悪い影響を与えた。明朝の皇帝のほとんどが、人格的に破綻していた理由は、この嫡長子皇太子制に求められる。

狩猟民から勃興した清朝では、ホンタイジから玄燁（康熙帝）まで満洲族の有力者の合議によって、先代の皇帝が死去したのちに新しい皇帝が決定された。順治から康熙にかけては、皇帝が自分の息子のなかから次の皇帝を指名することになった。胤禛（雍正帝）以降は、太子密建によって、皇帝存命中に皇太子を決定はするが、その名を発表しないという原則が確立した。嫡長子を自動的に皇太子としない方法は、皇位継承をめぐり抗争を生じやすかったが、皇帝の子は候補者となるべく努力したのである。

一六世紀の明朝皇室は、人格が破綻した皇帝が、宦官を用いて人民から搾取するといった様相を呈していた。清朝は明朝自壊から教訓を得て宦官を厳しく統制し、海関や軍事に関わらせたり、商業地に派遣したりすることはなかった。

明代には宦官が果たしていた内廷と外朝とを結ぶ役割は、清代になると主に満洲族の旗人が担った。弘暦が晩年に重用した和珅《ヘシエン》（満洲正紅旗人）などのように、旗人でありながらも皇帝からの寵愛を拠り所に私財を蓄えるものもいないわけではなかった。しかし、和珅も明末の宦官魏忠賢などと比較すれば、受け取る賄賂にも相場があった。宦官が完全に内廷の人間であったのに対して、旗人は外朝からの拘束を受けており、歯止めが掛かっていたからである。

史的システムとしての盛世

清朝は少数民族の満洲族が人口の多数を占める漢族を支配するという緊張感もあり、少なくとも明朝皇帝に比べれば有能で勤勉な皇帝が、実質的な統治を遂行した。地丁銀制度の導入は、それまで税を逃れるために隠されていた人口を表に出す効果を持った。その結果、皇帝は人口が急増しており、人民に食を与えなければ帝国は崩壊するという危機感を持つようになる。

雍正年間に皇帝と官僚との関係が、大きく変化した。とくに奏摺により皇帝と官僚とが直接に情報を交換するようになり、人民をいかに養うのかという危機感は、総督・巡撫レベルの官僚のあいだで共有される。産業の振興や食糧の増産、飢饉などの局地的な危機への対策などは、官僚の重要な職務となった。皇帝が満足するような業績があげられれば、雍正期の李衛《りえい》やオルタイ、田文鏡《でんぶんきょう》、乾隆期の陳弘謀などのように、つぎつぎと帝国の急所となる地域を担当させられる。逆にもし政策を誤れば、皇帝から強く叱責され、場合によっては降格された。

担当する省で穀物をどのように確保するのか、総督・巡撫は常に腐心した。場合によっては江蘇や浙江を担当した督撫が行ったように、管轄地域から穀物を流出させないために海上輸送に反対するケースもある。陳弘謀のように、外部から穀物を流入させるように、条件を整えようと努力するケースも見られる。また全国的に、穀物の備蓄に力が入れられた。こうした政策が、おそらく当事者たちは意図していなかったであろうが、銀両を地域社会から引き上げさせ、州県を範囲とする地域市場を安定させることに寄与した。

一六世紀の地域社会の秩序が変容し、地域のエリート層が州県の行政に深く関与するようになったことは、第六章で述べた。一八世紀になると経済的にも州県が一つの有機的なまとまりを持つようになり、地域エリートの役割がいっそう重いものになる。エリート層は合議する組織を形成し、治安や水利を担い、善堂《ぜんどう》と呼ばれる孤児や身よりのない老人を収容する施設を運営した。義倉や社倉という民間の備蓄倉庫の管理も、地域エリートが行った。今日的な言い方をするならば、セーフティーネットが整備されたのである。

エネルギーの流れを見ると、清代には陸・海の交易ルートが組み合わされ、効率的な輸送体系が形成されたことが大きな意味を持つ。一七世紀に海域世界が終焉し、陸の政権が海を管理できるようになったため、海運が盛んになる。植民地として内地へのエネルギー供給地と位置づけられた東北地方と台湾からは、海運によって肥料と穀物が大量に移送された。一方、内地から東北地方に向かう船舶には、米穀などを積載することは禁止された。一見すると非効率にも思われるが、この片道の海運に支えられて大運河が維持され、華北平野の内陸部の経済を支える仕組みとなっていた。また、長江の中・上流域には、広州に持ち込まれた銀が江西を経由して投入され、水運による物資の輸送を活性化した。

官僚がアメリカ大陸原産の作物を普及させたことも、エネルギーの流れを人口の増加に誘導する結果を招いた。一六世紀に中国に伝来していたトウモロコシ、サツマイモは、官僚が率先して普及に努めることで、ようやく中国の全域に広がった。なお同じくアメリカ大陸原産のタバコに対しては食糧生産の土地と競合するため、陳弘謀は福建巡撫を務めたときに、抑制しようとしている。トウモロコシなどは、従来の作物では利用できなかった傾斜地からエネルギーを人間社会に引き込むことを可能にした。

一八世紀なかばまでに増加した人口は、商業資本に安価な労働力を準備することになった。秦嶺山脈など省境で従来はあまり開発が進んでいなかった地域では、資本が投下され製鉄や染料となる藍、タバコなどの商品作物が栽培されるようになった。さらに商業資本の後押しを受けて、東北地方や台湾へ移民が多く入植した。人口増加がエネルギーの流れを中国社会に引き込み、さらなる人口が増加する条件を形成する。このポジティブ－フィードバックの結果、一八世紀後半の中国は、商業資本が大開発を行う時代、かつ人口が急増する時代を迎えた。これが盛世の史的システムである。

第一〇章　環球のなかの中国——一九世紀

南シナ海の海賊

隠し財宝伝説

香港から海岸線に沿って西に一六〇キロメートルあまり進んだところに、上川《じょうせん》島という島がある。広東省最大の島である。島は南シナ海に面して東南アジアとの国際航路の途上に位置し、狭い海峡をはさんで北には珠江デルタが広がる。亜熱帯の植物が茂る島の周囲には、一二ヵ所もの砂浜が続き、むせるような緑と白い浜、紺碧の海が強烈な対比をなす。島の南に位置する沙堤港《さていこう》は、漁港として栄えている。

この島には、一つの伝説がある。この島とその周辺の小島に、海賊が掠奪した財宝を隠した洞窟が十数ヵ所も点在しているというのである。その海賊の頭目の名は、張保《ちょうほ》（張保仔《ちょうほし》とも記される）。一九世紀のはじめに広東からヴェトナムにいたる海で跳梁していた男である。その財宝のありかを忘れないため、張は財宝の所在を示す目印を口調のよい言葉にまとめたという。その一つは「橄仔《かんし》は娥眉《がび》に対して十万九千四」というものである。いままでその財宝を探し当てたものはいない。

隠し財宝を残したとされる海賊について語るためには、話を一八世紀にさかのぼらせる必

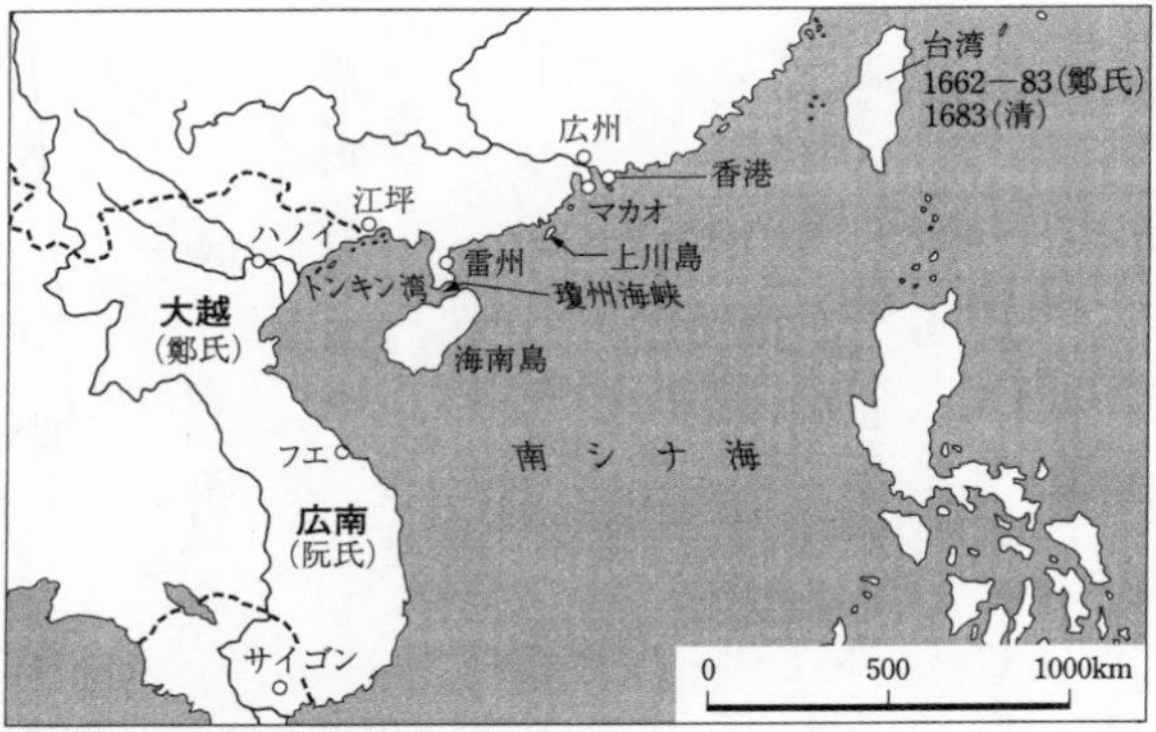

南シナ海の海賊の活動地域

要がある（以下の記述は主にDian Murray H., *Pirates of the South China Coast 1790-1810*, Stanford University Press, 1987による）。一八世紀なかば、東ユーラシアの海はそれまでの時代と比べ平穏であった。中国は清朝の支配のもとで盛世を謳歌し、日本は幕藩体制のもとで海外との交易が抑制されていた。海の世界は陸の政権に抑え込まれていたのである。歴史家としての言葉遣いをするならば、「海禁」の時代であった。

海は陸の物資を大量に運ぶ航路として用いられた。日本では日本海が北前船の航路として物流の大動脈となり、中国では大運河を維持するために江南から華北にいたる黄海ルートで穀物を輸送することは禁止されてはいたものの、南シナ海では食糧や塩などの国家にとって重要な物資が、海路で運ばれるようになっていた。また東南アジアのシャムなどからは、米穀を運搬する船舶が広州に向けて航行していた。沿海地域の海外との交易も盛んとなり、一八世紀なかばには広東や福建から東南アジアに向けて航行する商船は、年間に一一〇隻を超えるようになっていた。欧米から中国に来航する商船も、一七二〇年ごろには年間十数隻であったものが、一七八〇年代には六〇—八〇隻になっていた。

南シナ海の沿岸の漁民のなかには、生活の糧を得るために、海上を航行する商船や官船を海上で襲い、その貨物を掠奪するものも少なくなかった。海賊活動の拠点となった港として、ヴェトナムと中国との国境に近い江坪《こうへい》がよく知られている。そこは、ヴェトナム人と中国人とが雑居する国境の港町である。現在、江坪は防城港市江平鎮《ぼうじょうこうしこうへいちん》となり、ヴェトナム系の住民一万八〇〇〇人あまりは京族《キン》として登録されている。

この港は航路の要所に位置している。南シナ海を航行する船舶の多くは、危険な海南島《かいなんとう》の沖合の航路ではなく、雷州《らいしゅう》半島と海南島のあいだの瓊州《けいしゅう》海峡を抜けて、江坪の沖を通過した。海賊は江坪を出帆しては、沖合を航行する商船を掠奪し、官憲の船舶が現れるとこの港に逃げ込んだ。江坪は陸からは近寄ることが難しく、中国の官憲の取り締まりを避けることが容易であったし、国境に近いためにいざというときには、ヴェトナム側に逃げ込めば、追跡をかわすことができた。

海賊の活動はあとを断たなかったものの、その規模は小さく、組織されておらず、散発的なものであった。清朝が台湾に拠って抵抗していた鄭氏を屈服させ、また日本の江戸幕府が海外との交易を厳しく制限するようになってから、陸の政権とは一線を画する組織的な勢力が海の世界から姿を消していたためである。海賊が組織化されるためには、陸の政権の働きかけを必要とした。一八世紀末にこうした機会が、ヴェトナムからもたらされた。

ヴェトナムと海賊

一七世紀にヴェトナム中部のホイアンなどの港町は、日本の朱印船を受け入れ、中国との出会い貿易の場を提供していた。単に日本商人と中国商人が物資を交換するだけではなく、ヴェトナム産の生糸や白檀を日本に輸出した。その見返りとしてヴェトナムが輸入した物資は銅銭であった。

江戸幕府は国内経済を統制する必要から、それまで国内で流通していた中国からの渡来銭や鐚銭《びたせん》と呼ばれる私鋳銭を使用することを一六〇八年に禁止した。大量の使われなくなった銅銭に目を付けた商人は、これをヴェトナムに輸出したのである。のちには江戸幕府が、ヴェトナムとの交易に利益が上がることを認め、特例として輸出用に銅銭を鋳造することを長崎に許可している。

当時のヴェトナムでは黎朝《レちょう》政権が分裂し、北部にはハノイを中心にした鄭《チン》氏政権が勢力を維持し、中部および南部ではフエを中心としたクアンナム阮《グエン》氏政権が勢力を伸張し、互いに隙をうかがっていた。クアンナム阮氏は、海外交易に依拠した経済運営を展開した。一七世紀の後半にはオランダ商船や中国のジャンクが銅銭を運び込んだ。輸入された銅銭は、国内で流通したほか、鋳溶かされて大砲や日用品の製造に用いられた。一六三三年に日本人の海外渡航は禁止されたが、銅銭はオランダ東インド会社を経由して、日本からヴェトナムに流入しつづけていたのである。

この間接的な日本とヴェトナムとのあいだの交易は、一八世紀に衰退する。すでに第八章で言及したように、日本国内で銅鉱が枯渇し、さらに国内で銅銭を鋳造するために、江戸幕府は一七一五年の正徳新例を転機として、銅の輸出を制限するようになった。また、幕府が振興した養蚕業もしだいに成果を出し始め、一八世紀なかばには生糸を海外に頼らなくても自給できるようになった。こうした日本の変化は、ヴェトナムの中南部の経済を直撃した。ヴェトナムをめぐる貿易は衰退し、イギリスなどの商人もほとんどヴェトナムを訪れようとはしなくなった。クアンナム阮氏政権は、その経済基盤をチャンパ以来の南シナ海交易から、農村に対する収奪に移さざるを得なくなったのである。

ヴェトナムの中南部には北部から多くの移民が入植し、大土地所有者のもとで開発を進めた。この成果を奪おうとしたクアンナム阮氏政権に対して、一七七一年に反乱が起きる。反乱を指導した三人の阮兄弟が生まれ育った地域の名前にちなんで、タイソン（西山）党の乱と呼ばれる下からの革新運動である。

タイソン阮氏が指導する軍勢はクアンナム阮氏政権をサイゴン（現在のホーチミン）に破ると、北に矛先を向けて鄭氏政権を駆逐し、無力化していた黎朝の皇帝の権威を復活させる。ところが、黎朝の皇帝は、清国の軍事力を後ろ盾にして勢力を復活させようとしたため、一七八八年に清朝の勢力がヴェトナムに入った。タイソン阮氏は翌八九年に清軍をハノイ郊外に破り、黎朝にとどめを刺し、ほぼ現在のヴェトナムの領域を統一的に支配する最初の政権となった。清朝も実状を受け入れざるを得ず、タイソン阮氏政権を安南国王《あんなんこくおう》と認めた。

タイソン阮氏はハノイを侵攻し、清朝の軍勢を追い返す過程で、中国の海賊の力を借りた。新しく成立した政権は海賊に官位を与えるとともに、それまで互いに連携を持たずに活動していた海賊のリーダーたちを組織したのである。さらに海軍として強化するために、軍船や大砲などの武器を海賊に与えた。この海賊の艦隊は、タイソン阮氏を支える重要な支柱の一つとなったのである。

クアンナム阮氏の唯一の生き残りであった阮福映《グエンフックアイン》（のちの越南王国阮朝の嘉隆帝《かりゅうてい》）は、シャム（タイ）国内に逃れていた。タイソン阮氏の政権内部では、タイソン党を実際に指揮していた長男を差し置いて、三男が清朝から安南国王に認められたことから、兄弟のあいだの対立が激化していた。阮福映は亡命先でこうした情報を得ると、フランス・イギリス・タイなどの外国の力を借りてヴェトナムに戻り、一七八〇年にサイゴンを奪回する。

二つの勢力の抗争は、海上を吹くモンスーンの風によって流れが変わった。毎年六月になり南西の風が優勢になると、阮福映の艦隊がサイゴンを出帆してタイソン阮氏政権の勢力圏に侵攻する。そして一月から三月にかけて東北の風が優勢になると、タイソン阮氏が組織した中国海賊の艦隊が、阮福映の勢力を駆逐したのである。阮福映勢力との抗争のなかで、海賊のリーダーがタイソン阮氏政権のなかで占める地位は上昇し、海賊のリーダーたちは、都《と》督《とく》（司令長官）などのポストを得ている。

海賊勢力の拡大

タイソン阮氏政権の支援を得て、海賊は急速に組織化された。タイソン党は郷村に基盤を置いた政権であり、ヴェトナム文字チューノムを公文書に用いるなど、民族文化を高揚させた。その一方、クアンナム阮氏政権との関係が深かったサイゴンの華人系の商人を弾圧した。このように海に背を向けた政権は、海賊が海上を航行する商船を掠奪することを奨励することに躊躇しなかった。中国の海賊はヴェトナムの私掠船として、南シナ海を跳梁することができたのである。

それまで分散的で横の連携を持たなかった海賊たちは、親族関係や親分―子分の義理の関係を拠り所にして、強固な組織を持つようになった。全体のまとめ役としてまず頭角を現したのが、鄭七《ていしち》である。その祖先は福建出身で、鄭成功の清朝への抵抗闘争にも参加したと伝えられる。台湾の鄭氏政権が滅亡すると福建を逃れ、香港の大嶼島《たいしょとう》（ランタオ島、現在は国際飛行場が置かれている）を拠点に海賊として活動していた。鄭七はヴェトナムの後押しを受けて大船団の頭目となると、江坪に拠点を移し勢力を拡大していった。

大型ジャンク船内部　『香港早期之圖片』約翰温訥出版社より

一八〇一年に阮福映に占領されたフエを奪取するために、鄭七は二〇〇隻ほどの艦隊を率いて江坪から南下した。しかし、戦役に敗れて江坪に逃げ帰ったところを、追跡してきた阮福映の軍勢に攻撃され死去する。この鄭七の跡を継いだのが、その同族で若干年下の鄭一《ていいち》である。

一八〇二年にタイソン阮氏政権が北上して

きた阮福映の軍勢のために滅ぼされると、海賊たちはその活動の場を南シナ海の中国沿岸に移した。最大の後援者を失い、しばらくのあいだ海賊のリーダーのあいだで主導権をめぐる抗争が展開された。その後一八〇五年に七人のリーダーが集まり、協定を結んで連合を作ることに合意したのである。

海賊たちは紅・黄・藍・白・黒・青の六色の旗のもとに組織され、海上を航行するときにはどのグループに所属しているかを示す標識を、船首とマストに掲げた。掠奪するときは最初に攻撃を仕掛けた海賊船が、その獲得物を手にする権利を得るという約束が結ばれ、協定に違反した場合は、連合全体によって制裁を受けることが取り決められた。南シナ海からトンキン湾にいたるすべての海域で、海賊たちは商船や塩を運搬する官船、あるいはヴェトナムから中国に向かう貢納品を満載した朝貢船を掠奪した。海賊たちは大嶼島に拠点を設けて、南シナ海と珠江の河口とを結ぶ航路ににらみをきかせた。

最大のグループは、鄭一が指揮する紅色《こうしょく》幇《パン》と呼ばれる船団であった。海賊が連合したときには二〇〇隻であったものが、一八〇七年に鄭一がヴェトナムで急死したときには六〇〇隻にまで拡充され、三万から四万の手下を擁するまでになっていたとされる。鄭一の死後、この船団をまとめあげたのは、鄭の妻で知謀と指導力とを兼ね備えた鄭一嫂《ていいちそう》こと石陽《せきよう》である。鄭一の生前、襲撃した漁船で一人の青年を捕虜にした。張保というこの青年が美貌であったので、鄭の夫婦は養子にした。鄭一の死後に石陽は張保と夫婦となり、紅色幇を切り盛りした。

東南アジアや西洋諸国に対してただ一つ開かれた広州は、珠江に面している。珠江の河口に広がる海域は、虎口《ここう》と呼ばれる。これは、ポルトガル語で「トラの口」を意味するボッカ－ティグリスという呼び名を中国語に直訳したものである。一六世紀にポルトガル人が珠江に到達したとき、海から見て珠江河口の左に聳える紅沙石《こうさせき》がトラの口に見えたので、このように呼ぶようになったとされる。張保はこの虎口を挟んで向かいあう要所に砦を築き、この海域を通過する船舶を監視し、可能とみれば西洋の貨物船も強奪の対象とした。アメリカのスクーナー船やポルトガルのブリッグ船などの二本マストで二〇〇トン以下の船舶は、格好の標的とされた。

清朝の対策

清朝は海賊を取り締まろうとしたが、有効な手だてがなかった。その原因の一端は、一八世紀に清朝が沿岸警備に重きを置かなかったことにある。

清朝の軍隊は、八旗と緑営《りよくえい》とから構成される。緑営とは清朝が成立したときに、主に明軍を吸収して編制された軍隊で、その後に漢族を募集して六〇万ほどの規模で維持された。八旗とは区別して緑色の旗を標識としたので、緑旗《りよくき》などと呼ばれることもある。総督・巡撫などに属して守備・治安などの任に当たることになっていた。各地に配備された八旗は、駐防《ちゆうぼう》八旗《はっき》と呼ばれ、一般には緑営とは指揮系統を別にしていた。しかし、広東と福建には、特殊な事情があった。

清朝は中国東北地方から勃興した帝国であったため、その軍隊の中核をなす満洲八旗と蒙古八旗は海上での軍事活動には慣れていなかった。そのために広東と福建には、漢族の出身で清朝政権に加わった尚氏と耿氏とをそれぞれ配置し、海上を守らせた。尚氏と耿氏とは独自の軍閥政権を形づくり、日本などと交易を行ったことが知られている。三藩の乱（第七章参照）で広東と福建の二藩が消滅すると、清朝は軍閥政権に属していた漢族の部隊の一部を駐防八旗に編制し、さらに北京から漢軍八旗の一部を派遣し、中央から派遣した将軍に統轄させた。広州には三〇〇〇名ほどの漢軍八旗が駐留していた。

一八世紀なかばに旗人（第七章参照）の人口が増えてくると、清朝政府は彼らのためにいかにポストを確保するかに頭を悩ませるようになった。優先された旗人は、満洲族の旗人、そしてモンゴル族の旗人であった。目を付けられたのが、漢人八旗が駐留していた広東と福建である。乾隆一九年（一七五四）以降、清朝政府は広東と福建の駐防八旗に属する漢族を解雇して、その空いたポストに満洲八旗と蒙古八旗の兵員を配置する政策を進めた。こうした人員の配置転換の結果、海上防衛に精通した漢族の兵員は、きわめて少数になってしまったのである。海賊が横行した一九世紀初頭、広東には八旗に属する四七〇名の兵員しか配備されていなかった。艦隊といえば穀物を輸送する船舶が一三五隻、しかもその多くが補修を必要としており、嘉慶一〇年（一八〇五）にはわずかに五七隻しか実働していなかったとされる。

一方、広東の緑営についてみると、それぞれ十数名の緑営の兵士が駐在する「汛《じん》」と呼ばれる警衛所が、沿岸六、七キロメートルごとに設営されていた。海賊への対策として、清朝政府は嘉慶一〇年に、駐防将軍に緑営の指揮権を持たせるようにしたものの、海賊に対抗する軍隊は、多く見積もっても一万九〇〇〇名ほどしかいない。海賊の討伐の特命を受けて派遣された総督は、清朝の中央に海軍の増設を申請したものの、許可されなかった。もはや、民間の船舶を借り上げるしか方法はなかった。嘉慶一三年（一八〇八）ごろから、海賊を掃討しようとしたにわか仕立ての艦隊は、しばしば張保が指揮する紅色幇によって打ち破られ、士気を失ってしまった。

嘉慶一四年（一八〇九）に両広総督に任命された百齢《ひゃくれい》は、海賊を海上に封じ込める政策を採った。民間の船舶が海上に出ることを禁止するとともに、それまで海上輸送で搬送していた穀物や塩を陸路で輸送することにした。沿岸の村落に対する監視を強め、定期的に海賊の状況について報告することを義務づけるとともに、地域のリーダーたちに団練《だんれん》と呼ばれる自警団を組織させて警備にあたらせた。この政策はしだいに功を奏してきた。食糧などの必要な物資を確保するために、海賊が沿岸の村落をしばしば襲撃するようになると、地域住民の反感を買うようになり、それまで取引のあった有力者との関係も途絶することとなった。

海の主役交替

張保など一九世紀の南シナ海で活動していた海賊は、一六世紀の王直などの倭寇、一七世紀の鄭芝龍や鄭成功などと性格が根本的に異なっている。王直や鄭芝龍などは、海域世界を背景に遠隔地交易を担い、国という枠を超えた交易に活力を与えるという歴史的な役割を果たしていた。これに対して、張保などは遠隔地交易を行おうとする商船を襲い、海上交易そのものを停滞させてしまう結果を招いてしまった。東ユーラシアの海に新たな交易の風が吹き始めたとき、彼らは海という舞台から消え去る運命にあったといえよう。

一九世紀の南シナ海には、これまでにない船舶が往来するようになっていた。英語でカントリーｰシップと呼ばれ、インドと広東とのあいだを往復するイギリス船である。イギリス本国とのあいだの交易を担う船舶に対して、地方の交易を行う船舶であるために、この呼び名が生まれた。中国語で「港脚《こうきゃく》」と呼ばれたこの船舶は、多くがインドのチーク材を用いてボンベイ（現在のムンバイ）で建造され、ボンベイやカルカッタ（現在のコルカタ）から運航された。

一八世紀末にこのカントリーｰシップは大型化し、一二〇〇トンに達するものもあり、イギリス東インド会社が保有する社船よりも大きかった。この船の船体は水面から高くせり上がり、接近しても乗り移ることが難しく、強固な構造となっていたために、海賊の持つ大砲の弾丸を跳ね返してしまう。ポルトガル船に対しては海戦で勝利することができた海賊のジャンクは、このカントリーｰシップには太刀打ちできなかったのである。一九世紀にはいると南シナ海での交易は、このタイプの船舶によって担われるようになっていった。

海賊がイギリス船を襲撃することは多くはなかったものの、海賊の跳梁のために広東における交易そのものが停滞するようになると、イギリス東インド会社は海賊をインドと中国とのあいだの交易を妨げる障害と見なすようになった。他方、海賊を陸から切り離したものの討伐する手段を持たない両広総督の百齢は、欧米の力を借りることを考えた。一八〇九年に百齢は、公行の商人を介して、イギリスが海賊討伐のためにカントリーｰシップを出動させる可能性を探った。

この年の西暦九月、カントリーｰシップ「マーキュリー」は、二〇門のカノン砲、五〇名のアメリカ人義勇兵を乗せ、中国側の軍船六〇隻にともなわれて、香港島の周辺で作戦行動を遂行した。海賊はその砲撃の前になす術もなく、海域から珠江に入るルートから追い出されてしまった。イギリス側は海賊の掃討作戦を行うことを百齢に求めたが、この要求は実現されなかった。イギリスの商売上の競争相手であったマカオのポルトガル勢力が、イギリスの力が強固になりすぎることを恐れ、自らが海賊を討伐すると申し出たためである。中国の官僚は外国人同士を競い合わせた方が中国にとって利があると判断し、イギリスとの交渉を中止した。

イギリスのカントリーーシップの前にしだいに劣勢になった海賊たちは、直接にそれと砲火を交えることはなかったが、その稼業から足を洗う潮時だと感じ始めたものと思われる。百齢もその流れを見て、海賊同士が内紛を起こすように画策するとともに、清朝の武官として採用するという条件を出して、海賊の頭目に投降することを誘った。黒旗と藍旗を掲げていたグループから海賊の結束は崩れ、投降した連中が手みやげとして功績を挙げようと、他のグループを攻撃するようになった。海賊の連合は一気に瓦解、嘉慶一五年（一八一〇）四月、ついに張保は清朝に投降し、海軍の指揮官として取り立てられた。妻の鄭一嫂もまた、海賊稼業で蓄えた資産をもとに、悠々自適の余生を送ったと伝えられる。

投降したあとの海賊たちの身の振り方については、詳しいことは分かっていない。しかし、インドからもたらされるアヘンの密輸と接点を持っていたと推察することは、十分に可能であろう。新たな交易の動きが海賊を呑み込んだといえようか。

アヘンと軍艦

二つの本草書

中国の歴史を大きく変えた物産として、本書ではこれまで銀・生糸・蘇木などを取りあげてきた。一九世紀に注目されるべき物産は、アヘンであろう。

中国で動植物がどのように認識されていたかを調べるとき、最初に参照すべき書物の一つに『本草綱目《ほんぞうこうもく》』がある。これは、明代一六世紀後半に李時珍《りじちん》が二七年の年月をかけて、膨大な書物を分類し、実際に自ら山野に出かけて調査・採集を行って編纂したものである。李時珍の生前に完成していたが、出版されたのはその没後の万暦二四年（一五九六）であった。『本草綱目』に所載された一八七一種の薬材のなかで、三七六種は新たに李が追加したものである。そのなかの一つに、アヘンがある。

李時珍はアヘンを「阿芙蓉《あふよう》」として、巻二三「穀部」に分類して記載している。そのなかで、ケシの花が咲き終わり未熟果を結んだときに、午後に針でその青い皮を傷つけて滲み出た乳液を干して作ると述べ、阿片《あへん》または鴉片《あへん》とも呼ぶと記す。その薬効としては小豆ほどの大きさの粒をお湯とともに一日一回服用するという目安とともに、下痢に効果があるとしている。さらに俗人は房中に用い、北京では一粒金丹という名で百病に効くとして売られているともある。

阿芙蓉とはアラビア語のアフユーンを語源とする言葉である。アヘンを産するケシ（学名：*Papaver somniferum*）は、地中海東部沿海地方が原産地であるとされ、地中海世界では紀元前数百年からアヘンが人間の精神に及ぼす効果が知られていた。唐代に西アジアの商人の手を経てもたらされたために、アラビア語起源の名称が中国に入ったのであろう。他方、英語でアヘンを意味するオピウムは、ギリシア語起源である。この言葉を音訳して阿片と呼ばれ、またケシの乳液を固めたものが黒色であるために、鴉片とも記されるようになったと考えられる。ここで注目しておきたい点は、『本草綱目』の記載のなかには、アヘンは経口で服用するとされているだけで、火であぶって燻煙を吸飲する方法は見られないことである。

李時珍が開拓した実地の調査にもとづく本草学は、清代に引き継がれる。その代表的な成果として挙げられるものが、趙学敏《ちょうがくびん》が編纂した『本草綱目拾遺《ほんぞうこうもくしゅうい》』である。これは『本草綱目』に取りあげられていない薬材七一六種を補充し、さらに一六一種について李時珍の記載を補充するとともに、誤りを三四条にわたって指摘したものである。西欧の医薬も紹介されている。乾隆三〇年（一七六五）にはほぼ編纂が終わっていたが、修訂をほどこして完成したのが一九世紀初頭の嘉慶八年（一八〇三）であり、出版はさらに遅れて同治《どうち》三年（一八六四）であった。このなかで、アヘンについても記載に大きな変化が見られる。

ケシ　ケシの花の咲いた後、未成熟な果殻を傷つけるとアヘンのもとになる乳液がしみ出す。Michael Robson: *Opium: The Poisoned Poppy*, FormAsia, 1992より

『本草綱目拾遺』のなかで、アヘン製剤である古拉水《くらすい》は「その液体の色は醬油のようであり、火で燃やすと焼酎のように炎をあげる。その性質は熱く、房中の薬となる。……価格は千金にもあたる。手にさっとつけて鼻から吸飲すれば、精神を駆り立てることができる」としるされている。一六世紀の李時珍の記載と比べてみた場合、アヘンを燃焼させること、そして経口ではなく燻煙を吸飲するという服用の方法、そして高額で取り引きされていたことなど、新しい情報が含まれる。そして効能として、精神の高揚を記す。『本草綱目』と『本草綱目拾遺』のあいだで、アヘンをめぐる状況が大きく変化したことが明らかとなる。

アヘンを経口で服用すると、麻酔効果を持つモルヒネのほかにさまざまな不純物を含むために副作用が強く、大量に呑み込むと死にいたることもある。これに対して燻煙を吸飲した場合には、鎮痛や多幸感などの快感をもたらす作用を得やすい。その代わり習慣性が強く、いったん中毒となるとなかなか抜け出すことができなくなるのである。

アヘン吸飲の普及

アヘンを火であぶって燻煙を吸飲する方法が、いつどこで生まれたのかについては諸説あり、確定することは難しい。一般には一七世紀のなかばにオランダ支配下にあったジャワ島で始まり、オランダ人の手を経て台湾に伝わり、マラリアの特効薬として普及、福建移民のネットワークを通じて対岸の福建に広がったとされる。はじめはタバコに混ぜて火を付けて吸っていたものが、中国で吸飲具の工夫とともに吸飲方法も発達を遂げる。

吸飲具の頭の部分は、直径四センチメートルほどの円形をしており、その真ん中に四ミリメートルほどの穴があいている。吸飲するときには一服分のアヘンを小さな粒に練り上げ、穴につめたあと火であぶり、煙を肺に吸い込む。アヘンの煤《すす》が冷え切らない前に、息を吹き込んでアヘンの燃えかすを吸飲具の管から吹き出す。もし出ない場合には、銅製ないし銀製の専用の細身のナイフのようなもので、煤を掻き出すのである。アヘン吸飲に用いられる器具は、贅をきわめた工芸品として作られた。なお、「あへん煙を吸食する器具」を不法に所持することは、日本の刑法で処罰の対象となる（『刑法』第一四〇条「あへん煙に関する罪」）。もし海外の骨董屋で吸飲具を見つけても、手を出さないように。

　アヘンは最初、ポルトガル人によってインドからマカオを経由して中国にもたらされた。富裕層のあいだで広がり始めたアヘン吸飲の習慣は、しだいに広東や福建などの沿海地域で社会の各層に波及するようになった。一八世紀後半にイギリスが本格的にアヘン取引に関わるようになってから、アヘンの流入量は増大し、アヘンに染まる中国人の数も増えた。

アヘンの吸飲具　練り上げた粒を吸飲具の頭部に詰め、火であぶり、燻煙を吸飲する。出典・489ページの図と同一

　イギリスがアヘン交易に乗り出した一七八〇年からアヘン戦争が勃発する一八四〇年にいたるまでの交易は、これまで三角貿易の形成と展開として叙述されることが多かった。その図式を整理しておくと次のようになるであろう。

　一八世紀にイギリスで喫茶の習慣が定着すると、中国からイギリスへの茶葉交易が発達する。政府から特許を得て中国との交易を扱っていたのが、インドを拠点とするイギリス東インド会社であった。会社は茶葉を中国で買うために銀を用いていた。一方、インドから中国に向かうアヘン交易が成長すると、イギリス人は銀に代えてアヘンで決済することを考えた。一八世紀の七〇年代に、イギリスで産業革命が始まる。綿織物産業から始まったイギリスの産業界は、インドの伝統的な綿織物業をつぶすとともに、インドをイギリス本国への綿花の供給地ならびにイギリス産綿製品の市場へと造り変えた。一九世紀の二〇年代になると、イギリスの綿製品がインドに輸出されるようになり、三角貿易の構造が確立する。イギリスから綿製品がインドへ、インドからアヘンが中国へ、そして中国から茶葉がイギリスへと商品が流れることで、交易が順調に進む。

一八二七年ごろに中国はアヘンの大量輸入の結果、ついに貿易のうえで赤字に転落。一八三四年にイギリス本国の産業資本家の圧力を受けて、東インド会社の対中国貿易の独占が撤廃されると、アヘンを取り扱う商人も増え、中国へのアヘン流入量が急増した。それにともなって銀の流出量も加速度的に増え、中国国内の銀価が高騰する。

アヘン貿易が国内の経済問題に直結することが明らかとなると、清朝はアヘン交易の禁圧に取り組まざるを得なくなり、アヘン禁止論を具体的に提唱していた官僚の林則徐《りんそくじょ》を欽差大《きんさだい》臣《じん》として広東に派遣した。なお欽差大臣とは、特定の事柄の処理のために臨時に強い権限を与えられ派遣される、皇帝直属の高官のことである。林はアヘンの没収、廃棄を断行した。イギリスはこれを中国に貿易の自由化を認めさせる契機となると捉え、戦争を始める。これがアヘン戦争である。

以上が世界史の教科書などで描かれるアヘンをめぐる構図である。しかし、いまこの図式に修正が迫られている。

金融革命とイギリス

通説としての三角貿易論のポイントは、イギリス本国からインドに向かう綿織物製品の流れである。この一辺が存在すると見なすことで、三角形の図式が成立し、一九世紀のアジアをめぐる交易の主人公は綿織物産業を担うイギリス産業資本家ということになる。モノを創り出す人間が歴史の主役となる、いまこのロマンが見直されようとしている。金融という視点から、アヘン交易を見ることが必要とされる。その前に、金融とは何か、ごく簡略にその歴史をなぞっておこう。

遠隔地のあいだで行われる交易を円滑に行う必要性に対応するなかで、金融と呼ばれるシステムは成熟してきた。遠隔地交易においては、商品の受取人から代金を取り立てることが困難である。一三世紀の北イタリアでは、為替銀行と為替交換所というシステムが生まれた。為替銀行が地元の売り手（債権者）が発行した為替手形を割り引いて、それを買い手（債務者）の住む土地の取引銀行に送り、銀行は債務者から取り立てる。二つの地域のあいだの交易で発行された複数の手形を、たがいに相殺する制度が、為替交換所である。また、同時期に複式簿記が生まれたことも、重要な意味を持つ。

一七世紀にはオランダのアムステルダムが為替銀行のセンターとなり、数多くの遠隔地交易で発行された手形の決済を行い繁栄した。一六〇九年にはアムステルダム為替銀行が設立されている。しかし、オランダの銀行は銀行券の発行が禁止され、制度的にまだ発達の余地

るようになったことが挙げられる。

金融のシステムは、一六九〇年代のイギリスで発展する。背景として一六八八年のイギリス名誉革命以降、政治権力が統合され、有機的に結びついた政策が展開されるようになったことが挙げられる。

一六八〇年代、ロンドンの商人たちは、手持ちの金をゴールドｰスミス（金匠＝金細工師）に預け、その預かり証が銀行券として流通するようになった。ゴールドｰスミスは、商人たちに貸し出しを行うようになり、預金貸付銀行へと変身する。一六九四年にイングランド銀行が設立されると、しだいに中央銀行として機能するようになり、金融を安定させることに貢献した。また一七世紀末に貨幣が改鋳されて事実上の金本位制が確立し、抵当証券市場が拡大、株式取引所の興隆、海上・火災保険の整備が行われた。こうした金融に関わる制度が整備されることで、必要に応じて信用を創出するシステムが生まれた。こうした一連の変革を、金融革命と呼ぶことがある。イギリスで金融業を掌握していた階層が、ジェントルマンであるとされる。

さて金融という視点からアヘン交易を説明しようとすると、話はインドからイギリスへの送金という問題から始まることになる（以下は、松本睦樹『イギリスのインド統治：イギリス東インド会社と「国富流出」』阿吽社、一九九六年による）。

イギリス東インド会社は、インドにおいてフランスと植民地の争奪戦を展開した。その過程で決定的な転機は、一七五七年のプラッシーの戦いである。会社の軍隊はガンジス川下流のベンガルで、フランス勢力と結びついたムガル帝国の太守の軍勢をやぶり、その結果、カルカッタ周辺の二四郡のザミンダーリー（地租徴収権）を獲得、事実上ベンガルの支配権を確立したのである。それ以後、会社のインドにおける版図は拡大を続けた。

土地の領有とその拡大の過程で、会社はイギリス本国に多額の金額を送金する義務が生じた。領土を維持し経営するためには、軍隊のための軍用品や行政に必要な資財を本国から送ってもらう必要がある。さらにイギリス本国から派遣されたイギリス国軍の軍隊の派兵費用も、会社の負担となった。また、会社がインドで発行した社債を買ったイギリス人が、本国でその元利を受け取ろうとした場合、会社が送金業務を請け負っていた。インドで暮らすイギリス人は、本国に残した家族に送金したり、本人がインド勤務を終えて帰国したりするときに、この仕組みを利用した。

本国送金とアヘン

東インド会社が本国へ送金するとき、地金を輸送することはできる限り避けようとした。インド行政機関としての性格を強めながらも、会社は本来、商社であったからである。イギリス東インド会社は、国策会社であり私たちが考える商社とは異なる。会社にはインドの行政をになう部門があり、一個の政権として機能していたのである。会社の行政部門は、本国に送金すべき資金の大きな部分を商業部門に転用することになっていた。商業部門はこの資金で本国に輸出する商品を買い付け、本国で売却後にその利益によって債務を返済する仕組みとなる。

インドからは綿花・藍・砂糖などがイギリスに輸出されたが、インド商品の売れ行きははかばかしくなかった。綿花や砂糖などは、アメリカ合衆国の南部やエジプト、あるいはカリブ海のイギリス植民地などからも入手することができたために、インドに依存する必要がなかったのである。一八二〇年以降は、本国での販売額がインドでの買い付け価格を下回り、赤字を出すようになってしまった。

これに対して会社が独占していた中国貿易は、きわめて好調であったのである。会社が中国で買い付けた茶葉は、確実に、しかも高価格で売り捌くことができた。アフタヌーン－ティーとして上流階級のあいだで、喫茶の習慣が定着したからばかりではない。当時、急増し始めた工場労働者が、茶に砂糖を加えて飲むことで栄養補給をはかるようになった。つまり茶葉は嗜好品ではなく、必需品となったのである。インドから本国に直接に送金するのではなく、資金を茶葉という形に換えて、中国を経由して本国に送金する方法は、会社にとって確実に利益の上がるルートとなった。

東インド会社によるインドから中国への送金を、一八二二年から二八年の平均で見ると、総額一一二万五〇〇〇ポンドの内、三万三〇〇〇ポンドが地金のかたちで送られ、インド商品の仕向けは四三万七〇〇〇ポンド、インドでの買い為替が一三万九〇〇〇ポンドであったのに対し、広東での売り為替は五一万六〇〇〇ポンドに達する。つまり送金の約半分が、広東経由で本国に送られたのである。

ここで説明を必要とすることは、会社が広東で発行した為替である。この為替はインドあてのものである。つまりインドへ持っていくと換金できる。この為替を買ったのは、インドと中国とのあいだの貿易に携わる民間の商人である。こうした商人は、カントリー－トレーダーと呼ばれる。植民地とイギリス本国とのあいだの交易に対して、喜望峰と紅海より東での交易しか認められなかったために、地方商人（カントリー＝トレーダー）と呼ばれたのである。

東インド会社は清朝がアヘンを禁止していたため、会社が直接にアヘンを中国に持ち込む

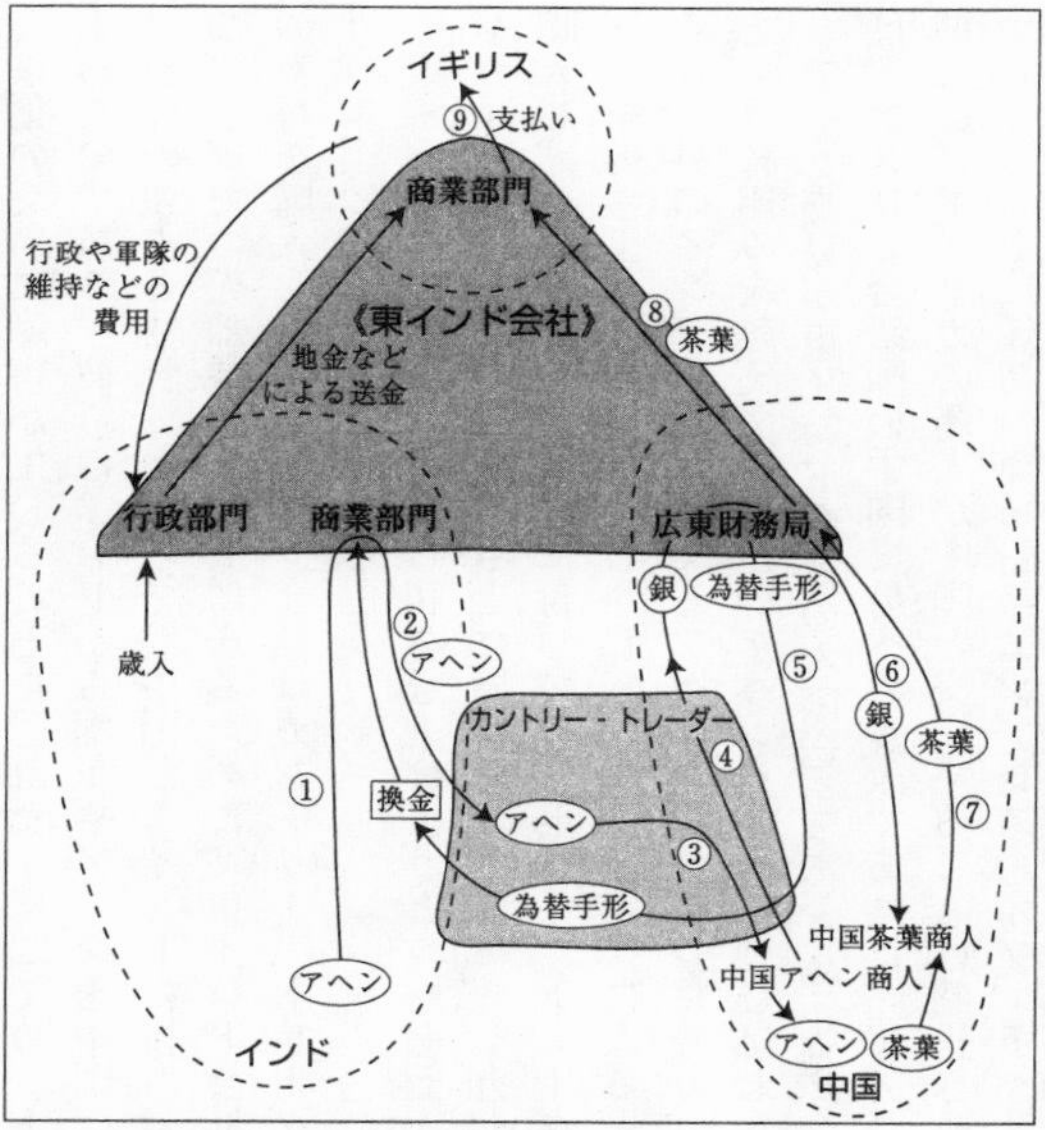

イギリスと東インド会社のアヘン交易の仕組み

と茶葉の交易に障害が生じることを恐れた。そこでカントリー‐トレーダーにアヘン交易を委ねたのである。彼らはインドから綿花やアヘンを中国に輸出したが、中国の茶葉は東インド会社の独占とされていたので、中国からインドに持ち帰る商品を見つけられなかった。そこで広東での売却益をインドに送るために、東インド会社の広東財務局においてインドあての為替を購入したのである。会社はカントリー‐トレーダーが払い込んだ銀で茶葉を買い付け、本国に輸出したのである。

東インド会社はアヘンから利益を上げようと、一七七三年にガンジス川下流域で産するベンガル産アヘンを専売制のもとに置いた。さらに一七九七年には会社がアヘンを生産者から購入し、カルカッタで競売に付してカントリー‐トレーダーに供給する体制を作り、多額の利益を得るようになった。しかし、一八二〇年代になると、カントリー‐トレーダーはベンガル以外のインド中部で産するアヘンを扱うようになり、東インド会社の設定した本国送金という枠組みを越えて、大量のアヘンを中国に運び込むようになった。

アヘン交易が東インド会社の本国送金という枠を越えて急成長を遂げたもう一つの要因は、アメリカ合衆国の中国交易への参入であった。アメリカがイギリスの植民地であった時期には、アメリカの商人が中国と交易することは禁止されていた。一七八三年に独立を達成すると、すぐに最初の交易船「エンプレス‐オブ‐チャイナ」が出港し、翌八四年には広州に到着し歓迎を受けている。

アメリカ商人は茶葉およびアヘンの交易に深く関わり、巨万の富を築いた。アメリカ商人はアヘン戦争のあいだ、イギリス商人に代わってアヘンを持ち込んで大儲けしている。

アメリカ合衆国の南部はイギリスに綿花を輸出し、ロンドンあての為替手形を得た。このいわゆる「アメリカ手形」が一八三〇年代以降に中国に持ち込まれ、茶葉買い付けに用いられた。アヘン交易で手元に大量の銀を抱えたイギリスのカントリー＝トレーダーは、このアメリカ手形を銀で買い、ロンドンに送金する手段を得たのである。一方、アメリカ商人は手形を売って手にした銀で、茶葉を購入した。

カントリー＝トレーダー

東インド会社が用いた標準的な箱には、一・五キログラムのアヘンの黒いボール四〇個がつめられた。中国への年間流入量は、一八世紀末の四〇〇〇箱から一八二六年には一万箱、そして一八三八年には約四万箱にまで増大する。この結果、一八二七年ごろから、中国から銀が流出し始めたとされる。その過程を、代表的なカントリー＝トレーダーの足取りをたどりながら、明らかにしていこう（Richard J. Grace, *Opium and Empire: the lives and careers of William Jardine and James Matheson*, McGill-Queen's University Press, 2014. による）。

ウィリアム＝ジャーディンは、一七八四年に由緒あるスコットランド氏族の一員として生まれた。ジャーディン氏族のモットーは、ラテン語で「我がいまここにあることを心せよ」(Cave Adsum) である。ウィリアム＝ジャーディンはモットーを実践し、そのときどきに自らの置かれている立場を熟考し、資産を築いたのだともいえよう。

ジャーディンは医学学校を卒業し、一八歳となった一八〇二年にイギリス東インド会社の船医として雇われた。会社は当時、その従業員に交易船に二箱分のスペースを与えていた。従業員はみずからの才覚で商品を積み、利益を上げることが認められていたのである。ジャーディンは、この権利を十二分に利用した。従業員のなかには、このスペースを利用しないものもいた。ジャーディンはこうした人から権利を借りて交易を行い、独立資金を蓄えた。一八一六年に彼は会社を去り、インド—中国貿易を行っていた商社で代理人として働き、カントリー‐トレーダーとなる基盤を作る。

一八一八年からは自らが共同出資して建造したカントリー‐シップで、アヘンを広東に輸送するようになった。一八二一年に清朝のアヘン取り締まりが強化されると、アヘン商人たちはアヘンを直接に広州に持ち込むのではなく、珠江の河口の沖合の零丁洋《れいていよう》と呼ばれる海域にアヘン専用の貯蔵船を停泊させ、そこで取引を行うようになった。そこでもジャーディンは交易の主導権を握っていた。

一八二〇年代なかばにジャーディンは、同じくスコットランド名門出身のジェームス＝マセソンと共同で経営を行うようになり、一八三二年に現在も続くジャーディン‐マセソン商会を創立する。この商社は広州の公行商人であった伍崇曜《ごすうよう》と結び、伍家の商号であった「怡《い》和《わ》」を引き継ぎ、中国では怡和洋行として知られる。ジャーディンが将来を見通し、果敢な経営を展開する点で優れていたのに対して、マセソンは組織者として会社を安定させる能力があったとされる。性格の異なる二人がパートナーとなったことで、この商社は急成長を遂げることができた。

一八三二年一〇月にジャーディン‐マセソン商会に属する交易船「シルフ」は広東沖から

北上したことを皮切りとして、福建から遼東にいたる海域を航海し、市場と海防の情況を調査した。この交易船に同乗し、情報収集に当たったのがプロシア出身のプロテスタント宣教師で、最初の日本語訳聖書を完成させたことで知られるカール＝ギュツラフである。彼はタイで布教に当たっていた。そこで一八世紀からタイ社会に深く入り込んでいた潮州出身の住民と、接するようになる。広州から北上しようというジャーディンの新企画は、ギュツラフにとって潮州にネットワークを広げ、中国本土に布教する糸口として魅力的であったのである。

一八三〇年代には民間商人が独自に情報を集め、積極的に交易を担うようになっていた。東インド会社のような特許的な組織が交易を担うことは、交易そのものを阻害こそすれ、促進させることはできなくなっていた。一八三三年に会社の特許状が更新されたとき、会社の商業業務を停止することが決められ、インド統治機関へと変化した。このことは、中国とイギリス本国の交易を、カントリー＝トレーダーが行う道を開いた。ジャーディンは茶葉の交易に乗り出し、イギリス本国にいち早く茶葉を輸送できるティー＝クリッパーと呼ばれる快速船を保有し、他の商社を圧倒する。

ティー＝クリッパー

ジャーディン＝マセソン商会の活動は中国に止まらず、フィリピンの砂糖、マレー半島の錫、東南アジアの香辛料などにも及んだ。アヘン交易の増大のために中国から流出した銀は、東南アジアを巻き込んだ多角的な交易活動に投入されたと考えられる。

アヘン戦争

清朝皇帝であった愛新覚羅旻寧《びんねい》（宣宗《せんそう》・道光帝《どうこうてい》）は、総督・巡撫クラスの官僚たちにアヘン対策を意見具申させたのち、道光一八年（一八三八）九月にアヘン厳禁の方針を定めた。意見を出させたときには、すでに皇帝のなかでは方針が定まっていた。意見を具申させた理由は、広東に派遣してアヘン厳禁を実行しうる人物を選定するところにあった。そして選ばれたのが、湖《こ》広総督《こうそうとく》であった林則徐である。

何が皇帝に決断させたのか。銀の流出にともなう経済混乱なども挙げられようが、おそらく最も大きな要因は、帝国の兵士のあいだにアヘンが蔓延し、地方で発生した反乱や政情不安に対処できなくなるという危惧であったと思われる。後述するように、一八世紀末から中国では反乱が相次ぎ、清朝は対処に苦慮していた。少数の異民族による中国支配という構造的な弱点を抱えた清朝にとって、反乱が大規模にならない前に鎮圧することが、何よりも優先される政治課題であったからである。

アヘン戦争　砲撃するネメシス号。東洋文庫蔵

アヘン戦争は、三段階に分けられる。

第一段階。林則徐は一八三九年に広州に到着すると、アヘン厳禁を断行、外国商人から没収した二万箱以上のアヘンを、海上を航行する商船からも望める虎門《こもん》の海浜で、石灰と混ぜて海水を注ぎ、石灰の発する熱で焼却した。しかし、その後もアヘン交易は途絶えず、清朝とイギリス人とのあいだで小競り合いが繰り返された。イギリスでは、一八四〇年四月に下院で遠征軍の戦費支出が議論された。反対決議が二六二票対二七一票という僅差で否決され、政府が提案した戦費の支出が承認された。

アヘン戦争関連地図

インドで編制された艦隊は、戦艦一六隻、輸送船・武装汽船等三二隻からなる。イギリス遠征軍は、同年六月に広東沖合に到着して海上封鎖を宣言したが、林によって警備を固めた広東での交戦は不利と見て北上し、舟山島を占領し寧波および長江の河口を封鎖した。さらに北上して八月に北京に通じる白《はく》河口《がこう》沖に到着し、イギリス側の要求を示した外相の書簡を手渡し、紛争解決の交渉を求めた。

情報と戦争

交渉は大沽で行われ、改めて係争の現場である広東で会談することとされ、遠征軍は南に戻った。林則徐は免職された。

第二段階。新たに欽差大臣に任命されたのは、満洲正黄色旗人の琦善《きぜん》であった。担当官が漢族官僚から満洲旗人へと転換したことは、清朝が王朝の保身を最優先としたことを意味する。イギリス遠征隊は一一月末にマカオに到着し、交渉が開始された。琦善は林則徐が設けた海防施設を撤去するなどして妥協の道を探るが、香港割譲の点で行き詰まる。イギリス艦隊は一八四一年一月に虎門を守る砲台を攻略し、香港の割譲などを認めさせた。琦善も責任を問われて罷免された。

第三段階。皇帝はイギリスへ宣戦布告をし、皇族の奕山《えきざん》を靖逆将軍《せいぎゃくしょうぐん》に任じた。広東での戦闘は二月下旬に再開された。イギリスは徹底的な武力行使によって清朝を威嚇する方針をとり、直ちに北方に向けて大規模な作戦を開始し、厦門・定海・鎮海・寧波と相次いで占領し、沿海地域の内地にも兵を進めた。翌四二年には、駐防八旗の反撃を破砕して乍浦を占領し、さらに上海を攻略、七月には長江と大運河の交差する鎮江《ちんこう》を攻略した。これが清朝の戦争継続の意志をくじいた。

八月に南京に迫ったイギリス軍に対し、清朝は城壁に白旗を掲げて降伏した。降伏後の講和交渉は、清朝がイギリス側の要求条件をすべて原則的に容認したことによって、わずか三日で終わり、八月二九日に南京条約が調印されてアヘン戦争は終結した。

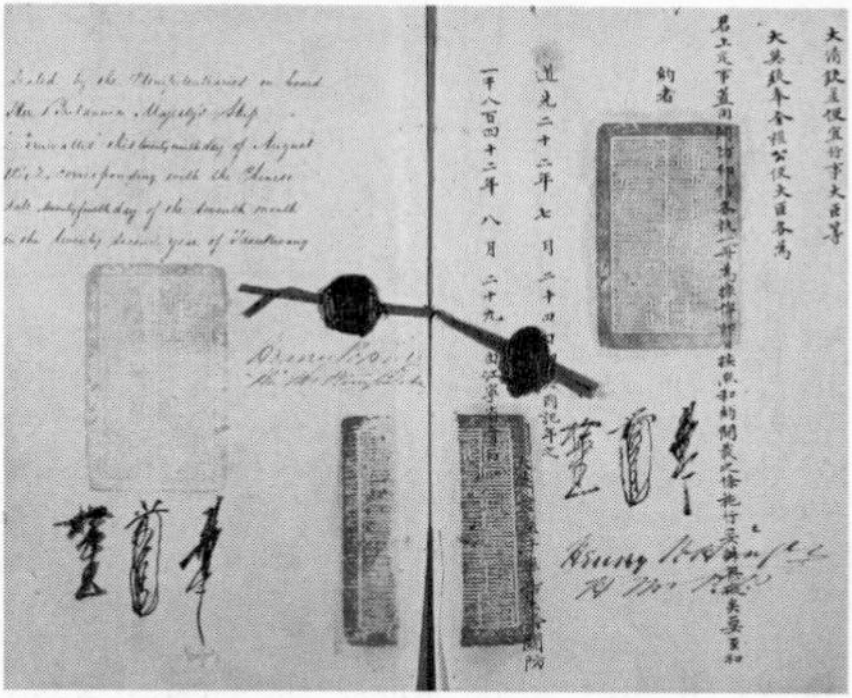

南京条約　この条約の調印は、中国の歴史がユーラシア・ステージから環球（グローバル）ステージへと転換するターニングポイントであった。調印式は、長江に浮かぶイギリスの旗艦コーンウォーリス（条約の右には「大英君主汗華船上」と見える）の甲板上で行われ、欽差大臣の耆英（左のサインの下に「Keying」と見える）とイギリス全権代表ヘンリー＝ポティンジャー（初代香港総督となる）とがサインしている。北京にあったこの条約の原本は、国民党が台湾に逃れた1949年前後に台湾に持ち出されたと推定され、台湾外交部門資料館に眠っていた。1997年の香港返還を機に、台湾が清朝を継承した正統政権であることを訴える意味をこめて、台湾当局が公開に踏み切った。コピーは中国の北京とイギリスのキューにある

戦争の展開を見ると、中国の弱点を把握した上で作戦を遂行していることが分かる。一七九三年に派遣されたマカートニー使節は、広東から渤海にいたる海域を測量するとともに、帰路には大運河を経由して、その重要性を把握している。イギリスはその後も情報を集積していた。とくにカントリー＝トレーダーのジャーディンは、「ジャーディン＝ペーパー」として知られる計画を提供している。そのなかには中国海域の詳細な地図や攻略拠点に関する情報、さらに戦後賠償の金額から政治的な要求の項目にいたるまで網羅されていた。緒戦における舟山の占領から、後半における大運河の要衝の攻略にいたるまでの戦争は、こうした情報にもとづいて展開されたのである。

一方、中国側でも林則徐は情報の重

要性に気づき、西欧の情勢を調べ始めていた。ロンドンで一八三四年に発行されたヒュー＝マレー『地理学百科事典』を翻訳させ、『四洲志《ししゅうし》』としてまとめた。さらに林の幕友であった魏源《ぎげん》に、世界の情勢を調査させた。魏源は『四洲志』をもとにして、さらに多くの地理書を使って情報を集め、戦後の一八四四年にその成果を『海国図志《かいこくずし》』として世に出した。最初は五〇巻本として発行された『海国図志』は増補され、一八四七年に六〇巻本、一八五二年には一〇〇巻本となっている。このなかで、魏は欧米の事情を紹介するとともに、近代軍備と生産方法を記し、のちの洋務運動の出発点を用意した。また六〇巻本は一八五一年に日本にもたらされ、幕末の日本に与えた影響も大きかった。

林は所轄する広東の沿岸で、義勇軍を組織し、砲台を設置するなどの施策を進め、海防を強化した。その一方で広東だけを守っても、欧米の侵攻を防げないことも、十分に認識していた。林則徐はこのような事態を正確に見通しており、清朝が広州の海関で得た関税の一割でも沿海の海防のために用いていれば、イギリスの侵攻に立ち向かえると考えていた。しかし、そのプランは清朝の政治の現状では実現しがたい。イギリスの艦隊が広東に姿を見せたとき、林は夫人に送った手紙のなかで次のように述べている。

イギリス兵船が中国に来ている。広東で思いのままにならなければ、きっと他の省に向かうに違いない。しかし、他省の海港には設備がなく、もし失策があれば、その地の総督や巡撫はきっと私が外国人を挑発したと罪を私になすりつけるだろう。私としては、その是非を公論にゆだねるのみである。（周維立校訂『清代四名人家書』近代中国史料叢刊三

六—六二四、文海出版社)

事態は予測したように進展したといえよう。

一八世紀の海域世界の消滅以降、清朝は海防にはほとんど力を注がなかった。イギリスの船舶が急速な技術革新のさなかにあったのに対して、中国のジャンクは一七世紀からほとんど変わっていない。カントリー・シップの南シナ海進出とともに、一八一〇年に海賊が姿を消したことは、中国のジャンクがもはやイギリス船の前に無力であることを示している。海賊すら取り締まれなかった清朝の海防体制は、汽船まで備えたイギリス艦隊に対応できないことは、明らかであった。

銀はどこに行ったのか

戦時中の一八四〇年にも、アヘン交易は途絶せず、一万八〇〇〇箱ほどのアヘンが中国に流入した。交戦中のイギリスの商人が中国にアヘンを輸出することはできなかったため、カントリー・トレーダーはアメリカ商人を代理に立てて、アヘンを中国に輸出したのである。アヘン戦争の結果として結ばれた南京条約の条文にはアヘンの交易を認めるという内容は含まれていないにもかかわらず、イギリス艦隊の武力の前に、清朝はアヘン交易を黙認した。戦後にアヘンの輸入量は急増する。一八五〇年には戦前の水準を超えて四万八〇〇〇箱となり、その後も一八八八年にピークを迎えるまで、増加し続けた。

アヘンの大量流入にともない、一八二〇年代後半から中国は赤字貿易となり銀が流出し始

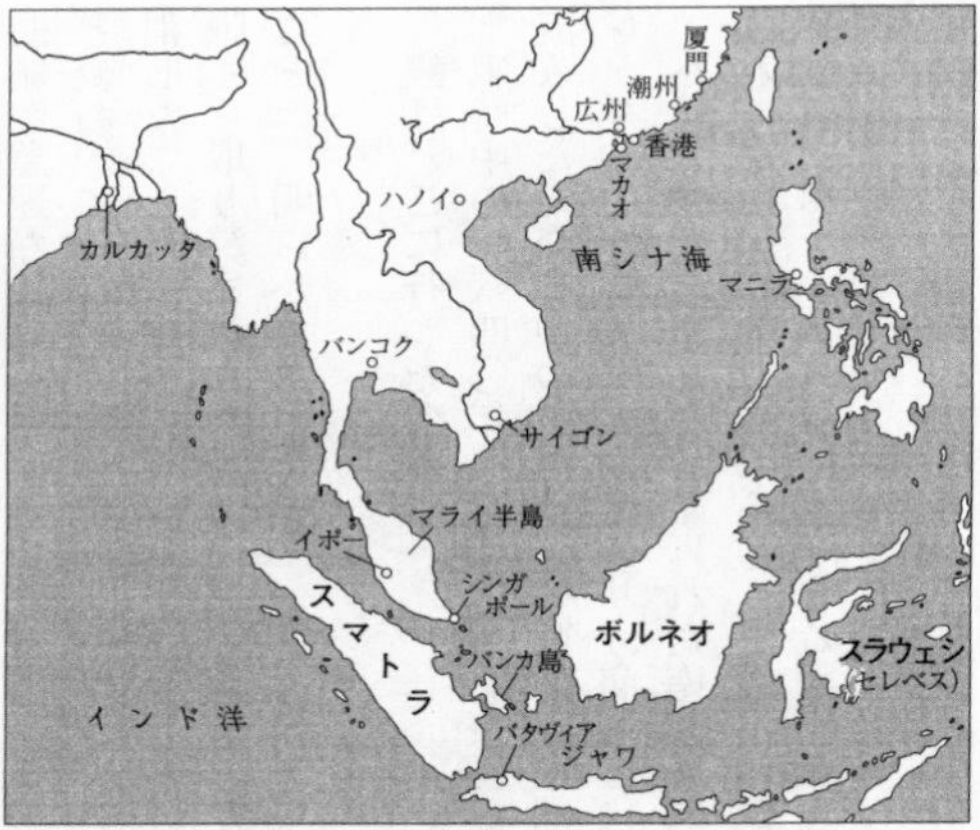

シンガポールと華人渡航地

め、戦後もその傾向が続いた。一八五〇年前後の貿易額を見ると、中国はおよそ一〇〇〇万両のアヘンを輸入していたが、茶葉の輸出額は二〇〇〇万両ほどに止まっていたとされる。多額の銀が中国から流出した。

それではその銀は、どこへ行ったのであろうか。中国史の大半の概説書は、この点に言及していない。その理由は銀の流れを追うために必要な統計が存在しないためであるが、状況証拠をつき合わせていけば、概略をつかむことはできる。

一八世紀に東南アジアには中国から多くの労働者が移住し、現地の支配者と結びつきながら、主に中国向けの物産を生産していた。カントリー＝トレーダーもインドから中国に向かう途中、東南アジアの生産拠点に立ち寄り、中国に輸出する物産を仕入れていた。アヘン交易が盛んになると、中国向け物産を生産していた東南アジアの各地にも、アヘンが流入した。東南アジアの交易ネットワークは、アヘンを介してイギリス商人の通商路と接合されたのである。一八三〇年代に中国が貿易赤字を出して購買力が低下すると、それに取って代わるように、東南アジアで入植者が生産していた香辛料・錫・タピオカ・タバコ・ガンビールなどが、中国ではなくヨーロッパに向かいはじめる。

東南アジアにおける交易の構造変化は、イギリスの新たな交易拠点としてシンガポールが登場したこととも密接に関係がある。シンガポールは一八一九年に、東インド会社の職員であったスタンフォード＝ラッフルズによって自由港としての基盤が作られた。シンガポールは、東西ではインド洋と南シナ海とを結ぶ航路に臨むとともに、南北にはオランダ領のバタヴィアとタイのバンコクとを結ぶ経路にも位置している。中国のジャンクも立ち寄り、さらに古くからスラウェシ島を拠点として東南アジアの海で活躍していたブギス人などの海洋民をも引きつけ、シンガポールは交易の中心地として急成長を遂げる。東南アジアの交易ルートが変化したため、一八世紀に繁栄していたマラッカなどの港町が寂《さび》れるとともに、バンコクやサイゴンなどの新しい交易センターが勃興し始めた。

中国から流出した銀は、このシンガポールに入ったと見てもよいであろう。ここで銀は新たな経済効果を発揮する。イギリス商人はその銀で東南アジア各地の物産を集めるとともに、中国から労働者を呼び寄せるためにも使われた。当時は中国から海外に渡航することは、清朝によって認められてはいなかった。公認されるには、一八六〇年に中国とイギリスのあいだで結ばれた北京条約を待たなければならない。しかし、賄賂をつかまされた官憲は、中国人が福建や潮州などを出港して海を渡ることを黙認した。

海外渡航者の世界

労働者として渡航した中国人の多くは、苛酷な人生を歩む。その多くは渡航費を前借りして、入植先で働いて稼ぎ出した収入で返済するという契約を結んでいた。旅費を親戚知人から借りて、渡航するものも少なくなかった。東南アジアに渡った労働者は、コンシで働くことになっていた。すでに第八章でのべたように、一八世紀に成立したコンシは、労働者にも蓄財を可能とする組織であった。しかし、アヘンが入ったことで、その様相は一変していた。

バンカ島や少し遅れてマレーのイポーなどの錫鉱山で働く労働者は、熱帯という環境のなかで苛酷な労働を強いられた。作業が終わると身体はきしみ、痛みが安眠を妨げた。しかも移民社会は完全な男だけの世界であり、家庭をもってくつろぐ場を持つことは不可能である。熱帯特有の風土病も多い。こうした心身の痛みを紛らわせ、マラリアにも効くとされたのが、アヘンであったのである。労働者のほとんどが、アヘンに染まった。コンシの差配をしているタウケ（頭家）は、労働者にアヘンを売り、支払いができなければ借金として帳簿に記した。こうして労働者は借金を背負わされ、作業現場から逃れることはできず、働き続けることになった。

東南アジアの中国系住民は、アヘンを軸にして富める者と、作業所で死去するまで働き続ける者との二極に分裂した。のちに富める者の代表とされたのが、中国人を父とし地元の女性を母として東南アジアで生まれたプラナカンと呼ばれる人々である。英語を操り中国の習慣にも通じ、さらに母や妻を通して現地社会とも接点を持っていたプラナカンは、イギリス商人と中国人が働くコンシのタウケとのあいだに立ち、コンシで生産された物産を動かし、中国から渡来した労働者を手配し、そしてアヘンを各地に供給した。こうした活動のなかで、富を蓄え社会的な発言力も得たのである。

中国系の移民たちは東南アジアで働き、稼ぎ出した銀を郷里に送金する必要があった。とくに、親戚などから渡航費を借りたものは、その返済を迫られていた。もし返さなければ、郷里に残した自分の家族に迷惑をかけることになるからである。中国系の人々は、郷里への送金に民信局と呼ばれる機関を用いた。

この民信局の歴史は古く、明の永楽年間の鄭和の遠征以後、東南アジアに中国商人が進出したころに形成されたとされる。しかし、この民間の通信・送金のネットワークが成長を遂げるのは、一九世紀の嘉慶・道光年間であり、アヘン戦争後に急成長する。国内でも寧波を中心に、全国的なネットワークを広げた。東南アジアで民信局に振り込まれた銀は、ネットワークをたどりながら中国に届くあいだに、さまざまな商品に姿を替えながら、最終的に中国人の受取人のもとに届けられた。

多くの史書は、アヘン戦争を含む一九世紀を評して中国の近代の始まりとし、この時期の中国を名づけて「ゆらぐ中華帝国」、あるいは「斜陽の大清帝国」などと呼ぶ。しかし、この世紀をモンゴル帝国以後の歴史のなかに位置づけてみると、また別の評価も可能となる。

中国はその「地大物博《ちだいぶつぱく》」と称えられた豊かな物産、とくに一四世紀から一七世紀までの生糸と陶磁器、一八世紀以降の茶葉などの力によって、大量の銀を吸収し続けてきた。「銀の墓場」とも呼ばれた中国が、アヘンの流入にともなって蓄え続けてきた銀を吐き出した。その銀は主に東南アジアで動き回り、中国に向かっていた物産をヨーロッパに振り向け、東南アジアを植民地化する契機を生みだした。そして、銀は中国から商人ではなく労働者を吸引し、のちにクーリー貿易と呼ばれる人の輸出をもたらす起爆剤となった。一九世紀後半になると、中国人は北アメリカなどにも定住するようになる。

国の歴史としてではなく、人の歴史として見たとき、一九世紀は中国人がグローバルな環球という舞台において、生活の領域を広げ、社会的・経済的なネットワークを張り巡らせた世紀である。中国人がアヘンの災禍を自力で克服したとき、世界の各地で生きる中国系の人々は、世界の動きを左右することになる。その動きは、二一世紀となった今も続いている。

蛻変する社会

移住民の社会

「蛻変《ぜいへん》」という見慣れない熟語を、本節のタイトルに用いた。「蛻」は昆虫やヘビの抜け殻のことである。地中で生活していたセミの幼虫が、夏のある朝に脱皮して飛び立つように、古い枠組みのなかで変化が静かに進行し、あるとき突然に変化が表に現れるようなプロセスを、蛻変という。一九世紀の中国社会は、清朝の支配という政治的な枠組みは変化しなかった。しかし、その帝国のもとで、社会は明らかに脱皮に向けた準備を遂げていた。

典型的な事例を見てみよう（以下は山田賢『移住民の秩序』名古屋大学出版会、一九九五年による）。

四川盆地を流れ出ようとする長江に臨むテラス状の岩山に、一つの山寨がある。名を磐石《ばんせき》

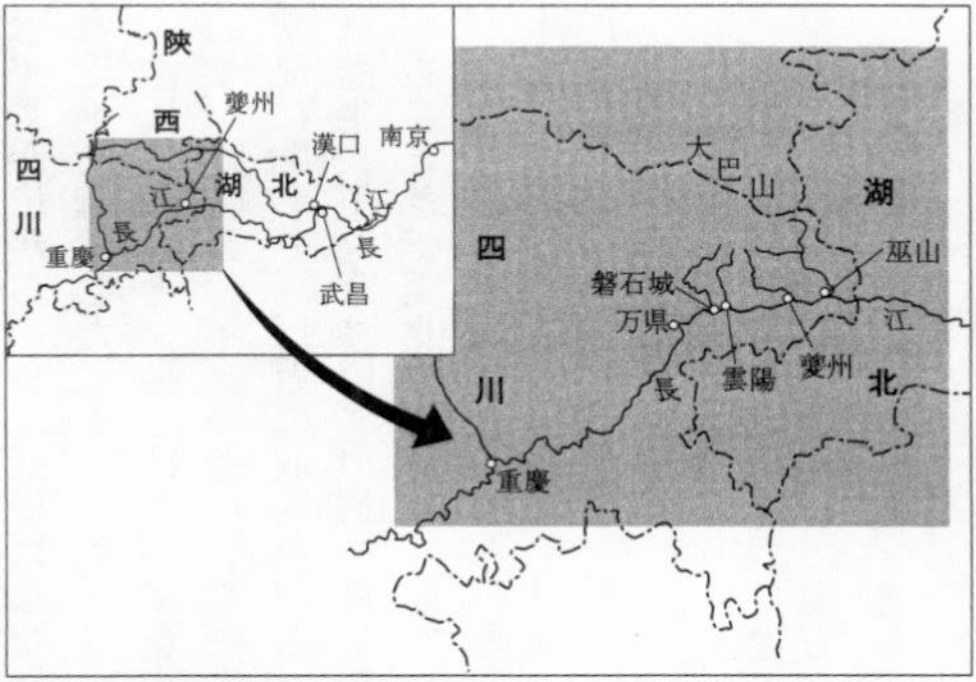

四川省雲陽県の涂氏の移住先

城《じょう》という。この地域で勢力を伸張していた涂《と》氏《し》という一族が、道光年間（一八三〇年代）に建てたもので、山上には飲用水や食糧、武器弾薬が蓄えられ、戦乱となれば一族はここに立て籠もった。この山寨は一九世紀の地域社会の変容を象徴している。

山寨が位置する四川省雲陽県《うんようけん》は、交通の要衝であり、多くの人が通過した。一八世紀なかば、人口増加にともない飽和状態になった湖北の平野部から、長江に沿って省境の山間地域に移住する人々が増えた。涂氏の始《し》遷祖《せんそ》は乾隆二年（一七三七）に雲陽県に入り、およそ一〇年間は苦労を重ね、商業活動にも関わってようやく資産を蓄えた。ところが土地を買おうとしたが、資金が足りない。売り主には残りの代金は、郷里に戻って用意すると約束し、湖北にもどりそこで死去した。一〇年後、その子は再び雲陽県に赴き約束された土地を購入しようとするも、売り主はこの間に土地価格も高騰しているとして父親とのあいだに交わした契約を履行しない。官に訴え、ようやく半分の土地を得た。

涂氏は開墾に精を出し、蓄えた資産で乾隆五四年（一七八九）に磐石城を買い取ることができた。この山寨は周囲が切り立った断崖の上に立ち、南麓には平野が広がる。また対岸には交易の要衝であった磐石鎮の街を望む。農耕と交易にも有利な土地を確保したことで、涂氏はのちに発展を遂げる契機をつかむ。

涂氏は開墾と交易とによって資産を増大させるとともに、同族集団としての結束を強めていく。乾隆五〇年（一七八五）に生まれた涂徳明《とくめい》は、四川の重慶《じゅうけい》と湖北の漢口とのあいだの交易に関わり、巨万の収入を得る。また地主として、小作料収入も少なくなかった。さらには監生（第九章参照）の科挙身分を獲得し、官僚の世界との接点を持つことにも成功した。

あるとき、湖北の出身地に墓参りしようと漢口に到着したところ、郷里を同じくするものが帰省を終えて戻るところと行き会った。その話では、郷里に戻るとその親族たちによって財貨を巻き上げられたという。ついに涂は祖先の出身地に戻ることを取りやめ、雲陽県に戻り、道光一五年（一八三五）に同族の共通の祖先を祀る宗祠を磐石城のなかに建てる。

こうして涂氏は、同郷との社会関係から、移住地における同族結合へとその軸足を移す。この同族結合を拠り所として、雲陽県の名族の一角に加わる。有力な大宗族のグループは、県の世論を形成し、共同して地方の行政へ参画していた。涂氏は一九世紀を通して名族として慈善事業や地方財政に対する発言力を強めていくことになる。

地域社会の亀裂

雲陽県の北は、大巴山脈《だいはさんみゃく》に連なる標高二〇〇〇メートル級の山岳地帯となる。この山地から長江に向けて河川が流れ込む。この河川の流域に入植した人々がさらに有利な土地を求めて長江流域の平野部に進出しようとしたとき、すでに平野部は涂氏のような有力な同族集団に押さえられていた。商業活動においても、交易の中心地を有力同族集団に押さえられ、不利な取引を強いられることが多かった。

こうした移住民は、自らが大きな同族としてのまとまりを作るために必要な資産を形成できず、県の行政に働きかける人脈を構成することもままならない。成功への道を閉ざされた移住民のなかから、白蓮教《びゃくれんきょう》という宗教結社に加わるものも現れた。

入信を認められた信徒は、「無生老母」つまり誰が生んだわけでもない始源の母親が主宰する家郷の一員となる。霊文を教えられ宗教儀礼への参加が認められた。教徒は互いに助け合うことが求められた。移民社会という不安定な状況のなかで、人々は白蓮教に精神的、社会的な拠り所を見いだしたのである。

明朝成立の契機となった紅巾の乱では、白蓮教が組織的な支柱となっていた。朱元璋によって弾圧され、清代の盛世の時代には社会の繁栄のなかで、その活動は目立たなかった。ところが乾隆三九年（一七七四）にその流れを汲む清水教《せいすいきょう》が王倫《おうりん》という指導者のもとで反乱を起こしたころから、しだいにその存在が大きくなっていった。移民社会のなかで急速に広がり始めた白蓮教に対し警戒した清朝が取り締まりを強化し、乾隆四七年（一七八二）以降に弾圧と処刑が加えられると、白蓮教の活動は先鋭的になっていった。

嘉慶元年（一七九六）に、湖北・四川・陝西の省境地域で、大規模な白蓮教徒による反乱が起きた。四川で蜂起した白蓮教徒の軍勢が嘉慶二年に雲陽県に迫ると、県内でもそれに呼応して蜂起が始まった。涂氏は一族をあげて磐石城に立て籠もって白蓮教軍と対峙し、危機を切り抜けた。

雲陽県に見られる社会の変容は、中国の全域で見られるものである。概略を示すと、次のようになるであろう。

盛世の時代における人口急増の結果、一八世紀末までに地域社会は飽和状態を迎える。耕地や水利などの地域の資源は、あふれる人口のまえに希少なものとなり、限られた地域の資源をめぐる争奪が激化する。資源は物的なものだけではない。一六世紀から始まる税制の変革の結果、州県の行政を司る知県・知州は、水利に気を配り、開墾に意を注ぐようになった。資源の分配に深く関わる行政官と社会的な関係を保つことができれば、争奪戦に有利になる。文人として登用された官僚と交際するためには、教養が必要となる。争奪の対象には、こうした社会的・文化的な資源も含まれる。

地域社会は、資源をめぐる争奪戦が繰り広げられる「アリーナ」（競技場）へと変容したのである。一八世紀に多くの移民を受け入れた地域では、アリーナとしての性格が露骨に現れた。一方には、同郷のネットワークを拠り所として成功の契機をつかみ、地方官との接点を確保して行政に関わり、資産を蓄えるグループが現れる。他方には宗教結社に流れ込む多くの人々がいた。白蓮教軍が近づくと亀裂が顕在化し、地域社会は教軍を迎えて蜂起する集団とそれを鎮圧しようとする集団とが争う場となった。清朝は白蓮教の反乱を容易に鎮圧することができず、莫大な軍事費は財政の負担となった。嘉慶白蓮教は、盛世の時代を終わらせたのである。

生態環境の限界

資源をめぐる争奪戦が激化した理由に、生態環境の限界を挙げなければならない。さきに第八章において、秦嶺山脈の山中で製鉄などの産業が一八世紀に急成長を遂げたことを紹介した。標高三〇〇〇メートル級の山脈では、廠と呼ばれる作業所が数多く作られ、木材伐採を行う木廠、山中に産する鉄鉱石を精錬する鉄廠では、大量の労働者が働いていた。彼らの食糧は、標高一二〇〇メートル以下の山麓で生産された安価なトウモロコシであった。

トウモロコシ栽培と廠とを組み合わせた山地の経済は、永続的なシステムではない。山麓では、木材伐採→キクラゲ栽培→開墾→トウモロコシ栽培→荒廃という、一方向の環境の変化をたどる。市場向けにトウモロコシを栽培していた移入者は、土壌流失のために地力が落ちると、その土地を放棄してさらに奥地の山地に入り、開墾に精を出した。標高が高い山中においては、木廠が原生林を破壊し、鉄廠による木炭の大量消費のために、森林が激減した。山中の森林破壊は、山地の保水機能を著しく低下させ、干天が続けば旱害、大雨が続けば洪水が発生しやすくなる。頻発する旱・水害は、山麓のトウモロコシ栽培を直撃した。山地の経済は、発達すればするほどその根底を切り崩し、最終的には自壊せざるを得ない。

自壊の兆しはすでに一八世紀末には現れていた。しかし、それが本格化したのは、嘉慶一八年（一八一三）からである。その翌年に書かれた報告書には、次のようにある。

前年の秋にはトウモロコシが不作で、キビ・ソバなどは五分程度の収穫しかなかった。自作している家は、なんとか自給することができたが、食糧価格が高騰し、各廠では抱えていた多くの労働者を養うことができず、雇われた人々も生計を立てることができなくなってしまった。……〔廠で働いていた労働者は〕従来から外来の游民（定業を持たない民）に対する救済は、戸籍に登録されていなければ支給されないことを知っている。そこで蜂起して掠奪する意思を固め、それに無業の游民が付き従って合流し、にわかに地方官と軍隊とに刃向かった。（『平定教匪紀略』巻三八）

この嘉慶一八年の蜂起の首謀者の一人は、木廠が閉鎖されたために乞食をして食いつないでいた失業者であった。

大運河から海へ

一八世紀に海運業が繁栄したことも、中国社会の変容を促進した。明代の永楽年間に大運河が改修され、江南から北京にいたる物資の輸送の根幹を成した。その後、明清の両代にわたって、江南の糧食は帝国によるコントロールが難しい海運をあえて避けて、大運河による漕運で行うとされた。

漕運は、単なる輸送経路の問題ではなかった。大運河を国家の物流の基幹に位置づけることで、大運河を維持するために必要な華中・華北のほとんどすべての水系にわたり、帝国が責任をもって管理を行うことを必要とした。国費を用いて土木事業が行われ、水利の体系が維持されたのである。また、漕運には大運河が経由する地域で、多くの労働者を必要とした。江蘇・山東・河南などの地域の経済と社会は、大運河に依存していたのである。

ところが一八世紀の末になると、漕運に関わる労働者のあいだに秘密宗教である羅教《らきょう》が浸透し、しだいに反清的な傾向を持つようになる。黄河がしばしば氾濫するために運河道が荒廃し、大運河の維持が困難になってきた。他方、海運は信頼に足るほどに発展を遂げ、海域世界の消滅後は国家による統制も可能となっていた。嘉慶年間になると、大運河による漕運から海運への移行が、皇帝の周囲で真剣に検討されるようになる。

道光四年（一八二四）に黄河が氾濫をおこす。大運河は機能麻痺に陥った。清朝は翌道光五年（一八二五）に正式に、江南の米穀を海運で運ぶことを決定した。上海に海運総局、天津に海運局、大沽に海運外局が設けられ、以前から海上輸送に従事していた商人に委託して、海運が展開された。海運に従事した船舶は、黄海を航行して大豆を運んでいた沙船の他に、台湾と福建とのあいだを航行していた福建船なども動員された。また、南シナ海・東シナ海・黄海のそれぞれに適応した船舶の長所を合わせたという三不像船《ふぞうせん》という船も登場した。

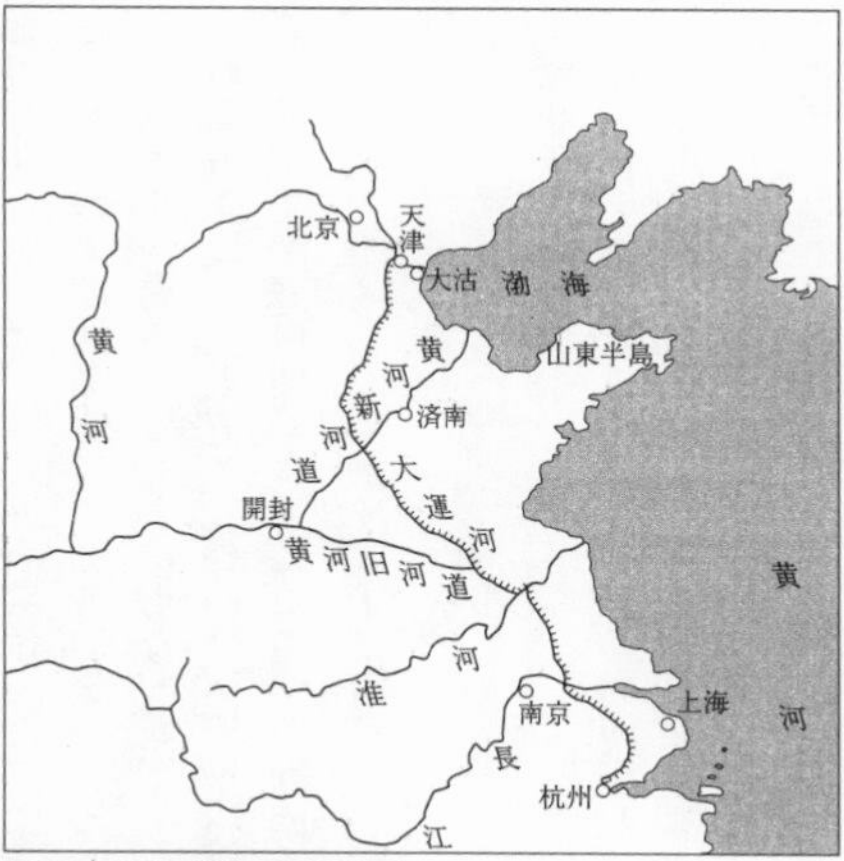

黄河新旧河道と海運拠点

この海運は大運河に関わっていた役人や、大運河流域の地方官の反対のために、道光四年と翌五年の二回で中止された。しかし、大運河による輸送は、アヘン戦争による混乱もあって、一八世紀の状況に復することはなく、しだいに海運の比重が高くなった。多くの大運河関連の労働者が職を失った。また、大運河を支える水系の改修も疎かになり、水害を多発させることにもなった。

咸豊《かんぽう》五年（一八五五）、黄河はついに決壊する。河水は大清河に入り東へと流れ、山東半島の北側で渤海に注ぐようになる。黄河南流時代の終結である。大運河を支えていた水系が根底から変化し、大運河の維持が不可能となった。ついに、漕運は海路へと移行することになった。

太平天国と社会

中国社会の蛻変は、以上の三つの要因が絡みながら進んだ。この変化が歴史の表面に激動として現れる。太平天国《たいへいてんごく》である。太平天国は、広東で洪秀全《こうしゅうぜん》が創始した上帝会《じょうていかい》という宗教結社を核として展開した（詳細については本シリーズ第一〇巻、菊池秀明『ラストエンペラーと近代中国』を参照のこと）。最初に上帝会に参加したものは、炭焼き・貧農・鉱山労働者などであった。一八五〇年七月、上帝会会員は広西省の金田《きんでん》村に集結して、団営《だんえい》と呼ばれる軍事組織を作り、一八五一年に洪は「天王」に即位した。この太平天国が華南から華中へと、急速に勢力を拡大しながら北上する。

人口増加による地域社会のアリーナ化は、地域のなかに清朝の官僚と結びつこうとするグループと、それに対抗する勢力との抗争を生みだした。中国では、しばしば「敵の敵は味方」という政治的な運動を見せる。社会のなかに無数に存在する対立は、太平天国軍の北上という状況のなかで、地域社会を二分し、一方が清朝に結びつくと、他方は太平天国と呼応する動きを見せた。

こうした動きを加速した要因は、生態環境の限界のために山中に滞留した失業者であり、また大運河の機能停止のために生まれた失業者であったのである。もともと地域社会で弱者の立場に置かれた人々を中核にして生まれた太平天国は、清朝の社会のなかで上昇する道を阻まれた人々の心を、しっかりと摑むことができたともいえよう。

一九世紀に入り弱体化していた八旗や緑営は、太平天国を鎮圧することができなかった。そうした清朝の正規軍に代わって活躍したのが、郷勇《きょうゆう》である。アリーナ化した地域社会のなかで有力な同族集団を核にして、一九世紀から団練《だんれん》と呼ばれる郷村自衛のための軍事組織が数多く存在していた。この団練を省のレベルで組織化したものが郷勇であり、湖南で曽国藩《そうこくはん》が組織した湘勇《しょうゆう》が有名である。

太平天国は鎮圧され、清朝が滅亡することはなかった。しかし、その前と後で清朝の内実は一変していた。曽国藩に連なる漢族の官僚は、省の総督・巡撫となり、中央から自立した財政基盤を持ち、郷勇に由来する軍事組織を抱えるにいたる。清朝を終わらせた辛亥革命《しんがいかくめい》は、華中・華南の各省が清朝に対して独立を宣言する形で進んだ。そのあとに各省に軍閥が生まれる素地は、太平天国を鎮圧する過程で生まれたのである。

しかし、太平天国後の歴史は、本書の守備範囲を越える。本書では太平天国が清朝の根幹を揺るがせたもう一つの要因に目を向けることにしよう。清朝がアヘン戦争に敗れ、朝貢メカニズムを維持できなくなったことが、清朝の権威を低下させたということである。洪秀全がキリストの弟を名乗り、新たに権威を創出したとき、清朝の権威は容易に相対化されたのである。

南京条約と開港

道光二二年七月二四日、西暦一八四二年八月二九日に、長江の南京沖に停泊するイギリス軍艦「コーンウォーリス」の船上で、南京条約が締結された。「ここに大清皇帝と大英君主とは、近来の不和の端をもって解釈し（解きほぐし）、肇釁《ちょうきん》（闘争の原因）を息止《そくし》するを欲するにより、この議定を成して永久の和約を立てる」という一節から始まる条約は、和約とはいうもののイギリス側の主張を一方的に押しつけた内容となっていた。

その第二条では、広州・福建・厦門・寧波・上海の五ヵ所の港にイギリス人が家族とともに居住し、交易を行うことを認めるとされ、イギリスは領事などを派遣して通商などを管理することが決められた。

第三条では、遠洋を航海してきたイギリス商船が補修できるように、香港の一島をイギリス君主とその後継者に与え統治させるとある。こうして香港はイギリスに割譲された。

第四条では没収されたアヘンの賠償金を支払うこと、第五条で公行を廃止し、開港された港で自由に交易できることが記された。

付帯条項の第四条では、中国に駐在するイギリスの大官が清朝の大臣とのあいだで文書をやり取りするときに「照会」の書式を取ること、などとされた。これはイギリスと清朝とが対等な立場で文書を取り交わすことを定めた条項である。中国の皇帝に対して国外の使節が

南京条約締結の図

朝貢するという建て前は放棄され、政治的な交渉を行わないという前提のもとで交易を行うという互市システムもここで明確に否定された。

いったん互市システムが崩壊し始めると、もはや清朝にその流れをくい止める力はなかった。一八四三年にイギリスは、清朝と五口通商章程《ごこうつうしょうしょうてい》を結び、イギリスがアヘンを含む貨物を中国に輸出する条件を整え、虎門寨追加条約《こもんさいついかじょうやく》を結んでイギリス人が土地や建物を借りて、永続的に居住できることとし、治外法権、関税自主権の放棄、片務的最恵国待遇条項の承認などを認めさせた。最後の条項は、清朝が他の国と結んだ条約のなかで相手国にいっそう有利な条項が盛り込まれていた場合、自動的にイギリスにも適用されるということを意味する。

他の欧米諸国も南京条約やその追加条約などの条文を参照し、翌四四年にアメリカは望厦条約《ぼうかじょうやく》を結び、フランスも広州の黄埔《こうほ》のフランス艦上で、黄埔条約を結んだ。これらの条約はあとに結ばれるものほど、内容が詳細になる。たとえば黄埔条約では、開港地でフランス領事不在の際は、ほかの欧米領事により自国民財産の保護を受けられるという規程がある。これは、初めての内容である。こうした新しい規程は、最恵国待遇条項によって、自動的にイギリスやアメリカにも適用されることになる。欧米諸国は連携しながら清朝の主権を侵食していったといえよう。

開港地のなかで最も繁栄を遂げたのが、上海である。開港される前の上海が、小さな田舎の漁村であったと記す概説書もあるが、これは誤りである。一八世紀に江南の外港として繁栄した瀏河港は、一八世紀の末に港湾に土砂が堆積し、沙船も入港することが困難になってしまった。衰退した瀏河港の機能を引き継いだのが、この上海である。清朝は一九世紀の初めに、黄海を航行する沙船を瀏河港に限定していた政策を放棄した。その結果、大豆や大豆粕を扱う商人たちも、ほとんど上海に移り、港町の中心であった天后宮も上海に移転した。

一八四四年に上海に最初に進出した欧米の商人は、アヘン商人として知られたデント商会であり、それに続いてジャーディン＝マセソン商会も商館を建てた。外国人が民間人から土地を借りるという先例のない事態に、ときに混乱が生じた。

そこで一八四五年に「上海土地章程」が結ばれ、租界が設定された。商人が土地を借りるときには、中国の地方官と外国の領事官とが立ち会って境界を定めること、また、租界には中国人が建物を借りて住むことが禁止された。この租界はのちに拡大し、上海は一九世紀後半以降、東アジアの交易センターとして、成長を遂げることになる。

マルクスの誤算

欧米によって清朝の互市システムが崩壊させられていたころ、ヨーロッパでは革命の気運が高まっていた。一八四八年に書かれた『共産党宣言』のなかで、カール＝マルクスとフリードリヒ＝エンゲルスは次のように記している。

ブルジョアジーはすべての生産用具の急速な改善によって、また無限に容易になった交通によって、あらゆる民族を、もっとも未開な諸民族をも、文明に引き入れる。彼らの商品の安い価格は、中国の城壁をもことごとくうち崩し、未開人の頑固きわまる外国人ぎらいをも降伏させる重砲である。

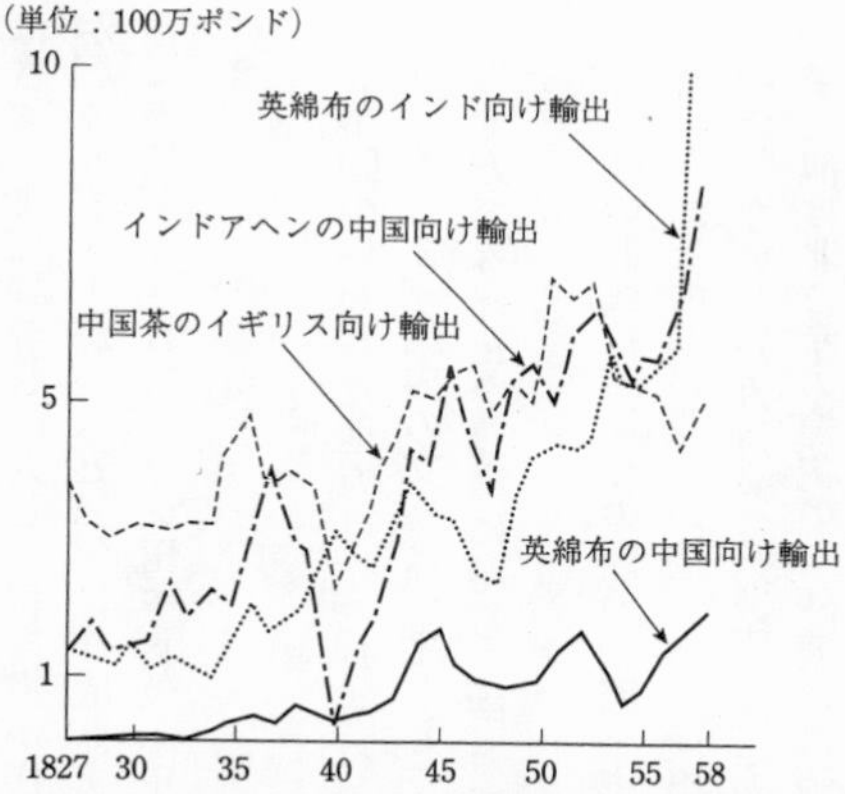

イギリスの対インド・中国貿易の推移　横井勝彦『アジアの海の大英帝国』講談社学術文庫より

マルクスは、中国がイギリスに開港したことで、資本主義のもとで作られた商品が雪崩を打って中国に流入し、中国の社会的な動揺を招き、革命が発生すると予測した。アジアに始まる革命の波は、中国市場の突然の縮小を招き、イギリスに恐慌を発生させ、ヨーロッパにおける政治革命が達成されると、予測した。しかし、それは誤算であった。アヘンの輸入量は増加しつつも、イギリスで生産された綿織物製品などは、ほとんど中国に受け入れられなかったのである。

この原因を究明するために、イギリス人

はさまざまに調査し研究し、報告書が作成された。そのなかでもっとも本質を突いているのが、ミッチェルが一八五二年に作成した「ミッチェル報告書」である。このなかで、次のような指摘がなされている（田中正俊『中国近代経済史研究序説』東京大学出版会、一九七三年）。

中国の異なった地方は、それぞれの土壌・気候にしたがって、異なった生産物を産する。そして、国内の交易は、主としてこれらの生産物の交換によって成り立っている。北方地方では棉花を豊富に産し、南方では、米・砂糖・果実・薬・染料・茶などを生産する。

福建の農民はかなりの量の砂糖を生産する。……農民は、春に最寄りの港で、この砂糖を、天津その他の北方の港へ南季節風の間に船で運ぶ商人に売る。その商人のジャンクが四カ月ないし六カ月後に沿岸航海を終えて帰ってくると、秋に、農民は、一部分は現金で、他は北方産の棉花で、砂糖の代価を受取る。

秋の収穫が終ると、老若の別なく農家のすべての者が、この棉花を梳《す》き、紡《つむ》ぎ、そして織《お》るのにかかる。こうして、自家紡織の織物――二、三年のはげしい使用に耐える重い丈夫な手織り木綿――を、彼らは自分たちの衣料として織り、その余剰を町に売りに行く、町では店舗をもつ商人が、町の住民や河川上の船に住む人々の必要をみたすために、彼らからその綿布を買取る。この国では一〇人中九人までがこの自家製の布地でつくった衣服を着ている。

ミッチェルはおそらく実際に目にした光景にもとづいて、この手紡織の綿布が、イギリス産の薄手の綿布の輸入を妨げていると結論づける。

中国で革命的な状況が生まれないことに気づいたマルクスは、この「ミッチェル報告書」などを参考にしながら、中国では農業と家内手工業とが強固に結びついているという結論を導き出した。さらに太平天国の運動に幻滅した時点で、マルクスはこの結合こそが、中国の経済と社会を停滞させているのであると結論づける。しかし、歴史的に見てマルクスの見解は正しかったのであろうか。

海と帝国という枠組みで中国の五〇〇年にわたる歴史を見てきた私たちは、「ミッチェル報告書」から中国各地の産業が海を介して多角的かつ緊密に結びついていることを、読みとることができる。これは決して停滞ではない。清朝という枠組みは、二〇世紀になるまで崩壊はしない。しかし、その殻の下で中国社会は、脱皮に向けて変化を遂げつつあった。

さらに、帝国という枠にとどまらない中国人のネットワークは、海を越えて中国東北地方から江南、福建へと広がり、東南アジアの熱帯に形成された華人の入植地に及んでいた。このネットワークを通じて、多様な商品と銀と労働者が動きまわっている。そして、そのうねりは環球に及ぶことになるのである。

おわりに　媽祖と明清の歴史

雲南に現れた海の女神

二〇〇三年三月、雲南での調査を終えて帰路についた私は、昆明の飛行場で、衆目を集める一行と行き会った。待合室の椅子に鎮座していたのは、媽祖。中国人に広く信仰されている海の女神である。

本書冒頭の一節に、立ち返ることにしよう。

この神像に随行していた信者は、この媽祖は台湾東岸の港町・花蓮から福建に行き、女神の故郷を訪ねたあと、雲南の観光地として名高い麗江を遊覧してきたのだと、私に語ってくれた。この光景に、私はなぜ出会うことができたのであろうか。なぜ中国内陸の雲南に、台湾で信仰されている海の女神が現れたのであろうか。五〇〇年にわたる東ユーラシアの歴史を通観したとき、ようやくその歴史的な背景を理解することが可能となる。

海の時代区分と台湾の媽祖

まず、台湾の港町で媽祖が信仰されるようになった経緯を、海の歴史のなかに位置づけてみよう。海という視点に立って明代から清代にわたる五〇〇年を時代区分すると、次のようになる。

第一期、元朝から張士誠が離脱したことが契機となり、東ユーラシアの海が陸から自立する。海域世界の成立である。

第二期は、一四世紀なかばから隆慶元年の海禁解除にいたる時期に相当する。明朝は政権の自立を維持するために、朝貢メカニズムを人為的に作り、私的商人の自由な交易を禁圧した。これに対して、いわゆる倭寇と呼ばれる武装海洋商人が活動した。

第三期、海禁が解除されると、一五七〇年代に互市システムが生まれる。中国を核にして日本と東南アジアをめぐる交易が活性化され、この交易にもとづいて海域世界に独自な政権が生まれる可能性も現れた。

第四期は、鄭氏政権が瓦解し、遷界令が解除される一六八〇年代に始まる。海域世界での独自な動きは姿を消し、海は陸の政権（中国の清朝と日本の江戸幕府）に管理される。

そして第五期は、アヘン戦争以降となる。東ユーラシアの海には、欧米の船舶が往来し、東ユーラシアの海は環球の一角を占めるようになる。

この時代区分に沿って、台湾の花蓮の変遷を見てみよう。地図で見ると、媽祖が生まれた福建と台湾とは、台湾海峡をはさんで目と鼻の先にあるように

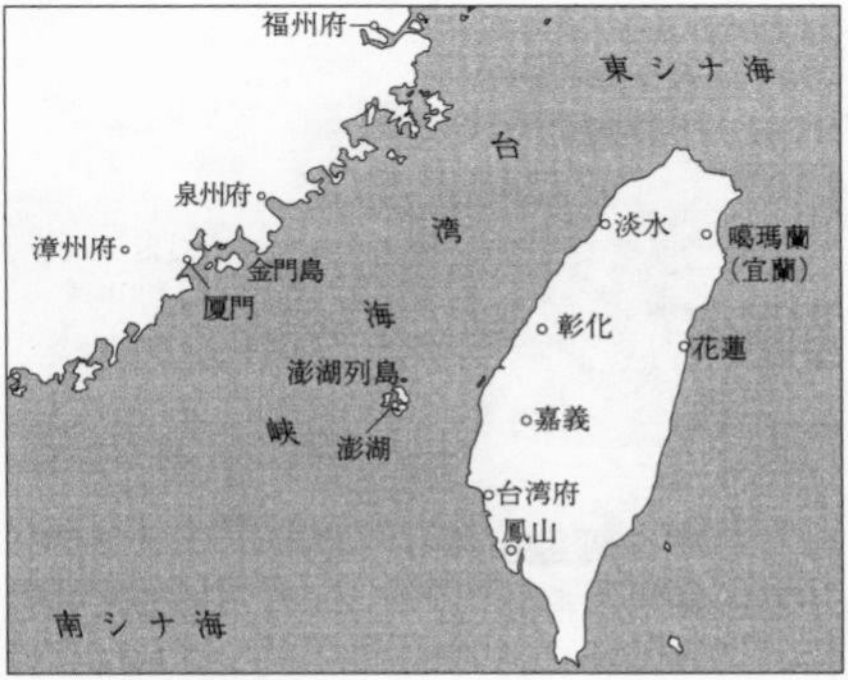

19世紀の台湾

思われる。しかし、この海峡を貫通する黒潮の流れは速く、季節風の変化が多く、前近代の帆船で渡ることは至難であった。大陸の漢族は、宋代には澎湖《ほうこ》島《とう》に居住していたが、その東の台湾には渡ることができなかったのである。

海の第二期になると、澎湖島さえも、居民が内地に強制移住させられ、無人となった。台湾に福建から人が渡り、本格的に定住し始める時期は、海の第三期である。まず鄭氏政権のもとで入植する漢族が増える。彼らは海を渡るときに、媽祖に守護を願い、台湾でも媽祖信仰を保ったと考えられる。台湾東岸の花蓮に漢族が足を踏み入れるのは、第三期の末年であ

順天宮　台湾花蓮に媽祖を祀る。筆者撮影2005年

台湾花蓮順口天后廟に祀られる媽祖　筆者撮影2005年

る。一六八二年に鄭氏政権は、砂金を確保するために配下のものを派遣している。

次いで第四期に本格的な移住者の流れが、海峡に現れた。清朝が台湾に拠る鄭氏政権を制圧する戦役で、指揮を執ったのは福建人の施琅《しろう》であった。施は媽祖の加護を受けたとして、清朝に女神を顕彰するように願う。また乾隆末に台湾で発生した反乱でも、媽祖が清朝軍を守護したとされ、媽祖信仰が官僚のバックアップも受けて、台湾全島に広がった。花蓮でもこの時期に開墾が開始される。一八二五年ごろからは、台湾の淡水《たんすい》・宜蘭《ぎらん》の有力者が数千人の小作農民を募集して花蓮一帯に入植させ、本格的な開発に着手する。

そして、花蓮が港町となるのは、太平洋をめぐる人の動きが活発になる第五期である。台湾が日本の植民地となっていた時期に、港湾が整備された。花蓮の港口に順天宮《じゅんてんぐう》と呼ばれる廟がある。雲南に現れた媽祖はここに鎮座し、港を出入りする漁民などから信仰されているのである。

東ユーラシアのなかの麗江

雲南に現れた媽祖は、信者にともなわれて麗江を巡行した。麗江の古い街並みは一九九七年にユネスコの世界遺産に登録され、雲南の観光地のなかでも人気のあるスポットとなった。

麗江で水路に沿ってうねるような路地を散策していると、開け放たれた家屋の中庭で製紙や銅細工などの手仕事をしている光景に出会う。夕暮れになると、漢族地域から受け継がれた古い音曲が、街に流れ始める。いまは観光の対象として保存がはかられてはいるが、明朝と清朝という二つの対照的な帝国の歴史のなかで培われた景観であり文化であることに違いはない。花蓮に暮らす媽祖の信者も、この街並みに惹きつけられたのである。

しばしば明清と並び称される帝国は、いずれもモンゴル帝国が拓いた東ユーラシアという歴史的な空間のなかで生まれた政権である。宋朝以前の帝国は、古代の周代に形成された東アジアという空間のなかに存在する「中華帝国」であったのに対し、元・明・清の三つの王朝は、ウォーラーステインの言葉を借りるならば「世界帝国」であったと言えよう。この点で、明朝は中央ユーラシアのティムール帝国と、清朝は北ユーラシアに生まれたロシア帝国と並存する政権であった。

明朝はモンゴル帝国を、否定的に継承しようとした王朝であった。明の太祖・朱元璋はモンゴル帝国の経済を支えた銀を用いずに自らが創建した帝国を運営しようと試み、戸メカニズムにもとづく現物経済を創案した。対外的には自由な交易を抑制し、朝貢メカニズムを展開しようとした。

しかしそのメカニズムの由来を見ると、元朝が実施していた制度を下敷きにして、改変を加えたものである。「戸」を基本に人民を把握するという戸籍制度、塩の専売制度を財政の根幹に据える開中法、あるいは帝国周辺に住む異民族を統治する土司《どし》制度、それらの原形は元代に成立している。

麗江は、元朝から明朝にかけて土司に任命された木氏《ぼく》によって造られた街である。城壁がないその自然な街造りは、「木」の周囲を城壁で囲むと、「困」になってしまい縁起が悪いからであると、観光ガイドは説明する。こじつけのような解説の当否は別にしても、麗江の景観が明代に土司支配のもとで形づくられたことは、歴史的な事実である。

清朝はモンゴル帝国の遺産を、肯定的に継承しようとした帝国であった。清の太祖・ヌルハチが創建した地方的な政権を、子のホンタイジが「大清」帝国に発展させた。その契機は、元朝伝来とされる玉璽を獲得したところにあった。清朝の皇帝は、中国の皇帝であるだけではなく、満洲族のリーダー、遊牧民族のハーン、チベット仏教の大施主を兼ねる四面体であった。

東ユーラシアの政権として生まれた清朝は、市場システムを活用しながら、銀と銅銭が並存する財政政策を展開し、国内の地域間交易を盛んにすることに成功した。対外的には互市システムにもとづき、中国の商人が日本や東南アジアと中国とのあいだで交易を展開することを容認した。その結果、一八世紀には「盛世」と称えられる時代が訪れた。

麗江の街並み　筆者撮影2004年

清朝がチベット高原も勢力圏に収めた結果、チベット高原を出入りする交易も、それまで以上に活発になった。土司の支配は、雍正《ようせい》期に進められた改土《かいど》帰流《きりゅう》政策により終わりを告げる。麗江はその後も、盛んになった交易の要衝として、経済的な繁栄を遂げるのである。交易路に沿って雲南西北部のチベット族が暮らす地域にも、豊かな文化が育まれた。

媽祖の旅程

交易路に沿って二〇世紀に雲南の奥地に、欧米の探検家や宣教師が入り、多くの情報を世界に紹介するようになる。なかでも一九二三年以降に麗江を中心にナシ族の文化を調査したジョセフ＝ロックの報告は、『ナショナル－ジオグラフィック』誌などで発表され、話題となった。イギリスの小説家ジェームズ＝ヒルトンは、こうした情報にもとづいて、『失われた地平線』のなかの理想郷シャングリラを描いたとされる。

小説のなかのシャングリラは、雪を頂く高山のふもと、花が咲きウシが群れをなす盆地として描かれている。その住人は、交易にもとづいて得た富により、平和な日々を暮らし、豊かな文化を楽しんでいる。

もし花蓮の神像に媽祖の霊が宿っているとすれば、鄭和とともにユーラシアの海を渡り、シナ海やインド洋の無数の港町を見てきた彼女の目に、麗江の風景はいったいどのように映ったのであろうか。随行の信者から話を聞いたあと、飛行場の椅子に鎮座する媽祖の顔をあらためて拝んだ私の脳裏には、明清五〇〇年の歴史が閃光となって駆けめぐり、ユーラシアの陸海をめぐる媽祖の旅の旅程が浮かんだのである。

学術文庫版のあとがき

本書ハードカバー版が出版された二〇〇五年、中華人民共和国政府は、七月一一日を「航海の日」という記念日とし、海洋に関わる各種の行事を挙行することを決定した。海洋強国を目指し、日本側が尖閣諸島、中国が「釣魚島」と呼ぶ島の周辺海域に艦船を派遣し、南シナ海のパラセル諸島・スプラトリー諸島、中国が西沙諸島・南沙諸島と名づけた島々に拠点を築き、シナ海域のみならずインド洋に影響力を及ぼそうとしている中国にとって、この日は象徴的な意味を持っている。

「航海の日」は、本書の第四章（一五七ページ）で取り上げた、馬和《ばわ》こと鄭和《ていわ》が、第一回の遠征に出帆の日からちょうど六〇〇周年に合わせて指定された。永楽三年六月一五日、西暦七月一一日、明の第三代皇帝、朱棣《しゅてい》（永楽帝）の命によって、鄭和の第一回の航海が始まったのである。しかし、鄭和という人物が、本当に中国にとって海洋強国のシンボルになりうるのだろうか。私は違うのではないか、と考えている（詳細は拙著『シナ海域　蜃気楼王国の興亡』講談社、二〇一三年）。

鄭和の南海遠征の目的はそもそも何なのか、これについては歴史研究者が様々な説を唱えている。永楽帝が皇帝になる前に、甥にあたる二代目の皇帝に対して起こしたクーデターで、攻め落とした南京《ナンキン》の宮殿の焼け跡からは皇帝と確認できる死体が発見されず、密かに南洋のほうに逃れたという噂があったために、この皇帝を捜しだすために鄭和を遠征させたということが、正史（後の王朝のもとで編纂された公式の歴史）である『明史』に書かれている。また、明朝に政権を奪取されたモンゴル帝国の逆襲を事前に予知するために、情報収集を目的に鄭和を派遣したと唱える学者もいる。これまでの説は、いずれも明朝の立場から説明するものであった。

しかし、実際に航海を行った鄭和の視点から考えた場合、それらの説とは異なる可能性が見えてくる。本書で紹介したように、鄭和は雲南のムスリムの家に生まれ、その父と祖父はメッカに巡礼したことを示す「ハッジ」という称号を持っていた。鄭和が出帆する二年前、一四〇三年にメッカ巡礼から帰ってきたムスリムが、南京に到着する。彼らはインド洋から南シナ海に直接に船で通過することができず、そのために長期間にわたり、タイのアユタヤで足止めになっていたという情報を明朝にもたらしたのである。インド洋と南シナ海とを結ぶ航路は、鄭和の父と祖父が巡礼に使ったルートである可能性がある。

ここから先は、私の想像になる。この情報を得た時に、ムスリムの家で育った鄭和は「何とかしなくてはいけない、中国にいるムスリムたちが、安心してメッカに巡礼できるようにする必要がある」と考えた。そして鄭和は、自分の主人である永楽帝を説得した。鄭和は宦《かん》官《がん》の頂点にたつ役職にあり、皇帝の信任も厚く、常に皇帝の身辺にいた。永楽帝は非常に野心家であったので、鄭和はその野心を煽るような形で、今、海に出ることによって、「陛下の威光が海の世界にも轟《とどろ》きます」と焚《た》きつけた。そして、南海遠征プロジェクトを皇帝から命令させる、というように事を運んだのではないか。

　本書ハードカバー版の出版後、私は本書にゆかりのある土地をめぐる旅を重ねた。二〇〇五年一二月には、真新しい本書を携えて、「はじめに」の冒頭に登場する媽祖《まそ》に報告するために台湾花蓮の港に面した順天宮を訪ねた。五三〇ページの写真は、そのときに撮影したものである。さらに二〇一四年には、ジャワ島で調査を行った。赴いたところは、スマランとスラバヤである。

　スマランで訪ねたのが、三保洞（現地の言葉ではサンポコン）、鄭和の別名「三保」にちなむ宗教建築群（写真）である。本堂の下には洞窟があり、きれいに整備されているが、かつては海辺で、その洞窟の奥に泉が湧いていた。そして鄭和の艦隊が着いたときに、病気に

三保洞　ジャワ島のスマランにある。筆者撮影2014年

マスジット・チョンホ　ジャワ島のスラバヤにて。筆者撮影2014年

ムスリムの鄭和のイメージ　マスジット・チョンホの本堂脇にある。筆者撮影2014年

冒されていたムスリムの航海士をこの地に残留させた。この航海士は洞窟の水を飲み、アッラーに祈りつつ瞑想を行ううちに、病が治ったということが伝えられている。いまは鄭和の像を祭っている足下のところには蓋がしてあるが、かつてはこんこんと水の湧く井戸があった、と言われている。中国風の大きなお堂が建つ前は、地元ムスリムの信仰の場でもあった。かつてはこの洞窟は、アッラーから言葉を介さずに啓示を直接受けようと、イスラームの神秘主義の信者たちが、この洞窟に籠って瞑想していた場でもあったという。

スラバヤでは、鄭和を記念するモスク（写真）を訪ねることができた。「鄭和清真寺」という扁額が掛けられている。清真寺とは中国語でモスク（アラビア語で「マスジット」）のこと、その下に「MASUJID MUHAMMAD CHENG HOO」とある。CHENG HOOとは、鄭和。ムハンマドとあるのは、雲南の碑文に、鄭和の父の姓は「馬」であると刻まれていることに、根拠が求められたのであろう。「馬」という姓を持っている人の多くはムスリムで、馬というのはムハンマドに由来するとされている。そこから鄭和のムスリムとしての名を、ムハンマドとしたものと推定される。本堂の脇にはレリーフがあり、ジャワ風ムスリムの鄭和像が描かれている（写真）。鄭和に関する肖像画のほとんどがいわゆる中国風、いわゆる中国の宦官として描かれているのに対して、ここで初めていわゆるムスリムとしての鄭和のイメージを見ることができたのである。

このムスリムの鄭和を記念するモスクは、二〇〇一年に華人系ハッジが代表となり、元々ここにあったモスクを鄭和の航海六〇〇周年記念に間に合うように、中国風に建て替えたものだという。建築にあたって設立された財団は、「インドネシア・イスラーム・中華・統一」というモットーを掲げている。さらに「非政治、独立、社会刷新」という三つの行動指針が立てられている。その「非政治」の説明には、「我々に様々な働きかけがあるかもしれないが、それに対しては常に中立の立場を保つべきだ」とある。

インドネシアと中国という巨大な国家権力の狭間で、インドネシアに住んでいる華人ムスリムたちが、政治的な思惑に左右されず、バランスを取りながら、中立・非政治を維持していかなければいけないのだという立場がそこから読み取れるのである。中国とインドネシアとのあいだでも、海において緊張する場面もあったことをそのときに想起した。

本書ハードカバー版刊行後に、日本国内のみならず、中国と台湾の多方面の方々から評価していただいた。中国語の翻訳も、簡体字版『海与帝国』（高莹莹訳、広西師範大学出版社、二〇一四年）、繁体字版『海與帝國』（葉韋利訳、台湾商務印書館、二〇一七年）の二種が出版された。前者は中国でもずいぶんと読まれ、出版後には中国から私の指導を受けたいという留学生が毎年のように訪れている。

台湾で出版された繁体字版には、東華大学歴史系副教授の蔣氏から読書案内を寄せていただいている。その冒頭で「数年前でしたら、一般の読者に明清時代の歴史書を一冊、紹介して欲しいと頼まれたら、私は迷わずティモシー・ブルックの『フェルメールの帽子』を挙げたのですが、上田信の『海と帝国：明清時代』が台湾商務印書館から出版されたことで、私は推薦書リストを書き換えることにします」と述べたあと、本書を紹介し始め、拙著の特色を手際よくまとめて行く。なお『フェルメールの帽子』は本野英一氏の翻訳が、岩波書店から出版されている。

蔣氏の書評はその末尾の近くで、原著が出版されたのは「二〇年以上も前ですが、『海と帝国』は今でも、明清通史の最も完全で最高の書籍です。現在の出版界では、グローバルヒストリーが流行し、グローバルな視野を強調する趨勢にあって、この本が出版されたことで、海から歴史を見ることの重要性がより一層はっきりとしました」とし、本書「おわりに」から媽祖の旅程の最後の段落を引用しながら、次のように締めくくっている。

この読書案内では、分かりやすくするために『海と帝国』の「海」・「銀」・「物」そして「環境」という四つの特色を切り離して説明しましたが、これは著者がそれらを別々な問題として考えているということではありません。そうではなくて、これらの四つの視点は常に本書の記述の背景に見られるのです。

本書の「おわりに」において、著者はふたたび叙述の技を披露し、これら四つの特色を統合し、昆明の空港で花蓮媽祖の一行と出会ったときに、交わされた質問に立ち返ります。…（中略。本書五二八ページからの引用）…ここまで読み進めて、本書に仕組まれていた軸となる目論見に、読者ははじめて気づくのです。そう確かに、媽祖の物語は、明清帝国と海の五〇〇年の物語なのです。この『海と帝国』を読み通したあと、あなたの世界観は間違いなく変わると信じています！

媽祖は海洋の平安を守護する女神である。本書の校正を進めているさなかに、アメリカ大統領選挙が行われた。新たな大統領が選出されたものの、アメリカ合衆国と中華人民共和国とのあいだの緊張が緩和されることはないと、各種のメディアは予測している。グローバルな秩序が激動するなかにあって、台湾海峡を往来した花蓮の媽祖に、海の平和を守っていただくよう、私は祈りたいと思っている。

【追記】

本書の再校に手を入れているときに、ハードカバー版の編集を担当していただいた松岡淳一郎氏の訃報に接しました。原稿の修正や図版の選択などで、ほんとうに親身に対応していただきました。心より哀悼の意を表します。

二〇二一年正月一日

上田　信

主要人物略伝

海の列伝

方国珍《ほうこくちん》（一三一九―七四）　浙江《せっこう》省沿海部の黄巌《こうがん》で生まれる。名は珍、字が国珍。谷珍と表記されることもある。元朝のもとで海上輸送を仕事としていたが、一三四八年に海賊との関係を疑われて海に出て、江南から大都《だいと》に向かう政府の輸送船を襲い、台州《たいしゅう》を占領する。当地で製塩に従事していた人々と結んで勢力を拡大し、一三五五年春には台州から北上して海上交易の拠点であった慶元《けいげん》（現在の寧波《ねいは》）を占領するまでになる。

　元朝は方を懐柔するために、海道漕運万戸・浙江行省左丞相などの官位を与えた。勢力範囲は寧波・温州・台州に広がる。自己の勢力の温存をはかるために、一三五九年に朱元璋《しゅげんしょう》に投降し、福建行省平章の官位を与えられる。元朝の首都・大都に食糧を海上輸送したため、朱と断交。一三六七年に朱が軍を浙江省東部に派遣すると、方は投降する。形式的に広西行省左丞の地位を与えられるも、実際は監視下に置かれ、応《おう》天《てん》（現在の南京《ナンキン》）で没した。元末の群雄のほとんどが戦乱のなかで非業の最期を遂げたのに対し、天下盗りの野望を持たず、機を見るに敏であった方は、平凡な死を迎えることができたといえよう。

張士誠《ちょうしせい》（一三二一―六七）　江蘇《こうそ》省の泰州白駒場《たいしゅうはっくじょう》（現在は大豊県に属する）の出身。若いころには九四と呼ばれ、塩の水上輸送に従事していた。一三五三年に元朝の官僚やそれに繋がる富裕者の搾取に耐えられず、塩業従事者を糾合して反乱を起こして泰州・高郵《こうゆう》を占領し、次の年の正月に高郵で誠王《せいおう》を称し、国号を大周《だいしゅう》とした。元朝の丞相トクトに高郵を包囲され危機に立たされたが、トクトが元朝内の政争のために解任されたので、命脈を保つことができた。

　一三五五年に通州（現在の南通）を攻めて長江の南部に渡り、翌年に江南を勢力下に収め、首都を平江《へいこう》（現在の蘇州）に定めた。一三五七年に朱元璋軍に敗れて元朝に帰順し太尉に封じられ、元朝の首都・大都に江南の物資を運んだ。一三六三年には安徽《あんき》省に兵を進め、紅巾《こうきん》軍の理念的な支柱であった韓林児《かんりんじ》と劉福通《りゅうふくつう》を破り、自立した政権として自ら呉王を称した。しかし、一三六七年に平江が朱元璋軍に攻略され、捕らえられて応天（現在の南京）で自ら首をくくって死んだ。張は当時の中国でもっとも豊かであった江南を手中に収め、富裕層の支持を受けて経済的な繁栄を出現させた。明初にその栄華が破壊されたためであろうか、江南における張の人気は高く、その墓も保存されてきた。毎年旧暦の七月三〇日は地蔵を祀る日で、香を焚くが、蘇州一帯ではこの行事を「焼九四香」と呼ぶ。これは地蔵節に仮託して張を偲んだことに起因するという。また、『水滸伝』の作者である施耐庵《したいあん》は張と同郷であり、張の事績が『水滸伝』の下敷きとなっているともいわれる。

鄭和《ていわ》（一三七一―一四三四）　雲南昆陽州《うんなんこんようしゅう》（晋寧県）のムスリムの家に生まれた。もとの姓は馬《ば》。明朝の雲南攻略で捕虜となり、去勢される。当時、燕《えん》王であった朱棣《しゅてい》に献上されてその内廷《ないてい》の宦官となり、靖難《せいなん》の役で功績を挙げ一四〇四年に鄭姓を下賜され、宦官の長官である太監《たいかん》となった。一四〇五年から一四三三年までのあいだ、南シナ海・インド洋に七回に及ぶ遠征を行った。

成化年間（一四六五―八七）に皇帝とその信任を得た宦官が鄭和の遠征に倣って、東南アジアとの内廷主導の交易を再開しようとした。官僚は反発し、二度とこうした動きが出ないようにと、兵部に所蔵されていた鄭和の遠征に関わる公文書を抹消した。そのために、鄭和遠征の詳細は、歴史の謎となってしまった。

王直《おうちょく》（生年不詳―一五五九）　安徽《あんき》省歙《きゅう》県の出身。塩業に失敗したのちに明朝のもとで禁止されていた海上交易に従事した。一五四五年に日本へ渡航し、博多・平戸《ひらど》の商人と取引を行う。一五四八年に官軍が私的海上交易の拠点であった双嶼《そうしょ》港を壊滅させたことが契機となって、海洋商人のなかで指導的な地位を確立し、舟山《しゅうざん》群島の烈港《れっこう》に拠点を構え密貿易を盛んに行う。

一五五三年に烈港を官軍に攻撃されると、拠点を日本の五島《ごとう》列島や平戸に移した。王から分離した海上勢力は、沿海地域を掠奪するようになる。これが「嘉靖《かせい》大倭寇《だいわこう》」であるが、王は明朝によってその頭目と見なされ、最後には処刑される。

安徽省に日本人が建てた王直の墓（「王氏祖墓」）が、二〇〇五年一月末に、王を売国奴とする中国の教員によりその名などが削られるという事件が発生した。この事件は、中国と日本とのあいだで「倭寇」に関する研究を共同で進め、対話を通して人物評価を行わなければならないという、一つの教訓であろう。中国の歴史学界においても、王直の海洋商人としての側面を肯定的に評価する見解がある。

マテオ＝リッチ Matteo Ricci（一五五二―一六一〇）中国名は利瑪竇《りまとう》。イタリアのマチェラータでリッチが生まれた年は、くしくもフランシスコ＝ザビエルが中国布教を志して日本から渡った広東で死去した年でもある。一五六八年にローマに転居、一五七一年にイエズス会に入会。宣教師として一五七八年にインドのゴアに赴く。

一五八二年にマカオに到着。その後、肇慶《ちょうけい》・韶州《しょうしゅう》・南京《ナンキン》・南昌《なんしょう》などを転々として布教の可能性を探る。一六〇一年に北京《ペキン》在住が許可された。

博覧強記であり、当時ヨーロッパの最先端の科学を身につけ、中国文化についても深い洞察を行っている。一六〇二年に世界地図『坤輿万国全図《こんよばんこくぜんず》』を公刊。これは当時、もっとも精巧な世界地図（縦約一七〇センチメートル、横約三六〇センチメートル）で、私たちにも馴染みのあるアジアを中央に置いた地図となっている。原本は無彩色の版本で、現存が確認されるものはバチカン図書館・京都大学・宮城県立図書館所蔵の三点のみ。しかし、日本には模写されたものが多く出回り、新井白石など江戸時代日本人の世界認識の基礎となった。一六〇七年にユークリッド幾何学の漢訳本『幾何原本《きかげんぽん》』を著す。

一六一〇年に北京で死去。皇帝は北京阜成《ふせい》門外の柵《さく》欄《らん》に墓地を下賜した。現在は北京行政院の敷地内となっており、他の多くのイエズス会宣教師たちとともにリッチは静かに眠っている。宣教師のアジアにおける布教活動の資金源の一つは、ポルトガルなどの海洋冒険商人が展開した交易であった。

鄭成功《ていせいこう》（一六二四―六二）名は森《しん》、字は明儼《めいげん》、号は大木。父は福建出身の武装海洋商人の鄭芝龍《しりゅう》、母は日本人の田川七左衛門《たがわしちざえもん》の娘。平戸で出生。幼名は福松《ふくまつ》。中国における原籍は、父の郷里である福建省南安《なんあん》市石《せき》井鎮《せいちん》。一六三〇年に叔父の鄭芝燕《しえん》に従って福建に戻り、科挙を目指して勉学に勤しむ。

一六三八年に科挙の最初の関門を通過して南安県学の生員《せいいん》になり、南京の国子監太学《こくしかんたいがく》に入る。しかし、彼が官僚となることはなかった。同年の三月に李自成《りじせい》の軍が明朝の首都・北京を落とし、翌年六月には清軍が南京に拠った明朝の亡命政権を壊滅させた。鄭は福建に戻る。父は福建で唐王朱聿鍵《しゅいつけん》（隆武帝《りゅうぶてい》）を擁立した。朱聿鍵は鄭に明朝の皇室と同じ「朱」姓を与え、名を「成功」に変えさせた。ために南明政権のなかでは「朱成功」「国姓爺」と呼ばれた。一六四六年に清軍は福建に進攻し、朱聿鍵は捕らわれ父は清に投降した。母はその屈辱に耐えられず、自殺したとされる。

鄭は広東肇慶府の朱由榔《しゅゆうろう》（永暦帝）を奉じ、福建の厦門《アモイ》・金門《きんもん》を根拠地とし、清朝に対する抵抗運動を展開した。その資金源は、中国と日本やヴェトナム・タイなどとのあいだで展開した交易である。一六五八—五九年に南京に迫る勢いを示したが敗退し、一六六一年にオランダ人の占領下にあった台湾を奪取し、反攻態勢を整えようとした矢先、一六六二年に病死する。

彼は青年期に官僚となるべく勉学したために、それまでの海洋商人にはない視野を持ち、政権の樹立を目指すことができたと考えられる。台湾の台南にある延平郡王祠に、いまも鄭は祀られている。鄭は日本人の血を引くため、日本でもよく知られている。その居宅跡を平戸に訪ねると、ナギの大木が緑陰を落としていた。

施琅《しろう》（一六二一—九六）　字は尊侯《そんこう》、号は琢公《たくこう》。福建省の沿海部の晋江《しんこう》に生まれ、幼少時代から武芸に優れていたという。一六四六年に鄭成功に従い部将の一人となるが、しばしば戦略の相違のために鄭と対立した。一六五二年、ついに鄭と袂を分かって清軍に降る。清朝は海戦に秀でた施を重用し、一六六二年には福建水師提督《すいしていとく》に任命している。しかし施の台湾攻略は成功せず、水師提督を解任され北京での官職に改められる。北京にいた期間に皇帝の玄燁《げんよう》（康熙帝）に台湾侵攻を勧め、信任を獲得している。一六八一年に鄭成功の子の鄭経《ていけい》が死去すると、鄭氏政権内部の抗争が激化する。一方、三藩《さんぱん》の乱を平定した清朝には、台湾に正面から取り組む余裕が生まれ、一六八三年、施に台湾侵攻を命じる。施は二万の兵員と大型艦船三〇〇余りを動員して、澎湖島を経て台湾本島に兵を進め、鄭氏政権を降伏させた。清朝はその武功を認め、靖海侯《せいかいこう》に封じている。

当時、清朝の政権内部では台湾を放棄するという意見が強かったが、施は台湾の重要性を主張し、皇帝を説得することに成功した。施は台湾に勢力を扶植《ふしょく》し、清朝から広大な土地を地主として世襲することを認められ、その土地は「施侯大租《しこうたいそ》」などと呼ばれた。施の一族や係累は台湾の開発を進め、福建人が台湾に植民する基礎を創った。

鄭成功と施とは郷里も近く、背景となる社会層も重なる。福建人の生活圏を台湾に拡大したという点で、この二人の果たした歴史的な役割は共通している。

ウィリアム＝ジャーディン William Jardine（一七

八四—一八四三)　スコットランドのダンフリーに由緒ある氏族の子弟として生まれる。エディンバラの医学学校を卒業後、一八〇二年にイギリス東インド会社に船医として就職、一八一六年まで勤める。独立後しばらくのあいだ、ボンベイ（現在のムンバイ）や広東で取引を行い、いくつかの商社の経営に参画し、カントリー＝トレーダーとしての地歩を築き、マグニアック＝ジャーディン商会を創る。一八二〇年に同じくスコットランド出身のジェームス＝マセソンと知り合い、一八二七年にパートナーとし、一八三二年にジャーディン＝マセソン商会として共同で事業を進めることとなる。主力商品は、インド産アヘンと中国産の茶葉である。一八三四年に東インド会社の中国交易独占権が撤廃されると、この商会は急速に成長し、ジャーディンは中国人から「大班《タイパン》」と呼ばれた。林則徐《りんそくじょ》がアヘンを厳禁すると、ジャーディンはロンドンに急行して外相パーマストンにアヘン戦争のプランを提示したとされる。南京条約が結ばれた翌年に、ジャーディンはイングランドで死去する。

　彼が残した商社はアジアでの交易で成長している。長崎のグラバー邸で知られるトーマス＝グラバーは、ジャーディン＝マセソン商会の長崎代理として、武器や船舶を日本に輸出している。

帝国の列伝・その一・皇帝本紀

朱元璋《しゅげんしょう》（一三二八—九八）　明の太祖、年号にちなんで洪武帝《こうぶてい》とも記載される。明朝の創建者（皇帝在位一三六八—九八）。中国歴代皇帝のなかで、彼ほど貧困な境遇から身を起こしたものはいない。出生は濠州（明朝の成立により鳳陽《ほうよう》と改称される）の鍾離村東郷（現在は安徽省明光市に属する）で土地を持たない貧農の家に誕生。幼名は重八、元璋と名乗るのは一三五二年以降。幼少のころに数ヵ月のあいだ私塾で学ぶが、学費が払えず退学して他の家の牧童として過ごす。一三四四年に飢饉で父母を失い、村の近くの寺に入った。寺にも食糧はなく、托鉢僧となって流浪。

　一三五二年に紅巾軍の郭子興《かくしこう》に加わり、郭に認められてその養女馬氏《ばし》と結婚する。馬氏は朱を精神的に支え、帝国創建に貢献した。一三五三年に同郷の徐達《じょたつ》などを率いて自立し、儒者の李善長《りぜんちょう》らを配下に加えて勢力を拡大した。一三五五年に紅巾軍の理念的支柱である小明王《しょうめいおう》・韓林児《かんりんじ》を奉じ、その年号である龍鳳《りゅうほう》を使用した。一三五六年に集慶路《しゅうけいろ》（現在の南京）を陥落させると、名を応天府《おうてんふ》と改めて自らの拠点とした。この年に小明王から呉国公に封じられた。一三六三年に陳友《ちんゆう》諒《りょう》を破り、翌年正月に自ら呉国王と称し、李善長と徐達を左右相国《しょうこく》に任命して、官僚機構を整備した。一三六六年に韓林児を謀殺した。翌年には、張士誠の政権を滅ぼして江南を押さえると、天下統一を掲げて北伐の軍を起こした。

一三六八年一月に応天府で帝位に即き、国号を「大《たい》明《みん》」とし年号を洪武とした。これ以降、明・清代を通じて皇帝一世に一つの年号となる。ただし、日本の現在の元号制とは異なり、新しい皇帝が即位した次の年を元年とする。一三七一年に四川の紅巾軍勢力の夏王《かおう》を下して統一を完成した。一三八〇年の胡惟庸《こいよう》の疑獄事件を契機に、君主独裁の体制を整えた。

彼が成功した理由は、人材を広く求め、劉基《りゅうき》・宋濂《そうれん》などの知識人の意見を受け入れ、反乱軍から脱皮して政権を担うに足る体制を整えたところに求められる。また独学に励んで史書を読み、過去の歴史に学んだところも多かったとされる。そしてもっとも重要であることは、元朝が崩壊した原因を洞察し、貨幣経済を極力排したメカニズムを構想できたことである。しかし、その理念が臣下に裏切られるなかで、次第に猜疑心を深めていく。特に妻・馬氏（孝慈《こうじ》皇后）が死去した一三八二年ころから歯止めを失い、錦衣衛《きんいえい》と呼ばれる特務機関を利用して疑わしい者を捕らえ、拷問によって連座者を増やし、多くの被疑者を殺害するようになった。この特務機関による政治は、永楽期に宦官が担う東廠《とうしょう》が新設されるとさらに苛酷さを増し、明代にしばしば起きる陰惨な疑獄事件の制度的な背景となる。

朱は最後の帝国の仕上げとして西安への遷都を志すが、皇太子であった嫡長子の朱標《しゅひょう》が一三九二年に病死すると精神的な打撃が大きく、そのプランを果たせなかった。有能であった第四子の朱棣《しゅてい》を新しい皇太子に据えることも考えたが、自ら定めた嫡長子継承制に縛られ、朱標の嫡長子の朱允炆《いんぶん》（朱標の次男。長男はすでに死去していた）を二代目の皇帝に指名せざるを得なかった。これが靖難の役の原因となり、明朝の性格を大きく変えることになるとは、歴史の皮肉であり、朱元璋の不幸であった。死後、南京の孝陵《こうりょう》に葬られている。

朱棣《しゅてい》（一三六〇―一四二四）　明朝三代目の皇帝（在位一四〇二―二四）、一般にその年号にちなんで永楽帝と呼ばれる。死後に付けられた廟号は太宗であったが、のちに成祖と改称される。朱元璋の第四子として生まれる。その生母が誰かについては、定説がない。朱棣が甥に当たる第二代皇帝の朱允炆（建文帝）を倒して即位してから、その正当性を強化するために父の正妻である馬氏を母とし、それと矛盾する記録を抹殺したからである。しかし、異国の記録までは手を出せない。洪武年間に燕王であった朱棣を北平（現在の北京）に訪ねた朝鮮の使節が残した記録（『奉使録』）のなかで、儀礼を司る役所を訪ねたその日が朱棣の生母の命日に当たるために礼を受けられないと断られたとあるが、その日付が馬氏の命日と合わないのである。生母と目される有力な女性は、高麗出身の碽妃《こうひ》である。もしその推測が正しいとすれば、朱棣はその出生から中国の枠を超えていたといえよう。

朱棣は一一歳のときに燕王に封じられ、元の首都であった北平に配置された。一三九八年に朱元璋の死とともに即位した皇帝が朱棣を排除しようとすると、朱棣はクーデタ（靖難の役）を起こし、一四〇二年に勝利し皇帝となる。

皇帝としての事績としてまず、一四〇三年に古今の書籍を集大成する類書の作成を命じ、三〇〇〇人に近い人員を動員して一四〇八年に『永楽大典』として完成させたことが挙げられる。二万二八七七巻に及ぶ大部のものであったが、正本は明末の動乱で焼失し、副本は清朝に継承されたが清末の戦乱で散逸した。その他の事績としては、北京に紫禁城を完成させ一四二一年に遷都したこと、モンゴルに自ら遠征したりヴェトナムを支配下に収めたり、あるいは鄭和に命じて海洋遠征を行わせたりして、積極的な対外政策を展開したことなどが挙げられる。死後は北京郊外の明十三陵の一つ長陵《ちょうりょう》に葬られた。

朱棣に対して、モンゴル帝国のフビライを手本として世界帝国の建設を目指したという評価がなされることがあるが、その対外政策の実態は商人の自律的な交易を抑制する朝貢メカニズムに基づくものであり、フビライの帝国とは異質なものである。

ヌルハチ（一五五九—一六二六）　清朝の基礎となる後金の創建者（皇帝在位一六一六—二六）。清朝の初代皇帝として、廟号は太祖とされる。帝国創建者としての日本における知名度は、始皇帝や劉邦などに比べて低いが、欧米ではたとえばハリウッド映画『インディ・ジョーンズ』でヌルハチの遺骨をめぐる争奪戦が登場するように、馴染み深い存在である。それは近代の欧米が、彼らと直接に向き合った清朝を理解しようと努め、その歴史に関心を持ったからであろう。

ヌルハチは遼東建州左衛（現在の遼寧省撫順市新賓満族自治県に属する）で、ジュシェン（女直）族の小首領の家庭に生まれた。生活は豊かではなく、青年時代には山野で採取したチョウセンニンジンなどを撫順の交易市場に運んで生計の助けにし、こうした交易活動のなかで、漢族やモンゴル族と接触し、視野が広がったと言われる。一五八三年に祖父と父は、明朝の軍事行動に参加したとき、行き違いがもとで明軍に殺される。のちにヌルハチが明朝に反旗を翻した理由の一つとなる事件である。

伝統的に明朝は、周辺民族を分裂させ互いに抗争させて弱体化させる政策を採ったため、ジュシェン族も建州女直・海西女直・野人女直に分かれ、互いに抗争していた。ところが遼東総兵の李成梁は、朝廷で実権を掌握していた張居正の後ろ盾を得て方針を変更し、有力な部族を育て、それを窓口にして効率的に交易を行おうとした。その対象として選ばれたのがヌルハチであった。彼は李と交易をしながら勢力を蓄え、建州を統一する。一五九三年に海西女直とモンゴル族との三万の連合軍を、ヌルハチは一万に満たない軍勢を率いて撃破した。これはグレ山の戦いと呼ばれ、ヌルハチのジュシェン統一事業の転換点となった。統一の素地を固めるため、女直という民族名を満洲に改め、一五九九年にモンゴル文字を用いて満洲文字を制定した。ただしモンゴル語とは異なる満洲語を表記するには問題点が多く、次の皇帝ホンタイジのもとで改良が施された。満洲文字は漢字とは異なり、表音文字である。清代に中国に来た欧米人は、満洲語文献を介して中国文化を理解したと言われ、東西文化の交流に大きく貢献した。また、満洲族の狩猟時の組織をもとに、八旗制度を創始した。

一六一六年にヌルハチはハンの地位に即き国号を金とし、元号を天命とした（史書では一二―一三世紀の金朝と区別するため「後金」と表記する）。ヌルハチの強大な勢力を恐れた明朝が、交易に対する統制を強化すると、一六一八年にヌルハチは七大恨と呼ばれる文書を掲げ、明との対決を鮮明にした。翌年、明朝は大軍を繰り出すが、四つに分かれた軍隊の足並みが揃わず、ヌルハチによって各個撃破されてしまう。これをサルフの戦いという。一六二一年にヌルハチは瀋陽・遼陽を陥落させ、まず遼陽に遷都するが帝国の首都としては手狭であったために、瀋陽に遷都した。その後、遼河を渡って遼西の地に進攻し、一六二六年に明朝の領内に進攻しようと寧遠城を囲むが、ポルトガル製大砲の砲火を浴びて敗退する。ほどなくして死去し、福陵（瀋陽市）に葬られた。

皇位継承は満洲族の伝統に従い、生前に皇太子を定めず、死後に有力者のあいだの合議によって決められることとなった。ヌルハチの死後、兄弟の間の激烈な競争に勝ったのは、第八子のホンタイジであった。

ブムブタイ（孝荘文皇后・孝荘文皇太后・孝荘文太皇太后、一六一三—八七） 清朝二代目の皇帝ホンタイジの妃、第三代皇帝フリン（順治帝《じゅんちてい》）の母、そして清朝繁栄の基礎を創った玄燁《げんよう》（康熙《こうき》帝）の祖母。モンゴル族ホルチン部のベイレ（首領の意味。「貝勒」と表記される）であったボルジギット氏の出身。一六二五年にホンタイジのもとに嫁ぐ。ホンタイジの即位（一六二六年）にともない一人の皇后と四人の妃を立てた（いずれもモンゴル族ボルジギット氏）とき、彼女は永福宮荘妃となった。

一六三八年にホンタイジの第九子としてフリンを生み、それにともなって死後に孝荘文皇后と称され、史書に記載されることになった。ホンタイジの寵愛を受けたとも言われるが、ホンタイジの後宮との関係を検討すると、実際はそれほどでもなかったようである。ホンタイジの皇后・妃がすべてモンゴル族であったことは、その清朝初期の内廷の性格を考える上で重要である。ホンタイジは競争相手であった有力者を失脚させるとともに、明朝から投降した漢族官僚を受け入れて中国的な官僚制を整備していった。投降官僚の代表格は薊遼《けいりょう》総督であった洪承疇《こうしょうちゅう》で、のちに清朝の華南攻略に貢献した。野史では、捕虜とした洪を清側に寝返らせようとしていたホンタイジに、ブムブタイが色仕掛けで洪を誘うことを自ら提案したという話が伝わるが、史料的な根拠はない。

一六四三年に後継者を指名せずにホンタイジが急死すると、ブムブタイは自分が生んだフリンを皇位に即けるべく奔走した。政権内でもっとも有力であったのは、ヌルハチの子でホンタイジの弟にあたるドルゴンであった。しかし自らが皇帝になろうとしても他の有力者の支持を得られないと見たドルゴンは、幼い皇帝を立て、その摂政として実権を握ることを考え、ブムブタイと手を結んで当時六歳のフリンが即位することを支持した。満洲族のあいだに兄の死後にその妻を弟が娶るという風習があることを根拠に、ブムブタイがドルゴンに降嫁したという説が出されているが、この話にも史料の裏付けはない。明朝が李自成軍によって滅びると、ドルゴンは山海関を越えて中国本土に軍を進め、北京に首都を移した。皇帝フリンは生真面目な性格であったようで、漢文化を吸収するとともに、チベット仏教への傾倒を深めていった。孝荘文皇太后は、フリンの皇后に自分の姪を立てる。その皇后とフリンとはそりが合わず、皇帝は「皇后無能」という理由で廃してしまう。二人目の皇后も皇太后と同じボルジギット氏であったが、彼女も皇帝に疎んじられてしまう。フリンはその心の空白を埋めるように、董鄂《きんがく》妃を寵愛する。しかし、愛妃が急死すると、一六六一年に天然痘にかかり、そのあとを追うように死の床に伏せる。

息子が死に臨んだことを知った皇太后は、皇位を当時まだ八歳であった玄燁に継がせる意志を持ち、フリンに次期皇帝を指名させた。これは、皇帝の死後に有力者が合議で後継者を選ぶという満洲族伝統の方法を改めるものである。皇太后が玄燁を選んだ理由の一つに、彼が出生後まもなく天然痘にかかっていたことがあり、この点について宣教師のアダム＝シャールに問い合わせている。シャールが皇太后の意見を支持すると、皇太后は意を強くしたという。玄燁が即位すると、太皇太后となった彼女は、幼い皇帝を内廷において支えた。幼帝の生母は漢族。

清朝による中国統治の初めに、幼帝が順治・康熙と二代続き皇太后が支えた。中国統治が衰退に向かう同《どう》治《ち》（載淳《さいじゅん》、六歳即位）・光緒《こうしょ》（載湉《さいてん》、四歳即位）・宣統《せんとう》（溥儀《ふぎ》、三歳即位）の三代に、また幼帝の即位が続く。そのときには同治帝の母である西太后《せいたいこう》として知られる女性が、実権を握った。歴史は繰り返すというべきであろうか。孝荘文皇太后と西太后との最大の相違点は、前者が内廷から出なかったのに対し、後者は外朝の政治を左右したというところにある。

愛新覚羅《あいしんかくら》胤禛《いんしん》（一六七八—一七三五）　清朝の第五代皇帝（在位一七二二—三五）。廟号は世宗。年号にちなんで雍正帝と記される。父・玄燁《げんよう》（康熙帝）の第四子として生まれる。母は満洲正黄旗に属する烏雅氏。

彼が生まれたとき、父は三藩の乱のさなかにあった。足かけ九年に及ぶ戦役で、軍閥化した漢族の武将を取り除くと、父は台湾の鄭氏政権を屈服させ、清朝繁栄の基を創った。その最中にあって、父はその息子たちに厳しい教育を与えた。胤禛は父の期待に応え、儒教の教養を身につけるとともに、祭祀や軍事行動、行政など実践からもさまざまなことを学んだ。玄燁は清朝の皇帝として初めて生前に皇太子を立てた。胤禛の出生に先立つ一六七五年のことである。皇太子となったのは胤礽《いんじょう》（胤禛の即位以降は皇帝の本名で使われる文字を避けて「允礽《いんじょう》」と記載される）であった。皇太子は父がジュンガルを討つために遠征した留守をあずかり、よく政務を果たした。しかし、父もまた皇太子も予期しなかったことは、父皇帝が長寿で、皇太子である期間が長すぎたということである。皇太子の周辺には、自然と党派が形成される。父皇帝はこの動きに危機感を抱き、涙ながらに皇太子を廃した。これは胤禛が三〇歳になった一七〇八年である。皇太子が廃されると、皇子のあいだで次の皇太子の座をめぐり、党派が生まれ、父に叱責されるという事態が生じた。その間、胤禛はいずれの党派にも属さず、父に仕え、兄弟には穏和であることを装い、一五年のあいだ堪え忍んだ。

一七〇九年に雍親王となった。一七二二年に父が急死する。その場に居合わせた隆科多《ロンコド》（満洲鑲黄旗人、このとき理藩院尚書）が、皇帝が後を胤禛に委ねるとの遺嘱《いしょく》を聞いたとされる。隆はその遺嘱を胤禛に伝え、北京を厳戒態勢に置き、他の皇子が紫禁城に入れないようにした。そのあいだに胤禛は即位の準備を進め、皇位に即くことができた。ところがまもなく隆は禁固されて死去する。こうした即位にまつわる不自然な動きから、胤禛即位の根拠となる遺嘱は存在しなかったとする見解が学界でも強い。

胤禛は政権が安定すると、競争相手となる兄弟を粛清し、その後に八旗の長であるベイレに封じられた皇族には、配下の旗人と私的な関係を持つことを禁じた。その結果、ヌルハチ以来の八旗制に見られた部族的な性格が一掃され、皇帝の満洲族における権威が確立した。皇帝は帝国内の情報の流れを改変して奏摺《そうしょう》制度（歴史キーワード解説「情報の流れ」を参照）を整備、さらに皇帝の決裁を補助する軍機処を創設した。皇帝に集中する大量の情報を処理するために、一日の睡眠時間は四時間に満たなかったといわれ、その勤勉ぶりは奏摺に書き込まれた皇帝直筆の文言から窺い知ることができる。地方長官と皇帝とのあいだを往復した奏摺は、『雍正硃批諭旨』として出版され、清朝史研究の一級史料として宮崎市定《みやざきいちさだ》を中心とした共同研究が進められた。

胤禛は皇帝独裁の強化と情報の掌握とを拠り所にして、多くの改革を断行した。地丁併徴《ちていへいちょう》（歴史キーワード解説「税制改革」を参照）を推進し、地方財政が安定すると養廉銀《ようれんぎん》を創始、それまで薄給であったために地方官が赴任地で搾取するという問題点を解決するために、多額の職務給を与えることにした。さらに太子密建（歴史キーワード解説「皇位継承」を参照）、改《かい》土帰流《どきりゅう》、賤籍《せんせき》（科挙受験資格のない戸籍）の抹消などを行った。

一七三五年、胤禛は円明園《えんめいえん》で急死する。その死因については暗殺説などさまざまな憶測を呼んだが、近年、故宮檔案《こきゅうとうあん》（紫禁城に残された明・清両代の公文書）の研究が進み、胤禛が煉丹術《れんたんじゅつ》にはまり、水銀などの毒素を含む丹薬を常用していたことが明らかとなり、その中毒によって死期が早まったという見解が出されている。

胤禛は残忍な独裁者という一面を持つが、皇帝権力確立を阻害するものを徹底的に排除したことで、清朝の根幹に関わる改革が可能となったともいえよう。皇位を継承した弘暦（乾隆帝）の繁栄の基礎は、この改革によって築かれたのである。

帝国の列伝・その二・高官列伝

張居正《ちょうきょせい》（一五二五―八二）明代の政治家。湖北省江陵県の人。字は叔大《しゅくだい》、号は太岳《たいがく》。一五四七年に進士となり、庶吉士《しょきつし》から諸官を歴任して一五六七年に東閣大学士となり、皇太子の教育に当たる。教え子であった朱翊鈞《しゅよくきん》（神宗・万暦帝）が一五七二年に一〇歳で即位するとともに内閣首輔の座に就き、以後一〇年にわたって宰相として幼帝に代わって政治を担った。

考成法《こうせいほう》を推進して、内閣が六部《りくぶ》や地方官を監査し、官僚の勤務評定を行うように制度を改め、内閣の権限を強化した。財政収入を増やすために、内閣に考査権を握られた地方官を動かし、全国で田土の丈量《じょうりょう》（測量のこと）を行う。この丈量により、一条鞭法《いちじょうべんぽう》（歴史キーワード解説「税制改革」を参照）が全国で施行される条件が生まれた。周辺の諸民族に対しては、明朝に協力的な部族を育成し、その力を借りて周辺諸民族との関係を調整する方針が採られた。これが満洲族のヌルハチが急成長する原因となった。

こうした政策に異議を唱えるものには、仮借ない弾圧を加えた。一五七七年に父が死去すると、本来は喪に服して官位を離れる規定になっていたものを、国事多忙を理由に離職しなかった。反対派はこれを口実に、批判を展開した。彼の努力の結果、万暦年間の初期に財政を担当する戸部の収入は、以前の毎年二〇〇万両から三〇〇万～四〇〇万両と増加し、北京の糧食の貯蓄量も三倍になったという。

一五八二年に病死する。死因は過労死であるとも、また強壮薬の飲み過ぎともいわれている。明朝の高官は冬にはテン皮の帽子を被ることが慣例となっていたが、薬のために頭に気が昇りがちな張は、けっして被ろうとしなかった。死後、反対派の巻き返しがあり、すべての位階を剝奪され、遺族は流刑に処された。皇帝に厳しかった張が死去すると、朱翊鈞は外朝に出ようとしなくなり、浪費が止まらなくなる。以後、明朝は急速に衰退する。

林則徐《りんそくじょ》（一七八五―一八五〇）清代の官僚。福建省侯官の人。字は元撫《げんぶ》（のちに少穆《しょうぼく》）、死後に清朝からおくられた「文忠《ぶんちゅう》」という諡でも知られる。貧しい家庭に育つものの、科挙試験を優秀な成績で登り詰め、一八一一年に第七位で進士となる。翰林院《かんりんいん》庶吉士として官僚としての人生を始め、江南道監察御史や江蘇巡《じゅん》撫《ぶ》などの地方長官を歴任した。その官僚としての活動は、本書で詳しく紹介した陳弘謀《ちんこうぼう》と重なるものが多く、水利・漕運・災害救済など社会・経済問題の解決に積極的に取り組んだ。

一八三七年に湖広総督に昇任したとき、アヘン問題の解決策をめぐり朝廷内で議論が戦わされていた。一八三八年に鴻臚《こうろ》寺卿《じきょう》黄爵滋《こうしゃくじ》が吸飲者死刑を主張し、一年の矯正期間でアヘンを断つことができなかった者に死刑を科すべきであるとの上奏を提出すると、皇帝の旻寧《びんねい》（道光帝）はその可否を巡撫・総督クラスの地方長官に下問する。林はアヘン厳禁案を支持し、具体的な実施手順を詳細に述べた上奏を提出する。さらに任地の湖北・湖南で厳重な取り締まりを行い、大きな成果を挙げた。皇帝はアヘン取り締まりの強化を決意し、具体的なプランを提起した林を欽差《きんさ》大臣《だいじん》（特命全権大臣）に任命し、広東でアヘンに関わる調査・処理を行うことを命じ、水師（海軍）の指揮権も与えた。このときに皇帝は、国内のアヘン禁止だけではなく、アヘン貿易の禁絶を命じたものと推定される。

一八三九年に広東に着任した林は、外国商人のアヘン二万箱以上を没収し、水を加えた石灰が発する熱でアヘンを焼却した。しかし、将来アヘンを中国に持ち込まないという誓約書の提出をイギリス側が拒否したことから局面が紛糾する。イギリス貿易監督官のチャールズ＝エリオットは、本国の外相に対し武力による解決を進言した。一八四〇年にイギリス本国政府がインドから派遣した遠征軍が、渤海湾に入り北京を脅かすと、皇帝は急に弱腰になり、林を免職した。

一八四一年に林は責任を問われて新疆《しんきょう》のイリ（現在の伊寧）に流された。三年間ほどを過ごした新疆では、当地を治める伊犁《いり》将軍の信任を得て水利・開墾などのプランを献策している。一八四五年に許されて陝甘総督代理の任に就いたのち、陝西巡撫・雲貴総督を務めた。一八五〇年に太平天国鎮圧のため欽差大臣に起用されて広西に赴く途中、広東省の潮州《ちょうしゅう》で没した。

歴史キーワード解説

海のキーワード

交易　保有する主体の変更を伴う物質やエネルギーの移転のこと。筆者が構想しているグランド＝セオリーである史的システム論においては、ヒトはなぜ生態環境を変容させることができるのか、という問題を解くために、この用語を練り上げている。そのために、一般的な経済学で使用される概念と異なり、サービスを享受する権利の移転は含まず、武力を用いた**掠奪**は含む。制度化された交易には、対等な立場で互いに納得して移転する**互酬**《ごしゅう》システム、権力者が政治的な力を用いて物資を集中し、政治的機構を通して分配する**集中―再分配**システムがある。さらに多数の主体が価格を見ながら移転を行う**市場**システムがある。これらの用語は、経済人類学者カール＝ポランニーに由来する（ポランニー『大転換』東洋経済新報社）。集中―再分配システムのなかで、直接に政治的に支配していない人々から物資を集めることを、本書では**貢納**《こうのう》としている。しばしば互酬→集中―再分配→市場と、交易のシステムが歴史的に発展するように論じられることがあるが、本書ではこの立場は取らない。移転を支える条件に応じて、ヒトはその時々で最適な交易のシステムを採用すると考える。

海の歴史　海洋をヒトが交流する場として捉え、近代以降に成立する海洋によって区切られる国家単位の歴史を相対化しようとする歴史観。その起源はフランスの歴史学者フェルナン＝ブローデルの大著『地中海』（ブローデル『〈普及版〉地中海』一―五、藤原書店）に遡る。この著作ではヨーロッパ、アジア、アフリカを包括する文明の総体としての「地中海世界」が、研究の対象となる。この研究の視点は他の「海」の研究に波及し、東南アジア史の転機となったアンソニー＝リードの『商業の時代における東南アジア』（リード『大航海時代の東南アジア』法政大学出版局）、比較経済史の川勝平太《かわかつへいた》著『文明の海洋史観』（中央公論社）、日本史の村井章介《むらいしょうすけ》・荒野泰典《あらのやすのり》氏などの研究に、直接・間接に影響を与えている。その他にも多くの「環××海」と銘打った研究動向を生みだしている。しかし、政治・経済的なヴィジョンが実証的研究に先行するものも少なくなく、今後は海底地形・海流・季節風と造船・航海技術との関係など、海を渡るヒトの具体像を検証しながら研究を進めていく必要があるであろう。

世界システム　イマニュエル＝ウォーラーステインが、ブローデルの歴史観とマルクス主義から派生した従属理論とを参考にしながら構築した歴史観（ウォーラーステイン『近代世界システム』岩波書店、同『近代世界システム』名古屋大学出版会）。アフリカやラテンアメリカのマルクス主義経済学者が、なぜ自分たちの国が発展しないのか、という疑問に答えようと格闘するなかで、自分たちは遅れているのではない、世界経済システムの中で開発されてはいるのだが、その開発は進めば進むほど、経済の中枢にある欧米により強く従属するようになっているのだ（これを「低開発」という）という視点を生みだした。これが従属理論である。世界全体を単一の社会システムと見なし、その構造を国際分業・中心・周辺といった分析概念を用いて把握しようとした。

ウォーラーステインは従属理論を歴史的に遡及させ、一六世紀にヨーロッパに出現した世界システムが、西欧を中核とし、その周辺を半辺境・辺境として組み込むという歴史観を生みだした。彼の大きな貢献は、一五世紀から一七世紀までの世界システムが活性化した時代、一七世紀の経済活動が停滞・下降した時代、そして一八世紀以降に欧米の覇権が確立した時代と、長期的な世界経済の変動を指摘したことである。

従属理論が脚光を浴びていた時期、中国の研究者が私に「従属理論は説得力を持つが、従属的な位置に立たされた地域はいったいどのようにして低開発を克服できるのか、分からない。自分たちの経済を世界システムから離脱させようとした結果、毛沢東時代の文化大革命で中国は苦しむことになったのではないか」と語った。

この問い掛けは、ウォーラーステインの世界システム論についても有効である。本書執筆時の最大の問題意識は、この点にある。ユーラシアにおける世界システムの形成を、モンゴル帝国に遡らせるとともに、明代を世界システムから離脱しようとした時代と捉え、第一〇章では「低開発」されるプロセスそのものが、次の主体的な飛躍の条件を形成するプロセスになりうるという逆説的な歴史を見ようと試みた。

朝貢《ちょうこう》メカニズム　儒教の礼の理念に基づいて国際関係を秩序立てる冊封《さくほう》を基礎に、異国との交易や遭難者の移送などを行う制度。冊封は中国古代に淵源を持ち、制度として確立するのは王莽《おうもう》の新である。中国近代経済史の濱下武志《はましたたけし》氏は、この礼に基づく秩序から前近代東アジアの国際経済を分析するために、「朝貢システム」という概念を提起した（濱下武志『近代中国の国際的契機』東京大学出版会）。そのシステムは、中国の皇帝が官僚を直接に支配する地域を中心に、同心円状に配置された円環の集まりとして描かれ、それぞれの円環には、「中央—地方—土司《どし》—藩属《はんぞく》—朝貢—互市《ごし》」という名称が当てられている。

この概念は近代以降の経済現象を説明する前提としては十分な要件を満たしているかもしれないが、明《みん》・清《しん》時代に遡らせて議論するには、さまざまな不都合がある。その一つは、互市は土司や藩属も行う経済活動であり、朝貢においては正式の使節が中国皇帝と交換する物資の他に、使節に随行した商人が行う交易もあり、これもまた「互市」と呼ばれることである。なお、メカニズムとシステムの使い分けについては、本文三〇頁を参照のこと。明朝《みんちょう》が人為的に持ち込んだ国際秩序は、礼の理念に基づいて運営された点で、まさにメカニズムである。朝貢は交易のパターンとしては、貢納《こうのう》に属する。

互市《ごし》システム　民間の商人が行った中国をめぐる交易活動。明朝はその初期に、朝貢メカニズムに拠らない互市を認めようとしなかった。その結果、倭寇《わこう》による密貿易や西北の辺境における遊牧民族との密貿易が横行し、明朝の支配体制をも揺るがしかねない状況となり、朝貢から互市を切り離す方便が採られた。つまり、中国と異国とが政治的な交渉をしようとすると、帝国の建て前としての朝貢メカニズムが発動してしまう。そこで、政治的な交渉を伴わずに交易のみを行うことを認めたのである。

海を介した交易では、一五七〇年に互市システムが導入される。遊牧民とのあいだでは、馬市《ばし》と呼ばれる互市の場が境界に近い地域に成立した。海の互市システムは、東アジアの秩序を無視する身勝手な行動が目立つ日本を除外するものであった。明朝を敵国とした豊臣秀吉《とよとみひでよし》の朝鮮侵略の背後には、この状況を克服しなければならないという要請があったものと考えられる。

互市システムによってその帝国の基盤が造られた清朝は、互市システムを発展させ、一八世紀には盛世《せいせい》と呼ばれる繁栄の時代を中国にもたらした。外国商人と帝国の一員である官僚が直接に交渉すると、政治的な関係に入ってしまうので、あいだに仲介者として特許商人を立てるという工夫がなされた。広州における仲介者は、公行《コホン》と呼ばれた。

商業の時代　アンソニー゠リードが、一五世紀から一六世紀の東南アジアの交易を総括するために用いた言葉で、その著作の原題（*Southeast Asia in the Age of Commerce 1450-1680*）の一部ともなっている。リードの著作にもとづいて日本の研究者が用いる「交易の時代」は私からすると、誤訳と思われる。一六世紀には海を介した交易が東ユーラシアで活発に行われる。その特色は、商人が担う遠隔地交易であり、蘇《そ》木《ぼく》・コショウ・生糸・陶磁器などの奢侈品が取り引きされた。商人は東南アジアに成立した王権の取り巻きと結びついたことを、リードは指摘している。この点は、中国では皇帝の取り巻きである宦官が、もっぱら海外交易を牛耳ったことと並行した現象である。ただし中国では宦官と皇帝が属する内廷《ないてい》と、官僚が属する外朝《がいちょう》とが対立する構造があり、内廷主導の交易を肯定的に評価する史料が少ない。一六世紀なかば以降、日本で産する銀、ついでマニラ経由で東アジアにもたらされたアメリカ大陸産の銀が、この商業活動をいっそう活発化させた。

産業の時代　一八―一九世紀の交易を特色づけるために、本書で初めて用いた用語。**商業の時代**との相違点は、銀などの貴金属を持って交易に参入するのではなく、交易で取り引きされる商品を生産して、それを売ることで必要とする経済的な財を手に入れるところにある。複数の商品の生産地が組み合わされて、**多角的な交易**が展開した。商品も奢侈品から日用品へと重点が移った。また、貴金属の不足を補うため、必要な物資を輸入するのではなく、国産したり代替品を生産したりした。

交易のための物産を生産するために、資金を投資するシステムが発達した。西ヨーロッパでは、アムステルダムやロンドンを中心に金融業が発達し、資金を効率的に運営し、信用を創出する仕組みが生まれた。中国では銅銭と銀とを使い分ける経済システムが生まれ、**客商**と呼ばれる商人が各地で交易向け物産を生産するようになった。交易に参入することを目的に、資金を投入して生産することを、産業と呼ぶ。**マルクス**はこの産業の時代に生まれ、この時代の特色を過去に遡らせることで彼の歴史観を創成した。

倭寇《わこう》　史料に出てくる言葉としては、「倭《わ》が寇《あだ》す」として事態を示すものである。歴史用語としては朝鮮半島と中国沿海地域で、一三世紀末から一六世紀にかけて海賊行為を行った集団を指す。一三世紀末の**初期倭寇**は、主に朝鮮半島の南部において散発的に少人数で掠奪を行うもので、日本の海民を中心にした未組織的な動きに過ぎなかった。これが元朝の崩壊にともなって黄海の取り締まりが緩くなると、一三五〇年ごろから組織的で規模の大きな掠奪が始まり、朝鮮半島の西海岸から中国の黄海沿岸地域に被害が及ぶようになる。これを**前期倭寇**と呼ぶ。この倭寇の主力は、西日本の**悪党**《あくとう》と呼ばれる武士集団であったと考えられている。

これが一五世紀になると明朝の私的交易を禁止する海禁政策に抗する私的海洋商人が主役となり、その構成も中国人・日本人・ポルトガル人など多様になる。これを**後期倭寇**と呼んで区別する。特に明朝が倭寇の本拠地を攻撃した一六世紀なかば以降、一部の倭寇集団が中国の沿海で内陸部にまで踏み込んで掠奪を展開するようになり、大きな被害を与えるようになった。これを中国史では年号を用いて**嘉靖大倭寇**《かせいだいわこう》という。倭寇に対抗するために、このときに城壁が建てられた町も少なくない。この後期倭寇の歴史的な評価は難しい。日本では「倭寇的状況」と呼んで、海洋商人の盛んな交易活動を肯定的に評価する論調が見られるが、これは被害を受けた朝鮮・中国ではなかなか受け入れがたいものがある。

帝国のキーワード

世界帝国　ウォーラーステインの用語に由来する概念で、政治的なメカニズムによって運営される超国家的な体制。ウォーラーステインにあっては、経済的な分業に基づく資本主義的な近代世界システムに対する概念として用いられている。本書では、**モンゴル帝国**がユーラシア全域を包括するシステムを創成したあと、ユーラシア各地で誕生した帝国を指す用語として使っている。具体的には中国の明朝・清朝、中央ユーラシアのティムール帝国、インドのムガル帝国、東ヨーロッパのロシア帝国ということになる。そのいずれもが、その統治メカニズムに、モンゴル帝国の遺産を引き継いでいる。中国では、宋代以前の王朝が周代の「天下」の枠にとどまるという意味で中華帝国であったのに対し、元・明・清の三代を世界帝国と見なす。

南北分立システム　長江下流域以南の江南《こうなん》と呼ばれる地域が経済的に発達したあとに、中国でしばしば現れる交易のシステム。華北と江南とにそれぞれ異なる政権が成立し、江南を支配する政権が華北の政権に対して貢納することで、中国全域をめぐる交易が成り立つ。遼《りょう》と北宋《ほくそう》の関係、金《きん》と南宋《なんそう》の関係に特徴的に見られる。明朝にとって、この南北分立の状況に陥らないようにすることが最大の政治的な課題となった。江南に近い南京に首都をおいたために、自律的な経済システムを放任すれば、江南と南京とのあいだの集中―再分配に基づいた局地的な政権になってしまう。こうした動きを抑止するために、朱元璋《しゅげんしょう》は江南の富裕層を厳しく統制するとともに、華北への遷都を試みた。この課題を最終的に克服するのは、朱棣《しゅてい》によって北京《ペキン》への遷都がなされてからである。豊かな経済力に支えられて官僚も、江南出身者に偏り、政策運営が江南に有利になる傾向が見られた。この傾向を抑えることも、明朝の課題であった。

皇位継承　次の皇帝をどのようにして決めるかは、帝国の根幹に関わる最重要な問題であった。明朝は儒教の礼の理念に基づいて、嫡長子《ちゃくちょうし》を皇太子として定め、皇帝の死後に次の皇帝にすることにした。この嫡長子皇太子制は誰を皇帝にするかを明確にし、皇太子の時代に研鑽を積ませることを可能にするものの、皇太子を中心に私的な党派が形成されやすく、人格的に指導者にふさわしくない人物であっても自動的に皇帝にしてしまうマイナス面があった。このマイナス面は、二代皇帝を決めるときにさっそく現れ、靖難《せいなん》の役《えき》という混乱をもたらす。

　第二の危機は、一四四九年の土木《どぼく》の変で六代皇帝の朱祁鎮《しゅきちん》（英宗・正統帝／天順帝）がモンゴル高原に連れ去られたときに訪れた。北京の明朝は急遽、朱祁鎮の弟の朱祁鈺《しゅきぎょく》（代宗・景泰帝）を皇帝に立てた。エセンとの和議が成立し、朱祁鎮が送還されてくると、皇帝は兄を一応は上皇と敬いつつも実は軟禁し、一度は皇太子に兄の息子の朱見深《しゅけんしん》（成化帝）をつけた。しかし、人の情として実の息子がかわいく、一四五二年に息子の朱見済《しゅけんさい》を皇太子に立てる。ところがその翌年に、皇太子は病死、他に男子のいなかった皇帝は、次の皇太子を決めようとしない。これが政治混乱を招き、一四五七年に皇帝が病気になると、上皇の朱祁鎮に近いグループがクーデターを起こし、軟禁されていた朱祁鎮を擁立して皇帝にする。その後、朱祁鈺は病死（暗殺されたとも）した。この政変は奪門《だつもん》の変と呼ばれる。

第三の混乱は朱翊鈞《しゅよくきん》（万暦帝）が長男よりも、自分が寵愛する妃が産んだ子に皇位を継承させたいと思ったときに生じた。皇太子そして皇帝となった長男・朱《しゅ》常洛《じょうらく》（泰昌帝）をめぐり、梃撃案《ていげきあん》・紅丸案《こうがんあん》・移宮案《いきゅうあん》と呼ばれる不祥事が立て続けに起きている。こうした混乱は明朝内の党派抗争を激化させ、明朝の衰亡を早めた。

清朝における皇位継承は、四段階に分かれる。初期は、ヌルハチが定めた満洲八旗《はっき》の首領であるベイレ（貝勒）たちの合議により皇位継承者が決まった。ホンタイジとフリン（順治帝）である。第二期は、玄燁《げんよう》（康熙帝）と胤禛《いんしん》（雍正《ようせい》帝）で、先代皇帝の遺嘱によって決まったことになっている。

合議制や遺嘱による皇位継承は、皇室の候補者のあいだの激闘を引き起こし、混乱を招く。そこで胤禛は皇帝が生前に継承者とする皇子の名前を記した御書を紫禁城の乾清宮《けんせいきゅう》に掲げられた扁額「正大光明《せいだいこうめい》」の後ろに隠し、皇帝が突然に死去しても後継者争いにならないようにする、という太子密建《たいしみっけん》と呼ばれる方式を定めた。弘暦（乾隆帝）の即位は、この方式で決まった。これが第三期である。しかし、実際にこの方式で継承した皇帝は多くはない。次の顒琰《ぎょうえん》（嘉慶帝）は父の生前に皇位継承が行われているし、顒琰が承徳の避暑山荘で急死したときは、肝心の御書を入れた箱が扁額の後ろを探したが見あたらないという事態となった。先帝の皇后や大学士などの対応で、亡くなった皇帝にもっとも信頼されていた皇子であった旻寧《びんねい》（道光帝）に皇位が継承され、混乱を防ぐことができたのである。第四期は、本書の範囲を越えるが、西太后《せいたいこう》が継承者を指名した清末の二帝である。

清朝史家の閻崇年《えんすうねん》氏は、この清朝の皇位継承方式の変化を総括して、候補者間の競争が厳しかった初期から、しだいに競争のない方式に変化し、それに従って皇帝の指導者としての資質が低下していったと述べている。しかし、清朝には人格的に破綻した皇帝はおらず、全体として明朝の嫡長子皇太子制よりも、清朝の方式はいずれも相対的に優れていたといえよう。

戸《こ》メカニズム　明朝の創建期に定められた人民を把握する制度。明朝は人民を民戸《みんこ》・軍戸《ぐんこ》・匠戸《しょうこ》・竈戸《そうこ》などに分類して、その帝国に奉仕する職能を世襲的に受け継がせた。民戸は一般的な農民などが属し、**里甲制**《りこうせい》と呼ばれる一一〇戸を単位とする組織に編成された。村落の住民のなかで財力ある一〇戸を里長戸とし、他の一〇〇戸を甲首戸とし、一〇の甲に分けて、一〇年で一巡する輪番制で、水利の維持・管理や役所の仕事を担わせたとされる。また軍戸には土地を与えてその土地からの収入による自給自足をさせ、税役を免除する代わりに軍役に服させた。軍戸から兵役に出た男子は、**衛所**《えいしょ》と呼ばれる組織に配属される。この軍戸も世襲であった。その他に、手工業製品を王朝に納める匠戸、塩の生産にたずさわった竈戸がある。これらの制度を総称して、本書では戸メカニズムとした。

　この「戸」は、自然な世帯であると理解すべきではない。広東の珠江デルタでは、里甲制に由来する図甲制が清代に存続した。この図甲制を詳細に分析した片山剛氏の研究に拠れば、一つの同族グループが一戸として登録されており、戸の下には多くの世帯が属して納税を担ったという。戸メカニズムはたとえば、衛所制が唐代の府兵制を範とした兵制であるなどと、中華帝国の伝統のなかで論じられることがあるが、直接には元朝の戸籍制度を下敷きにしたものである。元朝支配下の中国では、軍戸・站戸・匠戸・儒戸・民戸などの数十種ある職業別の戸籍に分け、職能を世襲させていた。竈戸の編成などについては、明朝の制度は元朝のものをそのまま踏襲している。

税制改革　明代前期の税制は、基本的に穀物などの形で徴収する**税糧**と、労働力の形で提供させる**徭役**とに分けられる。税糧は唐代に成立した両税法に基づき、夏税・秋糧と年二度に分けて徴収し、里甲制に基づく徭役として指定された倉庫に納入させた。税額は耕地面積とその等級によって決められる。税糧は地元の役所に留められる存留と、中央に送られる起運に分けられる。徭役は土木工事や役所における雑務、水利の維持管理などを担わせるもので、戸に課せられる。

　現物の穀物や労働力を直接に取り立てる方法は煩雑であり、不正を招きやすかった。明代中期に税糧と徭役を、しだいに銀に換算して徴収する方法が主流になると、徴収の効率を上げるために、県の監督のもとで銀の形で一括して徴収するようになる。これは中央が全国に施行したものではなく、一六世紀なかばから一七世紀はじめにかけて各地方で模索しながら進められていった税制の改革であり、のちに総括して**一条鞭法**《いちじょうべんぽう》と呼ばれるようになる。したがってその方式には地方差がある。この改革後も戸を単位に徭役相当の税を丁銀として徴収しており、人頭税の側面は残る。清代になると増加しつつあった人口を帝国が把握する必要に迫られ、一七一二年以後に増加した成年男子に相当する部分については丁銀を課さない**盛世滋生人丁**《せいせいじせいじんてい》が皇帝の恩寵として実施された。丁銀が固定したために、さらなる税制の効率化が可能となり、雍正期に丁税を地税に含めて銀納化する税制が施行された。これを**地丁**《ちてい》**併徴**《へいちょう》と呼び、その結果誕生した税制を**地丁銀**《ちていぎん》と呼ぶ。これにより、古代中国から連綿として続いた人頭税が消滅した。

情報の流れ　情報の伝達方式の変化が、政治や経済にどのような影響を与えたのかというテーマは、きわめて重要であるにもかかわらず、研究方法が未発達であるために、総合的な研究はなされていない。本書ではトピックとして四つの話題を取り上げた。

一つは、明代中期に製紙業が発達し、竹を原料とする上質な紙が大量に生産されるようになった結果、**出版業**が経営として成り立つようになったということである。明代中期以降の**白話**《はくわ》**小説**の隆盛、読者を意識した知識人の登場などは、出版業の動向と密接に関わる。

第二のトピックは、**邸報**《ていほう》という一種の新聞が、中央の情報を地方に伝達するメディアとして機能していたというものである。その起源は唐代に遡るが、重要なメディアとなるのは、明末に**木活字**《もっかつじ》を用いることで速報性のある情報を、大量に印刷し配布する仕組みが生まれてからである。清代初期に、北京に店を出して紙を商っていた華南出身の栄禄堂《えいろくどう》の店主が、政府要人と密接な関係を持っていたところから、官庁の情報をいち早く印刷する事業に乗り出した。これが清代の邸報(**京報**《けいほう》とも呼ばれる)の始まりであるという。邸報は印刷に竹紙を用い、多いものは一〇頁あまり、内容は皇帝の上諭、官僚の上奏などで、毎日発行され、その価格は一〇文、北京在住の定期購読者は、月二〇〇文であった。限られた紙面に情報を盛り込むため、出版元が異なると、邸報によって採録される文面が異なっていた。邸報は全国に配布され、各地で中央の動向を知る重要な情報源となった。

第三のトピックは、雍正期に整備された**奏摺《そうしょう》制度**である。清朝の皇帝が官僚から受け取る報告には、題本・奏本・奏摺という三つの形式があった。題本と奏本は明朝の文書制度を引き継いだもので、官僚が公的に提出した報告書を題本、私的な報告を奏本と呼び、いずれも内閣を経由して皇帝に提出される。これに対して奏摺は清朝に生まれた形式で、情報を高級官僚が秘密裏に迅速に上奏するものである。皇帝はその余白に指示を朱筆で書き込んで、報告者に送り返した。順治期にはすでにあったとされるが、実物は存在しない。康熙期になると満洲文のもの五〇〇〇件あまり、漢文のもの四〇〇〇件あまりが現存する。胤禛《いんしん》（雍正帝）はこの奏摺制度を拡充整備した。

奏摺は官僚であれば誰でも提出できるというものではなく、資格を持つものだけが書くことを許された。康熙期にその資格を持つものは一〇〇人あまりであったが、雍正期には一二〇〇人となった。また、朱筆を入れられた奏摺は本人に戻す前に、軍機処で複写して保存するようにさせるとともに、報告者本人が戻ってきた奏摺を読んだあとに、再び皇帝の下に送り返させ、書き写したり隠匿したり破棄したりすることを厳禁した。こうした文書の統制が強化された結果、膨大な奏摺が紫禁城内に保存されるようになった。

第四のトピックは、イギリスが清朝を屈服させていく最大の武器が、情報を収集し分析し、それを実際の行動に結びつけて行くシステムにあったということである。**アヘン戦争**は、イギリスにとってきわめて不利な戦争であった。インドからの補給線は長く、戦争が長期化すれば、イギリスの勝算はきわめて低い。そこで艦隊を渤海湾にいち早く展開させ、北京の皇帝を動揺させるという戦略が採られた。これは**カントリー‐トレーダー**などが収集した情報を分析した結果、練り上げられた戦略であった。これに対して中国側では林《りん》則徐《そくじょ》などが情報の重要性に気づいて西洋の情勢の分析に取り組んではいたが、それを皇帝の政策決定に反映させることができなかった。もし清朝皇帝が正確な情報に基づいて判断し、持久戦に持ち込んでいたら、その後の歴史はまったく異なったものになっていたであろう。

八旗《はっき》制《せい》　清朝の根幹をなす軍事・社会メカニズム。

ジュシェンは伝統的に、狩猟や戦争のさいに、矢を目印とする集団ごとにまとまって行動していた。この組織形態は「矢」を意味する満洲語でニルと呼ばれた。ヌルハチは血縁や地縁で結びついていた人々を再編制して、三〇〇人の成年男子を戦時のときに出す単位をニルとした。ニルは平時においては、農耕や牧畜を行う生産の単位でもあった。ニルを束ねて、五ニルをジャラン、五ジャランをグサとし、それぞれに長を置いた。グサの目印として黄・白・紅・藍色の旗を用いたので、グサに「旗」の漢字が充てられた（満洲語のグサに旗の意味があるわけではない）。グサは初め四つあったが、のちに各旗に縁飾りを付けた鑲黄《じょうこう》・鑲白《じょうはく》・鑲紅《じょうこう》・鑲藍《じょうらん》の旗を用いたグサが増設され、八旗となり八旗制という呼称が一般化した。

各グサにはアイシンギョロ（愛新覚羅）一族のベイレという首領が配され、ベイレの連合体が全体を統轄した。ヌルハチはハンとなっても正黄と鑲黄の二旗のベイレに過ぎず、他のベイレの権威は高かった。皇位継承に際し、ベイレなどの有力者の合議が必要だった背景には、初期清朝政権がこうしたグサを基盤とする部族連合であったことがある。ホンタイジは清に服属してきたモンゴル族と漢族とを組織し、それぞれ蒙古八旗、漢軍八旗に編制した。八旗に属する人々は、旗人《きじん》と呼ばれ、旗地と呼ばれる領地が与えられた。

清朝がその中期以降に苦慮したことは、旗人の処遇である。旗地やポストはほとんど増えないのに、旗人の人口は増え続ける。さらに旗人の多くが経営能力を持たないために、多くの旗地が漢族に奪われていった。乾隆期には、政権の根幹となる満洲族の旗人を救うために、漢族の旗人を民間人にしてそのポストを満洲族の旗人に充てたり、資金を与えて吉林に入植させたりした。しかし北辺の地に送られた旗人は、その苛酷な生活に耐えられず、逃げ戻るものが少なくなかった。抜本的な解決方法はなく、清朝の根幹はしだいに空洞化していった。

参考文献

ここでは、明・清時代について考える際に手始めに参考となる書籍を紹介する。日本語で記されたものを取り上げる。各項目では原則として出版年の新しい順に掲げる（「同時代の記録」の項目のみ対象としている時代の順番）。すでに絶版になっているものも含む。なお、各章の執筆に際して参照した書籍については、本文中に（ ）を付して書き込んである。

この時代を全体的に理解するための書籍

神田信夫ほか編『世界歴史大系　中国史4明～清』山川出版社、一九九九年　▼明朝の成立から清朝の衰退が始まるとされる一九世紀前半にいたるまでの歴史を、専門家が分担して執筆している。講座とは異なり、通史として五〇〇年ほどの中国の変動を通観している。また、経済史や文化史、モンゴル・チベットとの関係などにも、いくつかの章を立てて論じており、知識を広げる上で有用である。また、参考文献の案内も充実しており、本格的な研究に入りたい方には必携であるといえよう。ただ、分担執筆であるために共通する史観はなく、盛り込まれている膨大な情報のなかから取捨選択し、整理する読み手の側の問題意識が必要となる。

岸本美緒ほか編『岩波講座世界歴史13東アジア・東南アジア伝統社会の形成：一六―一八世紀』岩波書店、一九九八年　▼講座の編集委員である明清史研究者・岸本氏が中心となってまとめられた一冊。当該時期の東アジアと東南アジアの動きを、世界史的な共時性を視野に入れて編集されている。冒頭の岸本氏の「東アジア・東南アジア伝統社会の形成」は、全体を大局的に把握しようとする刺激に富んだ文章となっている。その他に、琉球王国の展開、モグール・ウルスから新疆へ、北方世界とロシアの進出、上座仏教と国家形成、清朝国家論、東南アジアの港市国家、朝鮮の身分と社会集団、「気質変化」論から「礼教」へ、地方社会と宗教反乱など、東ユーラシアの歴史を考える上で視野に入れるべき問題が取り上げられている。

岸本美緒・宮嶋博史『世界の歴史12明清と李朝の時代』中央公論社、一九九八年　▼明清時代を物価史などの側面から研究を進めている岸本氏と、朝鮮の李朝の宗族や両班などの問題を研究している宮嶋氏が、当該の時期の東アジアを通観する。バランスのとれた記述であり、多数掲載されたカラーの図版も時代の雰囲気を伝えてくれる。

明清時代史の基本問題編集委員会編『明清時代史の基本問題』汲古書院、一九九七年　▼日本における明清時代研究のなかで、研究の蓄積がある領域について、問題点の整理と研究の到達点を論じたもの。その構成は下記の通り。総説、商品生産研究の軌跡、明清農業論、明清時代の生産技術、農村社会（覚書）・公課負担団体としての里甲と村、明初の海禁と朝貢（明朝専制支配の理解に寄せて）、王府論、明代軍事史に関する研究状況をめぐって、マンジュ王朝論（清朝国家論序説）、清代の政治と政治思想史、中国農民戦争史論の再検討、秘密結社研究を振り返って（現状と課題）、明清時代の身分感覚、合意と斉心の間、長江上流域の移住と開発（生成する「地域」）、華南地方社会と宗族（清代珠江デルタの地縁社会・血縁社会・図甲制）、徽州文書と徽州研究、出版文化と学術、庶民文化、西南少数民族（土司制度とその崩壊過程をめぐって）、周辺の明清時代史（ベトナム経済史の場合）。

ロイド＝E．イーストマン／上田信・深尾葉子訳『中国の社会』平凡社、一九九四年　▼アメリカの大学のテキストとして編集されたLloyd E. Eastman, *Family, Fields and Ancestors* の日本語訳。主に明清時代から近代の中国を対象に、その社会を理解するために必要な問題が、手際よく整理されている。人口や民俗宗教、交易などについて、主に欧米の研究成果を元にして記載されており、少し古くはなっているが欧米で中国史がどのような問題関心のもとで研究されていたかを知る上でも、有用である。

森正夫・加藤祐三『地域からの世界史3中国・下』朝日新聞社、一九九二年　▼中国を世界史のなかの一つの地域として捉え直そうとするもので、下巻では一六世紀から二〇世紀までを扱っている。著者の森氏は、明清時代の研究に秩序という問題設定を与えた研究者、加藤氏はアヘン戦争以降の近代史をイギリスの史料などを用いて論じてこられた。

小山正明『ビジュアル版・世界の歴史11東アジアの変貌』講談社、一九八五年　▼記述はオーソドックスであるが、図版が多いのが魅力。

橋本萬太郎編『民族の世界史5漢民族と中国社会』山川出版社、一九八三年 ▼明清時代を扱う著作ではないが、明清時代に形成された伝統中国を理解する上で参考になる。特に、斯波義信氏が執筆した「社会と経済の環境」「文化の生態環境」は、長期的変動のなかで明清時代を捉えている。

愛宕松男・寺田隆信『中国の歴史6元・明』講談社、一九七四年（講談社学術文庫『モンゴルと大明帝国』講談社、一九九八年）▼一九七〇年代に刊行された講談社『中国の歴史』の旧シリーズのなかの一冊。明代の部分は寺田氏が執筆している。その記述は主に正史である『明史』や、王朝の公的な記録である『明実録』によるところが大きく、歴代の皇帝を軸とする歴史が展開されている。皇帝にまつわるエピソードが多く紹介されているところが、魅力となっている。新シリーズと読み比べることで、三〇年のあいだの問題意識の変化などを跡づけることが可能となろう。

増井経夫『中国の歴史7清帝国』講談社、一九七四年（講談社学術文庫『大清帝国』講談社、二〇〇二年）▼中国史の多くのシリーズが、清朝が衰退し始めるとされる一九世紀前半で清朝史の記述を終えるなかで、本書は清帝国の興起から滅亡直前までを扱い、アヘン戦争や太平天国まで含まれるところに特徴がある。増井氏は『中国の銀と商人』（研文出版、一九八六年）などの著作もあり、民衆の日常感覚に基づく視点を持っており、ハッとするような指摘も少なくない。ただし政治史や経済史といった時代を貫通する軸を立てない記述をしているために、読後に雑然とした印象が残る。

海の世界を理解するための書籍

山形欣哉『歴史の海を走る：中国造船技術の航跡』農山漁村文化協会、二〇〇四年 ▼著者は造船技術史の視点から、歴史上で活躍した船の復元に取り組んでいる。中国の造船史の研究では、前近代の中国船の優位性を強調する傾向が見られるが、本書は技術の発展と継承の立場から、各時代の船舶の実相に迫ろうとしている。著者自身の手になる復元図が美しい。

石井米雄ほか編『岩波講座東南アジア史3東南アジア近世の成立』岩波書店、二〇〇一年 ▼東南アジア史では、アンソニー＝リードが *Southeast Asia in the Age of Commerce 1450–1680*（平野秀秋・田中優子訳

『大航海時代の東南アジア』１・２、法政大学出版局、一九九七年・二〇〇二年）を一九九〇年に発表したことが契機となり、一五―一七世紀を「商業の時代」と名づけ、この時期に展開した交易の実像に迫る研究が進んでいる。本書はその成果に基づき、多様な研究を取り上げる。海の世界と直接に関係するものとしては、イスラーム・ネットワークの展開、鄭和の遠征、東南アジアの大航海時代、オランダ領東インド会社の覇権、スペイン領フィリピンの成立といった論考がある。

フランク／山下範久訳『リオリエント：アジア時代のグローバル・エコノミー』藤原書店、二〇〇〇年　▼ウォーラーステインの世界システム論（歴史キーワード解説「世界システム」参照）の前提となった従属理論の形成に一役買ったフランクが、ウォーラーステインの議論に見られるヨーロッパ中心主義的な論調を批判するために書き著わした大著 Andre Gunder Frank, *Reorient: Global Economy in the Asian Age* を翻訳したもの。一四〇〇年から一八〇〇年までの近世を、グローバル・エコノミーの視点から分析する枠組みを提起しようと試みている。中国に関する記述は、濱下武志氏などの研究に負うところが多く、それほど目新しいものではない。しかし、中国明清時代の経済動向を、地球規模で把握しようとしたときに、大きな示唆を与えてくれる。議論の進め方は、世界システム論を批判しようとする結論が先にあるために、ややもすれば上滑りしているという印象があり、英語文献にのみ依拠した論拠については、個別の地域の研究者からは一面的ではないかと批判されている。訳者が述べるように、この著作を批判することで、世界システム論を乗り越えるパラダイムが形成される路が拓かれるのであろう。

大隅和雄・村井章介編『中世後期における東アジアの国際関係』山川出版社、一九九七年　▼北海道高等学校日本史教育研究会が主催したシンポジウムでの報告を基に、本書は編纂されている。日本史教育における国際化という課題で、日本中世史研究者の村井氏のほか、韓国・中国の研究者も報告しており、海を介した東アジアの交流の歴史をたどる。歴史教育のなかで海の世界をどのように扱うべきなのか、示唆するものが多い。

ルイーズ＝リヴァシーズ／君野隆久訳『中国が海を支配したとき』新書館、一九九六年　▼Louise E. Levathes, *When China Ruled the Seas: The Treasure Fleet of the Dragon Throne, 1405–1433* を翻訳したもの。鄭和の艦隊がたどった足取りを、歴史書を踏まえ、鄭和にゆかりの地を訪ねて執筆されている。永楽という時代の特異性をも指摘している。図版も多く、史料が少ない鄭和の遠征をイメージする手がかりを与えてくれる。

荒野泰典・石井正敏・村井章介編『アジアのなかの日本史Ⅲ海上の道』東京大学出版会、一九九二年 ▼明清時代、日本史でいえば室町から江戸時代において、東ユーラシアのなかで日本が占めていた位置を考える上で、参考になる論考を多く含む。港市論（寧波港と日中海事史）、海賊論、銭貨の多義性（日本古代銭貨の場合）、東アジアにおける銭貨の流通、唐代陶磁貿易の展開と商人、貿易商品と国際分業、船載遺物の考古学などの論考とともに、沈船は語る、異民族の人身売買（ヒトの流通）、対外関係における華僑と国家（琉球の閩人三十六姓をめぐって）、香料の道と日本・朝鮮などの話題を提供する。

濱下武志・川勝平太編『アジア交易圏と日本工業化 1500–1900』リブロポート、一九九一年 ▼近世アジアのなかに、近代アジアが生まれてくるダイナミズムを読みとろうという議論が展開されており、知的刺激に富んだ書となっている。編者の濱下氏は、朝貢システムという概念を定めたことで知られている。また川勝氏は、その後に『文明の海洋史観』（中央公論社、一九九七年）で一般にも知られるようになる。

琉球新報社編『新琉球史：近世編（上）』琉球新報社、一九八九年 ▼琉球と中国の交流の歴史を具体的に論じた論考が収められている。冊封の様相、貿易の展開、近世久米村の成立と展開など。

鄭樑生『明・日関係史の研究』雄山閣出版、一九八五年 ▼明代における日本と中国との間の交渉の歴史を、実証的に明らかにしようとするもの。勘合貿易で用いられた勘合符の大きさなど、明・日関係の実像に迫る情報が多く記載されている。

山脇悌二郎『長崎の唐人貿易』吉川弘文館、一九六四年 ▼すでに古典的な書籍となっているが、江戸時代の日本と中国との交易について、過不足なくバランスのとれた情報を提供してくれる。

帝国を理解するための書籍

平野聡『清帝国とチベット問題：多民族統合の成立と瓦解』名古屋大学出版会、二〇〇四年 ▼清朝を東アジアの枠組みでは捉えきれないことを、チベットとの関係で実証的に明らかにしようとした意欲作。現代のチベット問題まで射程に収める。専門書ではあるが、概念図なども示しながらその論を展開している。
川越泰博『モンゴルに拉致された中国皇帝：明英宗の数奇なる運命』研文出版、二〇〇三年
川越泰博『明代中国の疑獄事件：藍玉の獄と連座の人々』風響社、二〇〇二年
川越泰博『明代中国の軍制と政治』国書刊行会、二〇〇一年　▼明代の政治変動を軍政の視点から明らかにしようとするもので、膨大な史料の渉猟に裏付けられた論が展開される。
石橋崇雄『大清帝国』講談社、二〇〇〇年　▼清朝初期の歴史を、満洲語で記された史料に基づいて明らかにしようとする力作。小さな部族に過ぎなかったジュシェン族が東アジアの帝国となった背景を、その社会の特性などを踏まえながら解明しようとする。
川越泰博『明代建文朝史の研究』汲古書院、一九九七年
檀上寛『永楽帝：中華「世界システム」への夢』講談社、一九九七年　▼明朝三代目の皇帝・朱棣（永楽帝）の伝記を、モンゴル帝国のフビライが創った世界帝国を彼が構想していたという視点で描いたもの。檀上氏には『明朝専制支配の史的構造』（汲古書院、一九九五年）などの著作があり、明朝初期をその理念という側面も視野に収めながら、幅広く研究している。
檀上寛『明の太祖朱元璋』白帝社、一九九四年　▼朱元璋の伝記を、南に偏った政権からいかに離脱しようとしたか、という視点で描いたもの。朱が群雄割拠から抜けだし、明朝を創建するまでのプロセスに詳しい。雲南攻略について、まったく言及されていないことが不思議である。
何炳棣／寺田隆信・千種真一訳『科挙と近世中国社会：立身出世の階梯』平凡社、一九九三年　▼アメリカの華人系研究者の古典的な著作 Ping-ti Ho, *The Ladder of Success in Imperial China* の翻訳書。科挙という制度と社会移動や身分制度との関係、科挙の合格者の地域格差などが、膨大な史料を駆使して分析される。何には他に中国人口史研究の基礎を創った著作があるが、残念なことにまだ日本語訳がない。
黄仁宇／稲畑耕一郎・岡崎由美・古屋昭弘・堀誠訳『万暦十五年：一五八七「文明」の悲劇』東方書店、一九八九年　▼黄は軍人としての前半生を終えた後、アメリカで中国史研究を修めた人物で、本書は英語で出版されたあと（原題：*1587：A Year of No Significance*）、中国語に翻訳され、多くの読者を獲得した。英文

のタイトルからもうかがわれるように、万暦一五年という何ら歴史的に特筆されるような事件が見あたらない平凡な年に、皇帝や内閣首輔であった申時行、模範官僚として知られる海瑞、倭寇と戦った将軍の戚継光、哲学者の李贄がどこで何をしていたかを描き、歴史叙述の幅を広げた。筆者には、ほかに中国通史を独自な視点で描いた『中国マクロヒストリー』（山本英史訳、東方書店、一九九四年）がある。

同時代の記録

概説書を数多く読むよりも、事件の諸相を生き生きと記す同時代の記録を読む方が、歴史の感覚が養われる。以下に、現代日本語に訳された史料を掲げる。

張廷玉ほか編／川越泰博編訳『明史』明徳出版社、二〇〇四年　▼明代を扱う正史である『明史』は、清代の一七三五（雍正一三）年に完成したもの。多数の学者を動員して作成されたもので、歴代の正史のなかで評価が高い。本書は明代史研究者である川越氏が編纂過程や典拠史料に関する解説を加え、皇帝の伝記である本紀から、朱元璋（明の太祖・洪武帝）と朱棣（明の成祖・永楽帝）の伝を部分訳している。なお、『明史』には経済に関する「食貨志」に注を付けた和田清編『明史食貨志訳註』（平凡社〈東洋文庫〉、一九五七年）もある。

星斌夫訳注『大運河発展史：長江から黄河へ』平凡社（東洋文庫410）、一九八二年　▼『元史』『明史』『清史稿』の河運・海運に関する記録を訳出し、詳注を付したもの。大運河およびそれと拮抗した海運の歴史をたどることができる。

谷川道雄・森正夫編『中国民衆叛乱史』二（宋―明中期）、三（明末―清Ⅰ）、四（明末―清Ⅱ）、平凡社（東洋文庫351・408・419）、一九七九・八二・八三年　▼中国歴代の民衆反乱に関する史料を集め訳出し、反乱の時代背景の解説や字句の注釈を付したもの。農民反乱、都市市民の蜂起、奴婢の蜂起、明末の李自成・張献忠の乱、清朝の屋台骨を揺るがした白蓮教徒の乱など、多様な反乱の様相が示される。

馬歓／小川博編『中国人の南方見聞録：瀛涯勝覧』吉川弘文館、一九九八年　▼鄭和の艦隊の一員として、その航海に随行した馬の手になる『瀛涯勝覧』を、翻訳したもの。

メンデス＝ピント／岡村多希子訳『東洋遍歴記』1―3、平凡社（東洋文庫366・371・373）、一九七九・八〇年　▼一六世紀のポルトガルの冒険商人であるピントが、東ユーラシアの海での自分自身の経験を、自伝として書いたもの。「ほら吹きピント」というあだ名があるように、必ずしも歴史的事実に即してはいないものの、海の世界に存在した雰囲気を生き生きと伝えてくれる。

ガスパール＝ダ＝クルス／日埜博司編訳『クルス「中国誌」』新人物往来社、一九九六年（講談社学術文庫『クルス「中国誌」』：ポルトガル宣教師が見た大明帝国』講談社、二〇〇二年）▼ポルトガル人のドミニコ会の修道士が、明代の中国の地誌・物産・風俗・宗教・制度などについて記述したもの。

マテオ＝リッチ／川名公平訳・矢沢利彦注・平川祐介解説『大航海時代叢書第2期8・9中国キリスト教布教史1・2』岩波書店、一九八二・八三年　▼一五八三年に中国南部に入り、北京で布教活動を進めていた一六一〇年までの記録を、原文のイタリア語から直接に訳したもの。布教の様子のみならず、当時の中国社会が描かれる。

王守仁『王陽明全集1〜10』明徳出版社、一九八二―八七年　▼明代に儒学の転機を作った王守仁の著作。原文、読み下し文、訳注が掲載され、解説も充実している。各巻の構成は、第一巻「語録」、第二巻「文録」、第三・四巻「奏疏」(上)(下)、第五巻「公移」、第六巻「詩」、第七巻「外集」、第八巻「続編」、第九巻「年譜」、第一〇巻「世徳紀」。

宋應星／藪内清訳注『天工開物』平凡社（東洋文庫130）、一九六九年　▼衣服・染色・製塩・兵器・醸造など、明代末における科学技術を、多数の図版を付して網羅する。

園田一亀『韃靼漂流記』平凡社（東洋文庫539）、一九九一年　▼清朝が北京に入城したときに、松前に向かう越前の商人が中国東北地方に漂着し、北京に送られ朝鮮をへて帰国した。その見聞記および園田による研究を復刻したもの。

彭遵泗・朱子素・王秀楚／松枝茂夫訳『蜀碧・嘉定屠城紀略・揚州十日記』平凡社（東洋文庫36）、一九六五年　▼明代末から清代初頭の戦乱を、被害を受けた人々の視点から描く。四川省の張献忠の乱を描く『蜀碧』、清軍が揚州と嘉定を攻略した際の記録『揚州十日記』『嘉定屠城紀略』が収められる。

入矢義高編『中国古典文学大系55近世随筆集』平凡社、一九七一年 ▼宋代と明・清代の随筆が集められたもの。明清時代のものとしては百科全書のような謝肇淛『五雑組』(抄訳)、明代から清代の激動の時代を生きた周亮工が著した『書影』、清末の考証学者である兪樾が書いた『春在堂随筆』、それに陽明学の流れから生まれた思想家である李贄の代表作『焚書』(抄訳)が収められている。『五雑組』の著者は福建の出身であるため、福建に関する記述が多い。なお、『五雑組』は平凡社の東洋文庫に全訳が収められている(岩城秀夫訳注、全八巻、索引の利用価値が高い)。李贄については、訳者の溝口雄三氏によって詳細な訳注が付され、また思想史家の立場から解説されている。年譜も完備しており、明末の思想状況を把握するには、恰好の導入書となっている。

後藤基巳・山井湧編訳『中国古典文学大系57明末清初政治評論集』平凡社、一九七一年 ▼明末清初の政治変動は、知識人の思索を深めさせた。本書には李贄『蔵書』(抄訳)、黄宗羲『明夷待訪録』(全訳)、顧炎武『亭林文集』(抄訳)・『日知録』(抄訳)、王夫之『読通鑑論』(抄訳)、唐甄『潜書』(抄訳)が収められている。

アドリアン＝グレロン/矢沢利彦訳『東西暦法の対立：清朝初期中国史』平河出版社、一九八六年 ▼一六五六年にマカオに到着したイエズス会のフランス人宣教師による順治・康熙年間の記録。康熙年間に西洋暦法が競争実験によって清朝に採用されるまでのプロセスを、間近に伝聞し得たものの立場から描いている。

矢沢利彦編訳『イエズス会士中国書簡集』(一「康熙編」、二「雍正編」、三「乾隆編」、四「社会編」、五「紀行編」、六「信仰編」)、平凡社(東洋文庫175・190・210・230・251・263)、一九七〇―七四年 ▼フランスのイエズス会士の中国布教報告集。清朝最盛期の様子を伝える。なお、続編として『イエズス会士書簡集：中国の布教と迫害』平凡社(東洋文庫370、一九八〇年)は、一八世紀におけるキリスト教弾圧に関するもの。

藍鼎元/宮崎市定訳『鹿洲公案：清朝地方裁判官の記録』平凡社(東洋文庫92)、一九六七年 ▼雍正時代における地方官が在任中にあつかった裁判の記録。当時の社会の実態を伝える。

朴趾源/今村与志雄訳『熱河日記：朝鮮知識人の中国紀行』一・二、平凡社(東洋文庫325・328)、一九七八年 ▼一七八〇年に弘暦(乾隆帝)七〇歳を祝う朝鮮使節に随行した朴が、朝鮮から遼陽・北京を経て、皇帝がいた熱河にいたる道中でつづった日記。自らの見聞だけではなく、各地で交流した文人を介して得られた情報も少なくない。

中川忠英／孫伯醇・村松一弥訳『清俗紀聞』一・二、平凡社（東洋文庫62・70）、一九六六年　▼日本の長崎奉行の中川忠英が、一七九〇年代に福建・浙江・江蘇地方から来た中国の商人に、制度・風俗などを取材した聞き書き。図版が貴重。

ジョージ＝マカートニー／坂野正高訳注『中国訪問使節日記』平凡社（東洋文庫277）、一九七五年　▼一八世紀末にイギリスから清国に派遣された使節の訪中日記。外交交渉は失敗におわったが、その帰路では大運河を経て、内陸を観察しながら香港に戻る。当時の中国社会に関する情報が豊富である。訳者は中国近代政治外交史家であり、その解説は参考になる。

陳盛韶／小島晋治・上田信・栗原純訳注『問俗録：福建・台湾の民俗と社会』平凡社（東洋文庫495）、一九八八年　▼清の道光年間（一八二一—五〇年）に、福建省と台湾の地方長官のポストを歴任した著者が、調査した現地社会の記録。

学術文庫版の追加

本書ハードカバー版が出版された二〇〇五年以降、注目に値する著作が数多く出版されている。ここでは、そのなかで本書の内容を補充する文献を、出版年が新しい順で掲げる。

〈全般的な文献〉


上田信編『侠の歴史：東洋編（下）』清水書院、二〇二〇年　▼司馬遷の『史記』でいえば、「遊侠列伝」に相当する人物評伝集。宋代から現代までの中国と朝鮮の人物を取り上げているが、本書に関わる人物として、朱元璋の糟糠の妻であった馬皇后、『水滸伝』の英雄、王直、王守仁（王陽明）、鄭芝龍、沈惟敬、李自成、張献忠を取り上げている。

上田信『人口の中国史：先史時代から一九世紀まで』岩波書店、二〇二〇年　▼このなかの第三章〜第六章が明清時代を対象としている。本書の第八章で取り上げた一八世紀の人口急増の要因について、新たな仮説を展開している。
檀上寛『陸海の交錯：明朝の興亡』（シリーズ中国の歴史４）岩波書店、二〇二〇年
岡本隆司『「中国」の形成：現代への展望』（シリーズ中国の歴史５）岩波書店、二〇二〇年
上田信編『悪の歴史：東アジア編（下）、南・東南アジア編』清水書院、二〇一八年　▼皇帝や高官の実相に迫る。本書に関わる人物として、朱元璋、朱棣、張居正、ヌルハチ、ホンタイジ、康熙帝、雍正帝、乾隆帝、林則徐を取り上げている。
中島楽章編『徽州商人と明清中国』（世界史リブレット）山川出版社、二〇〇九年

〈海域世界〉
上田信・中島楽章編『アジアの海を渡る人々：一六・一七世紀の渡海者』春風社、二〇二一年　▼後期倭寇と万暦朝鮮戦争（文禄・慶長の役、壬辰・丁酉の倭乱）に関わる渡海者を取り上げる。
中島楽章『大航海時代の海域アジアと琉球：レキオスを求めて』思文閣出版、二〇二〇年
岩井茂樹『朝貢・海禁・互市：近世東アジアの貿易と秩序』名古屋大学出版会、二〇二〇年
檀上寛『明代海禁＝朝貢システムと華夷秩序』京都大学学術出版会、二〇一三年
中島楽章編『南蛮・紅毛・唐人：一六・一七世紀の東アジア海域』思文閣出版、二〇一三年
上田信『シナ海域蜃気楼王国の興亡』講談社、二〇一三年　▼本書の列伝として執筆した。通史では、人物の一生を断片的にしか取り上げることはできない。本書執筆中にそのフラストレーションから、本書に登場した足利義満・鄭和・王直・小西行長・鄭成功を取り上げた。

〈陸域世界〉
杉山清彦『大清帝国の形成と八旗制』名古屋大学出版会、二〇一五年
岡田英弘編『清朝とは何か』（別冊『環』一六）、藤原書店、二〇〇九年

年表

海に関する項目は**ゴチック**で示す

西暦	年号	明・清帝国	東ユーラシア	環球
一三五〇年代			**このころから倭寇さかんに高麗沿海を襲う。**シャムにアユタヤ朝興る	
一三五一	〈元〉至正一一	元の河南より紅巾の乱起こる		
一三五六	一六	朱元璋、呉国公と称し南京（金陵）を拠点とする		
一三五八	一八		**倭寇、中国沿海（山東）に至る**	
一三六四	二四	朱元璋、呉王を称す		
一三六六	二六		**高麗、日本に倭寇の禁を要求**	
一三六七	二七	朱元璋、蘇州に張士誠を破り、北伐を開始		
一三六八	〈明〉洪武　元	朱元璋、南京（応天府）に即位（洪武帝）、国号を大明とする。元、モンゴル高原に退き、北元成立。**舟山群島で蘭秀山の乱起こる**		
一三六九	二	**朱元璋、日本の懐良親王に倭寇取り締まりを要請**		

一三七〇	三			ティムール帝国成立
一三七一	四	**海禁令を布く**		
一三七二	五	諸外国に来貢を促す	**琉球中山王、明に朝貢**	
一三七三	六	大明律を制定		
一三七八	一一		アユタヤ朝、スコータイを滅ぼす	イングランドで教会批判開始。聖書が英訳される
一三八〇	一三	宰相・胡惟庸、謀反の罪で刑死	**高麗の将軍・李成桂、倭寇を撃退。琉球南山王、明に朝貢**	
一三八一	一四	里甲制を実施、賦役黄冊を制定		イングランドで農民反乱（ワット・タイラーの乱）
一三八二	一五	科挙を復活		
一三八三	一六		**琉球北山王、明に朝貢**	
一三八四	一七	明軍、雲南を平定		
一三八五	一八			ポルトガル独立
一三八九	二二		**高麗人、対馬を侵掠**	
一三九一	二四		北元滅ぶ	
一三九二	二五	**福建出身者を琉球に派遣**	李成桂、即位。翌年、国号を朝鮮とする	
一三九三	二六	全土で、丈量を実施。藍玉の獄起こる		
一三九五	二八			ティムール、キプチャク・東チャガタイ諸ハン国を征服
一三九八	三一	朱元璋没す。孫の朱允炆（建文帝）即位		
一三九九	建文 元	朱棣（燕王）挙兵し、靖難の役起こる		
一四〇〇	二		ヴェトナムで陳朝滅ぶ	

一四〇二	四	朱棣、南京を陥れ、即位（永楽帝）	**日本の室町幕府（足利義満）、明の国書を受ける**	ティムール、トルコ軍を破る（アンゴラの戦い）
一四〇三	永楽 元	**明、市舶司を復活**		
一四〇四	二	**琉球中山王を冊封（琉球冊封の始め）**	**室町幕府、明の勘合を得て朝貢開始**	
一四〇五	三	**鄭和の第一回遠征（―〇七）**		ティムール、中国遠征の途上に没す。オスマン朝再興
一四〇六	四	安南へ出兵し、翌年、交阯布政使司を設置	尚思紹・巴志親子が琉球中山の覇権を奪取	
一四〇七	五	**鄭和の第二回遠征（―〇九）**		
一四〇九	七	明軍、北征。黒竜江下流にヌルカン都司を設置。**鄭和の第三回遠征（―一一）**		
一四一〇	八	朱棣、モンゴル親征		
一四一一	九		**室町幕府（足利義持）、明使入京を許さず（対明断交）**	
一四一三	一一	**鄭和の第四回航海（―一五）**	ヴェトナムの後陳朝、明に服属。マラッカ王国成立	
一四一四	一二	朱棣、第二回モンゴル親征		
一四一五	一三			**ポルトガル「航海王」エンリケ、航海学校を設置**
一四一七	一五	**鄭和の第五回航海（―一九）**		
一四一八	一六		ヴェトナムで黎利、挙兵す	
一四一九	一七		**朝鮮、日本人居留地として三浦（乃而浦・富山浦・塩浦）を開放**	

一四二〇	一八		**琉球よりシャムに貿易船派遣**	前期ルネサンス（フィレンツェ）
一四二一	一九	北京へ遷都。**鄭和の第六回航海**（—二二）		
一四二二	二〇	朱棣、第三回モンゴル親征		
一四二三	二一	朱棣、第四回モンゴル親征		
一四二四	二二	朱棣、第五回モンゴル親征中に没す。朱高熾（洪熙帝）即位		
一四二五	洪熙 元	朱高熾没す。朱瞻基（宣徳帝）即位		
一四二八	宣徳 三		ヴェトナムで黎利、即位し、国号を大越とする	
一四二九	四		琉球の中山王尚巴志、琉球三山を統一	
一四三〇	五		**琉球よりジャワに貿易船派遣**	
一四三一	六		**琉球王尚巴志、朝鮮に遣使**	ジャンヌ＝ダルク焚殺
一四三二	七	**鄭和の第七回航海**（—三三）	**室町幕府（足利義教）、明に遣使（翌年復交す）**	
一四三三	八	江南で税の銀納化（金花銀）開始		
一四三四	九		オイラトのトゴン、タタールを破る	フィレンツェ、メディチ家執政期（—九四）
一四三五	一〇	朱瞻基没し、朱祁鎮（正統帝）即位		
一四三八	正統 三	大同に馬市を開き、オイラトと通商		
一四三九	四		トゴン没し、エセンが後継す	
一四四二	七	建州三衛設立		
一四四三	八		朝鮮でハングル創製（一四四六に頒布）	

一四四八	一三		福建で鄧茂七の乱起こる	
一四四九	一四	オイラト軍、明に侵入し朱祁鎮を捕らえる（土木の変）。朱祁鈺（景泰帝）即位		
一四五〇	景泰 元	明軍、エセンを宣府に破る。朱祁鎮、帰国		
一四五三	四		エセン、ハーン（大ハン）を称す（翌年殺害される）	オスマン帝国、コンスタンティノープル占領。ビザンツ帝国滅亡
一四五五	六		シャム軍、マラッカへ侵攻	イングランド、ばら戦争（—八五）
一四五六	七		琉球よりマラッカに貿易船派遣	
一四五七	天順 元	朱祁鎮、帝位に復帰（天順帝）		
一四五八	二		琉球首里城の「万国津梁」の鐘鋳造	
一四六四	八	朱祁鎮没し、朱見深（成化帝）即位		
一四六六	成化 二		西日本を中心に朝鮮へ遣使相次ぐ（—七一）	
一四六七	三		日本で応仁の乱起こる（—七七）	
一四七〇	六		琉球の第二尚氏王朝始まる	
一四七二	八	オルドス方面に長城建設		
一四七八	一四	遼東に馬市を開く		
一四七九	一五	明・朝鮮連合軍、ジュシェンと戦う		
一四八〇	一六			モスクワ大公国、キプチャ

一四八七	二三	朱見深没し、朱祐樘（弘治帝）即位		クーハン国より自立
一四八八	弘治 元		ダヤン＝ハーン、明へ侵攻	ディアス、喜望峰に到達
一四九〇	三		琉球よりパタニに貿易船派遣	
一四九二	五	塩販売権の銀納化を開始		コロンブス、バハマ諸島に到達
一四九四	七			ポルトガル・スペイン分界協定（トルデシリャス条約）
一四九八	一一			ヴァスコ＝ダ＝ガマ、インド航路を開く
一五〇〇	一三			サマルカンドのティムール帝国滅亡
一五〇一	一四		ダヤン＝ハーン、明の寧夏を陥れオルドスに侵攻	サファヴィー朝建国
一五〇五	一八	朱祐樘没し、朱厚照（正徳帝）即位		
一五〇八	正徳 三	王守仁、龍場で頓悟。陽明学成る	日本の島津氏、琉球に対し、島津印判不所持の日本商船取り締まりを要求	
一五一〇	五		朝鮮三浦在住の日本人、貿易統制の強化に反対し暴動（三浦の乱）	ポルトガル、インドのゴア・コロンボを占領
一五一一	六		ポルトガル、マラッカを占領	
一五一二	七		朝鮮三浦の日本人居留地、廃止	
一五一七	一二		ポルトガル使節団、広東沿海	ルターの九五ヵ条（宗教改

			に来航	革開始）
一五一八	一三		スルタン＝デマーク、マジャパヒト帝国を倒し、イスラーム時代始まる	
一五一九	一四	寧王挙兵。王守仁、寧王を捕らえ平定す		マゼラン一行の世界周航（—二二）
一五二一	一六	朱厚照没す。朱厚熜（嘉靖帝）即位。大礼の議起こる	マゼラン、世界周航の途上、フィリピンで殺害される	
一五二三	嘉靖 二		明の寧波で、日本の大内・細川両氏の争貢事件起こる（寧波の乱）	
一五二六	五		日本で石見銀山の採掘始まる	第一次パーニーパットの戦い（ムガル帝国の勃興）
一五三一	一〇		トゥングー朝タビンシュウェティー王即位、ビルマ統一成る	
一五三三	一二			インカ帝国滅亡
一五三八	一七			プレヴェザの戦い（オスマン帝国地中海の制海権確保）
一五四〇	一九	この頃より、一条鞭法始まる		
一五四一	二〇			カルヴァン、ジュネーヴで宗教改革
一五四二	二一		モンゴルのアルタン＝ハーン、明へ侵攻	
一五四三	二二		ポルトガル人、種子島に漂着（日本へ鉄砲伝来）	コペルニクス、地動説発表

一五四五	二四			南米ポトシ銀山の開発始まる
一五四七	二六	朱紈、漳州月港に倭寇を撃つ	日本から最後の遣明船派遣	ロシア帝国成立
一五四八	二七		アルタン＝ハーン、明の大同へ侵攻	
一五四九	二八		フランシスコ＝ザビエル、日本の鹿児島に来航	
一五五〇	二九		アルタン＝ハーン、北京を包囲。北海道の蠣崎（松前）氏、アイヌと交易協定を結ぶ	
一五五二	三一			ロシア、カザン＝ハン国併合
一五五三	三二		この頃より倭寇の襲撃激化（嘉靖大倭寇）	
一五五六	三五			ロシア、アストラカン＝ハン国併合
一五五七	三六	ポルトガル人のマカオ居住を許可	倭寇の首魁王直、逮捕される	
一五五八	三七			イングランド、エリザベス一世即位
一五五九	三八		王直、斬首される	
一五六二	四一			フランス、ユグノー戦争（―九八）
一五六三	四二	戚継光、福建沿岸で倭寇を撃破		
一五六五	四四	浙江で一条鞭法が実施される		オスマン帝国、テュニスを占領
一五六七	隆慶 元	海禁を解除	ポルトガル船、日本の長崎に	

一五六八	二		**来航**	オランダ独立戦争始まる（—一六四八）
一五七〇	四	明・アルタン間に和議成立。翌年、大同などに馬市を設置		
一五七一	五		**長崎—マカオ間貿易開始。スペイン、フィリピンのマニラ市建設**	**レパントの海戦**
一五七二	六	朱載垕没す。朱翊鈞（万暦帝）即位	**マニラ—アカプルコ間の貿易開始**	
一五七五	万暦 三		ジャワ中部にマタラム＝イスラーム王国興る	
一五七六	四			ムガル帝国、ベンガルを併合
一五七八	六	張居正、全国的丈量を開始	モンゴルのアルタン＝ハーン、チベット仏教高僧ソナムギャムツォにダライ＝ラマの称号を献上	
一五八一	九			オランダ独立宣言
一五八二	一〇		**マテオ＝リッチ、マカオに上陸**	ロシアのイェルマク、シビル＝ハン国を征服しシベリア進出
一五八三	一一	ジュシェンのヌルハチ、挙兵す		
一五八八	一六	ヌルハチ、建州三衛を統一		**イングランド、スペインの無敵艦隊を破る**
一五八九	一七			フランス、ブルボン朝成立

一五九二	二〇	明、朝鮮に援軍を送る	豊臣秀吉、朝鮮を侵攻（壬辰倭乱・文禄の役）。秀吉、朱印状発給を始める	
一五九六	二四	宦官に命じて鉱山を開発、増収を図る（鉱税の禍）	オランダ人、初めてジャワ島に至る。日本の高知にスペイン船漂着	
一五九七	二五		豊臣秀吉、再度朝鮮を侵攻（丁酉倭乱・慶長の役）	
一五九八	二六			ナントの王令発布
一六〇〇	二八		ヴェトナム、ハノイに拠る鄭氏、フエに拠る阮氏に二分される	イギリス東インド会社設立
一六〇一	二九	明の蘇州で民変起こる。マテオ＝リッチ、北京に到着		
一六〇二	三〇			オランダ東インド会社設立
一六〇三	三一		日本、江戸幕府開府。マニラで華僑虐殺事件起こる	
一六〇四	三二		江戸幕府、北海道の蠣崎氏にアイヌ交易独占権を認可	
一六〇六	三四		琉球尚寧王、明の冊封を受ける	
一六〇九	三七		オランダ、日本の平戸に商館設置。日本の島津氏、琉球へ侵攻し尚寧王らを連行	
一六一〇	三八	マテオ＝リッチ、北京で没す。このころから東林・非東林の党派闘争激化す		

一六一一	三九		琉球尚寧王、薩摩による琉球支配を認める（掟十五条）	
一六一三	四一			ロシアにロマノフ朝成立
一六一六	四四	ヌルハチ、満洲族のハンに即位し、国号を大金（後金）とする		
一六一九	四七	ヌルハチ、サルフの戦いで明・朝鮮軍を撃破	**オランダ、ジャワにバタヴィア市建設**	
一六二〇	四八	朱翊鈞没す。朱常洛（泰昌帝）即位するも同年没。朱由校（天啓帝）即位。軍費調達のため新税導入		**清教徒、北米コッド岬に上陸**
一六二一	天啓 元	ヌルハチ、遼東を陥れ、遼陽に遷都		
一六二三	三			サファヴィー朝、バグダッド占領
一六二四	四		**オランダ、台湾の安平にゼーランジディア砦を築く**	
一六二五	五	魏忠賢、東林派を弾圧。ヌルハチ、瀋陽に遷都し、盛京と改称		
一六二六	六	ヌルハチ没す。ホンタイジ後継し、ハンに即位		
一六二七	七	朱由校没す。朱由検（崇禎帝）即位。魏忠賢自殺。陝西で大飢饉	後金軍、朝鮮を侵攻（丁卯胡乱）	
一六二八	崇禎 元		**バタヴィア、マタラム王国の攻撃を退ける**	ムガル朝でシャー＝ジャハーンが王権を確立し即位
一六三〇	三	新税導入。明の陝西で張献忠挙兵す	アユタヤで山田長政が暗殺される	
一六三一	四	この頃、明の陝西で李自成が反乱に加	**日本で対馬宗氏の国書改竄事**	

一六三二	五	わる	件発覚	ロシア・ポーランド戦争（―三四）
一六三三	六		**琉球王尚豊、明の冊封を受ける**	
一六三四	七		**モンゴル、チャハルのリンダン＝ハーン、青海で没す。江戸幕府、島津氏の琉球支配を認可**	
一六三五	八	リンダン＝ハーンの遺子、大元の国璽を携えてホンタイジに帰順する	**江戸幕府、日本人の海外渡航・帰国を禁止**	
一六三六	九	ホンタイジ、国号を大清と改め皇帝を称す。清軍、朝鮮を侵攻（丙子胡乱）		
一六三七	一〇		日本で島原の乱起こる	
一六三九	一二	大増賦を実施	**江戸幕府、ポルトガル船の来航を禁ず（鎖国の完成）。マニラで華僑虐殺事件起こる**	
一六四一	一四		**オランダ、ポルトガルよりマラッカを奪う。江戸幕府、オランダ人を長崎出島に移す**	
一六四二	一五	アダム＝シャール、『崇禎暦書』を献上		イングランド、ピューリタン革命（―四九）
一六四三	一六	ホンタイジ没す。フリン（順治帝）即位し、ドルゴン摂政となる		
一六四四	〈清〉順治 元	李自成、西安で皇帝を称し国号を大順		

		とする。張献忠、四川に入る。李自成、北京を包囲し、朱由検自殺。清軍、李自成軍を破り北京入城		
一六四五	二	清軍、南京を陥し明（南明）の朱由崧（福王）を捕らえる。清、漢人薙髪令を発布		
一六四六	三	清、科挙を開始。南明政権、朱由榔（永暦帝）を擁立	江戸幕府、鄭芝龍の救援要請に応えず。鄭芝龍、清に降伏	
一六四八	五			ウェストファリア条約（ヨーロッパ三十年戦争終結）
一六四九	六	内三院の官制を定める		
一六五〇	七	ドルゴン没し、フリンの親政が始まる	鄭成功、福建の厦門を拠点とする	
一六五二	九	清軍、松花江でロシア人と衝突		
一六五三	一〇		鄭成功、清軍を破る（海登の戦い）	
一六五四	一一		琉球王尚質、清の冊封を受ける	
一六五六	一三	海禁令を発布。南明の朱由榔、雲南に入る		オランダ、セイロン島を占領
一六五八	一五	内三院を改め内閣とする	ロシア、ネルチンスクに築城	
一六五九	一六	清軍、雲南に入り、朱由榔はビルマに逃走	鄭成功、北上して南京を包囲するが敗退	
一六六一	一八	フリン没す。玄燁（康熙帝）即位。遷界令を発布。鄭芝龍を殺害す		
一六六二	康熙元	呉三桂、ビルマから渡された南明の朱	鄭成功、オランダ人を降し、	

		由棡を殺害	**台湾を占領。鄭成功没す**	
一六六九	八	フェルビースト（南懐仁）欽天監監副に就任。西洋暦法の採用決定す	蝦夷でアイヌの長、シャクシャイン蜂起	
一六七〇	九		ガルダン、ジュンガルのハンとなる。ロシア、清に使節団を派遣	ロシアでステンカ＝ラージンの大反乱
一六七一	一〇		**日本沿岸の東廻り・西廻り航路開く（—七二）**	
一六七二	一一	玄燁、聖諭十六条を公布		
一六七三	一二	清の呉三桂、雲南で挙兵（三藩の乱起こる）		
一六七八	一七	呉三桂、王号を称するが病没	ダライ＝ラマ五世、ガルダンにハーンの称号を与える	
一六七九	一八		ガルダン＝ハーン、ハミ・トルファンを征服。シャム、パタニを服属させる	
一六八〇	一九		シャム、初めてヨーロッパに遣使	
一六八一	二〇	清軍、雲南を降し、三藩の乱平定		
一六八三	二二	**清軍、鄭克塽を降し台湾平定**		
一六八四	二三	展界令を発布。厦門・広州に海関設置。玄燁、第一次南巡に出発		
一六八五	二四	華亭に海関設置（一六八七に上海に移転）。清軍、アルバジンでロシア軍と交戦		
一六八六	二五	寧波に海関設置。モンゴルのハルハ部	**マニラで華僑虐殺事件起こる**	

一六八八	二七	内紛収拾のため講和会議を開く	ハルハ部、ガルダンの侵攻を受け、清に求援	イングランド、名誉革命
一六八九	二八	ロシアとネルチンスク条約を締結し国境を画定	**江戸幕府、長崎滞在のすべての中国人を唐人屋敷に移す**	ロシアでピョートル一世（大帝）の独裁開始
一六九〇	二九			イングランド、カルカッタ市建設
一六九一	三〇	玄燁、ドロンノールで会盟を主催		ムガル帝国最盛期
一六九二	三一		ヴェトナムでキリスト教および清の言語・風俗を禁ず	
一六九六	三五	玄燁、ガルダン親征。清の対ハルハ保護権確立		
一六九七	三六	玄燁、ガルダン親征。ガルダン没す	**江戸幕府、長崎に会所を開設**	
一六九八	三七		**江戸幕府、唐船の長崎入港数を増隻**	
一六九九	三八	**イギリスの広東貿易を許可**	オランダ、ジャワでコーヒー栽培を開始	カルロヴィッツ条約（オスマン帝国初めての領土縮小）
一七〇一	四〇			スペイン継承戦争
一七〇二	四一	**広州・厦門に行商制度を定める**		
一七〇四	四三	湖広の苗族に科挙応試を許す		ローマ教皇、イエズス会の布教方法を禁ず
一七〇五	四四	アムド（青海）の王ラサン＝ハーン、ダライ＝ラマ六世に叛し、ラサを陥す		
一七〇六	四五	中国の典礼を否定する宣教師をマカオへ追放		

一七〇七	四六			イングランド・スコットランド合同。大ブリテン王国成立
一七〇八	四七	玄燁、皇太子胤礽を廃す		
一七〇九	四八		**江戸幕府、唐船の長崎入港数を減隻**	
一七一一	五〇	**福建人に加えて、広東人の台湾移住を許可**		
一七一三	五二	一七一一年調査の人丁数で人頭税額を固定（盛世滋生人丁）		
一七一五	五四		**イギリス、広東に商館を設置。江戸幕府、海船互市新例（正徳新例）を発布**	
一七一六	五五	『康熙字典』完成		
一七一七	五六	**官許商人以外の渡航・貿易を禁止。台湾から福建への米穀移出を認める。**ジュンガルのツェワンアラプタン、ラサを陥れラサン＝ハーンを殲滅		
一七一八	五七	清軍、チベットに入りジュンガルを逐う		
一七二〇	五九	ダライ＝ラマ七世を擁してチベット遠征、ジュンガル勢を逐い、チベットを保護下におく。**広東広州に公行を創設**	**江戸幕府、漢訳洋書の輸入を緩和**	
一七二一	六〇	台湾で朱一貴の乱起こる		
一七二二	六一	**アユタヤからの輸入米を免税とする。**玄燁没す。胤禛（雍正帝）即位		

一七二三	雍正　元	キリスト教を禁止し、宣教師をマカオに追放。賤民の解放を始める		
一七二四	二	清軍、青海を平定。チベットに駐蔵大臣をおく	清の広州に、初めてアユタヤ米が到着	
一七二五	三	『古今図書集成』完成		デンマーク人ベーリング、北太平洋探検（―三〇）
一七二六	四	山東で土地税・人頭税の併徴（地丁銀）を実施、以後各地に施行普及		
一七二七	五	ロシアとキャフタ条約を結ぶ。チベットの反乱起こる	清朝、海禁を緩和し、中国人の二年間の南洋滞在を認める	
一七二八	六	ヴェトナムとの国境を定める。キャフタに市を開く		
一七二九	七	清軍、貴州を平定。『大義覚迷録』刊行		
一七三〇	八	清の雲南・貴州で苗族の反乱起こる		
一七三一	九	清軍、ジュンガルを攻め、却って敗退		
一七三二	一〇	軍機処を設置	ジュンガルのガルダン＝ツェリン、清の北辺を攻める	
一七三三	一一	清軍、ジュンガルを攻める（翌年、講和）		
一七三五	一三	先住民地域の直接統治策（改土帰流）を推進。胤禛没す。弘暦（乾隆帝）即位		
一七三六	乾隆　元			サファヴィー朝滅亡
一七三八	三	ジュンガルのガルダン＝ツェリンにチベットとの交易を許可		

一七四〇	五	清の湖南・広西に苗族の乱起こる。漢人の満洲移民を禁止（回籍令）		オーストリア継承戦争（—四八）
一七四一	六		**バタヴィアで華僑虐殺事件起こる**	
一七四二	七	**中国人の南洋滞在期間を三年間に延長**		英仏植民地抗争始まる
一七四三	八	『大清一統志』完成		
一七四七	一二	清の四川で金川土司の乱起こる。キリスト教布教を厳禁		
一七四九	一四	清軍、金川を平定		
一七五二	一七		ビルマのタウングー朝滅び、コンバウン朝成立	
一七五三	一八		**ポルトガル、清にマカオ割譲を求める**	
一七五四	一九		ジュンガルのアムルサナ、清に亡命	
一七五五	二〇	清軍、ジュンガルに遠征しイリ制圧	アムルサナ、清に叛逆。**清の寧波でイギリス船、貿易を試みる。**ジャワのマタラム王国分裂	
一七五七	二二	**ヨーロッパ貿易を広州に限定**		プラッシーの戦い
一七五八	二三	清軍、東トルキスタン（回部）に遠征	東トルキスタン（回部）の乱起こる。オランダ、ジャワを占領	
一七五九	二四	清軍、タリム盆地を制圧（清の版図最大に）		
一七六〇	二五	ウルムチに屯田兵をおく		

一七六二	二七	総統伊犁等処将軍を設置。カシュガル城を建設	**イギリス、マニラ占領（―六四）**	
一七六五	三〇		ビルマ軍、雲南・シャムに侵攻	ワット、蒸気機関発明
一七六六	三一	清軍、ビルマ遠征		
一七六七	三二		ビルマ軍、アユタヤを陥れ、アユタヤ朝滅ぶ	
一七六八	三三			**クックの第一次南太平洋探検（―七一）**
一七六九	三四	再びビルマ遠征。ビルマと和議		
一七七一	三六	清の四川で小金川・大金川の乱起こる	ヴェトナムでタイソン党の乱起こる	
一七七三	三八			ボストン茶会事件。イギリス東インド会社、ベンガル・アヘンの専売制施行
一七七四	三九		日本で杉田玄白ら『解体新書』刊行	
一七七五	四〇			アメリカ独立戦争始まる
一七七六	四一	清軍、金川平定		アメリカ一三州独立宣言
一七八一	四六	清の甘粛で回教徒の乱起こる		
一七八二	四七	『四庫全書』完成	シャムにラタナコーシン朝成立（ラーマ一世即位）	
一七八三	四八			パリ条約（イギリス、アメリカの独立を承認）
一七八四	四九	清の甘粛で再び回教徒の乱起こる。広東にアメリカ船来航		

一七八五	五〇		**スペイン王立フィリピン会社設立**	
一七八六	五一	台湾に林爽文の乱起こる	朝鮮でキリスト教布教	
一七八七	五二	清軍、台湾・安南を討伐	ヴェトナム、タイソン党の阮文岳、帝を称す	
一七八八	五三	清軍、チベットに遠征しグルカ軍撤退。ヴェトナムに派兵	ネパールのグルカ朝、チベットに侵攻	
一七八九	五四	清軍、ヴェトナムでタイソン党軍に敗退	ヴェトナムで、タイソン党軍、清軍を撃退、黎朝滅亡。阮文岳の弟、阮文恵、帝を称し兄弟対立	フランス革命、人権宣言
一七九〇	五五	ビルマを属国とする		
一七九一	五六	チベットに再派兵しグルカ軍を撃退（—九二）	**イギリス東インド会社、ペナンを獲得。**グルカ軍の再侵入によりチベット動乱起こる	
一七九三	五八	弘暦、熱河の離宮でイギリス使節マカートニーを謁見	**イギリス使節マカートニー、清に来航**	
一七九五	六〇			ポーランド王国滅亡（第三次ポーランド分割）
一七九六	嘉慶 元	弘暦引退し、太上皇帝となる。顒琰（嘉慶帝）即位。湖北・四川・陝西省境地帯で白蓮教の乱起こる		
一七九九	四	弘暦没し、顒琰の親政始まる		**オランダ東インド会社解散**
一八〇一	六		朝鮮でキリスト教徒の大迫害事件起こる（辛酉の教獄）	イギリス、アイルランドを併合
一八〇二	七		阮福映（嘉隆帝）、タイソン	

一八〇三	八		党を滅ぼしヴェトナム統一。阮朝成立（翌年、国号を越南とする）	アエッサの戦い（イギリス軍、マラータ連合軍を破る）
一八〇四	九	清軍、白蓮教の乱を平定	ロシア使節レザノフ、長崎に来航	フランス、ナポレオン皇帝に即位。ムガル帝国、イギリス保護下に入る
一八〇五	一〇		この頃、清の広東・福建沿岸を海賊が横行	
一八〇八	一三		イギリス船、広東香山に停泊しマカオを攻撃。日本の間宮林蔵、樺太を探検	
一八〇九	一四	広東の互市章程を制定。清軍、イギリス船と協力し、香港周辺で海賊掃討作戦を実施	海賊蔡牽、清の浙江海上で敗死。ロシア、キャフタで通商を要請	
一八一〇	一五		海賊張保、清に投降し、海軍武官となる	
一八一一	一六	西洋人の内地居住・布教を禁止		
一八一二	一七		日本の商人、高田屋嘉兵衛、ロシア船に捕らえられる	ナポレオン、ロシア遠征
一八一三	一八	アヘンの販売を禁止		
一八一五	二〇	アヘンの輸入を厳禁		ウィーン会議。ワーテルローの戦い
一八一六	二一		イギリス使節アマースト、清	イギリス、セイロン島を領

			に来航。琉球・朝鮮へイギリス軍艦来航。オランダ、ジャワを回復	有
一八一七	二二			アジア・中東・ヨーロッパ各地でコレラ大流行（—二三）
一八一八	二三	清、内地民のモンゴル地方移住を禁止	シャム、ポルトガルと通商条約締結	
一八一九	二四		**イギリス、シンガポールを領有**	
一八二〇	二五	顒琰没す。旻寧（道光帝）即位。清の新疆で回教徒ジハーンギールの乱起こる		
一八二一	道光 元			ギリシア独立戦争（—二九）
一八二二	二	アヘン不法所持を取り締まる		
一八二三	三	商民と青海モンゴル人との貿易章程制定。ケシ栽培とアヘン製造を禁止		
一八二四	四	清で黄河大氾濫、大運河を塞ぐ	**イギリス、マラッカ獲得。**越南、アヘンを厳禁	アメリカとロシア、国境画定
一八二五	五	**江南米穀の海運を決定**	**日本の徳川幕府、異国船打払令。**ジャワ島民の対オランダ反乱（—三〇）	
一八二六	六	清軍、ジハーンギールに敗退	シャム、イギリスと通商条約締結	
一八二七	七	清軍、カシュガルを回復しジハーンギ		

一八二八	八	ールを捕らえる（翌年、殺害）	オランダ、ニューギニアに植民。日本でシーボルト事件起こる	
一八三〇	一〇		オランダ、ジャワで強制栽培制度を開始	フランス七月革命
一八三一	一一	黎族の海賊を平定。アヘン輸入を厳禁。新疆に屯田を実施	清の海南島で、黎族の海賊、海上に横行	
一八三三	一三		日本、天保の大飢饉（―三六）	イギリス東インド会社特許状更新、対中貿易を開放
一八三四	一四	イギリス船のアヘン密売を禁ず	イギリス使節ネーピア、広東に来る。イギリス船、広東沿岸でアヘンを密売	
一八三七	一七		日本で大塩平八郎の乱起こる	
一八三八	一八	林則徐を欽差大臣に任命、広東に派遣		
一八三九	一九	林則徐、広州でアヘン二万余箱を没収し焼却		
一八四〇	二〇	林則徐を罷免。琦善、欽差大臣に任命され、マカオで対英交渉に当たりイギリスと和議	イギリス軍、広州封鎖（アヘン戦争開始）、舟山群島を占領し、北京の外港・白河口に至る	イギリス下院、中国への遠征軍戦費支出を議決
一八四一	二一	琦善を罷免。旻寧は対英宣戦布告し、奕山を靖逆将軍に任命	和議決裂しイギリス軍広東を攻撃。平英団事件起こる。イギリス軍、厦門・定海・鎮海・寧波占領	
一八四二	二二	イギリスに降伏し、南京条約を締結、	イギリス軍、さらに乍浦を占	

		香港割譲	領、上海・鎮江を攻撃し南京に迫る。南京条約を結ばせる	
一八四三	二三	広東で洪秀全、上帝会を創立	イギリスは清に五口通商章程・虎門寨追加条約を締結させる。上海開港	
一八四四	二四	魏源、『海国図志』刊行	アメリカと望厦条約、フランスと黄埔条約を締結	
一八四五	二五	カシュガルで回教徒の乱。上海道台、初代駐上海イギリス領事と上海土地章程を締結、租界を画定	上海にイギリス人居留区域画定（租界の始め）	
一八四七	二七	スウェーデン、ノルウェーと通商条約締結	ヴェトナムのツーラン港、フランス艦隊に砲撃される	
一八四八	二八			フランス二月革命。アメリカ、カリフォルニアを領有、金鉱発見
一八四九	二九		オランダ・ポルトガル、チモール島を分割領有。上海にフランス租界設置	イギリス、パンジャブを併合
一八五〇	三〇	旻寧没す。奕詝（咸豊帝）即位。上帝会信徒、広西省金田村に集結		オーストラリアで金鉱発見、自由植民始まる
一八五一	咸豊　元	金田村にて太平天国軍挙兵、洪秀全、天王を称す。ロシアと通商条約締結		

ラ行

ワ行

マ行

ヤ行

ナ行

ハ行

タ行

サ行

索引

用語については、主要な記載のあるページを表示した。

見出しに＊を付した語は、巻末の「主要人物略伝」か「歴史キーワード解説」に項目がある。

ア行

カ行

黒龍江
黒龍江省
チチハル
チャムス
ハルビン
長春
吉林
吉林省
内モンゴル自治区
ウラジオストク
遼寧省
赤峰
瀋陽
遼陽
朝鮮民主主義人民共和国
日本海
フフホト
張家口
承徳
北京市
北京
秦皇島
大同
天津
天津市
大連
平壌
河北省
石家荘
ソウル
黄河
煙台
威海
太原
淄博
山東半島
大韓民国
済南
山西省
青島
泰山
釜山
臨汾
山東省
黄海
臨沂
洛陽
開封
連雲港
日本
函谷関
鄭州
徐州
江蘇省
河南省
安徽省
南京
無錫
合肥
蕪湖
上海
蘇州
上海市
湖北省
長江
武漢
杭州
紹興
洞庭湖
浙江省
東シナ海
南昌
長沙
江西省
湖南省
那覇
福州
福建省
台北
廈門
台湾
広東省
高雄
広州
マカオ
香港
太平洋
海口
南シナ海
フィリピン

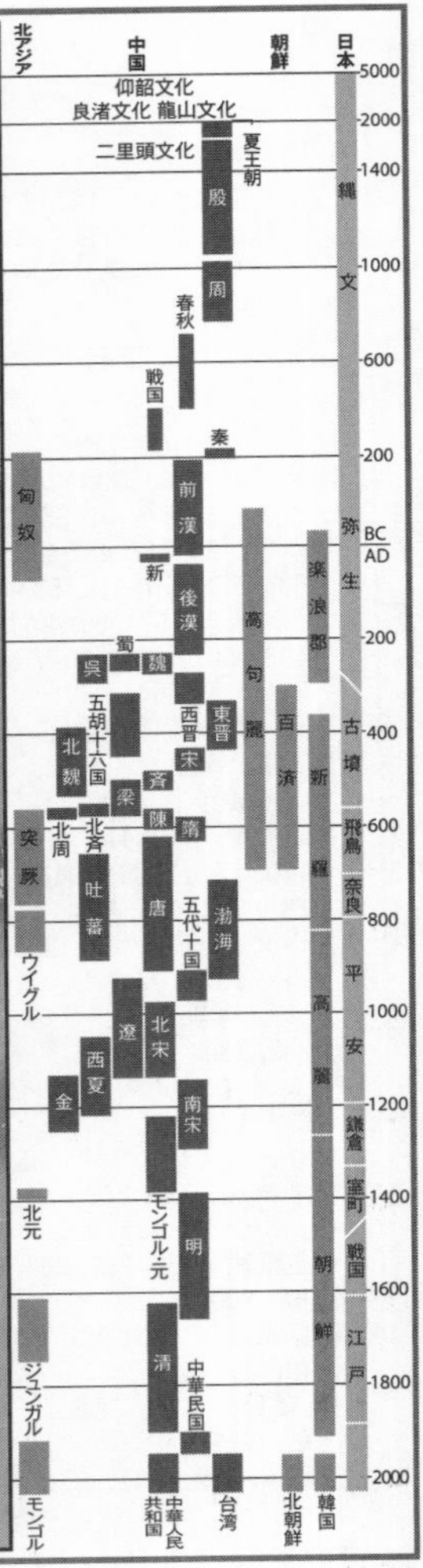
北アジア
中国
朝鮮
日本
5000
2000
1400
1000
600
200
BC
AD
200
400
600
800
1000
1200
1400
1600
1800
2000
仰韶文化
良渚文化 龍山文化
二里頭文化
夏王朝
殷
周
春秋
戦国
秦
匈奴
前漢
新
後漢
蜀
呉
魏
西晋
東晋
五胡十六国
北魏
宋
斉
梁
陳
北周
北斉
隋
突厥
唐
吐蕃
五代十国
渤海
ウイグル
遼
北宋
西夏
金
南宋
モンゴル・元
北元
明
清
ジュンガル
中華民国
中華人民共和国
台湾
モンゴル
高句麗
百済
楽浪郡
新羅
高麗
朝鮮
北朝鮮
韓国
縄文
弥生
古墳
飛鳥
奈良
平安
鎌倉
室町
戦国
江戸

現代の中国

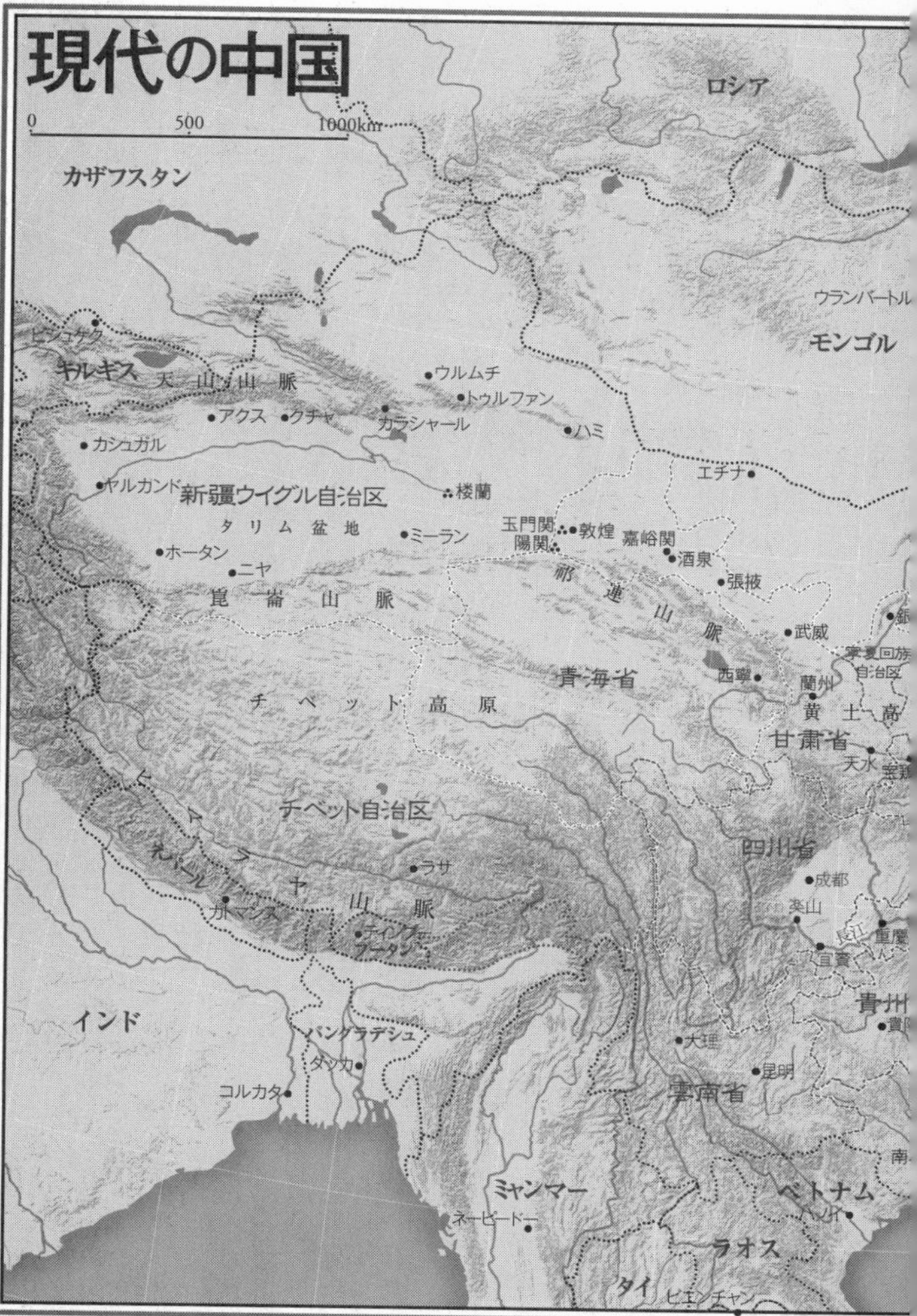
0
500
1000km
ロシア
カザフスタン
ウランバートル
モンゴル
ビシュケク
キルギス
天山山脈
ウルムチ
トゥルファン
アクス
クチャ
カラシャール
ハミ
カシュガル
エチナ
ヤルカンド
新疆ウイグル自治区
楼蘭
タリム盆地
玉門関
敦煌
嘉峪関
陽関
ミーラン
ホータン
酒泉
ニヤ
祁連山脈
張掖
崑崙山脈
武威
寧夏回族自治区
青海省
西寧
蘭州
チベット高原
黄土高
甘粛省
天水
チベット自治区
ヒマラヤ山脈
四川省
ネパール
ラサ
成都
カトマンズ
楽山
ティンプー
ブータン
長江
重慶
宜賓
インド
貴州
バングラデシュ
大理
ダッカ
昆明
コルカタ
雲南省
ミャンマー
ベトナム
ネーピードー
ハノイ
ラオス
タイ
ビエンチャン

本書の原本は、二〇〇五年八月、小社より刊行されました。

上田　信（うえだ　まこと）

1957年東京都生まれ。東京大学大学院人文科学研究科修士課程修了。現在，立教大学文学部教授。専攻は中国社会史。著書に『伝統中国――〈盆地〉〈宗族〉にみる明清時代』『シナ海域　蜃気楼王国の興亡』『貨幣の条件――タカラガイの文明史』『死体は誰のものか――比較文化史の視点から』『人口の中国史――先史時代から一九世紀まで』ほか。

講談社学術文庫

定価はカバーに表示してあります。

中国の歴史９

海《うみ》と帝国《ていこく》　明清時代《みんしんじだい》

上田《うえだ》　信《まこと》

2021年３月９日　第１刷発行

発行者　渡瀬昌彦

発行所　株式会社講談社

東京都文京区音羽 2-12-21 〒112-8001

電話　編集（03）5395-3512

販売（03）5395-4415

業務（03）5395-3615

装　幀　蟹江征治

印　刷　豊国印刷株式会社

製　本　株式会社国宝社

本文データ制作　講談社デジタル製作

ISBN978-4-06-522777-0

「講談社学術文庫」の刊行に当たって

これは、学術をポケットに入れることをモットーとして生まれた文庫である。学術は少年の心を養い、成年の心を満たす。その学術がポケットにはいる形で、万人のものになることは、生涯教育をうたう現代の理想である。

こうした考え方は、学術を巨大な城のように見る世間の常識に反するかもしれない。また、一部の人たちからは、学術の権威をおとすものと非難されるかもしれない。しかし、それはいずれも学術の新しい在り方を解しないものといわざるをえない。

学術は、まず魔術への挑戦から始まった。やがて、いわゆる常識をつぎつぎに改めていった。学術の権威は、幾百年、幾千年にわたる、苦しい戦いの成果である。こうしてきずきあげられた城が、一見して近づきがたいものにうつるのは、そのためである。しかし、学術の権威を、その形の上だけで判断してはならない。その生成のあとをかえりみれば、その根は常に人々の生活の中にあった。学術が大きな力たりうるのはそのためであって、生活をはなれた学術は、どこにもない。

開かれた社会といわれる現代にとって、これはまったく自明である。生活と学術との間に、もし距離があるとすれば、何をおいてもこれを埋めねばならない。もしこの距離が形の上の迷信からきているとすれば、その迷信をうち破らねばならぬ。

学術文庫は、内外の迷信を打破し、学術のために新しい天地をひらく意図をもって生まれた。文庫という小さい形と、学術という壮大な城とが、完全に両立するためには、なおいくらかの時を必要とするであろう。しかし、学術をポケットにした社会が、人間の生活にとってより豊かな社会であることは、たしかである。そうした社会の実現のために、文庫の世界に新しいジャンルを加えることができれば幸いである。

一九七六年六月

野間省一

学術文庫版

中国の歴史 全12巻

編集委員＝礪波護　尾形勇　鶴間和幸　上田信

「中国」とは何か。いま、最大の謎に迫る圧巻の通史！

❶ 神話から歴史へ　神話時代　夏王朝……宮本一夫

❷ 都市国家から中華へ　殷周　春秋戦国……平勢隆郎

❸ ファーストエンペラーの遺産　秦漢帝国……鶴間和幸

❹ 三国志の世界　後漢　三国時代……金 文京

❺ 中華の崩壊と拡大　魏晋南北朝……川本芳昭

❻ 絢爛たる世界帝国　隋唐時代……氣賀澤保規

❼ 中国思想と宗教の奔流　宋朝……小島 毅

❽ 疾駆する草原の征服者　遼　西夏　金　元……杉山正明

❾ 海と帝国　明清時代……上田 信

❿ ラストエンペラーと近代中国　清末　中華民国……菊池秀明

⓫ 巨龍の胎動　毛沢東vs.鄧小平……天児 慧

⓬ 日本にとって中国とは何か

大自然に立ち向かって―環境・開発・人口の中国史……尾形 勇

中国文明論―その多様性と多元性……鶴間和幸

中国人の歴史意識……上田 信

世界史の中の中国……葛 剣雄

中国史の中の日本……王 勇

日本にとって中国とは何か……礪波 護